U0927119

最 高 人 民 法 院 案 例 指 导 与 参 考 丛 书

最高人民法院
执行案例指导与参考

（第二版）

最高人民法院案例指导与参考丛书编选组 编

人 民 法 院 出 版 社

图书在版编目（CIP）数据

最高人民法院执行案例指导与参考／最高人民法院案例指导与参考丛书编选组编．-- 2版．-- 北京：人民法院出版社，2021.11

（最高人民法院案例指导与参考丛书）

ISBN 978-7-5109-3042-3

Ⅰ.①最… Ⅱ.①最… Ⅲ.①法院－执行（法律）－案例－中国 Ⅳ.①D926.225

中国版本图书馆CIP数据核字(2021)第235206号

最高人民法院执行案例指导与参考(第二版)

最高人民法院案例指导与参考丛书编选组　编

责任编辑　马　倩
出版发行　人民法院出版社
地　　址　北京市东城区东交民巷27号(100745)
电　　话　(010)67550526(责任编辑)　67550558(发行部查询)
　　　　　　65223677(读者服务部)
客服QQ　2092078039
网　　址　http://www.courtbook.com.cn
E－mail　courtpress@sohu.com
印　　刷　保定市中画美凯印刷有限公司
经　　销　新华书店

开　　本　787毫米×1092毫米　1/16
字　　数　523千字
印　　张　34
版　　次　2021年11月第1版　2021年11月第1次印刷
书　　号　ISBN 978-7-5109-3042-3
定　　价　128.00元

出版说明

案例指导制度是一项具有中国特色的司法制度。自建立以来，案例指导制度发展迅速，在统一裁判标准、提高审判质量、提升司法公信力方面发挥了重要作用。最高人民法院院长周强指出："及时将最高人民法院出台的指导案例汇聚成册，不断总结案例指导工作经验，是贯彻落实党的十八届四中全会关于加强和规范案例指导工作要求的具体措施，必将有力推动案例指导制度的发展完善。"① 基于此，我们编辑了《最高人民法院案例指导与参考丛书》，将最高人民法院出台的指导性案例分类汇编成册，并收录近几年来《最高人民法院公报》《中国审判指导丛书》中公布的具有重要参考价值的典型案例，为广大法官审理类似案件提供指导与参考，使公众从案例中直观领悟法律的原则和精神，更好地发挥司法的指导引领作用。

本套丛书具有以下特点：

第一，精选案例、指导实践。本套丛书收录了截至目前最高人民法院发布的全部指导性案例以及部分指导性案例理解与参照适用的权威论述，并对近几年来《最高人民法院公报》《民事审判指导与参考》《执行工作指导》《商事审判指导》《立案工作指导》《审判监督指导》《知识产权审判指导》等《中国审判指导丛书》中刊发的典型案例进行了系统梳理，精选出社会广泛关注、法律规定比

① 周强：《充分发挥案例指导作用 促进法律统一正确实施》，载《人民法院报》2015年1月4日第1版。

较原则、具有典型性、疑难复杂或者新类型的案例予以收录。这些案例经过了最高人民法院的层层筛选，案例中所蕴含的裁判思路、裁判标准和裁判方法将为广大法律工作者从“抽象到具体”的法律适用，提供从“具体到具体”的参照，对司法实践中的法律适用难点问题进行实例指导。

第二，精细编排，精准参照。本套丛书将最高人民法院公布的指导性案例以及分布在《最高人民法院公报》和最高人民法院各审判业务庭出版的审判参考类图书中的大量案例进行了精细分类编排，以案件类型为分卷标准，目前已陆续出版了合同、物权、侵权、劳动、婚姻家庭与继承、知识产权、保险、票据、公司、行政诉讼、执行、环境资源、建设工程等案例指导与参考分册，各分册以案由、异议理由对精选收录的案例进一步细化分类，每一案例均注明案例来源，方便读者进行同类案件查找比对。各分册还特别提炼了所收录案例的裁判要点，并在目录中进行醒目提示，使读者对案例的指导与参考要点一目了然，准确定位所需参照案例。在部分指导性案例后附录最高人民法院案例指导工作办公室撰写的理解与参照文章，有助于读者领会和把握案例的精神实质和指导与参考意义。

本套丛书一经推出便得到读者广泛好评。因近几年我国法律的立改废释工作举措密集，同时新类型案件层出不穷，本编写组特推出本套丛书第二版，以期为读者提供最新、最全的最高人民法院案例指导与参考。衷心希望本套丛书的出版能够为法律实务工作提供切实有效的办案指导与参考，同时也能够为法学理论研究提供权威、真实的案例素材。书中存在的不当之处，敬请广大读者批评指正。

编　者

二〇二一年十一月

目录

执行异议案件

一、案外人执行异议之诉

1. 王四光与中天建设集团有限公司、白山和丰置业有限公司案外人执行异议之诉案/3

▶在建设工程价款强制执行过程中，房屋买受人对强制执行的房屋提起案外人执行异议之诉，根据具体情形确定权益

2. 中国建设银行股份有限公司怀化市分行与中国华融资产管理股份有限公司湖南省分公司等案外人执行异议之诉案/7

▶在抵押权强制执行中，案外人以其在抵押登记之前购买了抵押房产，享有优先于抵押权的权利为由提起执行异议之诉，主张排除强制执行，但不否认抵押权人对抵押房产的优先受偿权的，人民法院应予依法受理

3. 王岩岩与徐意君、北京市金陛房地产发展有限责任公司案外人执行异议之诉案/10

▶案外人对登记在被执行的房地产开发企业名下的商品房请求排除强制执行的，可以选择适用《最高人民法院关于人民法院办理执行异议和复议案件若干问题的规定》第二十八条或者第二十九条规定；案外人主张适用第二十八条规定的，人民法院应予审查

4. 钟永玉与王光、林荣达案外人执行异议纠纷案/13

▶执行异议是否成立，应根据案件执行异议具体情况等因素综合判断

5. 大连银行股份有限公司沈阳分行与抚顺市艳丰建材有限公司、郑克旭案外人执行异议之诉案/25

▶质权属于担保物权，足以排除另案债权的强制执行

6. 李建国与孟凡生、长春圣祥建筑工程有限公司等案外人执行异议之诉案/45

▶企业或个人以承包、租赁为名借用建筑施工企业资质之实的，不适用法律对执行过程中对承包人或承租人投入及收益的保护的规定

7. 付金华诉吕秋白、刘剑锋案外人执行异议之诉案/61

▶在不动产产权人未依法变更的情况下，离婚协议中关于不动产归属的约定不具有对抗外部第三人债权的法律效力

8. 富滇银行股份有限公司大理分行与杨凤鸣、大理建标房地产开发有限公司案外人执行异议之诉案/65

▶保证金账户内资金的特定化不等于固定化，只要资金的浮动均与保证金业务对应、有关，未作日常结算使用，即应认定系金钱以特户形式特定化

9. 汤国伟与广州市海顺房地产发展有限公司、长春高斯达生物科技集团股份有限公司案外人执行异议之诉纠纷案/73

▶案外人与被执行人之间订立的房屋买卖合同的真实性、合同效力以及履行情况等，均属于案外人执行异议之诉本应审理的范畴

10. 张某与李娜、大冰公司、小冰公司案外人执行异议之诉案/78

▶执行异议之诉中的被执行人是与诉讼标的权属存在直接利害关系的被执行人，而非所有被执行人

11. 再审申请人南宁市万智物业服务有限公司与被申请人广西海潮农业投资有限责任公司等案外人执行异议之诉纠纷案/82

▶在适用《查封、扣押、冻结财产司法解释》第十七条规定对买受人利益进行特别保护时，应当严格审查不动产买卖协议的正当性，以及该条所规定的要件是否具备

12. 上诉人金育平与被上诉人中信信托有限责任公司、被上诉人昆山红枫房地产有限公司案外人执行异议之诉纠纷案/90

▶借款人与出借人签订《商品房购销合同》是为保障出借人的融资债权实现的，并非存在真实的商品房买卖关系

13. 再审申请人招商银行股份有限公司包头分行与被申请人贾建军、姜亥军及原审第三人刘涛案外人执行异议之诉纠纷案/109

▶基于以房抵债而拟受让不动产的受让人，在完成不动产法定登记之前，不能据此产生针对交易不动产的物权期待权

14. 再审申请人张静与被申请人高天云、一审第三人张佳勋案外人执行异议之诉纠纷案/114

▶在对夫妻一方个人债务执行程序中，另一方提起执行异议之诉，请求排除执行夫妻共同财产的，不予支持，但应在夫妻共有财产范围内对夫妻一方所享有的财产份额进行处分

15. 再审申请人大连舒心门业有限公司与被申请人中信银行股份有限公司大连甘井子支行、大连国滨企业发展总公司案外人执行异议之诉纠纷案/118

▶租赁合同是否合法有效，均不能产生阻却人民法院对该房屋及其占用土地使用权予以执行的法律效果

16. 再审申请人赵培凯与被申请人利津县利华益恒信小额贷款股份有限公司、一审第三人东营市润泽房地产开发有限责任公司案外人执行异议之诉纠纷案/123

▶公司之间签订内部关系协议，在没有对案涉土地或房屋进行变更登记或者经生效裁判文书确权之前，不足以对抗权属证书的公示性

17. 再审申请人鄂尔多斯银行股份有限公司呼和浩特分行与被申请人王洪玉、王银祥案外人执行异议之诉纠纷案/128

▶以房屋及国有土地使用权作为抵押担保，但实际只办理了该房屋的抵押登记的，对在抵押房屋占用范围内的土地使用权享有优先受偿权

18. 上诉人青海盐湖新域水泥制造有限公司与被上诉人中国华融资产管理股份有限公司深圳市分公司、原审第三人青海水泥股份有限公司案外人执行异议之诉纠纷案/131

▶如公司之间债权债务关系不能认定，就不能证明其享有排除强制执行的民事权益

19. 华宇广泰建工集团松原建筑有限公司与东北农业生产资料有限公司及松原市博翔房地产开发有限公司案外人执行异议之诉申请再审案/141

▶对生效判决确认债权的强制执行并不必然妨害建设工程价款优先受偿权的实现，案外人不能以此为由要求停止执行，而应当在执行程序中向执行法院提出优先受偿主张

20. 上诉人信达陕西分公司与被上诉人崇立公司、佳佳公司案外人执行异议之诉案/156

▶案外人执行异议之诉中，案外人对其享有足以排除强制执行的民事权益承担举证证明责任且需达到高度盖然性标准

21. 佳宜公司与玉商公司、赵某案外人执行异议之诉案/171

▶未登记为建设用地使用权人及项目开发建设主体的合作开发一方不属于合法建造人的，无权排除强制执行

22. 林庆某与陈某、澄迈天浙房地产开发有限公司案外人执行异议之诉再审纠纷案/176

▶认为作为执行依据的仲裁调解书有错误，不能通过执行异议之诉解决

23. 上诉人陈某述与被上诉人重庆银坤矿业开发（集团）有限责任公司、重庆市伟映实业（集团）有限公司案外人执行异议之诉纠纷案/189

▶以物抵债受让人能否排除金钱债权强制执行

24. 案外人张某某执行异议之诉案/204

▶在执行异议之诉中提起确权之诉的，确权之诉不受提起执行异议之诉的十五天期限限制

25. 案外人徐杰执行异议之诉申请再审案/209

▶案外人在执行程序终结前提出执行异议，即未超出应当提出执行异议的法定期限

26. 案外人青海百通材料公司材料开发有限公司异议之诉案/223

▶执行中对隐名股东对抗执行的认定

27. 刘某与浙江森帮铜业有限公司、郑某满、黄某泉案外人执行异议之诉纠纷案/235

▶同一不动产上抵押权与租赁权的关系及房屋租赁权的认定

28. 王某与 A 银行、B 公司等案外人执行异议之诉案/249

▶案外人执行异议之诉中案外人主体资格的界定

29. A 银行与 B 银行、C 公司等案外人执行异议之诉案/252

▶房产抵押权实现后，抵押权人对抵押物租金享有的权利可以对抗租金质权人

30. 钱某与赵某某、郭某案外人执行异议之诉案/256

▶执行异议之诉案件中对案外人租赁权的认定

31. A 公司与 B 银行、C 公司案外人执行异议之诉案/260

▶多份租赁合同情况下租赁关系的认定

32. 郑某与周某、A 公司案外人执行异议之诉案/263

▶案外人购买登记在被执行人名下注册商标的民事权益认定

33. A 公司与 B 银行、C 公司案外人执行异议之诉案/266

▶基于相邻关系享有的通行权益能否排除法院执行

34. 林某 A、林某 B 与 A 银行等案外人执行异议之诉案/269

▶柴油补助款应由实际渔业生产者所有

35. A 公司与梁某某等案外人执行异议之诉案/272

▶违法建筑不能排除强制执行

36. 江鲁平与农行等案外人执行异议之诉案/275

▶执行异议之诉与第三人撤销之诉的区分

37. 廊坊市澳凯商贸有限责任公司与江苏银行股份有限公司北京分行、廊坊市汇通房地产开发有限公司案外人执行异议之诉纠纷案/280

▶一般账户中的货币应以账户名称为权属判断的基本标准，特定专用账户中的货币，应根据账户当事人对该货币的特殊约定以及相关法律规定来判断资金权属

38. 菏泽市兴农百盛农资有限公司与宋某案外人执行异议之诉纠纷案/292

▶案外人执行异议之诉中质押保证金的成立需同时满足“特定化”和“移交债权人占有”两个条件

39. 江西省高安市中兴小额贷款有限责任公司与廖某案外人执行异议之诉案/305

▶法院可适用《查封、扣押、冻结规定》第十七条、《异议复议规定》第二十八条规定审理案外人执行异议之诉中的林地使用权及林木所有权问题

二、申请执行人执行异议之诉

40. 黄雪贞与蔡福英执行异议之诉案/322

▶对于当事人提出的执行异议之诉应进行严格的审查，对于其享有的权利性质作出认真的分析，以妥善地平衡各方当事人之间的关系

41. 某银行与某区管委会申请执行人执行异议之诉纠纷案/339

▶被拆迁人对拆迁安置房产的优先取得权能够阻却其后设定抵押权的强制执行

42. 于某某与内蒙古润普钢铁有限公司执行异议之诉案/343

▶当事人约定的担保条款不构成执行担保

43. 再审申请人新疆聚鼎典当有限责任公司与被申请人丁维生、新疆普瑞铭房地产开发有限公司克拉玛依分公司申请执行人执行异议之诉纠纷案/352

▶抵押登记簿上记载的抵押财产不具体、特定、明确，人民法院依法认定该抵押登记不足以对抗善意第三人

44. 丁某与 A 公司、B 公司等申请执行人执行异议之诉案/359

▶买受人对登记在被执行人名下的不动产享有权益的认定

执行分配方案异议之诉案件

45. 劳某、洪某与朱某、凌某执行分配方案异议之诉案/365

▶债权人在执行分配方案异议之诉中主张执行标的物归其所有、其他债权人不能参与分配的权利救济

执行复议案件

46. 中建三局第一建设工程有限责任公司与澳中财富（合肥）投资置业有限公司、安徽文峰置业有限公司执行复议案/371

▶根据民事调解书和调解笔录，第三人以债务承担方式加入债权债务关系的，执行法院可以在该第三人债务承担范围内对其强制执行

47. 安徽省滁州市建筑安装工程有限公司与湖北追日电气股份有限公司执行复议案/375

▶执行程序开始前，双方当事人自行达成和解协议并履行，一方当事人申请强制执行原生效法律文书的，人民法院应予受理

48. 青海金泰融资担保有限公司与上海金桥工程建设发展有限公司、青海三工置业有限公司执行复议案/380

▶在被执行人虽有财产但严重不方便执行时，可以执行保证人在保证责任范围内的财产

49. 株洲海川实业有限责任公司与中国银行股份有限公司长沙市蔡锷支行、湖南省德奕鸿金属材料有限公司财产保全执行复议案/383

▶财产保全执行案件的保全标的物系非金钱动产且被他人保管，保管合同或者租赁合同到期后未续签，且被保全人不支付保管、租赁费用的，协助执行人无继续无偿保管的义务

50. 重庆融海实业有限公司执行复议案/386
▶未登记担保人赔偿责任的强制执行问题

执行监督案件

51. 河南神泉之源实业发展有限公司与赵五军、汝州博易观光医疗主题园区开发有限公司等执行监督案/403
▶执行法院将同一被执行人的几个案件合并执行的，应当按照申请执行人的各个债权的受偿顺序进行清偿
52. 陈载果与刘荣坤、广东省汕头渔业用品进出口公司等申请撤销拍卖执行监督案/406
▶网络司法拍卖属于强制执行措施
53. 江苏天宇建设集团有限公司与无锡时代盛业房地产开发有限公司执行监督案/409
▶在履行和解协议的过程中，申请执行人因被执行人迟延履行申请恢复执行的同时，又继续接受并积极配合被执行人的后续履行，直至和解协议全部履行完毕的，不再恢复执行原生效法律文书
54. 湖南华厦建筑有限责任公司与常德工艺美术学校不服执行裁定申诉案/414
▶当事人之间的补充协议是对主合同内容的补充，主合同中约定争议解决方式为仲裁的条款适用于补充协议，当事人以补充协议无仲裁条款为由申请不予执行的，法院不予支持
55. 大庆筑安建工集团有限公司、大庆筑安建工集团有限公司曲阜分公司执行申诉案/423
▶无执行管辖权的法院不能因当事人约定或默认获得仲裁裁决的执行管辖权

56. 中国农业银行股份有限公司吉林市东升支行与吉林市碧碧溪外国语实验学校借款担保合同纠纷执行案/430

▶学校应以学校的财产包括教育用地与教育设施负担其债务，但对教育用地与教育设施的执行不能改变其公益性用途

57. 莱芜市庚辰经贸有限公司执行申诉案/439

▶生效刑事判决主文明确判定对已查封、扣押、冻结的涉案财物予以追缴和处理，利害关系人在执行程序中请求排除追缴的应通过审判监督程序解决

其他执行案件

58. 某投资公司与某资源集团公司等财产保全案/457

▶北京法院通过“换封”方式解除对债务人持有的某上市公司股票的保全冻结，为民营企业发展营造更好司法环境

59. 北京某房地产公司申请执行北京某生物科技公司等股权转让纠纷案/459

▶北京一中院积极推动对涉案不动产的分割登记、部分查封

60. 许某某等申请执行莆田市某房地产公司等借款纠纷系列案/461

▶莆田中院引入战略投资者帮助盘活被执行企业资产

61. 左某娃申请执行左某英物权保护纠纷案/464

▶南京秦淮法院帮助被执行人取回被他人强占的房屋

62. 中国农业银行顺德勒流支行申请执行顺德某铜铝型材公司等金融借款合同纠纷案/466

▶顺德法院允许承租人继续使用查封厂房实现财产价值

63. 重庆某投资公司申请执行青岛某化工公司等借款合同纠纷案/468

▶重庆五中院积极化解矛盾顺利一次性执结2.9亿元大案

64. 宝山区罗泾镇某村委会申请执行上海某园林公司等土地租赁合同纠纷案/471

▶上海宝山法院多措并举化解矛盾强有力执结土地腾退案

65. 丹东益阳投资有限公司申请辽宁省丹东市中级人民法院错误执行赔偿案/474

▶错误执行造成申请执行人损害的，因被执行人没有清偿能力且不可能再有清偿能力而终结执行的，不影响执行人依法申请国家赔偿

66. 张某利申请执行案/482

▶黄金交易席位可以强制执行

67. 申请执行人魏某等与被执行人某区政府行政纠纷案/491

▶责令采取补救措施判决执行内容及是否执行完毕的认定

全国法院服务保障疫情防控期间复工复产典型案例

68. 吉林辽源市某消毒剂有限公司执行案/503

▶新冠肺炎疫情防控期间，人民法院促进疫情防控企业执行和解，推动复工复产

69. 上海某通用航空救援公司申请延期履行案/505

▶由于疫情防控工作紧急，人民法院促成执行和解，被执行人可以延期履行

70. 北京博某生物科技有限公司进出口代理合同纠纷执行案/507

▶新冠肺炎疫情防控期间，人民法院促进疫情防控企业执行和解，推动复工复产

71. 福建莆田某房地产开发有限公司系列执行案/509

▶新冠肺炎疫情防控期间，人民法院促进疫情防控企业执行和解，推动复工复产

72. 湖北荆州某水业有限公司执行案/511

▶人民法院促成执行和解，保障企业复工复产

73. 广东华某国际商业保理（深圳）公司执行案/513

▶新冠肺炎疫情暴发初期，法院促成疫情防控企业执行和解

74. 浙江某健身俱乐部房屋租赁合同纠纷执行案/515

▶新冠肺炎疫情期间，人民法院促成执行和解

75. 贵州某路面有限公司买卖合同纠纷执行案/517

▶人民法院根据被执行人企业的实际情况促成执行和解

76. 辽宁建平县某热力有限公司执行案/519

▶新冠肺炎疫情期间，人民法院促成执行和解

77. 黑龙江王某某、姜某某借款合同纠纷执行案/521

▶新冠肺炎疫情期间，人民法院促成执行和解

78. 四川某纺织有限公司金融借款合同纠纷执行案/523

▶新冠肺炎疫情期间，人民法院促成执行和解

79. 北京中某实业集团有限公司执行案/525

▶新冠肺炎疫情期间，人民法院促成执行和解，保障企业复工复产

80. 湖北徐某某、葛某某借款合同纠纷执行案/527

▶新冠肺炎疫情期间，人民法院促成执行和解，保障疫情防控工作

执行异议案件

一、案外人执行异议之诉

1. 王四光与中天建设集团有限公司、白山和丰置业有限公司案外人执行异议之诉案*

▶ 在建设工程价款强制执行过程中，房屋买受人对强制执行的房屋提起案外人执行异议之诉，根据具体情形确定权益

【裁判摘要】

在建设工程价款强制执行过程中，房屋买受人对强制执行的房屋提起案外人执行异议之诉，请求确认其对案涉房屋享有可以排除强制执行的民事权益，但不否定原生效判决确认的债权人所享有的建设工程价款优先受偿权的，属于《中华人民共和国民事诉讼法》第二百二十七条规定的“与原判决、裁定无关”的情形，人民法院应予依法受理。

基本案情

2016年10月29日，吉林省高级人民法院就中天建设集团公司（以下简称中天公司）起诉白山和丰置业有限公司（以下简称和丰公司）建设工程施工合同纠纷一案作出（2016）吉民初19号民事判决：和丰公司支付

---

* 2021年2月19日最高人民法院发布的第27批指导性案例（指导案例154号）。

中天公司工程款42746020元及利息，设备转让款23万元，中天公司可就春江花园B1栋、B2栋、B3栋、B4栋及B区16栋、17栋、24栋折价、拍卖款优先受偿。判决生效后，中天公司向吉林省高级人民法院申请执行上述判决，该院裁定由吉林省白山市中级人民法院执行。2017年11月10日，吉林省白山市中级人民法院依中天公司申请作出（2017）吉06执82号（之五）执行裁定，查封春江花园B1栋、B2栋、B3栋、B4栋的11××—××号商铺。

王四光向吉林省白山市中级人民法院提出执行异议，吉林省白山市中级人民法院于2017年11月24日作出（2017）吉06执异87号执行裁定，驳回王四光的异议请求。此后，王四光以其在查封上述房屋之前已经签订书面买卖合同并占有使用该房屋为由，向吉林省白山市中级人民法院提起案外人执行异议之诉，请求法院判令：依法解除查封，停止执行王四光购买的白山市浑江区春江花园B1栋、B2栋、B3栋、B4栋的11××—××号商铺。

2013年11月26日，和丰公司（出卖人）与王四光（买受人）签订《商品房买卖合同》，约定：出卖人以出让方式取得位于吉林省白山市星泰桥北的土地使用权，出卖人经批准在上述地块上建设商品房春江花园；买受人购买的商品房为预售商品房……买受人按其他方式按期付款，其他方式为买受人已付清总房款的50%以上，剩余房款10日内通过办理银行按揭贷款的方式付清；出卖人应当在2014年12月31日前按合同约定将商品房交付买受人；商品房预售的，自该合同生效之日起30天内，由出卖人向产权处申请登记备案。

2014年2月17日，贷款人（抵押权人）招商银行股份有限公司、借款人王四光、抵押人王四光、保证人和丰公司共同签订《个人购房借款及担保合同》，合同约定抵押人愿意以其从售房人处购买的该合同约定的房产的全部权益抵押给贷款人，作为偿还该合同项下贷款本息及其他一切相关费用的担保。2013年11月26日，和丰公司向王四光出具购房收据。白山市不动产登记中心出具的不动产档案查询证明显示：抵押人王四光以不动产权证号为白山房权证白BQ字第××××××号，建筑面积5339.04

平方米的房产为招商银行股份有限公司通化分行设立预购商品房抵押权预告。2013 年 8 月 23 日，涉案商铺在产权部门取得商品房预售许可证，并办理了商品房预售许可登记。2018 年 12 月 26 日，吉林省电力有限公司白山供电公司出具历月电费明细，显示春江花园 B1 -4 号门市 2017 年 1 月至 2018 年 2 月用电情况。

白山市房屋产权管理中心出具的《查询证明》载明："经查询，白山和丰置业有限公司 B—1、2、3、4#楼在 2013 年 8 月 23 日已办理商品房预售许可登记。没有办理房屋产权初始登记，因开发单位未到房屋产权管理中心申请办理。"

裁判结果

吉林省白山市中级人民法院于 2018 年 4 月 18 日作出（2018）吉 06 民初 12 号民事判决：一、不得执行白山市浑江区春江花园 B1 栋、B2 栋、B3 栋、B4 栋 11 × ×— × ×号商铺；二、驳回王四光其他诉讼请求。中天建设集团公司不服一审判决向吉林省高级人民法院提起上诉。吉林省高级人民法院于 2018 年 9 月 4 日作出（2018）吉民终 420 号民事裁定：一、撤销吉林省白山市中级人民法院（2018）吉 06 民初 12 号民事判决；二、驳回王四光的起诉。王四光对裁定不服，向最高人民法院申请再审。最高人民法院于 2019 年 3 月 28 日作出（2019）最高法民再 39 号民事裁定：一、撤销吉林省高级人民法院（2018）吉民终 420 号民事裁定；二、指令吉林省高级人民法院对本案进行审理。

裁判理由

最高人民法院认为，根据王四光在再审中的主张，本案再审审理的重点是王四光提起的执行异议之诉是否属于《中华人民共和国民事诉讼法》第二百二十七条规定的案外人的执行异议"与原判决、裁定无关"的情形。

根据《中华人民共和国民事诉讼法》第二百二十七条规定的文义，该条法律规定的案外人的执行异议"与原判决、裁定无关"是指案外人提出的执行异议不含有其认为原判决、裁定错误的主张。案外人主张排除建设工程价款优先受偿权的执行与否定建设工程价款优先受偿权权利本身并非同一概念。前者是案外人在承认或至少不否认对方权利的前提下，对两种权利的执行顺位进行比较，主张其根据有关法律和司法解释的规定享有的民事权益可以排除他人建设工程价款优先受偿权的执行；后者是从根本上否定建设工程价款优先受偿权权利本身，主张诉争建设工程价款优先受偿权不存在。简而言之，当事人主张其权益在特定标的的执行上优于对方的权益，不能等同于否定对方权益的存在；当事人主张其权益会影响生效裁判的执行，也不能等同于其认为生效裁判错误。根据王四光提起案外人执行异议之诉的请求和具体理由，并没有否定原生效判决确认的中天公司所享有的建设工程价款优先受偿权，王四光提起案外执行异议之诉意在请求法院确认其对案涉房屋享有可以排除强制执行的民事权益；如果一、二审法院支持王四光关于执行异议的主张也并不动摇生效判决关于中天公司享有建设工程价款优先受偿权的认定，仅可能影响该生效判决的具体执行。王四光的执行异议并不包含其认为已生效的（2016）吉民初19号民事判决存在错误的主张，属于《中华人民共和国民事诉讼法》第二百二十七条规定的案外人的执行异议“与原判决、裁定无关”的情形。二审法院认定王四光作为案外人对执行标的物主张排除执行的异议实质上是对上述生效判决的异议，应当依照审判监督程序办理，据此裁定驳回王四光的起诉，属于适用法律错误，再审法院予以纠正。鉴于二审法院并未作出实体判决，根据具体案情，再审法院裁定撤销二审裁定，指令二审法院继续审理本案。

2. 中国建设银行股份有限公司怀化市分行与中国华融资产管理股份有限公司湖南省分公司等案外人执行异议之诉案*

▶ 在抵押权强制执行中，案外人以其在抵押登记之前购买了抵押房产，享有优先于抵押权的权利为由提起执行异议之诉，主张排除强制执行，但不否认抵押权人对抵押房产的优先受偿权的，人民法院应予依法受理

【裁判摘要】

在抵押权强制执行中，案外人以其在抵押登记之前购买了抵押房产，享有优先于抵押权的权利为由提起执行异议之诉，主张依据《最高人民法院关于人民法院办理执行异议和复议案件若干问题的规定》排除强制执行，但不否认抵押权人对抵押房产的优先受偿权的，属于《中华人民共和国民事诉讼法》第二百二十七条规定的“与原判决、裁定无关”的情形，人民法院应予依法受理。

基本案情

中国华融资产管理股份有限公司湖南省分公司（以下简称华融湖南分公司）与怀化英泰建设投资有限公司（以下简称英泰公司）、东星建设工程集团有限公司（以下简称东星公司）、湖南辰溪华中水泥有限公司（以下

* 2021 年 2 月 19 日最高人民法院发布的第 27 批指导性案例（指导案例 155 号）。

简称华中水泥公司)、谢某某、陈某某合同纠纷一案，湖南省高级人民法院（以下简称湖南高院）于2014年12月12日作出（2014）湘高法民二初字第32号民事判决（以下简称第32号判决），判决解除华融湖南分公司与英泰公司签订的《债务重组协议》，由英泰公司向华融湖南分公司偿还债务9800万元及重组收益、违约金和律师代理费，东星公司、华中水泥公司、谢某某、陈某某承担连带清偿责任。未按期履行清偿义务的，华融湖南分公司有权以英泰公司已办理抵押登记的房产3194.52平方米、2709.09平方米及相应土地使用权作为抵押物折价或者以拍卖、变卖该抵押物所得价款优先受偿。双方均未上诉，该判决生效。英泰公司未按期履行第32号判决所确定的清偿义务，华融湖南分公司向湖南高院申请强制执行。湖南高院执行立案后，作出拍卖公告拟拍卖第32号判决所确定华融湖南分公司享有优先受偿权的案涉房产。

中国建设银行股份有限公司怀化市分行（以下简称建行怀化分行）以其已签订房屋买卖合同且支付购房款为由向湖南高院提出执行异议。该院于2017年12月12日作出（2017）湘执异75号执行裁定书，驳回建行怀化分行的异议请求。建行怀化分行遂提起案外人执行异议之诉，请求不得执行案涉房产，确认华融湖南分公司对案涉房产的优先受偿权不得对抗建行怀化分行。

裁判结果

湖南省高级人民法院于2018年9月10日作出（2018）湘民初10号民事裁定：驳回中国建设银行股份有限公司怀化市分行的起诉。中国建设银行股份有限公司怀化市分行不服上述裁定，向最高人民法院提起上诉。最高人民法院于2019年9月23日作出（2019）最高法民终603号裁定：一、撤销湖南省高级人民法院（2018）湘民初10号民事裁定；二、本案指令湖南省高级人民法院审理。

裁判理由

最高人民法院认为，《中华人民共和国民事诉讼法》第二百二十七条

规定："执行过程中，案外人对执行标的提出书面异议的，人民法院应当自收到书面异议之日起十五日内审查，理由成立的，裁定中止对该标的的执行；理由不成立的，裁定驳回。案外人、当事人对裁定不服，认为原判决、裁定错误的，依照审判监督程序办理；与原判决、裁定无关的，可以自裁定送达之日起十五日内向人民法院提起诉讼。"《最高人民法院关于适用〈中华人民共和国民事诉讼法〉的解释》（以下简称《民事诉讼法解释》）第三百零五条进一步规定："案外人提起执行异议之诉，除符合《中华人民共和国民事诉讼法》第一百一十九条规定外，还应当具备下列条件：（一）案外人的执行异议申请已经被人民法院裁定驳回；（二）有明确的排除对执行标的执行的诉讼请求，且诉讼请求与原判决、裁定无关；（三）自执行异议裁定送达之日起十五日内提起。人民法院应当在收到起诉状之日起十五日内决定是否立案。"可见，《民事诉讼法解释》第三百零五条明确，案外人提起执行异议之诉，应当符合"诉讼请求与原判决、裁定无关"这一条件。因此，《中华人民共和国民事诉讼法》第二百二十七条规定的"与原判决、裁定无关"应为"诉讼请求"与原判决、裁定无关。

华融湖南分公司申请强制执行所依据的原判决即第32号判决的主文内容是判决英泰公司向华融湖南分公司偿还债务9800万元及重组收益、违约金和律师代理费，华融湖南分公司有权以案涉房产作为抵押物折价或者以拍卖、变卖该抵押物所得价款优先受偿。本案中，建行怀化分行一审诉讼请求是排除对案涉房产的强制执行，确认华融湖南分公司对案涉房产的优先受偿权不得对抗建行怀化分行，起诉理由是其签订购房合同、支付购房款及占有案涉房产在办理抵押之前，进而主张排除对案涉房产的强制执行。建行怀化分行在本案中并未否定华融湖南分公司对案涉房产享有的抵押权，也未请求纠正第32号判决，实际上其诉请解决的是基于房屋买卖对案涉房产享有的权益与华融湖南分公司对案涉房产所享有的抵押权之间的权利顺位问题，这属于"与原判决、裁定无关"的情形，是执行异议之诉案件审理的内容，应予立案审理。

3. 王岩岩与徐意君、北京市金陛房地产发展有限责任公司案外人执行异议之诉案*

案外人对登记在被执行的房地产开发企业名下的商品房请求排除强制执行的，可以选择适用《最高人民法院关于人民法院办理执行异议和复议案件若干问题的规定》第二十八条或者第二十九条规定；案外人主张适用第二十八条规定的，人民法院应予审查

【裁判摘要】

《最高人民法院关于人民法院办理执行异议和复议案件若干问题的规定》第二十八条规定了不动产买受人排除金钱债权执行的权利，第二十九条规定了消费者购房人排除金钱债权执行的权利。案外人对登记在被执行的房地产开发企业名下的商品房请求排除强制执行的，可以选择适用第二十八条或者第二十九条规定；案外人主张适用第二十八条规定的，人民法院应予审查。

基本案情

2007年，徐意君因商品房委托代理销售合同纠纷一案将北京市金陛房地产发展有限责任公司（以下简称金陛公司）诉至北京市第二中级人民法院（以下简称北京二中院）。北京二中院经审理判决解除徐意君与金陛公司所签《协议书》，金陛公司返还徐意君预付款、资金

* 2021年2月19日最高人民法院发布的第27批指导性案例（指导案例156号）。

占用费、违约金、利息等。判决后双方未提起上诉，该判决已生效。后因金陛公司未主动履行判决，徐意君于2009年向北京二中院申请执行。北京二中院裁定查封了涉案房屋。

涉案房屋被查封后，王岩岩以与金陛公司签订合法有效《商品房买卖合同》，支付了全部购房款，已合法占有房屋且非因自己原因未办理过户手续等理由向北京二中院提出执行异议，请求依法中止对该房屋的执行。北京二中院驳回了王岩岩的异议请求。王岩岩不服该裁定，向北京二中院提起案外人执行异议之诉。王岩岩再审请求称，仅需符合《最高人民法院关于人民法院办理执行异议和复议案件若干问题的规定》（以下简称《异议复议规定》）第二十八条或第二十九条中任一条款的规定，法院即应支持其执行异议。二审判决错误适用了第二十九条进行裁判，而没有适用第二十八条，存在法律适用错误。

裁判结果

北京市第二中级人民法院于2015年6月19日作出（2015）二中民初字第00461号判决：停止对北京市朝阳区儒林苑×楼×单元×房屋的执行程序。徐意君不服一审判决，向北京市高级人民法院提起上诉。北京市高级人民法院于2015年12月30日作出（2015）高民终字第3762号民事判决：一、撤销北京市第二中级人民法院（2015）二中民初字第00461号民事判决；二、驳回王岩岩之诉讼请求。王岩岩不服二审判决，向最高人民法院申请再审。最高人民法院于2016年4月29日作出（2016）最高法民申254号裁定：指令北京市高级人民法院再审本案。

裁判理由

最高人民法院认为，《异议复议规定》第二十八条适用于金钱债权执行中，买受人对登记在被执行人名下的不动产提出异议的情形。而第二十九条则适用于金钱债权执行中，买受人对登记在被执行的房地产开发企业名下的商品房提出异议的情形。上述两条文虽然适用于不同的情形，但是如果被执行人为房地产开发企业，且被执行的不动产为登记于其名下的商品房，同时符合了“登记在被执行人名下的不动产”与“登记在被执行的房地产开发企业名下的商品房”两种情形，则《异议复议规定》第二十八条与第二十九条适用上产生竞合。案外人对登记在被执行的房地产开发企业名下的商品房请求排除强制执行的，可以选择适用第二十八条或者第二十九条规定；案外人主张适用第二十八条规定的，人民法院应予审查。本案一审判决经审理认为王岩岩符合《异议复议规定》第二十八条规定的情形，具有能够排除执行的权利，而二审判决则认为现有证据难以确定王岩岩符合《异议复议规定》第二十九条的规定，没有审查其是否符合《异议复议规定》第二十八条规定的情形，就直接驳回了王岩岩的诉讼请求，适用法律确有错误。

关于王岩岩是否支付了购房款的问题。王岩岩主张其已经支付了全部购房款，并提交了金陛公司开具的付款收据、《商品房买卖合同》、证人证言及部分取款记录等予以佐证，金陛公司对王岩岩付款之事予以认可。上述证据是否足以证明王岩岩已经支付了购房款，应当在再审审理过程中，根据审理情况查明相关事实后予以认定。

4. 钟永玉与王光、林荣达案外人执行异议纠纷案*

▶ 执行异议是否成立，应根据案件执行异议具体情况等因素综合判断

【裁判摘要】

《最高人民法院关于人民法院办理执行异议和复议案件若干问题的规定》是关于执行程序中当事人提出执行异议时如何处理的规定。由于执行程序需要贯彻已生效判决的执行力，因此，在对执行异议是否成立的判断标准上，应坚持较高的、外观化的判断标准。这一判断标准，要高于执行异议之诉中原告能否排除执行的判断标准。由此，《最高人民法院关于人民法院办理执行异议和复议案件若干问题的规定》第二十五条至第二十八条的规定应当在如下意义上理解，即符合这些规定所列条件的，执行异议能够成立；不满足这些规定所列条件的，异议人在执行异议之诉中的请求也未必不成立。是否成立，应根据案件的具体情况和异议人所主张的权利、申请执行人债权实现的效力以及被执行人对执行标的的权利作出比较并综合判断，从而确定异议人的权利是否能够排除执行。

* 摘自《最高人民法院公报》2016年第6期。

最高人民法院民事判决书

（2015）民一终字第150号

上诉人（原审被告）：王光，男，汉族，住福建省福州市。

委托代理人：史正，福建方圆统一律师事务所律师。

委托代理人：林辉，福建方圆统一律师事务所律师。

被上诉人（原审原告）：钟永玉，女，畲族，住福建省上杭县。

委托代理人：庄宗伟，北京大成（厦门）律师事务所律师。

委托代理人：董锦辉，北京大成（厦门）律师事务所律师。

原审被告：林荣达，男，汉族，住福建省上杭县。

上诉人王光为与被上诉人钟永玉、原审被告林荣达案外人执行异议纠纷一案，不服福建省高级人民法院2015年3月2日（2014）闽民初字第7号民事判决，向本院提起上诉。本院依法组成合议庭，于2015年7月2日开庭审理了本案。王光委托代理人史正及钟永玉委托代理人庄宗伟、董锦辉到庭参加了诉讼，林荣达经合法传唤未到庭。本案现已审理终结。

一审法院经审理查明：王光与林荣达股权转让合同纠纷一案中，王光向一审法院提出财产保全申请，请求对林荣达的财产进行诉讼保全。2011年7月15日，一审法院作出（2011）闽民初字第22-2号民事裁定，冻结林荣达银行存款5723万元或查封、扣押等值的财产，并于2011年7月21日向上杭县房地产交易管理所发出（2011）闽民初字第22-2号《协助执行通知书》，查封了林荣达所有的坐落于上杭县和平路121号的房产一幢（房屋所有权证：杭房权字第06072号，以下简称诉争房产），查封期限自2011年7月21日至2013年7月20日。

2011年12月15日，一审法院作出（2011）闽民初字第22号民事判决，判令林荣达应返还王光已支付的转让款750.681万美元（合人民币

5000 万元)。(2011) 闽民初字第 22 号民事判决生效后，王光于 2012 年 12 月 23 日向一审法院申请强制执行，申请执行标的 750.681 万美元（合人民币 5000 万元）及利息，一审法院于 2012 年 12 月 24 日立案执行，并于 2013 年 6 月 19 日作出（2013）闽执行字第 1－4 号执行裁定：继续查封林荣达所有的坐落于上杭县和平路 121 号的房产，查封期限自 2013 年 7 月 21 日至 2014 年 7 月 20 日止。

2013 年 12 月 5 日，钟永玉以诉争房产系其所有为由，向一审法院提起执行异议，请求一审法院中止对该房产的执行并解除对该房产的查封措施。一审法院认为，讼争房产至今仍登记在林荣达名下，尚未变更登记为案外人钟永玉，故上述房产的物权未发生变动，应仍为林荣达所有。案外人钟永玉认为讼争房产系其合法财产之理由无事实和法律依据，查封并无不当，作出（2013）闽执外异字第 3 号执行裁定，驳回钟永玉异议。钟永玉不服，遂提起本案诉讼。

钟永玉向一审法院提起诉讼称：一审法院于 2013 年 12 月 18 日作出的（2013）闽执外异字第 3 号执行裁定书，在认定事实及适用法律上存在错误，应当对讼争房产依法停止执行。理由如下：1996 年 7 月 22 日，钟永玉与林荣达签订《离婚协议书》，双方约定讼争房屋归女方及女方所生子女所有，但只准居住，不准转卖。《离婚协议书》签订后，双方于同年 8 月 7 日办理了离婚登记手续，但林荣达未及时将讼争房产变更登记至钟永玉名下，经钟永玉多次要求均未果，过错在于林荣达。根据《中华人民共和国物权法》第十五条规定，钟永玉与林荣达签订的《离婚协议书》依法成立，合法有效，且讼争房产一直由钟永玉占有、支配、使用，属钟永玉合法财产。根据相关法律法规的规定，本案讼争房产不应列为执行财产。请求判令：(1) 确认诉争房产归属于钟永玉所有；(2) 停止对讼争房产的执行，并解除查封措施；(3) 本案诉讼费由王光、林荣达承担。

王光答辩称：(1) 讼争房产的所有权人为林荣达，法院对讼争房产采取执行措施，是正确、合法的。理由如下：①讼争房产的《房屋所有权证》及《国有土地使用证》上的权利人均登记为林荣达，因此，讼争房产的物权归林荣达所有。②钟永玉主张其与林荣达于 1996 年达成离婚协议，该协议约定“上杭县城关和平路的面积一百七十三平方米的房屋归女方及其所生子女所有，但只准居住，不准转卖”，从1996年至今已近20年，讼争房产登记的所有权人仍是林荣达，仍为林荣达所有。③钟永玉对林荣达享有的债权请求权不能对抗法院的查封、执行措施，不能对抗申请执行人。钟永玉要求林荣达办理变更登记，事实和法律上已不可能实现。钟永玉要求确认讼争房产归属于钟永玉所有的诉讼请求没有事实和法律依据，依法应予以驳回。(2)《离婚协议书》不能作为钟永玉主张权利的依据。①《离婚协议书》约定的是：“上杭县城关和平路的面积一百七十三平方米（尚未办理门牌号码）的房屋归女方及女方所生子女所有。但只准居住，不准转卖。”而根据讼争房产《房屋所有权证》载明讼争房产共四层，面积为748.7平方米，故钟永玉只对讼争房产748.7平方米中的173平方米享有请求权，绝非对讼争房产全部748.7平方米享有请求权。②《离婚协议书》上特别载明对173平方米“只准居住，不准转卖”，说明钟永玉只有居住、使用的权利，并不享有所有权。③钟永玉提交的《离婚登记申请书》上结婚证号为空白，故钟永玉与林荣达未必存在结婚的事实，《离婚协议书》是无效的。对该事实钟永玉负有举证责任，否则应承担举证不能的法律后果。(3)钟永玉与林荣达的《离婚协议书》早在1996年就已签订，至今已近20年，钟永玉长期未办理变更登记，也不主张权利，直到法院采取强制执行措施才提出主张，其目的在于帮助林荣达逃避执行。(4)钟永玉已另案起诉林荣达要求确认讼争房产产权，其隐瞒讼争房产已被法院依法查封的事实，另行提起确权诉讼的行为不符合法律规定。根据《最高人民法院印发〈关于执行权合理配置和科学运行的若干意见〉的通知》(法发〔2011〕15号)第二十六条之规定，受诉法院不应对钟永玉与林荣达进行的确权诉讼进行审理，如有确权判决书或调解书也应当撤销，不能成为本案定案的依据。综上，讼争房产的物权并未发生变动，仍为林荣达所有，执行法院对属于林荣达所有的讼争房产采取执行措施是正确、合法的，钟永玉与林荣达提起本案诉讼的目的在于逃避执行，请求法院依法驳回钟永玉的全部诉讼请求，以维护王光的合法权益。

一审法院经审理查明：钟永玉与林荣达于1972年6月28日登记结婚。

1996年7月22日，钟永玉与林荣达签订《离婚协议书》，载明：现双方同意办理离婚手续。建在迳美村新联路11号的房屋一幢及建在上杭县城关和平路的面积173平方米（尚未办理门牌号码）的房屋归女方及女方所生子女所有。但只准居住，不准转卖。

1996年8月7日，钟永玉与林荣达办理离婚手续，《离婚登记申请书》及《审查处理结果》的内容体现钟永玉与林荣达经婚姻登记机关审查同意准予离婚。

根据《上杭县私有房屋所有权登记申请书》、杭房权字第06072号《房屋所有权证》及杭国用（1997）字第4468号《国有土地使用证》，其中申请书载讼争房产来源为新建，用地面积为172.8平方米，建成年份1996年，同时讼争房产的《国有土地使用证》与《房屋所有权证》所附平面图内容与《上杭县私有房屋所有权登记申请书》所附平面图内容一致。

钟永玉与林荣达之子女林必盛、林晓燕、林晓均、林丽娟四人出具的《声明》，内容为同意讼争房产归钟永玉所有，并将《国有土地使用证》及《房屋所有权证》直接变更至钟永玉名下，由此产生任何纠纷、诉讼同意由钟永玉全权处理。

一审法院另查明：林荣达于2014年2月17日、3月24日上杭县人民法院法庭审理中陈述，讼争房产土地使用权1994年向上杭县国土资源局购买，1995年建造竣工并乔迁入住，1996年向土地管理部门申请办理土地使用权证，1997年才办理好土地使用权证和房屋所有权证。离婚时，双方已经协议夫妻共同财产即讼争房产归钟永玉及所生子女所有。由于购买土地使用权时是用林荣达的名义购买的，所以办证机关要求用其名字办理，原本可以将房屋所有权过户到钟永玉名下，但一直未去办理。离婚后，该房产都由钟永玉占有、使用和收益。讼争房产现在的门牌号是和平路121号，离婚时已协商归钟永玉及其所生子女所有。

案外人李建杭述称：讼争房产一楼店面从2010年2月起由其向钟永玉承租，租金每月1200元，每半年以现金方式向钟永玉支付一次。根据钟永玉提供的《上杭县自来水公司用水分户明细卡》《自来水公司用水账户卡》

等证据，林荣达名下的讼争房屋于1996年2月已经建成并入住。

一审法院经审理认为，钟永玉依照《中华人民共和国民事诉讼法》第二百二十七条的规定提起案外人执行异议之诉，应当提供证据证明其对讼争房产享有的实体权利足以阻却强制执行措施。钟永玉提供的《离婚登记申请书》《离婚协议书》《审查处理结果》均复印自上杭县档案馆，真实性应予认定，该三份证据内容体现钟永玉与林荣达经协商一致达成离婚协议，并经行政机关审批同意予以办理离婚登记，虽然钟永玉于一审庭审后提供的《结婚登记申请表》所载的申请人为"钟永月姑"，且未提供其他证据证明其曾用名为"钟永月姑"，但是钟永玉与林荣达是否存在合法的婚姻关系，属行政机关在办理两人离婚登记时应当审查的事项，行政机关作出"符合条件，予以办理（离婚登记）"的审查结果，其中当包含确认两人此前存在婚姻关系之意，故王光以《离婚协议书》未填写结婚证号、钟永玉未提供证据证明其与林荣达存在合法婚姻关系等为由，主张钟永玉不能证明其与林荣达曾存在婚姻关系，并因此认为《离婚协议书》无效，理由不能成立，一审法院不予支持。钟永玉与林荣达签署的《离婚协议书》系双方自愿达成，内容没有违反法律、行政法规的强制性规定，两人亦已依该协议并经行政机关批准解除婚姻关系，故应当认定该离婚协议合法有效。

虽然钟永玉提供的《上杭县私有房屋所有权登记申请表》、讼争房产的权属证书等证据体现林荣达系于1997年申请办理并取得讼争房产的权属证书，但是《上杭县私有房屋所有权登记申请表》载讼争房产系于1996年建成，钟永玉于一审庭审后提供的用水分户明细卡、用水账户卡等证据亦体现讼争房产于1996年2月安装自来水并有每月用水记录，上述事实与林荣达有关讼争房产于1994年购买土地使用权，1995年底建成，1996年初入住，1997年补办土地使用权出让手续并办理权属证书的陈述可以互相印证，证明讼争房产系在林荣达与钟永玉婚姻关系存续期间购买土地使用权并合法建造而成，根据《中华人民共和国婚姻法》第十七条的规定，当属两人夫妻共同财产。

1996年，两人经协商达成有关该处房产归钟永玉及其子女所有的《离

婚协议书》，不仅是双方对夫妻共同财产作出的分割协议，而且因具有解除人身关系的性质，而不同于一般处分房产所有权的协议。钟永玉作为讼争房产的共有权人，依法享有该处房产之物权，其请求停止对讼争房产强制执行措施，一审法院予以支持。根据钟永玉与林荣达《离婚协议书》的约定，讼争房产权属应当由钟永玉及其四个子女享有，一审诉讼中，钟永玉虽然提供了林必盛等四人的《声明》，主张该四人为钟永玉的婚生子女，但由于该四人并非本案当事人，仅凭《声明》并不能证明林必盛等人的身份，因此，该《声明》书不足以认定《离婚协议书》中涉及的林必盛等四名子女已经同意将讼争房产权利归属于钟永玉，在此情况下，钟永玉在本案中请求将讼争房产判归其所有，依据不足，一审不予支持。

综上，依照《中华人民共和国婚姻法》第十七条、第三十九条第一款，《中华人民共和国民事诉讼法》第二百二十七条，《最高人民法院关于适用〈中华人民共和国民事诉讼法〉执行程序若干问题的解释》第二十四条的规定，一审法院判决如下：一、停止对位于福建省上杭县和平路121号房产的执行；二、驳回钟永玉的其他诉讼请求。案件受理费100元，由王光负担。

王光不服一审判决，向本院提起上诉，请求：（1）撤销福建省高级人民法院（2014）闽民初字第7号民事判决第一项，改判驳回钟永玉的全部诉讼请求。（2）本案诉讼费用由钟永玉承担。主要理由是：（1）讼争房产的物权归林荣达所有，一审法院不依据不动产权属证书而是以1996年两人经协商达成的《离婚协议书》为由，作出钟永玉享有该处房产之物权，判决停止对讼争房产执行的认定没有法律依据。（2）即便按照一审法院的观点，以《离婚协议书》来确定讼争房产的权属，钟永玉的诉讼请求仍然不能成立。①《离婚协议书》所涉及的与钟永玉及其子女有关的讼争房产的面积只有173平方米，而根据讼争房产的《房屋所有权证》所载，讼争房产面积为748.7平方米，钟永玉只对讼争房产748.7平方米中的173平方米享有请求权（173平方米大约是一层的面积），而非对748.7平方米享有请求权（这种权利仅指173平方米的使用权），并不能因此停止对讼争房产（特别是173平方米以外的部分）的执行。②《离婚协议书》的内容是

“只准居住，不准转卖”，即钟永玉并不享有处分权，钟永玉只有居住、使用的权利，并不享有所有权。所以钟永玉对讼争房产实际上只有1/4居住、使用的权利，并不能阻止对讼争房产的拍卖执行。（3）钟永玉自述1996年达成《离婚协议书》，但至2011年法院查封讼争房产，长达15年，钟永玉从未主张办理变更登记。这一事实证明，依据《离婚协议书》，钟永玉并不获得讼争房产的所有权，之所以在17年后对讼争房产提出执行异议（钟永玉在2013年才提起执行异议），纯属协助林荣达逃避执行。

钟永玉答辩称：其请求法院停止讼争房屋的强制执行措施，于法有据，一审认定事实清楚，适用法律正确，应予维持。（1）钟永玉与林荣达签订的《离婚协议书》，对房屋所有权分配的约定十分明确，且《离婚协议书》签订后，钟永玉与林荣达又于1996年8月7日签署了《离婚登记申请书》，再次明确“财产处理”方式为“房屋归女方”，《离婚登记申请书》是双方无恶意的合意行为，在行政机关备案的法律文件，合法有效，即案涉房屋全部归女方所有，钟永玉是讼争房产的所有权人（至少是共有权人）。《离婚协议书》中约定的“只准居住，不准转卖”，其真实原因是林荣达考虑其离婚后可能改嫁，担心日后如果房屋被出让，其四个子女的基本生活没有保障，该约定并非从法律角度限制房屋的物权，而是林荣达从保护子女利益角度考虑所提出的一项“离婚条件”。即便退一万步讲，钟永玉与林荣达之间的财产分割属于债权关系，该债权基于《离婚协议书》所产生，债的标的是唯一且确定的，即讼争房产，属于特定之债。王光与林荣达之间因股权所产生的债务纠纷发生在离婚14年之后，属于种类之债，且形成在后。因此，特定之债优先于种类之债。（2）《离婚协议书》所载“和平路的面积一百七十三平方米（尚未办理门牌号码）的房屋”即和平路121号房屋，《离婚协议书》中所载面积173平方米系房屋的占地面积。①《离婚协议书》签订时讼争房产尚无门牌号，房屋总建筑面积未实际测量，仅知讼争房产的用地面积为172.8平方米（四舍五入即173平方米），故协议书所载“建在上杭县城关和平路的面积一百七十三平方米的房屋”中的“一百七十三平方米”仅是代替门牌号的一种识别符号，且讼争房产共四层总建筑面积为748.7平方米，每层的面积也应是187.18平

方米，与《离婚协议书》所载的173平方米相去甚远。如果林荣达与钟永玉的真实意思是指讼争房产的一层或173平方米归女方及其子女所有，也应当在《离婚登记申请书》中明确备注是第几层或多少面积归女方及其子女所有，现实情况是《离婚协议书》《离婚登记申请书》都无此备注，因此“一百七十三平方米”是指房屋用地面积，而不是王光所称的一层房屋的面积。②从讼争房产的实际使用情况看，其与林荣达离婚后，其在讼争房屋里一个人含辛茹苦把三个子女抚养成人，该讼争房产一直由其和子女居住、使用，后对外出租也是由钟永玉收取租金，林荣达离婚后从未在讼争房产内居住。而且，根据生活常理和中国农村的惯例，离婚之后男女双方是不会继续在同一栋房子里居住的，更不可能一方“寄住”在另一方的房产之中。（3）1997年讼争房屋的房产证及土地证办到林荣达名下，原因在于之前办理土地使用权受让相关手续时登记人是林荣达，所以权属证书就顺理成章地办到林的名下，而且当时《中华人民共和国物权法》尚未颁布实施，普通老百姓对于不动产物权登记的法律意义都无多少概念，文化水平低的农村家庭妇女，更不会去关心房产“两证”如何办理，钟永玉对房产至今未办理过户手续没有过错。

林荣达提交答辩意见称：同意钟永玉的答辩意见。

本院二审查明的事实与一审法院查明的事实相同。

本院认为，本案系案外人钟永玉在王光与林荣达股权转让纠纷一案生效判决的执行中，对执行标的（讼争房产）提起的执行异议之诉，请求排除执行的理由为股权转让关系发生之前该讼争房产已在离婚协议中作为其与林荣达夫妻共同财产进行处分归其和四名子女所有，因此，钟永玉对本案讼争房产是否享有足以阻止执行的实体权利是本案争议的焦点。本院认为，钟永玉对诉争房产享有足以阻却执行的权利。主要理由是：

1. 现有证据不能证明钟永玉与林荣达之间存在恶意串通逃避债务的主观故意，钟永玉与林荣达解除婚姻关系及有关财产约定的意思表示真实。根据原审查明的案件事实，王光与林荣达之间转让股权的时间为2009年9月，王光因该股权转让纠纷根据生效判决申请原审法院对讼争房产进行查封的时间为2013年6月，此时讼争房产登记在债务人林荣达个人名下。钟永玉一审中提供的复印自上杭县档案馆的《离婚登记申请书》《离婚协议书》《审查处理结果》等三份证据，能够证明钟永玉与林荣达两人于1996年7月22日达成的《离婚协议书》已明确将夫妻双方共有的讼争房产归钟永玉及其子女所有。上述《离婚协议书》系钟永玉与林荣达两人自愿达成，内容不违反法律、行政法规的强制性规定，且两人亦已依该协议并经行政机关批准解除婚姻关系，故一审法院认定该离婚协议合法有效，并无不当。由于该《离婚协议书》签订时间（1996年7月）在先，法院对讼争房产的执行查封（2013年6月）在后，时间上前后相隔长达十几年之久，林荣达与钟永玉不存在借离婚协议处分财产逃避债务的主观恶意。据此，钟永玉与林荣达在离婚协议中对于夫妻共同财产的处分行为亦属有效。王光上诉认为钟永玉与林荣达之间的离婚协议属恶意逃避债务的理由不能成立。

2. 关于钟永玉对讼争房产的请求权的内容问题。根据《上杭县私有房屋所有权登记申请书》、杭房权字第06072号《房屋所有权证》及杭国用(1997)字第4468号《国有土地使用证》等证据可知，讼争房产的用地面积为172.8平方米。由于钟永玉与林荣达签订《离婚协议书》时，讼争房产尚未办理门牌号码也未测量其实际面积，因此，钟永玉与林荣达在《离婚协议书》中约定："……建在上杭县城关和平路的面积一百七十三平方米（尚未办理门牌号码）的房屋归女方及女方所生子女所有"，该约定的内容即应解释为诉争房屋的全部而非其中的173平方米归钟永玉及其所生子女所有。尤其是，在《离婚协议书》签订之后，钟永玉及其所生子女也一直实际占有、使用了诉争房屋。因此，王光上诉以钟永玉仅对诉争房屋的173平方米部分享有请求权、人民法院不应停止对该房屋其他部分执行的主张不能成立。

3. 由于《离婚协议书》并不存在恶意串通逃避债务的问题，且钟永玉对案涉全部房产享有请求权，因此，需要进一步讨论的问题是，钟永玉依据《离婚协议书》对讼争房产享有的权利是否足以排除执行。

在法律适用上，应当看到，《最高人民法院关于人民法院办理执行异议和复议案件若干问题的规定》是针对执行程序中当事人提出执行异议时

如何处理的规定。由于执行程序需要贯彻已生效判决的执行力，因此，在对执行异议是否成立的判断标准上，应坚持较高的、外观化的判断标准。这一判断标准，要高于执行异议之诉中原告能否排除执行的判断标准。

由此，《最高人民法院关于人民法院办理执行异议和复议案件若干问题的规定》第二十五条至第二十八条的规定就应当在如下意义上理解，即符合这些规定所列条件的，执行异议能够成立；不满足这些规定所列条件的，异议人在执行异议之诉中的请求也未必不成立。是否成立，应根据案件的具体情况和异议人所主张的权利、申请执行人债权实现的效力以及被执行人对执行标的的权利作出比较后综合判断，从而确定异议人的权利是否能够排除执行。

在本案中，钟永玉与林荣达于1996年7月22日签订《离婚协议书》，约定讼争房产归钟永玉及其所生子女所有，该约定是就婚姻关系解除时财产分配的约定，在诉争房产办理过户登记之前，钟永玉及其所生子女享有的是将讼争房产的所有权变更登记至其名下的请求权。该请求权与王光的请求权在若干方面存在不同，并因此具有排除执行的效力。

第一，从成立时间上看，该请求权要远远早于王光因与林荣达股权转让纠纷所形成的金钱债权。债权的成立时间尽管并不影响债权的平等性，但是在若干情形下对于该债权能否继续履行以及继续履行的顺序产生影响。例如，《最高人民法院关于审理买卖合同纠纷案件适用法律问题的解释》第十条针对出卖人就特殊动产订立多重买卖合同的继续履行问题明确规定，在均未受领交付且未办理所有权转移登记手续的情况下，依法成立在先合同的买受人的继续履行请求权就优先于其他买受人。以此类推，在本案情形，至少不能得出王光成立在后的债权具有优先于钟永玉成立在前的债权的结论。

第二，从内容上看，钟永玉的请求权系针对诉争房屋的请求权，而王光的债权为金钱债权，并未指向特定的财产，诉争房屋只是作为林荣达的责任财产成为王光的债权的一般担保。在钟永玉占有诉争房屋的前提下，参考《最高人民法院关于审理买卖合同纠纷案件适用法律问题的解释》第十条规定的精神可知，其要求将讼争房产的所有权变更登记至其名下的请求权，也应当优于王光的金钱债权。

第三，从性质上看，王光与林荣达之间的金钱债权，系林荣达与钟永玉的婚姻关系解除后发生的，属于林荣达的个人债务。在该债权债务发生之时，诉争房屋实质上已经因钟永玉与林荣达之间的约定而不再成为林荣达的责任财产。因此，在王光与林荣达交易时以及最终形成金钱债权的过程中，诉争房产都未影响到林荣达的责任财产。在此意义上，钟永玉的请求权即使排除王光债权的执行，也并未对王光债权的实现形成不利影响。

第四，从发生的根源上看，讼争房产系钟永玉与林荣达婚姻关系存续期间因合法建造而产生的夫妻共同财产，在钟永玉与林荣达婚姻关系解除之时约定讼争房产归钟永玉及其所生子女所有。从功能上看，该房产具有为钟永玉及其所生子女提供生活保障的功能。与王光的金钱债权相比，钟永玉及其子女享有的请求权在伦理上具有一定的优先性。

综上所述，本院认为，基于钟永玉与王光各自债权产生的时间、内容、性质以及根源等方面来看，钟永玉对诉争房产所享有的权利应当能够阻却对本案讼争房产的执行，钟永玉提起执行异议请求阻却对本案讼争房产执行的理由成立，一审法院判决停止对讼争的位于福建省上杭县和平路121号房产的执行正确，应予维持。王光上诉请求撤销该项判决的理由，不能成立，本院不予支持。

综上，一审判决认定事实清楚，判决结果正确。本院依照《中华人民共和国民事诉讼法》第一百七十条第一款第一项之规定，判决如下：

驳回上诉，维持原判。

二审案件受理费100元，由王光负担。

本判决为终审判决。

审　判　长　姚爱华
审　判　员　王毓莹
代理审判员　姜　强

二〇一六年一月十日

书　记　员　王慧娴

5. 大连银行股份有限公司沈阳分行与抚顺市艳丰建材有限公司、郑克旭案外人执行异议之诉案*

▶ 质权属于担保物权，足以排除另案债权的强制执行

【裁判摘要】

《最高人民法院关于适用〈中华人民共和国民事诉讼法〉的解释》第三百一十二条①规定，对于案外人提起的执行异议之诉，人民法院经审理，案外人就执行标的享有足以排除强制执行的民事权益的，判决不得执行该执行标的。本案中，承兑汇票出票人向银行承兑汇票保证金专用账户交存保证金作为承兑汇票业务的担保，该行为性质属于设立金钱质押。当出票人未支付到期票款，银行履行垫款义务后，银行基于质权享有就该保证金优先受偿的权利。质权属于担保物权，足以排除另案债权的强制执行。

* 摘自《最高人民法院公报》2016 年第 8 期。

① 本解释已于 2020 年 12 月 29 日修正，但内容未作变动。

最高人民法院民事判决书

（2015）民提字第175号

再审申请人（一审原告、二审上诉人）：大连银行股份有限公司沈阳分行。住所地：辽宁省沈阳市沈河区北站路77-1号1门。

负责人：毕贺轩，该分行行长。

委托代理人：徐文浩，该分行员工。

被申请人（一审被告、二审被上诉人）：抚顺市艳丰建材有限公司。住所地：辽宁省抚顺经济开发区李石经济区大街2号4020室。

法定代表人：李会成，该公司总经理。

被申请人（一审被告、二审被上诉人）：郑克旭，男，汉族，1968年12月28日出生，住河北省霸州市。

委托代理人：戴孟勇，北京市资略律师事务所律师。

委托代理人：何立敏，北京市亦非律师事务所律师。

再审申请人大连银行股份有限公司沈阳分行（以下简称大连银行沈阳分行）因与被申请人抚顺市艳丰建材有限公司（以下简称艳丰公司）、郑克旭案外人执行异议之诉一案，不服河北省高级人民法院（2014）冀民二终字第32号民事判决，向本院申请再审。本院于2015年6月16日作出（2015）民申字第736号民事裁定，提审本案。本院依法组成由审判员王涛担任审判长，代理审判员梅芳、杨卓参加的合议庭，公开开庭审理了本案，书记员陈明担任记录。大连银行沈阳分行的委托代理人徐文浩、郑克旭的委托代理人戴孟勇、何立敏到庭参加诉讼。艳丰公司经合法传唤未到庭。本案现已审理终结。

河北省廊坊市中级人民法院一审查明：艳丰公司与郑克旭于2011年12月6日签订《借款合同》，约定：借款金额为8000万元，借款日期为

2011 年 12 月 6 日，还款日期为 2011 年 12 月 7 日。同日，艳丰公司与大连银行沈阳分行签订《汇票承兑合同》，约定：本合同项下银行承兑汇票共计 8 张，全部汇票金额合计为 8000 万元；出票人均为艳丰公司，收款人均为沈阳首创物资有限公司（以下简称首创公司）；出票日期均为 2011 年 12 月 6 日，汇票到期日均为 2012 年 6 月 6 日；承兑满足条件为，艳丰公司与收款人之间的商品交易关系是真实合法和具有对价的，艳丰公司具有支付到期汇票金额的可靠资金来源，不存在票据欺诈行为；艳丰公司于汇票承兑前，在大连银行沈阳分行开立针对本合同项下汇票的保证金专用账户（账户为 1012××××××0023）并存入汇票金额 100% 的保证金，保证金金额为 8000 万元整，艳丰公司同意将上述保证金及由其产生的利息作为履行本合同的担保，并授权大连银行沈阳分行在因本合同需要时办理上述保证金的冻结、扣划等手续；双方权利义务为，艳丰公司在本合同项下汇票出票日起一个月内，向大连银行沈阳分行提供其与收款人之间的增值税发票复印件，大连银行沈阳分行有权要求核验原件；艳丰公司应于本合同项下汇票到期日之前将汇票金额足额存入大连银行沈阳分行指定账户，若艳丰公司未能在汇票到期日足额交付全部汇票金额，则大连银行沈阳分行有权将本合同第 2.2 款的保证金账户和艳丰公司其他存款账户中的款项直接用于支付到期汇票或偿还大连银行沈阳分行对持票人的垫款以及相应利息和手续费，同时对艳丰公司尚未支付的汇票金额按照日万分之五计收罚息；本合同项下汇票承兑后，发生以下任一情况，大连银行沈阳分行均可以要求艳丰公司将保证金金额提高到汇票金额的 100%；艳丰公司未按照大连银行沈阳分行要求如期补足保证金的，大连银行沈阳分行有权宣布艳丰公司违约，对艳丰公司提起诉讼并按照相关担保合同约定行使相应权利。《汇票承兑合同》签订当日，艳丰公司将 8000 万元存入大连银行沈阳分行文艺路支行营业部的 1012×××××××0325 账户，大连银行沈阳分行文艺路支行将 8000 万元转至《汇票承兑合同》指定的 1012××××××0023 保证金账户。同日，大连银行沈阳分行在艳丰公司作为出票人、首创公司作为收款人、大连银行沈阳分行文艺路支行作为付款行、金额各为 1000 万元、出票日期为 2011 年 12 月 6 日、到期日为 2012 年 6 月 6 日的 8 张银行承兑汇票正面“本汇票已经承兑，到期日由本行付款”处加盖了汇票专用章，之后将该8张汇票交付出票人艳丰公司。汇票上未填写承兑日期。

艳丰公司在《借款合同》约定的还款日期即2011年12月7日未还款。后艳丰公司与郑克旭及案外人明达意航企业集团有限公司（以下简称明达意航公司）于2011年12月24日签订了《还款协议》，约定：艳丰公司于2011年12月6日向郑克旭借款8000万元用于大连银行沈阳分行开具承兑汇票百分之百保证金，艳丰公司收到此款用完后没按约定归还，反而把此款用于其他，经双方协商达成如下协议：2012年1月6日至2012年1月19日还清8000万本金以及500万利息。到期后艳丰公司、明达意航公司未履行。2012年4月20日，艳丰公司与郑克旭、明达意航公司又签订《还款补充协议》，约定：第一期还款时间为2012年5月20日—25日之间，还款金额为2000万元；第二期还款时间为2012年6月20日—25日之间，还款金额为2000万元；第三期还款时间为2012年7月20日—25日之间，还款金额为2000万元；第四期还款时间为2012年8月20日—25日之间，还款金额为2000万元；利息从2011年12月20日起计算，根据实际占用时间与额度按月利息2%计算，以上利息于2012年9月底结清。上述合同到期后，艳丰公司、明达意航公司亦未履行。

2012年5月23日，中国邮政储蓄银行有限责任公司辽宁省分行以委托收款形式对前述8张银行承兑汇票中的6张（汇票号码313000512063920—313000512063924及313000512063929）进行收款。2012年5月25日，中国民生银行股份有限公司深圳分行以委托收款形式对其余2张汇票（汇票号码313000512063927、313000512063928）进行收款。2012年6月6日，大连银行沈阳分行文艺路支行对上述8张汇票总计金额8000万元进行了付款。同日，大连银行沈阳分行文艺路支行将8000万元转为承兑逾期垫款。

2012年5月，郑克旭分两次以艳丰公司、明达意航公司为被告向廊坊市中级人民法院提起诉讼，分别要求艳丰公司偿还借款4000万元及利息，明达意航公司承担担保责任，同时申请了财产保全。廊坊市中级人民法院于2012年5月28日裁定冻结了艳丰公司在大连银行沈阳分行文艺路支行

开立的账户1012×××××××0023中的保证金8000万元。后廊坊市中级人民法院作出（2012）廊民三初字第117号、第133号民事判决书。明达意航公司对（2012）廊民三初字第133号民事判决不服，向河北省高级人民法院提起上诉，该院于2013年7月3日作出（2013）冀民一终字第139号民事判决书，驳回上诉，维持原判。

在郑克旭申请执行（2012）廊民三初字第117号民事判决书期间，大连银行沈阳分行于2013年5月14日向廊坊市中级人民法院提出书面异议称：应依法纠正（2013）廊民执字第26号执行案件中的错误冻结行为，解除对银行保证金存款4000万元的查封。该院于2013年8月20日作出（2013）廊执异字第26－1号执行裁定书，认为：该院于2012年5月28日冻结了艳丰公司在大连银行沈阳分行保证金账户中的存款，大连银行沈阳分行于2012年6月6日对汇票进行了兑付，法院冻结保证金账户存款的时间早于大连银行沈阳分行对汇票进行承兑和付款时间。根据《最高人民法院、中国人民银行关于依法规范人民法院执行和金融机构协助执行的通知》（法发〔2000〕21号）第九条规定，人民法院依法可以对银行承兑汇票保证金采取冻结措施，但不得扣划；如果金融机构已对汇票承兑或者已对外付款，根据金融机构的申请，人民法院应当解除对银行承兑汇票保证金相应部分的冻结措施。银行承兑汇票保证金已丧失保证金功能时，人民法院可以依法采取扣划措施。本案中，在法院已经采取冻结措施的情况下，大连银行沈阳分行不考虑此款项交易存在的风险，无视法院的冻结措施，仍对外继续承兑，继续付款，且大连银行沈阳分行在本案中未考虑可能涉及虚假交易合同及出票存在的问题。故大连银行沈阳分行请求解除对该4000万元的冻结措施，该院不予支持。大连银行沈阳分行执行异议被驳回后，可以向该院提起案外人执行异议之诉，解决此实体争议。该院依照《中华人民共和国民事诉讼法》第二百二十七条和《最高人民法院关于适用〈中华人民共和国民事诉讼法〉执行程序若干问题的解释》第十五条之规定，裁定驳回大连银行沈阳分行的异议。

2013年10月9日，大连银行沈阳分行以艳丰公司、郑克旭为被告向一审法院提起本案诉讼，请求撤销一审法院（2013）廊执异字第26－1号执行裁定，确认其对1012××××××0023账户内的4000万元享有优先受偿权；诉讼费用由艳丰公司、郑克旭承担。

一审法院认为，本案争议的焦点为：(1) 2012年5月23日及2012年5月25日，收款人的委托收款行为是否属于承兑人已经完成了承兑行为；(2) 保证金账户的性质及大连银行沈阳分行对于保证金账户内的款项是否享有优先受偿权。

关于第一个争议焦点，该院认为，依据《商业汇票办法》（银发〔1993〕140号，1993年5月21日中国人民银行发布）第三条第三款规定，银行承兑汇票是由收款人或承兑申请人签发，并由承兑申请人向开户银行申请，经银行审查同意承兑的票据。《中华人民共和国票据法》第三十八条规定，承兑是指汇票付款人承诺在汇票到期日支付汇票金额的票据行为；第三十九条规定，定日付款或者出票后定期付款的汇票，持票人应当在汇票到期日前向付款人提示承兑。提示承兑是指持票人向付款人出示汇票，并要求付款人承诺付款的行为；第四十一条第一款规定，付款人对向其提示承兑的汇票，应当自收到提示承兑的汇票之日起三日内承兑或者拒绝承兑；第四十二条规定，付款人承兑汇票的，应当在汇票正面记载“承兑”字样和承兑日期并签章……汇票上未记载承兑日期的，以前条第一款规定期限的最后一日为承兑日期。《支付结算办法》（银发〔1997〕393号，1997年9月19日中国人民银行发布）第七十三条规定，商业汇票分为商业承兑汇票和银行承兑汇票……银行承兑汇票由银行承兑；第七十九条规定，银行承兑汇票应由在承兑银行开立存款账户的存款人签发；第八十条规定，商业汇票可以在出票时向付款人提示承兑后使用，也可以在出票后先使用再向付款人提示承兑；第八十三条规定，银行承兑汇票的出票人或持票人向银行提示承兑时，银行的信贷部门负责按照有关规定和审批程序，对出票人的资格、资信、购销合同和汇票记载的内容进行认真审查，必要时可由出票人提供担保。符合规定和承兑条件的，与出票人签订承兑协议；第八十四条规定，付款人承兑商业汇票，应当在汇票正面记载“承兑”字样和承兑日期并签章。从以上法律及规章的规定可以看出，大连银行沈阳分行在与艳丰公司签订《汇票承兑合同》后并在开具的以大连

银行沈阳分行作为付款人的8张银行承兑汇票（每张银行承兑汇票金额为1000万元，合计8000万元）正面记载“承兑”并签章的行为中，艳丰公司向大连银行沈阳分行申请开具承兑汇票的行为即是艳丰公司作为出票人向银行承兑汇票上记载的付款人即大连银行沈阳分行出示票据，请求大连银行沈阳分行承诺付款的行为，也就是票据法规定的出票人即艳丰公司在出票时向付款人即大连银行沈阳分行提示承兑的行为。大连银行沈阳分行经审查按照有关规定和审批程序，要求出票人艳丰公司提供8000万元保证金存于保证金账户，与艳丰公司签订《汇票承兑合同》后在8张银行承兑汇票正面“本汇票已经承兑，到期日由本行付款”栏处签章的行为即是《中华人民共和国票据法》规定的付款人已经完成了银行承兑汇票承兑的行为。这也符合《支付结算办法》第八十条的规定，即商业汇票可以在出票时向付款人提示承兑后使用。按照《中华人民共和国票据法》第二十二条的规定，银行承兑汇票正面记载的加盖承兑章不属于汇票的绝对应记载的事项。但是按照我国现在的银行承兑汇票的使用和流通来看，一般以银行作为付款人的银行承兑汇票，都是在出票人与付款人签订了汇票承兑合同，银行在银行承兑汇票正面“本汇票已经承兑，到期日由本行付款”栏处签章后才能在市场上使用和流通。作为基础关系的债权人和票据关系的收款人的财务人员，在以银行承兑汇票结算时，不会接受没有付款人（即银行）在银行承兑汇票正面加盖银行承兑章的银行承兑汇票。在收款人都不接受该银行承兑汇票的情况下，其也不可能在银行承兑汇票的背面第一背书人栏背书的。即使收款人背书转让的话，下一手被背书人在查看银行承兑汇票正面没有付款人承兑的签章时，也不会接受这样的银行承兑汇票以清偿或消灭基础关系的债务。在现实当中，银行承兑汇票是出票人在出票的同时向付款人提示承兑，付款人完成了承兑（即在银行承兑汇票正面加盖承兑章）并交付出票人后，出票人交付收款人以清偿或消灭基础关系，收款人在收到银行承兑汇票后，在银行承兑汇票的背面第一栏背书人栏签章后，银行承兑汇票才能正常使用和流通。也就是说，银行承兑汇票在出票的同时，付款人应当或者必须完成承兑行为。《支付结算办法》第八十八条规定，商业汇票的提示付款期限，自汇票到期日起10日。持票人应在提示付款期限内通过开户银行委托收款或直接向付款人提示付款。对异地委托收款，持票人可匡算邮程，提前通过开户银行委托收款；第一百九十八条规定，委托收款是收款人委托银行向付款人收取款项的结算方式；第一百九十九条规定，单位和个人凭已承兑商业汇票、债券、存单等付款人债务证明办理款项的结算，均可以使用委托收款结算方式。从以上的规定可以看出，委托收款是一种支付结算方式，属于票据法上的提示付款行为，并不是大连银行沈阳分行主张的委托收款行为是承兑人已经完成承兑的行为。

关于第二个争议焦点，该院认为，《中华人民共和国物权法》第二百零八条规定，为担保债务的履行，债务人或者第三人将其动产出质给债权人占有的，债务人不履行到期债务或者发生当事人约定的实现质权的情形，债权人有权就该动产优先受偿；第二百一十条规定，设立质权，当事人应当采取书面形式订立质权合同。《最高人民法院关于适用〈中华人民共和国担保法〉若干问题的解释》第八十五条规定，债务人或者第三人将其金钱以特户、封金、保证金等形式特定化后，移交债权人占有作为债权的担保，债务人不履行债务时，债权人可以以该金钱优先受偿。从相关法律规定来看，如果将金钱以保证金形式成立质押合同时，依据《中华人民共和国物权法》第二百一十条的规定，应当采用书面形式。从一般交易习惯来说，一般由作为付款人的银行根据开具银行承兑汇票出票人的信誉决定交存保证金金额的比例，一般为汇票金额的30%～50%，最高交存100%，最低的可以不交存。银行承兑汇票的保证金的数额多少一般参考两个方面：一是参照汇票金额来确定保证金比例；另一方面，也是主要的方面，就是参照出票人的信誉来确定保证金的比例。银行要求出票人在为其开立的保证金账户上存入一定数额的保证金，其目的并不是用这笔保证金来抵偿所到期支付的款项，而是出于出票人不守信用或无能力归还垫款，为降低风险，用银行的行为（银行制作的冻结保证金通知书）来控制出票人一定数额的资金。从这一点来看，保证金账户内的资金没有质押的性质。《商业汇票办法》第十八条规定，银行承兑汇票的承兑申请人应于银行承兑汇票到期前将票款足额缴存其开户银行。承兑银行俟到期日凭票将款项付给收款人、被背书人或贴现银行。如果出票人违约，银行可以依据汇票承兑协议扣划保证金。但是如果在银行未付款的情况下，法院对保证金账户进行冻结，银行并不对保证金被冻结而向出票人负责，为了继续履行汇票承兑协议，银行可以要求出票人在到期日前补足保证金。如果出票人不补足保证金，则是出票人违约，银行可以拒绝对持票人（收款人）付款并出具拒付证明，产生的违约责任应由出票人承担，因为出票人是最终债务人。银行可以以出票人违约，制作拒付证明，通过诉讼解决纠纷，以确定保证金的去向。如果银行已对汇票承兑或对外付款，自承兑行为或对外付款行为完成之时起，承兑汇票票据关系即告消灭，保证金功能随之丧失。大连银行沈阳分行与艳丰公司未就以保证金作为质押签订书面的质押合同，保证金的性质经过以上分析应是信誉保证，故大连银行沈阳分行主张的保证金属于金钱质押，其有优先受偿权的主张不能成立。

关于提供增值税专用发票和《工业品买卖合同》的问题，该院认为，《中华人民共和国票据法》第十条规定，票据的签发、取得和转让，应当遵循诚实信用的原则，具有真实的交易关系和债权债务关系。在不考虑票据效力的情况下，仅依据《汇票承兑合同》第5.3条的规定及《工业品买卖合同》存在的出卖人和买受人颠倒的问题上来看，有理由相信，本案银行承兑汇票8000万元金额项下的交易关系或债权债务关系不具有真实性。大连银行沈阳分行在此行为中存在过错或者重大过失。

综上，大连银行沈阳分行主张的委托收款是承兑行为与《中华人民共和国票据法》规定的承兑行为不符，应为票据法上的提示付款行为。在艳丰公司申请银行承兑汇票出票的时候，大连银行沈阳分行在银行承兑汇票正面加盖承兑专用章的行为是票据法上的承兑行为，也就是艳丰公司在出票的同时，付款人大连银行沈阳分行已经承兑了。《最高人民法院、中国人民银行关于依法规范人民法院执行和金融机构协助执行的通知》第九条规定，人民法院依法可以对银行承兑汇票保证金采取冻结措施，但不得扣划。如果金融机构已对汇票承兑或者已对外付款，根据金融机构的申请，人民法院应当解除对银行承兑汇票保证金相应部分的冻结措施。《中华人民共和国票据法》第三十九条规定，定日付款的汇票，持票人应当在汇票到期日前向付款人提示承兑。而按照当前一般的交易习惯和实际操作，银行承兑汇票的出票人在出票的同时完成承兑行为，在我国当前实际中是应当也是必须的，这也符合相关的票据法律规定，否则收款人是不会接受票据的。如果依据《最高人民法院、中国人民银行关于依法规范人民法院执行和金融机构协助执行的通知》第九条规定，对于在出票的同时完成承兑的行为适用本条规定，既然按第九条规定认定了已经承兑，那么第九条规定法院可以采取冻结措施也就没有必要了，故本案只能考虑是否已经对外付款的情形。本案中，法院冻结在先，大连银行沈阳分行付款在后。《最高人民法院、中国人民银行关于依法规范人民法院执行和金融机构协助执行的通知》第九条规定，银行承兑汇票保证金已丧失保证金功能时，人民法院可以依法采取扣划措施。保证金账户存款的性质属于信誉保证的性质，不属于大连银行沈阳分行主张的金钱质押的性质，在法院对保证金采取了冻结措施之后，大连银行沈阳分行可以依据《汇票承兑合同》和相关的规定要求艳丰公司另行提供担保或者出具拒付证明等措施，故大连银行沈阳分行在法院冻结之后，依然对外付款应由其承担责任。大连银行沈阳分行在到期日对外付款，银行承兑汇票的票据关系消灭，保证金功能也就丧失了。大连银行沈阳分行没有法律依据享有对保证金的优先受偿权，该院可以扣划。故，大连银行沈阳分行的诉讼请求没有法律依据，该院不予支持。依据《中华人民共和国民事诉讼法》第六十四条的规定，该院判决如下：驳回大连银行沈阳分行的诉讼请求，案件受理费 120900 元由大连银行沈阳分行负担。

大连银行沈阳分行不服上述一审判决，向河北省高级人民法院提起上诉称：《汇票承兑合同》项下的《工业品买卖合同》是否真实不是本案的争议焦点，一审法院违法审查票据基础关系，把本来是否承兑或付款的一项审查无限扩大，在执行异议之诉中审理票据纠纷和买卖合同纠纷，违反法定程序。法院在承兑到期日之前冻结了 8000 万元保证金，付款人到期也应当无条件兑付，并可按中国人民银行《关于银行承兑汇票保证金冻结、扣划问题的复函》（银条法〔2000〕第 9 号）第二条的规定向人民法院提出以被冻结保证金优先受偿的申请。一审法院认为付款行在到期日对外付

款，承兑汇票的票据关系消失，保证金功能也丧失，属于逻辑混乱，请求二审法院发回重审或者改判。

二审法院经审理，对一审法院查明的事实予以确认。

二审法院认为，根据《中华人民共和国票据法》第十条、第二十一条第二款的规定，票据的签发、取得和转让，应当具有真实的交易关系，不得签发无对价的汇票用以骗取银行或者其他票据当事人的资金。经庭审质证，可以认定，在艳丰公司向大连银行沈阳分行申请银行承兑汇票并签订8000万《汇票承兑合同》之际，合同约定的出票人艳丰公司与收款人首创公司之间并不存在真实的交易关系和债权债务关系。大连银行沈阳分行在《工业品买卖合同》系虚构的情况下，仍然与艳丰公司签订《汇票承兑合同》并出具银行承兑汇票，显然存在着重大过错。本案中，审查艳丰公司提供的基础交易关系的真实性、合法性，是大连银行沈阳分行在艳丰公司申请开具银行承兑汇票时的基本义务，但大连银行沈阳分行却怠于审查。为防止出现当事人利用虚假合同骗取银行资金，人民法院对于案外人提出的执行异议是否具有相应的事实和法律依据应当依法查明。人民法院审查承兑汇票基础关系的真实合法性，是维护我国票据立法和金融监管“票据的签发、取得和转让，应当具有真实的交易关系”之基本原则，并未违反法定程序。

2011年12月6日，艳丰公司汇入案涉保证金账户下的8000万元，是郑克旭当初提供给艳丰公司的8000万元借款。按照艳丰公司与大连银行沈阳分行间的《汇票承兑合同》第五条第5.7款约定，艳丰公司应在汇票到期日之前将汇票金额足额存入大连银行沈阳分行指定账户。在廊坊市中级人民法院于2012年5月28日冻结案涉8000万元保证金的情况下，大连银行沈阳分行并未要求艳丰公司补足款项，而是用艳丰公司在该行开具的贷款账户中的8000万元进行了兑付，其存在明显过错。

综上，大连银行沈阳分行在与艳丰公司签订《汇票承兑合同》时，未尽到法定监管职责，对于不存在真实交易关系的买卖合同未尽审查义务，开具了无对价的银行承兑汇票，对艳丰公司套取银行8000万元资金存在重大过错。在廊坊市中级人民法院冻结艳丰公司在大连银行沈阳分行开具的保证金账户中的8000万元后，大连银行沈阳分行并未要求艳丰公司按《汇票承兑合同》第五条第5.7款的约定在汇票到期日之前将汇票金额足额存入指定账户，而是进行了兑付，对其损失的造成具有不可推卸的责任。案涉保证金属于合同担保问题，与汇票的承兑及付款无关，该保证金的法律性质应当根据《汇票承兑合同》的约定来认定。从案涉《汇票承兑合同》第二条第2.2款对保证金的约定看，其只是规定“授权乙方在因本合同需要时办理上述保证金的冻结、划扣等手续”，并未约定“在甲方不履行本合同项下的义务时，乙方对该保证金享有优先受偿权”。可见，双方并无以案涉8000万元保证金为大连银行沈阳分行设立金钱质押的意思，故其不具有金钱质押性质，大连银行沈阳分行不享有优先受偿权。大连银行沈阳分行的上诉理由不充分，对其上诉请求不予支持。原判程序合法，事实清楚，适用法律正确。依照《中华人民共和国民事诉讼法》第一百七十条第一款第（一）项之规定，该院判决如下：驳回上诉，维持原判；二审案件受理费120900元，由大连银行沈阳分行负担。

大连银行沈阳分行不服上述二审判决，向本院申请再审称：（1）原审判决认定大连银行沈阳分行在与艳丰公司签订《汇票承兑合同》时未尽到法定监管义务，开具无对价的银行承兑汇票，对艳丰公司套取8000万元资金（包括本案4000万元和另案4000万元）存在重大过错，与事实不符。①大连银行沈阳分行已经尽到了法定的审查义务。艳丰公司与首创公司签订的《工业品买卖合同》虽然存在买卖双方公章加盖不规范问题，但仅属合同形式问题，对合同本身的权利义务并无实质性影响。②虽然艳丰公司未按《汇票承兑合同》的约定提供增值税发票复印件，但也不能据此否认艳丰公司与首创公司之间的交易关系。③原审法院在未作任何调查的情况下就认定艳丰公司与首创公司之间不存在真实交易关系是错误的，且该问题并不属于本案的审查范围。（2）原审判决认定大连银行沈阳分行在保证金被冻结的情况下仍然坚持承兑付款，具有不可推卸的责任，是不符合法律规定的。根据《中华人民共和国票据法》规定，银行在承兑汇票法律关系中处于付款人地位，在见票或者汇票到期日有向持票人无条件付款的义务，即便承兑汇票保证金被冻结，付款人到期也应当无条件付款。我国法

律并未规定保证金被查封后，银行不能对持票人付款。大连银行沈阳分行作为承兑汇票的付款人进行付款，并非无视法院的查封措施，而是充分尊重法律和合同约定。（3）原审判决认定大连银行沈阳分行对本案4000万元保证金不享有优先受偿权，适用法律错误。①根据《汇票承兑合同》第二条第2.2款、第五条第5.7款约定，大连银行沈阳分行与艳丰公司已经达成对本案承兑汇票业务以保证金账户内的4000万元作为质押担保的合意。原审法院认定双方没有以保证金作为金钱质押的意思表示，不符合合同约定。②本案中，双方当事人已经按照《汇票承兑合同》约定为出质金钱开立了保证金专用账户，艳丰公司已缴存了保证金，大连银行沈阳分行对保证金进行了冻结，符合出质金钱以保证金形式特定化的要求。该保证金账户设立在大连银行沈阳分行，该行对该账户进行了实际控制和管理，保证金账户内的资金使用均与保证金业务相对应，未用于保证金业务之外的日常结算，因此，亦符合出质金钱移交债权人占有的要件要求，金钱质押已经设立。故大连银行沈阳分行有权以案涉4000万元保证金行使优先受偿权。综上，原审判决认定事实错误，适用法律不当。大连银行沈阳分行依据《中华人民共和国民事诉讼法》第二百条第（一）项、第（二）项、第（六）项之规定申请再审，请求撤销河北省高级人民法院（2014）冀民二终字第32号民事判决，将本案发回重审或者依法改判。

郑克旭答辩称：（1）原审判决认定大连银行沈阳分行签订《汇票承兑合同》时存在重大过错是正确的。①艳丰公司与首创公司的买卖交易是否真实、合法，直接决定着《汇票承兑合同》及其项下汇票的出票、兑付等行为的法律效力，与本案具有直接的法律关系，因此，原审法院依法审查《工业品买卖合同》的真实性、合法性是正确的。②艳丰公司依据伪造的《工业品买卖合同》向大连银行沈阳分行申请银行承兑汇票并签订《汇票承兑合同》，违反《中华人民共和国票据法》等法律法规，其《汇票承兑合同》以及其中的保证金条款依法均属无效。③对于艳丰公司依据伪造的《工业品买卖合同》向大连银行沈阳分行申请银行承兑汇票并签订《汇票承兑合同》的行为，大连银行沈阳分行并未尽到审查义务，对艳丰公司和首创公司利用虚假的买卖合同骗取银行资金明显存在重大过错。（2）本案

4000万元保证金不具有金钱质押性质，大连银行沈阳分行不享有优先受偿权。由于《汇票承兑合同》以及其中的保证金条款均属无效，故该合同及保证金条款不能为大连银行沈阳分行设定金钱质权；即便抛开上述合同及其条款的合法性和有效性不谈，其约定亦不符合法律关于质权合同及金钱质押的规定，不能为大连银行沈阳分行设立金钱质权，大连银行沈阳分行亦不享有优先受偿权。（3）在法院冻结4000万元资金后，无论大连银行沈阳分行是否兑付本案承兑汇票，都不能对抗法院的冻结扣划措施。本案中，早在2012年5月28日廊坊市中级人民法院就依法冻结了艳丰公司保证金账户上的4000万元存款，大连银行沈阳分行却仍然在2012年6月6日向持票人兑付了4000万元，而未要求艳丰公司按照合同约定"于银行承兑汇票到期前将票款足额缴存其开户银行"，其行为显然存在重大过错。因此，大连银行沈阳分行无权要求法院解除对本案4000万元保证金的冻结措施。综上，原审判决认定事实清楚，证据确实充分，适用法律无误，大连银行沈阳分行的再审申请不符合法律规定的再审情形，应予驳回。

艳丰公司未提交答辩意见。

本院经再审审理，确认原审法院查明的事实。

本院认为，本案为大连银行沈阳分行对河北省廊坊市中级人民法院作出的（2013）廊执异字第26－1号执行异议裁定不服提起的案外人执行异议之诉，根据《最高人民法院关于适用〈中华人民共和国民事诉讼法〉的解释》第三百一十二条规定，对该类案件，人民法院经审理，按照下列情形分别处理：（1）案外人就执行标的享有足以排除强制执行的民事权益的，判决不得执行该执行标的；（2）案外人就执行标的不享有足以排除强制执行的民事权益的，判决驳回诉讼请求。案外人同时提出确认其权利的诉讼请求的，人民法院可以在判决中一并作出裁判。因此，本案再审审理的焦点问题是大连银行沈阳分行对执行标的即艳丰公司存入保证金专用账户的4000万元是否享有足以排除人民法院强制执行的民事权益。大连银行沈阳分行主张，艳丰公司存入保证金专用账户的4000万元系具有金钱质押效力的保证金，在其对艳丰公司申请开立的银行承兑汇票付款之后，其对该4000万元享有优先受偿权。据此，本案将从大连银行沈阳分行是否对该

4000 万元享有质权、该权利是否足以排除强制执行等方面进行分析判定。

一、大连银行沈阳分行对案涉 4000 万元是否享有质权

《中华人民共和国物权法》第二百一十条规定：“设立质权，当事人应当采取书面形式订立质权合同。质权合同一般包括下列条款：（一）被担保债权的种类和数额；（二）债务人履行债务的期限；（三）质押财产的名称、数量、质量、状况；（四）担保的范围；（五）质押财产交付的时间。”第二百一十二条规定：“质权自出质人交付质押财产时设立。”《最高人民法院关于适用〈中华人民共和国担保法〉若干问题的解释》第八十五条规定：“债务人或者第三人将其金钱以特户、封金、保证金等形式特定化后，移交债权人占有作为债权的担保，债务人不履行债务时，债权人可以以该金钱优先受偿。”根据上述法律及司法解释的规定，金钱作为一种特殊的动产，具备一定形式要件后，可以用于质押。具体到本案，大连银行沈阳分行对案涉 4000 万元是否享有质权，应当从大连银行沈阳分行与艳丰公司之间是否存在质押合同关系以及质权是否有效设立两个方面进行审查。

1. 大连银行沈阳分行与艳丰公司之间是否存在质押合同关系。大连银行沈阳分行与艳丰公司签订的《汇票承兑合同》第二条第 2.2 款约定：艳丰公司于汇票承兑前，在大连银行沈阳分行开立针对合同项下汇票的保证金专用账户（账号为 1012××××××0023）并存入汇票金额 100% 的保证金，保证金金额为 8000 万元。艳丰公司同意将上述保证金及其产生的利息作为履行合同的担保，并授权大连银行沈阳分行在因合同需要时办理上述保证金的冻结、扣划等手续；第五条第 5.7 款约定：艳丰公司应于合同项下汇票到期日之前将汇票金额足额存入大连银行沈阳分行指定账户。若艳丰公司未能在汇票到期日前足额交付全部汇票金额，则大连银行沈阳分行有权将合同第二条第 2.2 款的保证金账户和艳丰公司其他存款账户中的款项直接用于支付到期汇票或偿还大连银行沈阳分行对持票人的垫款以及相应利息和手续费，同时对艳丰公司尚未支付的汇票金额按照日万分之五计收罚息。上述约定表明，大连银行沈阳分行与艳丰公司之间协商一

致，达成以下合意，即艳丰公司向大连银行沈阳分行缴存100%比例保证金作为案涉承兑汇票业务的担保，如艳丰公司未按期足额交付全部汇票金额，则大连银行沈阳分行有权以该保证金直接支付到期承兑汇票或偿还大连银行沈阳分行对持票人的垫款，也即大连银行沈阳分行对案涉保证金享有优先受偿权。上述合意具备质押合同的一般要件，符合《最高人民法院关于适用〈中华人民共和国担保法〉若干问题的解释》第八十五条关于金钱质押的规定。原审法院仅以双方在《汇票承兑合同》中未有大连银行沈阳分行对该保证金享有优先受偿权的表述即认定双方并无以保证金设立质押的意思表示、保证金不具有金钱质押性质，有所不当，本院予以纠正。

2. 本案质权是否有效设立。根据《中华人民共和国物权法》第二百一十二条“质权自出质人交付质押财产时设立”的规定，交付行为应被视为设立动产质权的生效条件。金钱质押作为特殊的动产质押，依照《最高人民法院关于适用〈中华人民共和国担保法〉若干问题的解释》第八十五条规定，生效条件包括金钱特定化和移交债权人占有两个方面。具体到本案，首先，案涉4000万元资金已经通过存入保证金专用账户的形式予以特定化。保证金特定化的实质意义在于使特定数额金钱从出质人财产中划分出来，成为一种独立的存在，使其不与出质人其他财产相混同，同时使转移占有后的金钱也能独立于质权人的财产，避免特定数额的金钱因占有即所有的特征混同于质权人和出质人的一般财产中。具体到保证金账户的特定化，就是要求该账户区别于出质人的一般结算账户，使该账户资金独立于出质人的其他财产。本案中，双方当事人按照《汇票承兑合同》的约定开立了账号为1012××××××0023的保证金专用账户，用途均与保证金有关，不同于艳丰公司在大连银行沈阳分行开立的账号为1012××××××0325的一般结算账户。艳丰公司按照《汇票承兑合同》约定的额度比例向该账户缴存了保证金，大连银行沈阳分行向艳丰公司出具了《保证金冻结通知书》，对保证金账户进行了冻结。因此，本案符合金钱以保证金形式特定化的要求。其次，大连银行沈阳分行能够对该保证金专用账户进行实际控制和管理，实现了移交占有。本案中，案涉保证金专用账户开立于大连银行沈阳分行的下属支行，艳丰公司在按照《汇票承兑合同》约

定存入保证金之后，大连银行沈阳分行对该账户进行了冻结，使得艳丰公司作为保证金专户内资金的所有权人，不能自由使用账户资金，实质上丧失了对保证金账户的控制权和管理权。而大连银行沈阳分行依据《汇票承兑合同》第五条第5.7款规定，在艳丰公司未能在汇票到期日前足额交付全部汇票金额的情况下，有权将保证金账户中的款项直接用于支付到期汇票或者偿还大连银行沈阳分行对持票人的垫款，即大连银行沈阳分行有权直接扣划保证金专用账户内的资金。据此应当认定，大连银行沈阳分行实质上取得了案涉保证金专用账户的控制权，此种控制权移交符合动产交付占有的本质要求。

综合以上分析可以认定，本案金钱质押已经设立，大连银行沈阳分行对案涉4000万元保证金享有质权。大连银行沈阳分行该项再审主张和理由，有事实和法律依据，本院予以支持。原审法院认定本案保证金账户存款性质属于信誉保证，不属于金钱质押，适用法律错误，本院予以纠正。

二、大连银行沈阳分行对案涉4000万元保证金享有的质权是否足以排除郑克旭与艳丰公司借款案的强制执行

根据《中华人民共和国物权法》第一百七十条规定，担保物权人在债务人不履行到期债务或者发生当事人约定的实现担保物权的情形，依法享有就担保财产优先受偿的权利；第二百零八条规定，为担保债务的履行，债务人或者第三人将其动产出质给债权人占有的，债务人不履行到期债务或者发生当事人约定的实现质权的情形，债权人有权就该动产优先受偿。因此，大连银行沈阳分行在履行案涉承兑汇票付款义务后，对艳丰公司享有垫款之债权，也即《汇票承兑合同》约定的担保之债权已经发生，为实现该债权，大连银行沈阳分行有权就4000万元保证金主张优先受偿。但本案的特殊之处在于，另案即郑克旭与艳丰公司、明达意航公司借款合同纠纷案判决郑克旭对艳丰公司享有4000万元本金及相应利息的债权，该案执行中，该4000万元作为艳丰公司的资金已被廊坊市中级人民法院予以冻结，因此，出现了在同一执行标的即案涉4000万元保证金之上，大连银行沈阳分行主张质权而郑克旭主张债权的冲突问题。大连银行沈阳分行享有

的质权能否排除郑克旭案的强制执行，是本案需要解决的终极问题，而该问题取决于物权与债权的关系如何。

从权利属性和分类上来讲，大连银行沈阳分行对艳丰公司享有的质权属于担保物权，因此，该权利具备物权的基本特征和法律效力。《中华人民共和国物权法》第二条第三款明确规定："本法所称物权，是指权利人依法对特定的物享有直接支配和排他的权利。"据此，物权相较之债权而言具有优先性，此即意味着当同一标的物之上同时存在债权人主张债权与物权人主张物权相冲突时，物权优先于债权实现。具体到本案，大连银行沈阳分行对案涉4000万元保证金享有担保物权，而郑克旭作为艳丰公司的普通债权人对艳丰公司存款享有的仅是一般债权，两种权利虽都是当事人的合法民事权利，但二者相比较，大连银行沈阳分行享有的物权应当优先于郑克旭的普通债权得以实现。因此，可以得出结论，大连银行沈阳分行对执行标的即4000万元保证金享有的质权足以排除郑克旭与艳丰公司借款案的强制执行。大连银行沈阳分行该项再审主张有事实及法律依据，本院予以支持。原审法院认定大连银行沈阳分行对4000万元保证金不享有优先受偿权，适用法律错误，本院予以纠正。

关于郑克旭答辩提出的大连银行沈阳分行在出票过程中存在重大过错的意见，从本案事实看，大连银行沈阳分行与艳丰公司签订《汇票承兑合同》是双方的真实意思表示，现无证据证实该合同存在《中华人民共和国合同法》第五十二条规定的合同无效之情形，因此，双方已经形成票据法律关系；大连银行沈阳分行已对艳丰公司提供的《工业品买卖合同》进行了相应的形式审查，虽未按《汇票承兑合同》约定要求艳丰公司提供增值税专用发票复印件存在业务操作欠规范的情形，但并不对《汇票承兑合同》的真实性、合法性以及票据法律关系的效力构成影响。至于艳丰公司与首创公司之间的基础交易关系，属于票据取得的原因关系，而票据作为要式证券，文义性、无因性是其重要特征，票据关系一经成立，即与票据取得的原因关系相脱离，无论其原因关系是否存在及是否有效，均不影响票据本身的效力。因此，郑克旭以非票据法律关系当事人之身份、以艳丰公司与首创公司的买卖交易关系虚假为由主张本案《汇票承兑合同》及其

中的保证金条款无效，无法律依据，本院不予采纳。另外，郑克旭还提出，大连银行沈阳分行在票据付款过程中亦存在过错，在廊坊市中级人民法院对案涉保证金采取冻结措施后，大连银行沈阳分行不应再进行付款。但从本案事实看，大连银行沈阳分行在出票的同时已经在汇票正面“本汇票已经承兑，到期日由本行付款”处加盖了汇票专用章，即进行了承兑。大连银行沈阳分行一经承兑，则负有汇票到期无条件交付票款的责任，且已经实际履行该付款责任。根据《最高人民法院、中国人民银行关于依法规范人民法院执行和金融机构协助执行的通知》（法发〔2000〕21号）第九条关于“人民法院依法可以对银行承兑汇票保证金采取冻结措施，但不得扣划。如果金融机构已对汇票承兑或者已对外付款，根据金融机构的申请，人民法院应当解除对银行承兑汇票保证金相应部分的冻结措施；银行承兑汇票保证金丧失保证功能时，人民法院可以依法采取扣划措施”的规定，廊坊市中级人民法院虽然于2013年5月28日对案涉保证金进行了冻结，但该冻结措施发生于大连银行沈阳分行承兑之后，而在艳丰公司未在汇票到期日前将汇票金额足额交存的情况下，大连银行沈阳分行已经实际履行了付款责任，与艳丰公司形成垫付款的债权债务关系，此时案涉4000万元保证金并未丧失保证功能。因此，大连银行沈阳分行有权对廊坊市中级人民法院采取的冻结措施提出异议，该院应当解除对保证金相应部分的冻结措施。原审法院关于大连银行沈阳分行在人民法院冻结4000万元保证金之后未要求艳丰公司在汇票到期日之前将汇票金额存入指定账户，而是进行了兑付，存在明显过错，大连银行沈阳分行应对其损失自负的认定，无法律依据，本院予以纠正。

另外，大连银行沈阳分行在本案中还有一项诉讼请求，即要求撤销廊坊市中级人民法院（2013）廊执异字第26－1号执行裁定书，但根据《最高人民法院关于适用〈中华人民共和国民事诉讼法〉的解释》第三百一十四条规定：“对案外人执行异议之诉，人民法院判决不得对执行标的执行的，执行异议裁定失效”，在本案判决对案涉执行标的4000万元保证金不得执行后，上述执行异议裁定即已失效。因此，大连银行沈阳分行的该项诉讼请求已无实质意义。

综上，本院依照《中华人民共和国物权法》第二条第三款、第一百七十条、第二百零八条、第二百一十条、第二百一十二条，《最高人民法院关于适用〈中华人民共和国担保法〉若干问题的解释》第八十五条，《中华人民共和国民事诉讼法》第二百零七条，《最高人民法院关于适用〈中华人民共和国民事诉讼法〉的解释》第三百一十二条以及第四百零七条第二款之规定，判决如下：

一、撤销河北省廊坊市中级人民法院（2013）廊民三初字第123号民事判决；

二、撤销河北省高级人民法院（2014）冀民二终字第32号民事判决；

三、抚顺市艳丰建材有限公司保证金专用账户（账号为1012××××××××0023）内的保证金4000万元不得执行；

四、大连银行股份有限公司沈阳分行对上述4000万元保证金享有质权，并可优先受偿。

本案一、二审案件受理费各为120900元，均由郑克旭负担。

本判决为终审判决。

审　判　长　王　涛
代理审判员　梅　芳
代理审判员　杨　卓

二〇一六年三月三十一日

书　记　员　陈　明

6. 李建国与孟凡生、长春圣祥建筑工程有限公司等案外人执行异议之诉案*

►

企业或个人以承包、租赁为名借用建筑施工企业资质之实的，不适用法律对执行过程中对承包人或承租人投入及收益的保护的规定

【裁判摘要】

1. 法律规则是立法机关综合衡量取舍之后确立的价值评判标准，应当成为司法实践中具有普遍适用效力的规则，除非法律有特别规定，否则在适用时不应受到某些特殊情况或者既定事实的影响。

2. 分公司的财产即为公司财产，分公司的民事责任由公司承担，这是《中华人民共和国公司法》确立的基本规则。以分公司名义依法注册登记的，即应受到该规则调整。至于分公司与公司之间有关权利义务及责任划分的内部约定，因不足以对抗其依法注册登记的公示效力，进而不足以对抗第三人。

3. 遵法守法依法行事者，其合法权益必将受到法律保护；不遵法守法甚至违反法律者，因其漠视甚至无视法律规则，就应当承担不受法律保护或者受到法律追究的风险。

---

* 摘自《最高人民法院公报》2017年第2期。

4.《最高人民法院关于人民法院执行工作若干问题的规定(试行)》第七十八条①规定以及予以保护的承包或者租赁经营，应当是法律所准许的承包、租赁形式。企业或者个人以承包、租赁为名借用建筑施工企业资质之实的，因违反有关法律及司法解释规定，故不应包含在该条保护范围之内。

5. 实际施工人是《最高人民法院关于审理建设工程施工合同纠纷案件适用法律问题的解释》② 中规定的概念，因其规范情形之特定性，故亦应在该规范所涉之建设工程施工合同纠纷案件中，才适宜对实际施工人的身份作出认定。

最高人民法院民事判决书

(2016) 最高法民再149号

再审申请人(一审被告，二审上诉人)：孟凡生，男，汉族，1970年6月17日出生，住吉林省长春市。

委托代理人：孟军，吉林创一律师事务所律师。

委托代理人：于宏华，吉林创一律师事务所律师。

再审申请人(一审被告，二审上诉人)：长春圣祥建筑工程有限公司(原长春东亚建筑工程有限公司)。住所地：吉林省长春市绿园区长白公路

① 该司法解释已于2020年12月23日修正，新司法解释中已无此条。

② 该司法解释已于2021年1月1日废止。

7公里处。

法定代表人：张仕奇，该公司董事长。

委托代理人：乔弘博，男，该公司工作人员。

被申请人（一审原告，二审被上诉人）：李建国，男，汉族，1961年6月30日出生，住吉林省长春市。

委托代理人：陈文蕾，吉林瀛春律师事务所律师。

一审被告：长春市腾安房地产开发有限公司。住所地：吉林省长春市长江路经济开发区长江路57号五层167段。

法定代表人：王国荣，该公司董事长。

再审申请人孟凡生、长春圣祥建筑工程有限公司（以下简称圣祥公司）因与被申请人李建国、一审被告长春市腾安房地产开发有限公司（以下简称腾安公司）案外人执行异议之诉一案，不服吉林省高级人民法院（以下简称吉林高院）（2015）吉民一终字第72号民事判决，向本院申请再审。本院于2015年12月17日作出（2015）民申字第2547号民事裁定，对本案予以提审，并依法由主审法官苏戈担任审判长，与主审法官李明义、张能宝共同组成合议庭，法官助理宋汝庆全程协助办案，书记员纪微微担任案件记录，于2016年7月14日公开开庭进行了审理。再审申请人孟凡生及其委托代理人孟军、于宏华，再审申请人圣祥公司的委托代理人乔弘博，被申请人李建国及其委托代理人陈文蕾到庭参加诉讼。一审被告腾安公司经本院公告送达开庭传票，无正当理由拒不到庭参加诉讼。本案现已审理终结。

李建国向吉林省长春市中级人民法院（以下简称长春中院）提起诉讼称：孟凡生申请执行长春市东亚建筑工程有限公司（圣祥公司的前身，以下简称东亚公司）、腾安公司买卖合同纠纷案件时，长春中院以（2012）长民四初字第2-6号民事裁定冻结了东亚公司建和分公司（以下简称建和分公司）银行账户存款5050435.10元。但建和分公司与东亚公司系承包关系，李建国作为建和分公司实际投资人，对被冻结的财产享有所有权，故依法提出了执行异议。长春中院作出（2014）长执异字第16号执行裁定，驳回了李建国的异议申请。为此，根据《最高人民法院关于人民法院执行工作若干问题的规定（试行)》（以下简称《执行规定》）第七十八条规定提起诉讼，请求在长春中院（2013）长执字第155号执行案件中停止对建和分公司5050435.10元银行存款的执行，解除对该款项的冻结。

孟凡生答辩称：李建国并不是建和分公司的承包人，请求驳回其诉讼请求，继续执行建和分公司账户的存款。

东亚公司答辩称：建和分公司系东亚公司的分支机构，分支机构的财产是总公司财产的组成部分。李建国只是建和分公司的负责人，虽然东亚公司和建和分公司签署过内部承包合同，但双方之间并非《执行规定》第78条规定的承包关系。

腾安公司提交书面答辩意见称：腾安公司不是本案适格被告。东亚公司的账户被查封及执行系孟凡生申请所致，是否应该解除查封、停止执行与腾安公司没有任何关系。腾安公司未反对任何人对此财产主张权利，应以东亚公司为被告，不应把腾安公司作为被告。

长春中院一审查明：2012年1月9日，孟凡生、甘雨因与东亚公司、腾安公司、东亚公司祥泽分公司（以下简称祥泽分公司）买卖合同纠纷，起诉至长春中院。2012年9月28日，长春中院作出（2012）长民四初字第2号民事判决：一、东亚公司于本判决生效之日起10日内给付孟凡生钢材款人民币7319306.20元并支付违约金（违约金按照中国人民银行同期同类贷款利率上浮30%自2010年9月2日起计算至判决生效之日止)；二、腾安公司对东亚公司支付以上款项承担连带保证责任，腾安公司承担保证责任后，有权向债务人追偿；三、驳回孟凡生的其他诉讼请求。如果未按本判决指定的期间履行金钱给付义务，应当依照《中华人民共和国民事诉讼法》第二百二十九条之规定，加倍支付迟延履行期间的债务利息。案件受理费110715元、财产保全费5000元，合计115715元，由东亚公司承担。2012年12月18日，长春中院作出（2012）长民四初字第2－6号民事裁定，冻结建和分公司在九台农商银行长春大街支行0710××××××××××××0396账户存款850万元，实际冻结5850435.10元。上述850万元系沈阳军区空军军官住房发展中心于2012年12月17日转入建和分公司的蓝天佳苑小区二期工程的工程款。因李国宾、李建国以其所有的两套房屋提供置换担保，长春中

院作出（2012）长民四初字第2－8号民事裁定，解除对建和分公司账户存款人民币5850435.10元中80万元的冻结。2013年6月5日，孟凡生向长春中院申请执行，案号为（2013）长执字第155号。在执行过程中，李建国提出异议，认为法院查封的5850435.10元款项是李建国承包建和分公司并承建蓝天佳苑二期工程所得收益，请求法院解除对该款项的冻结。长春中院于2014年5月14日作出（2014）长执异字第16号执行裁定，驳回李建国的异议。

另查明，东亚公司成立于1993年7月9日，公司类型为有限责任公司，经营范围为承揽国内外建筑工程。2006年3月17日，东亚公司向长春市工商行政管理局申请设立分支机构建和分公司。2006年3月24日，长春市工商行政管理局颁发了建和分公司营业执照，经营范围为在所隶属的公司经营范围内，从事工程承包经营，其民事责任由所属的公司承担。建和分公司的负责人为田万和，后于2013年5月29日变更为李建国。2011年3月4日，东亚公司与沈阳军区空军军官住房发展中心长春办事处签订《沈阳军区空军建筑安装工程承包合同书》，承建蓝天佳苑二期工程，合同价款为83561772元。

再查明，建和分公司成立后，与东亚公司签订《长春东亚公司工程有限公司内部承包合同》，约定承包范围为《资质证书》中规定的工业与民用建筑承包范围；建和分公司每年向东亚公司缴纳3万元业务费用，每年向东亚公司缴纳10万元工程费用。

长春中院一审认为：

1. 关于东亚公司与建和分公司的关系问题。李建国主张二者系承包关系，东亚公司、孟凡生主张二者系统一经营管理的总公司与分支机构关系。从本案当事人陈述情况看，在本案前置程序（2014）长执异字第16号案件听证会中，东亚公司明确认可对于蓝天佳苑二期工程而言“工程是李建国干的”，并对李建国的各项主张及提供的证据均无异议。依照《最高人民法院关于民事诉讼证据的若干规定》（以下简称《民事证据规定》）第七十四条“诉讼过程中，当事人在起诉状、答辩状、陈述及其委托代理人的代理词中承认的对己方不利的事实和认可的证据，人民法院应当予以确认，但当事人反悔并有相反证据足以推翻的除外”的规定，在本案庭审中，东亚公司未提供充分证据推翻其在（2014）长执异字第16号案件中的全部主张，因此，应以（2014）长执异字第16号案件中陈述为准。从本案证据上看，建和分公司在工商登记上系东亚公司合法注册成立的分公司，依据公司法的相关规定，分公司是总公司在其住所以外设立的以自己的名义从事活动的机构，在业务、资金、人事等方面受总公司管辖，不具有独立法人资格，在法律上、经济上没有独立性，没有自己的名称、章程，没有自己的财产，以总公司的资产对其债务承担法律责任。李建国提供了证据证明建和分公司每年向东亚公司缴纳管理费，东亚公司对此亦认可。建和分公司向总公司缴纳管理费的事实与其作为东亚公司的分公司的身份相矛盾。东亚公司称其与建和分公司之间是内部承包关系，并签订了内部承包合同。但该内部承包合同甲方为东亚公司，乙方为建和分公司，承包标的为“《资质证书》中规定的工业与民用建筑承包范围”，该承包标的不是以完成特定的工作为目的，不符合承包合同的基本特征，因此，不能认定东亚公司与建和分公司之间系内部承包关系。东亚公司当庭无法陈述清楚建和分公司办公场所、办公环境、人员管理、具体业务开展等相关基本的公司情况，亦不能提供东亚公司对建和分公司人员、财物直接管理的证据，无法提供建和分公司的相关账目，无法提供对建和分公司承建工程具体投入、建设、管理的相关证据。因此，结合东亚公司向建和分公司收取管理费的事实，可以认定东亚公司与建和分公司并非普通总公司与分公司之间的关系，而是东亚公司将建和分公司发包出去，其不对建和分公司进行统一经营、管理，东亚公司对建和分公司的盈利方式通过收取管理费实现。

2. 关于建和分公司的承包人问题。建和分公司的原负责人田万和在长春中院询问笔录中证实建和分公司自成立起，李建国为实际投资人，建和分公司承建的全部工程为李建国个人洽谈，亦由其投入垫资并组织工人建设，东亚公司仅收取管理费。李建国提供的吉林省延房置业集团有限公司鑫元分公司的证明材料、沈阳军区长春办事处的证明材料均证实金达莱小区、文苑小区、蓝天佳苑一、二期工程由李建国个人洽谈、组织施工承建，并垫付部分款项的事实。李建国提交的中国建设银行存款账户信息及

明细账查询单、支付蓝天佳苑小区工程相关费用票据等证据亦佐证了上述事实。同时，李建国申请杨殿福、孟德军、曾仲元出庭作证，证实其从李建国手中承包蓝天佳苑二期工程的土建、木工、抹灰工程，且拖欠的农民工工资一直是向李建国个人索要，三位证人对东亚公司及建和分公司均不熟悉。李建国亦提供了其个人垫付部分工程款的现金支出的相关证据。另外，东亚公司、孟凡生、腾安公司均未提供证据证明除李建国外，还有其他人对建和分公司的承包权主张权利。因此，虽然李建国未提供其与东亚公司签订的关于承包建和分公司的合同，但结合其在提供的对建和分公司承建工程的投资、管理、组织建设的相关证据及田万和、杨殿福、孟德军、曾仲元的相关证言，可以认定李建国是建和分公司的实际承包人。

3. 李建国作为建和分公司的实际承包人，其对建和分公司名下的财产享有权利。本案诉争的5050435.10元系沈阳军区长春办事处打到建和分公司账户上的蓝天佳苑二期工程款，属于李建国在承包建和分公司的过程中的投入及收益。《执行规定》第七十八条规定："被执行人为企业法人的分支机构不能清偿债务时，可以裁定企业法人为被执行人。企业法人直接经营管理的财产仍不能清偿债务的，人民法院可以裁定执行该企业法人其他分支机构的财产。若必须执行已被承包或租赁的企业法人分支机构的财产时，对承包人或承租人投入及应得的收益应依法保护。"因此，李建国就本案执行标的享有足以排除强制执行的民事权益，应停止对（2013）长执字第155号执行案件中冻结的建和分公司在九台农商行长春大街支行账号为0710×××××××××××××3906账户内存款5050435.10元的执行。李建国要求解除上述款项的冻结，不属于本案执行异议之诉的审理范围。

综上，长春中院依照《执行规定》第七十八条，《中华人民共和国民事诉讼法》第二百二十七条，《最高人民法院关于适用〈中华人民共和国民事诉讼法〉的解释》（以下简称《民事诉讼法解释》）第三百一十二条，《最高人民法院关于适用〈中华人民共和国民事诉讼法〉执行程序若干问题的解释》第十九条，《民事证据规定》第七十四条之规定，判决：在（2013）长执字第155号执行案件中不得对东亚公司建和分公司在九台农商行长春大街支行账号为0710××××××××××××××3906账户内的存款5050435.10元执行。案件受理费47153元，由孟凡生负担23576.50元，由东亚公司负担23576.50元。

孟凡生不服一审判决，向吉林高院提起上诉称：请求撤销原判，驳回李建国的诉讼请求，一、二审诉讼费用均由李建国承担。理由是：李建国的证据不足以证明其所主张的诉讼请求。一审法院要求作为总公司的圣祥公司承担举证责任，分配举证责任错误；认定事实明显错误且没有依据。一审法院错误地理解和适用法律，违背了《中华人民共和国公司法》的基本原理和最高人民法院司法解释的立法本意。

圣祥公司亦不服一审判决，向吉林高院提起上诉称：请求撤销原判，驳回李建国的诉讼请求，一、二审诉讼费用均由李建国承担。理由是：一审判决认定事实不清，建和分公司与圣祥公司签订承包合同只是公司内部管理的一种模式，并不改变总公司与分公司之间的关系，而且李建国不是实际承包人。案涉财产是圣祥公司的资产，不是李建国的“投入及收益”，一审判决适用法律错误。

李建国答辩称：一审判决认定事实清楚，适用法律正确，程序合法，请求维持原判。

吉林高院二审对一审法院查明的事实予以确认。

吉林高院二审认为：建和分公司系圣祥公司合法注册成立的分公司，其与圣祥公司的关系当然是总公司与分公司的关系。本案的关键在于，建和分公司是否已由他人承包，该分公司账户上的5050435.10元存款是否为该承包人的投入及收益。承包的显著特征是承包人进行管理，经营的风险及收益由承包人承受。而未被承包的分公司则应受总公司管理，经营的风险及收益由总公司承受。本案中，虽然签订《内部承包合同》的双方是圣祥公司与建和分公司，但从该合同的内容上看，合同标的就是建和分公司本身，故建和分公司作为本合同的签订者不合逻辑。从圣祥公司收取建和分公司的管理费及税金，圣祥公司庭审中承认建和分公司所创造的利润刨除各种费用后都分给建和分公司，圣祥公司当庭无法说清建和分公司如何成立、如何管理等方面，可以认定圣祥公司将建和分公司承包给了实际控制人。

建和分公司的原负责人田万和在一审中证实建和分公司自成立起，李建国为实际投资人，建和分公司承建的全部工程为李建国个人洽谈，亦由其投入垫资并组织工人建设的证言，吉林省延房置业集团有限公司鑫元分公司、沈阳军区长春办事处证实金达莱小区、文苑小区、蓝天佳苑一、二期工程由李建国个人洽谈、组织施工承建，并垫付部分款项的证明材料，一审中三位证人杨殿福、孟德军、曾仲元出庭作证，证实从李建国手中承包蓝天佳苑二期工程的土建、木工，抹灰工程，且拖欠的农民工工资一直是向李建国个人索要的证言，李建国提交的中国建设银行存款账户信息及明细账查询单、支付蓝天佳苑小区工程相关费用票据及李建国个人垫付部分工程款的现金支出的相关证据等，可以证明李建国作为建和分公司的实际控制人对涉诉工程进行了施工。反观孟凡生和圣祥公司，虽主张圣祥公司是涉诉工程的实际施工人，但无法提供对建和分公司承建工程具体投入、建设、管理的相关证据，对该工程的相关情况知之甚少，而且圣祥公司在本案前置程序（2014）长执异字第16号案件听证会中，明确认可本案涉诉工程是李建国施工的。虽然圣祥公司出具李建国的承诺书欲证明其在（2014）长执异字第16号案件听证会中的表述不客观，但从该承诺书的内容看，未能体现出涉诉工程的实际施工人问题，该承诺书无法支持圣祥公司的反言行为，依据《民事证据规定》第七十四条“诉讼过程中，当事人在起诉状、答辩状、陈述及其委托代理人的代理词中承认的对己方不利的事实和认可的证据，人民法院应当予以确认，但当事人反悔并有相反证据足以推翻的除外”的规定，一审法院将该举证责任分配给圣祥公司正确。在李建国提供大量证据证明其为涉诉工程实际施工人，孟凡生未能提供关于涉诉工程实际施工人方面的证据，圣祥公司未提供充分证据推翻其在（2014）长执异字第16号案件中陈述的情况下，一审判决认定李建国是涉诉工程的实际施工人并无不当。综上，可以认定沈阳军区长春办事处打到建和分公司0710×××××××××××××3906账户上的蓝天佳苑二期工程5050435.10元工程款属于李建国在承包建和分公司的过程中的投入及收益。根据《执行规定》第七十八条“被执行人为企业法人的分支机构不能清偿债务时，可以裁定企业法人为被执行人。企业法人直接经营管理的财产仍不能清偿债务的，人民法院可以裁定执行该企业法人其他分支机构的财产。若必须执行已被承包或租赁的企业法人分支机构的财产时，对承包人或承租人投入及应得的收益应依法保护”的规定，一审法院判决在（2013）长执字第155号执行案件中不得对建和分公司在九台农商行长春大街支行账号为0710××××××××××××××3906账户内的存款5050435.10元执行并无不当。

综上，吉林高院认为，一审判决认定事实清楚，适用法律正确，审判程序合法。依照《中华人民共和国民事诉讼法》第一百七十条第一款第（一）项之规定，判决：驳回上诉，维持原判。二审案件受理费94306元，由孟凡生负担47153元，由圣祥公司负担47153元。

孟凡生向本院申请再审称：根据《中华人民共和国民事诉讼法》第二百条第（二）项、第（六）项之规定申请再审，请求撤销原判决，依法改判驳回李建国的诉讼请求，本案全部诉讼费用由李建国承担。

其主要理由是：

1. 原判决认定李建国是建和分公司的独立承包人，缺乏证据证明。圣祥公司始终不认可李建国系建和分公司的承包人和投资人，李建国也没有举证证明其个人与圣祥公司或建和分公司签订了承包合同或者租赁合同。原判决将圣祥公司在（2014）长执异字第16号案件听证会上的陈述作为本案的重要证据，明显错误。圣祥公司提交的在经营、管理建和分公司过程中的一系列工程及财务人员的劳动合同和备案手续、财务报表等，结合李建国出具的承诺书，足以证明建和分公司并非由李建国独立承包，足以推翻圣祥公司先前在执行听证中的陈述。

2. 原判决对《执行规定》第七十八条的理解与适用错误，属于适用法律确有错误的情形。根据该条规定，即便被执行人的分支机构存在合法承包或者租赁，也并非不能予以执行，只是需要查明并保护承包人的合法投资权益。圣祥公司提供的证据，能够证明沈阳军区蓝天佳苑小区工程尚有700余万元税款没有缴纳，多份生效判决都判令圣祥公司承担了建和分公司的债务及责任。建和分公司收回的工程款，尚不足以弥补成本和清偿债务，更谈不上是投资收益。

圣祥公司向本院申请再审称：根据《中华人民共和国民事诉讼法》第二百条第（二）项、第（六）项之规定申请再审，请求撤销原判决，依法改判驳回李建国的诉讼请求，本案全部诉讼费用由李建国承担。

其主要理由是：

1. 原判决认定案涉款项是李建国的个人所得，缺乏证据证明。案涉款项是建设单位拨付给圣祥公司的工程款，沈阳军区蓝天佳苑工程未开发票税款 7867894 元是不可争辩的事实，原判决将案涉款项认定为个人所得是错误的。

2. 原判决适用法律确有错误。内部承包合同是圣祥公司的内部管理要求和管理机制，对外承担民事责任的只能是作为总公司的圣祥公司。在建和分公司引发的诉讼或者仲裁中，都判令或者裁决圣祥公司承担了建和分公司应承担的责任。

李建国针对孟凡生及圣祥公司的再审申请一并答辩称：二再审申请人的再审申请缺乏事实与法律支持，应当予以驳回。

其主要理由为：

1. 原判决对（2014）长执异字第 16 号执行异议听证证据的认定并无不当。在该执行异议审查过程中，圣祥公司出具证明材料，证明 2010 ~ 2013 年期间李建国独立承包了建和分公司，有独立收益权。但是，在本案一审阶段圣祥公司却向法庭提交了李建国于 2014 年 3 月 27 日出具的“其认可东亚公司所出证明仅用于诉讼”的承诺书，想证明其在（2014）长执异字第 16 号执行异议听证会中的表述不客观，但证据并不充分。圣祥公司举证的工程及财务人员的劳动合同、人员备案手续因人员非建和分公司工作人员，与建和分公司无关。财务报表等证据均为圣祥公司自行打印出具，不具有客观性，不能推翻建和分公司已被李建国实际承包、案涉存款为李建国作为实际施工人的所得收益这一事实。一审判决适用《民事证据规定》第七十四条之规定，并无不当。

2. 一、二审法院举证责任分担正确，不违反法律规定。本案为执行异议之诉，李建国就被查封的建和分公司银行账户内的存款所有权提出异议，认为该笔存款不是建和分公司财产，应为李建国作为建和分公司实际承包人的个人收益。李建国为证明自己的主张，向法庭提交了一系列证据。孟凡生和圣祥公司作为一审被告，也应提交证据证明自己的主张。根据《中华人民共和国民事诉讼法》第六十四条第一款，《民事证据规定》第二条第三款、第四款、第七条的规定，一、二审法院分配举证责任，并无不当。

3. 原判决认定李建国为建和分公司实际承包人，案涉款项为李建国作为实际施工人的所得收益，事实清楚，适用法律正确。圣祥公司和建和分公司签订的《内部承包合同》，合同标的就是建和分公司本身，故建和分公司作为本合同的签订者不符合逻辑。从合同约定看，圣祥公司收取建和分公司的管理费和税金，圣祥公司也承认建和分公司所创利润刨除各种费用后都留给建和分公司。所以该承包合同实质应为李建国承包建和分公司就承包关系与圣祥公司签订的。

案涉建和分公司银行账户内的存款，是沈阳军区长春办事处拨付的蓝天佳苑小区工程款，该办事处出具的证明也证实了该工程由李建国个人洽谈、组织施工承建、垫付款项。结合李建国提交的其他大量证据，均可以证明该款项应为李建国个人收益。相反，圣祥公司无法提供对建和分公司承建工程具体投入、建设、管理的相关证据。

长春市腾安房地产开发有限公司庭前没有提交书面陈述意见。

本院经再审审理，对长春中院原一审认定的案件事实予以确认。

本院认为，根据孟凡生及圣祥公司的再审请求，结合李建国的答辩意见，本案的争议焦点为李建国对建和分公司账户内的案涉争议款项提出的执行异议是否成立，是否足以阻却人民法院的强制执行。

本院认为：

1. 建和分公司系圣祥公司的分支机构，其与圣祥公司之间的关系应当受到《中华人民共和国公司法》规定的调整。《中华人民共和国公司法》第十四条第一款规定："公司可以设立分公司。设立分公司，应当向公司登记机关申请登记，领取营业执照。分公司不具有法人资格，其民事责任由公司承担。"根据以上规定，分公司的财产属于公司所有，分公司对外进行民事活动所产生的民事责任由公司承担。《执行规定》第78条第1款亦规定，被执行人为企业法人的分支机构不能清偿债务时，可以裁定企业

法人为被执行人。同理，当被执行人为企业法人时，如果不能执行该企业法人分支机构的财产，将有违权利义务对等原则。

根据已查明的事实，圣祥公司之前身东亚公司于2006年3月17日向长春市工商行政管理局申请设立分支机构建和分公司。2006年3月24日，长春市工商行政管理局颁发了建和分公司营业执照，经营范围为在所隶属的公司经营范围内，从事工程承包经营，其民事责任由所属的公司承担。建和分公司作为圣祥公司的分公司在工商行政管理机关依法注册登记，圣祥公司与建和分公司之间即形成法律上的公司与分公司之间的关系，应当受到《公司法》所确立的公司与分公司之间各项规则的调整。具体表现为：分公司的财产即为公司财产，分公司的民事责任由公司承担。本院同时注意到，本案再审申请人孟凡生申请执行一案的起因即是其与祥泽分公司之间的买卖合同纠纷，该判决因祥泽分公司系圣祥公司的分公司，据此判令圣祥公司承担债务责任并进而执行圣祥公司的财产。李建国在庭审中陈述，圣祥公司多个分公司经营模式基本相同，即以注册成立分公司的形式利用圣祥公司资质承揽建筑工程。在此情形下，对于一个分公司的民事行为适用《公司法》关于公司与分公司之间的规则判令公司承担责任，而对于另一个分公司如不适用该规则而使其免除责任，将有违权利义务对等原则以及法律适用的统一性。

2. 李建国提出的其与圣祥公司关于建和分公司经营模式的内部约定，不具有对抗第三人的法律效力。如前所述，建和分公司作为圣祥公司的分公司在工商行政管理机关依法注册登记，应当受到《中华人民共和国公司法》既有规则的调整。无论当时圣祥公司与建和分公司内部如何约定双方之间的权利义务关系及责任划分标准，该约定内容均不足以对抗其在工商行政管理机关依法注册登记的公示效力，进而不足以对抗第三人。建和分公司、李建国如认为其为圣祥公司承担责任有违其与圣祥公司之间的内部约定，可与圣祥公司协商解决。

既然建和分公司系圣祥公司的分支机构，而案涉争议款项又在建和分公司银行账户内，故该笔款项在法律上就是圣祥公司的财产。在对圣祥公司强制执行时，如未出现法定的可以不予执行之情形，人民法院可以执行该笔款项。

3. 建和分公司与圣祥公司之间的内部承包合同，不属于《执行规定》第78条规定的企业法人分支机构被承包的情形。第一，该内部承包合同载明的承包人是建和分公司，被承包人是圣祥公司，也就是说，从该合同的表现形式来看，被承包经营的是圣祥公司，建和分公司作为企业法人的分支机构并没有被承包。且从已查明的事实看，无论是圣祥公司还是建和分公司与李建国之间均没有签订相关承包合同。据此，原判决认定李建国是建和分公司的实际承包人缺乏合同依据。第二，该内部承包合同约定的承包范围为《资质证书》中规定的工业与民用建筑承包范围，也就是说，究其合同约定之实质，该合同名为内部承包，实为建设工程施工企业资质租赁或者有偿使用。李建国在庭审中亦自认其经营建和分公司，主要是利用圣祥公司的资质方便其对外承揽建筑工程。换言之，该内部承包合同约定之实质并非承包法律关系。第三，《执行规定》第78条中规定以及予以保护的承包或者租赁经营，应当是法律所准许的承包、租赁形式。众所周知，建筑施工企业具有很强的专业技术性，且施工质量直接关系到人民群众的生命财产安全，因此，不仅要求此类企业要具有符合国家规定的注册资本，而且要具有与所从事的建筑施工活动相适应的专业资质。实践中，一些建筑施工企业中所谓承包或者租赁经营的实质，是不具备资质的企业或者个人，以承包或者租赁形式，掩盖其借用建筑施工企业资质进行施工的目的，由于借用资质进行施工是法律及司法解释所禁止的行为，故与之相关的承包或者租赁经营合同以及施工转分包合同亦为法律所不容。因此，即便能够认定李建国与建和分公司之间存在实际承包关系，因其承包经营形式为法律所不容，故亦不应包括在《执行规定》第78条规定的承包经营之列。

4. 法律作为一种约束人们各项行为之规范的总和，其中一项重要价值即在于保护合法权益。本院认为并倡导，遵法守法依法行事者，其合法权益必将受到法律保护；反之，不遵法守法甚至违反法律者，因其漠视甚至无视法律规则，就应当承担不受法律保护或者受到法律追究的风险。李建国具有完全民事行为能力，从事建设工程施工事务多年，其应当知道国家

有关建设工程施工方面的法律法规规定，应当知道法律对于借用资质从事施工行为的态度，应当知道公司与分公司之间的权利义务以及责任关系。但是，其坚持选择以圣祥公司的分公司名义从事经营活动，坚持选择利用圣祥公司的资质对外承揽建筑工程，坚持选择实施此种为法律所不容之行为并获取收益，其亦应当承担由此可能带来的不受法律保护的法律风险。因此，即便能够认定李建国系建和分公司的实际经营控制人，因其对外以建和分公司名义从事民事活动，案涉争议款项亦实际存至建和分公司账户，其就应当按照既有法律规则承担法律责任，即其对于案涉争议款项提出的执行异议，不足以阻却人民法院的强制执行。

司法实践中，一些案件常产生某些既定事实或者特殊情况与既有的法律规则之间的冲突。本案一、二审法院之所以作出原判决之认定，即是受到这种冲突所引发的利益权衡纠结之影响。诚如原判决之分析，本案圣祥公司、建和分公司以及李建国之间确实存在着有别于一般公司与分公司经营模式的特殊情况，如李建国自述的其虽以分公司形式开展经营活动，但实际上系其个人借用圣祥公司资质从事部分工程的施工活动，从某种角度上讲，其境遇亦值得同情。但本院同时认为，既然法律规则是立法机关综合衡量取舍之后确立的价值评判标准，就应当成为司法实践中具有普遍适用效力的规则，就应当成为司法者在除非法律有特别规定之外要始终坚守的信条，就应当成为不受某些特殊情况或者既定事实影响的准则。否则，如某一法律规则可以随着个案的特殊情况或者既定事实不断变化左右逢源，该规则将因其不确定性，而不再被人们普遍信奉、乐于遵守，从而失去其存在意义，并将严重伤害法律的权威性、秩序的稳定性以及司法的公正性。

5. 原判决认定李建国系蓝天佳苑二期工程的实际施工人，超出了本案的审理范围。实际施工人是《最高人民法院关于审理建设工程施工合同纠纷案件适用法律问题的解释》中规定的概念，旨在对于那些已实际施工诉争工程但无法因合同关系主张工程款的人予以限制性保护，因其规范情形之特定性，故亦应在该规范所涉之建设工程施工合同纠纷案件中，才适宜对实际施工人的身份作出认定。本案系案外人执行异议之诉，并非实际施工人以发包人和承包人为被告提起的建设工程施工合同纠纷，原判决认定李建国为蓝天佳苑二期工程的实际施工人，一方面，超出了本案的审理范围；另一方面，因一、二审法院并非针对建设工程施工合同纠纷进行审理，并未围绕该工程所涉各方之诉辩主张、举证质证情况进行庭审、判断及裁决，故作出该认定可能有失公正且可能对于该工程所涉各方之权利义务关系造成一定影响。因此，原判决作出的关于李建国为蓝天佳苑二期工程的实际施工人的认定欠妥，本院予以纠正。

综上所述，建和分公司系圣祥公司的分支机构，建和分公司账户内的案涉争议款项在法律上即为圣祥公司的财产。建和分公司与圣祥公司之间的内部承包合同，不具有对抗第三人的法律效力，亦不应包括在《执行规定》第 78 条规定的承包经营之列。原判决适用《执行规定》第 78 条的规定，认定案涉争议款项系李建国个人财产，适用法律错误，应予纠正。李建国对案涉争议款项提出的异议，不足以阻却人民法院的强制执行。依照《中华人民共和国公司法》第十四条第一款，《中华人民共和国民事诉讼法》第二百零七条、第二百二十七条，《最高人民法院关于适用〈中华人民共和国民事诉讼法〉的解释》第三百一十二条第一款第（二）项、第四百零七条第二款之规定，判决如下：

一、撤销吉林省高级人民法院（2015）吉民一终字第 72 号民事判决、吉林省长春市中级人民法院（2014）长民二初字第 5 号民事判决；

二、驳回李建国的诉讼请求。

一审案件受理费 47153 元，二审案件受理费 94306 元，均由李建国负担。

本判决为终审判决。

审　判　长　苏　戈
审　判　员　李明义
审　判　员　张能宝

二〇一六年七月二十八日

书　记　员　宋汝庆
书　记　员　纪微微

7. 付金华诉吕秋白、刘剑锋案外人执行异议之诉案*

▶ 在不动产产权人未依法变更的情况下，离婚协议中关于不动产归属的约定不具有对抗外部第三人债权的法律效力

【裁判摘要】

根据《中华人民共和国物权法》规定，不动产物权变动原则上以登记完成为生效要件。夫妻双方签订的离婚协议中对不动产归属的约定并不直接发生物权变动的效果，一方仅可基于债权请求权向对方主张履行房屋产权变更登记的契约义务。在不动产产权人未依法变更的情况下，离婚协议中关于不动产归属的约定不具有对抗外部第三人债权的法律效力。

原告：付金华，女，47 岁，汉族，住上海市松江区。

被告：吕秋白，男，48 岁，中华人民共和国香港特别行政区居民，住上海市闵行区。

第三人：刘剑锋，男，52 岁，汉族，住浙江省桐乡市。

原告付金华与被告吕秋白、第三人刘剑锋发生案外人执行异议纠纷，向上海市第一中级人民法院提起诉讼。

* 摘自《最高人民法院公报》2017 年第 3 期。

原告付金华诉称：原告与第三人刘剑锋于1989年10月登记结婚，婚后于2000年购买了本市松江区中山二路×弄×号×室房屋（以下简称中山二路房屋）、于2003年购买了本市松江区北翠路×弄×号房屋（以下简称北翠路房屋）。双方于2007年10月29日登记离婚，在离婚协议中约定，该二处房屋的所有权均归原告所有。但两人为减少按揭贷款转贷手续费和缓缴交易契税，暂未办理不动产变更过户手续。原告离婚后一直居住于上述中山二路房屋中。因第三人与被告吕秋白于2012年发生股权转让纠纷并诉至法院，被告依据生效的法律文书（2012）沪一中民四（商）初字第S51号民事判决向法院申请执行，法院查封了登记于该案被执行人刘剑锋名下的中山二路房屋及登记于原告和第三人名下的北翠路房屋。原告就此查封向该案执行部门提出执行异议，被裁定驳回。原告认为，尽管上述房屋的所有权尚未变更登记至原告一人名下，但已有充分证据证明原告对上述二处房产有合法物权。第三人对被告的债务是其与原告离婚后所发生的个人债务，原告仅是该执行案件的案外人。故请求法院判令：(1) 确认上海市松江区中山二路房屋、上海市松江区北翠路房屋的所有权属于原告；(2) 解除对前述两房地产的司法查封，停止对该房地产的执行。

被告吕秋白辩称：原告付金华和第三人刘剑锋在离婚协议中的约定不能对抗《中华人民共和国物权法》第九条[①]和十四条[②]的规定。房产权利人要以登记为准，不能因当事人的私自约定而改变。故不同意原告的诉讼请求。

第三人刘剑锋表示其同意原告付金华的诉讼请求。

上海市第一中级人民法院查明：原告付金华与第三人刘剑锋夫妻关系存续期间购买了本市松江区中山二路房屋及松江区北翠路房屋。其中中山二路房屋的房屋产权登记在第三人名下，北翠路房屋产权共同登记在原告与第三人名下。北翠路房屋名下尚有银行抵押贷款，主贷人为第三人。

---

① 对应《中华人民共和国民法典》第二百零九条："不动产物权的设立、变更、转让和消灭，经依法登记，发生效力；未经登记，不发生效力，但是法律另有规定的除外。"

② 对应《中华人民共和国民法典》第二百一十四条："不动产物权的设立、变更、转让和消灭，依照法律规定应当登记的，自记载于不动产登记簿时发生效力。"

2007年10月29日，原告付金华与第三人刘剑锋在民政部门登记离婚。2007年10月31日，原告与第三人签订离婚协议，约定："大儿子刘洋归女方，小儿子刘海归男方；上海市松江区的两套房屋归女方；公司股份第三人21.125%、刘洋21.125%、刘海21.125%、原告16%，刘洋的股份由女方代管。"该离婚协议目前留存于民政部门。上述离婚协议签订后，协议所涉的房屋产权及公司股份均未发生变更登记。

第三人刘剑锋于2008年3月12日与案外人领取了结婚证，并于2012年10月30日经法院调解达成离婚协议并由法院出具民事调解书。

第三人刘剑锋因与被告吕秋白之间的股权转让纠纷，经法院审理并于2013年3月27日作出（2012）沪一中民四（商）初字第S51号民事判决，判令第三人于判决生效之日起10日内归还被告人民币2000万元并支付相应的利息，利展纺织（浙江）有限公司、浙江宏展新材料有限公司对第三人承担连带还款责任。该案生效后，因第三人及利展纺织（浙江）有限公司、浙江宏展新材料有限公司未履行生效判决所确定的还款义务，故被告向法院申请执行。在执行过程中，法院依法查封了上述中山二路房屋及北翠路房屋。

原告付金华在上述房屋被查封后，向法院执行部门提出异议，其主要理由是，在与第三人刘剑锋的离婚协议中已约定了上述两套房屋的所有权归原告所有，仅未办理过户手续。故要求法院解除对系争房屋的查封并中止执行。

法院执行部门对此依法组成合议庭进行了听证审查，并于2014年6月19日作出（2014）沪一中执异字第7-1号、7-2号执行裁定书，裁定驳回付金华提出的异议。原告付金华遂提起本案诉讼，要求判如所请。

上海市第一中级人民法院认为：本案系争房屋是原告付金华与第三人刘剑锋夫妻关系存续期间所购买，根据《中华人民共和国婚姻法》相关规定，系争房屋应属原告与第三人的夫妻共同财产。《中华人民共和国物权法》第九条明确规定："不动产物权的设立、变更、转让和消灭，经依法登记，发生法律效力；未经登记，不发生法律效力。"双方在离婚协议中约定上述房屋产权均归原告所有，这是第三人对自己在系争房屋产权中所拥有份额的处分，该处分行为未经产权变更登记并不直接发生物权变动的法律效果，也不具有对抗第三人的法律效力。因系争房屋的产权未发生变更登记，第三人刘剑锋仍为系争房屋的登记产权人，其在系争房屋中的产权份额尚未变动至原告名下，故在第三人对外尚存未履行债务的情况下，被告吕秋白作为第三人的债权人，要求对第三人名下的财产予以司法查封并申请强制执行符合法律规定。原告依据《离婚协议书》对系争房屋产权的约定要求确认系争房屋的所有权属其所有并要求解除对系争房屋的司法查封、停止对系争房屋执行的诉讼请求于法无据，法院不予支持。

综上，上海市第一中级人民法院依照《中华人民共和国物权法》第六条[①]、第九条的规定，于 2015 年 2 月 9 日判决：驳回原告付金华的诉讼请求。

一审判决后，各方当事人均未提起上诉，一审判决已经发生法律效力。

---

① 对应《中华人民共和国民法典》第二百零八条：“不动产物权的设立、变更、转让和消灭，应当依照法律规定登记。动产物权的设立和转让，应当依照法律规定交付。”

8. 富滇银行股份有限公司大理分行与杨凤鸣、大理建标房地产开发有限公司案外人执行异议之诉案*

▶ 保证金账户内资金的特定化不等于固定化，只要资金的浮动均与保证金业务对应、有关，未作日常结算使用，即应认定系金钱以特户形式特定化

【裁判摘要】

保证人与债权银行之间约定设立保证金账户，按比例存入一定金额的保证金用于履行某项保证责任，未经同意保证人不得使用保证金，债权银行有权从该账户直接扣收有关款项，并约定了保证期间等，应认定双方存在金钱质押的合意。保证金账户内资金的特定化不等于固定化，只要资金的浮动均与保证金业务对应、有关，未作日常结算使用，即应认定符合《最高人民法院关于适用〈中华人民共和国担保法〉若干问题的解释》第八十五条[①]规定的金钱以特户形式特定化的要求。如债权银行实际控制和管理保证金账户，应认定已符合对出质金钱占有的要求。

原告（执行案外人）：富滇银行股份有限公司大理分行，住所地：云南省大理白族自治州大理市经济开发区云岭大道。

---

* 摘自《最高人民法院公报》2020年第6期。

① 该司法解释已于2021年1月1日废止，2020年12月31日公布的《最高人民法院关于适用〈中华人民共和国民法典〉有关担保制度的解释》中已无此条。

负责人：赵俊峰，该行行长。

被告（申请执行人）：杨凤鸣，女，49 岁，住云南省大理白族自治州大理市经济开发区。

第三人（被执行人）：大理建标房地产开发有限公司，住所地：云南省大理白族自治州大理市经济开发区满江片区。

法定代表人：刘宝承，该公司董事长。

原告富滇银行股份有限公司大理分行（以下简称富滇银行大理分行）因与被告杨凤鸣、第三人大理建标房地产开发有限公司（以下简称建标公司）发生执行异议纠纷，不服云南省大理白族自治州中级人民法院（以下简称大理中院）驳回其执行异议的裁定，向该院提起执行异议之诉。

富滇银行大理分行诉称：大理中院因杨凤鸣申请执行建标公司借款合同纠纷一案，冻结了建标公司在该行开设的保证金账户内的资金 280 万元，该保证金账户系建标公司根据其与富滇银行大理分行的贷款合作协议，为担保其“建标华城”楼宇按揭贷款购房户在富滇银行大理分行的贷款而开具的具有担保性质的专户，依据《最高人民法院关于适用〈中华人民共和国担保法〉若干问题的解释》第八十五条“债务人或者第三人将其金钱以特户、封金、保证金等形式特定化后，移交债权人占有作为债权的担保，债务人不履行债务时，债权人可以以该金钱优先受偿”的规定，该行对保证金账户内的资金享有优先受偿权，诉请：（1）判令不得执行建标公司开立于富滇银行大理分行营业部 6596 保证金账户内的保证金 280 万元及其利息；（2）确认富滇银行大理分行对 6596 保证金账户内的保证金 280 万元及其利息享有质权。

杨凤鸣辩称：富滇银行大理分行与建标公司签订的《个人住房贷款合作协议书》约定的是建标公司承担连带保证责任而非动产质押责任，该协议书仅约定建标公司设立保证金账户并按比例存入资金，但对存入资金并未按照质押要求进行质押移交或扣划，没有让存入资金产生特定化的行为，质押不成立。请求驳回该行诉请。

建标公司一审未发表意见。

大理中院一审查明：（1）2010 年 1 月 28 日，建标公司董事会通过决

议，向富滇银行大理分行申请“建标华城”楼宇按揭额度4.5亿元，同意为在富滇银行大理分行办理“建标华城”项目按揭贷款的客户承担连带保证责任。2010年7月至8月期间，富滇银行大理分行就向建标公司“建标华城”项目按揭额度授信4.5亿元事宜按照内部程序进行审批。当年8月12日经富滇银行总行信用审批委员会审议，同意给予建标公司4.5亿元楼宇按揭贷款授信额度，授信期限3年。2011年8月28日，富滇银行大理分行与建标公司签订《个人住房贷款合作协议书》，约定：双方就建标公司开发建设的“建标华城”进行合作，对于符合贷款条件的购房户，富滇银行大理分行提供总额不超过4.5亿元的贷款，建标公司对购房户提供连带保证担保，建标公司应在富滇银行大理分行开立保证金账户，保持存放不低于富滇银行大理分行发放贷款最高额的5%的保证金，用于履行建标公司的连带保证责任，未经富滇银行大理分行同意，建标公司不得将保证金挪作他用。2012年11月19日，富滇银行大理分行与建标公司再次签订《个人住房贷款合作协议书》，约定富滇银行大理分行为“建标华城”购房户提供总额不超过4000万元的贷款，建标公司对购房户提供连带保证担保，相关约定同2011年贷款合作协议书。（2）2010年，建标公司在富滇银行大理分行开设“9700××××××××××0990”保证金账户（以下简称0990账户），自2010年10月开始向该账户转入资金。后0990账户内的资金全部转结至2011年6月17日建标公司在富滇银行大理分行开设的“9700××××××××××6596”保证金账户（以下简称6596账户）。自2011年6月开始，建标公司依约向6596账户转入资金，富滇银行大理分行对违约贷款保证金进行了扣划。(3) 2017年9月8日，大理中院在办理杨凤鸣申请执行建标公司借款合同纠纷一案中，冻结了6596账户内的存款280万元，富滇银行大理分行向大理中院提出执行异议，该院作出《执行裁定书》驳回富滇银行大理分行的执行异议，该行不服该裁定，提起本案执行异议之诉。

大理中院一审认为：《最高人民法院关于适用〈中华人民共和国担保法〉若干问题的解释》第八十五条规定：“债务人或者第三人将其金钱以特户、封金、保证金等形式特定化后，移交债权人占有作为债权的担保，债务人不履行债务时，债权人可以以该金钱优先受偿。”《中华人民共和国物权法》第二百一十条第一款规定：“设立质权，当事人应当采取书面形式订立质权合同”，本案富滇银行大理分行虽提交了建标公司按揭额度的申请、富滇银行审批的相关材料，但未提交可证明2010年至2011年8月期间与建标公司之间存在出质约定的《个人住房贷款合作协议书》，因缺乏双方就建标华城项目达成合作的最终协议，故富滇银行大理分行的举证不足以认定2010年至2011年8月期间保证金账户内的资金往来特定为建标公司为购房者交纳的保证金，未能就案争保证金账户内的金钱已全部特定化完成举证责任，应承担举证不能的不利后果，对其诉讼请求不予支持。

据此，大理中院依照《中华人民共和国物权法》第二百一十条，《最高人民法院关于适用〈中华人民共和国担保法〉若干问题的解释》第八十五条，《中华人民共和国民事诉讼法》第六十四条、第六十五条，《最高人民法院关于适用〈中华人民共和国民事诉讼法〉的解释》第九十条之规定，于2018年7月9日作出判决：驳回原告富滇银行大理分行的诉讼请求。

富滇银行大理分行不服一审判决，向云南省高级人民法院提起上诉称：建标公司与富滇银行大理分行自2010年就针对“建标华城”项目建立起贷款合作关系，建标公司自愿为按揭贷款客户承担连带保证责任，按贷款金额5%比例存入保证金。2010年8月授信审批通过后，富滇银行大理分行与建标公司当即签订以及在2011年8月、2012年11月逐年签订《个人住房贷款合作协议书》，虽然2010年授信审批通过后签订的第一份贷款合作协议因经办员工离职的客观原因未能向法院提交，但建标公司在富滇银行大理分行开设的0990账户即为根据2010年贷款合作协议开设的保证金专户。2011年6月，因银行内部审计发现0990账户记入的会计科目有误，将“按揭贷款担保保证金”记入“25101公司业务承兑保证金”，建标公司重新开立6596保证金账户，0990账户内的保证金179.4万元全部转入6596账户。两账户存入的每笔资金均有相关凭证证实款项是按照当期发放的按揭贷款金额的5%比例存入的保证金，金额可一一对应。同时，

6596账户内资金的扣划均是由于按揭购房户拖欠贷款未能归还，该行直接扣划用于清偿借款。本案0990账户、6596账户系建标公司为担保业务而设立的保证金专户，不作为日常结算使用，账户内资金已特定化为保证金，该行对账户内的保证金享有控制权。根据《最高人民法院关于适用〈中华人民共和国担保法〉若干问题的解释》第八十五条的规定，该行对6596账户资金享有优先受偿权，请求改判支持该行诉请。

被上诉人杨凤鸣辩称：富滇银行大理分行无证据证明2010年10月至2011年8月期间该行与建标公司存在按揭贷款合作约定。2012年富滇银行大理分行与建标公司签订的《个人住房贷款合作协议书》仅约定建标公司承担连带保证责任而非动产质押，对存入保证金账户的资金也未进行质押移交或扣划。账户内资金存入转出不能一一对应，且处于不固定状态。资金没有特定化。请求驳回对方的上诉。

原审第三人建标公司述称：本公司与富滇银行大理分行没有关于保证金质押的具体协议，请求驳回富滇银行大理分行的上诉。

云南省高级人民法院经二审，确认了一审查明的事实。另查明：

1. 自2010年10月11日起，富滇银行大理分行就贷款给建标公司“建标华城”项目购房户，建标公司自该日起就在富滇银行大理分行与购房户签订的《个人购房（抵押）担保借款合同》中作为保证人承担连带保证责任，该公司于当日在富滇银行大理分行开立0990保证金专用账户（科目号25101）并按同一时段（同一天）发生的按揭贷款金额的5%存入保证金。至2011年5月19日，发生按揭贷款合同总额3560万元，共计存入保证金179.4万元（其中重复计收了龚爱中按揭贷款对应的保证金1.4万元）。

2. 2011年6月1日，富滇银行内部审计，认为富滇银行大理分行营业部将建标公司0990保证金账户“按揭贷款担保保证金”记入“25101公司业务承兑保证金”属会计科目使用错误，建标公司于2011年6月17日开设6596保证金账户（科目类别：25102公司业务担保保证金），0990账户内的179.4万元于当年9月7日按银行转账操作程序分11笔（次）转入尾号0823账号后，当日又从该账号将179.4万元一次性转入6596账户，

0990 账户同时销户。转账过程中，各转账凭证均注明款项性质为保证金。

3. 6596 保证金账户开设后，发生的按揭贷款需交存的保证金均存入该账户内。自 2011 年 6 月 29 日起，发生按揭贷款合同总额 4869 万元，应收保证金 243. 45 万元，共计存入保证金 245. 2 万元（其中重复计收董学军按揭贷款对应的保证金 1. 75 万元）。期间：2015 年 6 月 18 日，因有 36 户购房户结清贷款，富滇银行大理分行退回建标公司 46. 8 万元；2015 年 12 月 17 日，因有 4 笔按揭贷款逾期本息共计 926366. 24 元未还，富滇银行大理分行按照银行资金使用操作程序要求，使用尾号 0101 “暂收保证金存款销账本息” 账户从 6596 账户转出保证金共计 1019000 元，扣划欠款金额 926366. 24 元后，剩余金额 93754. 25 元（含中转保证金时产生的利息 1120. 49 元）又全额转回 6596 账户。现该账户余额为：179. 4 万元 + 245. 2 万元 - 46. 8 万元 - 1019000 元 + 93754. 25 元 = 2852754. 25 元。

云南省高级人民法院二审认为：本案二审的争议焦点为，富滇银行大理分行是否对案涉保证金账户内的资金享有质权。

一、关于 0990 账户性质及其与 6596 账户的关系问题。根据已查明的案件事实，0990 账户性质为保证金账户，开设该账户的双方当事人对此无争议。虽该账户开设时科目处理出现瑕疵，但不影响其保证金专户的性质，且具体科目的处理属于银行内部的会计核算方式，对双方当事人开设该账户为保证金账户的合意不产生影响。0990 账户销户后，其资金全部转入 6596 保证金账户，同时后续发生的按揭贷款的保证金存入该账户，两账户之间的关系为替换关系。

二、关于富滇银行大理分行与建标公司是否存在保证金质押的合意问题。《中华人民共和国物权法》第二百一十条规定：设立质权，当事人应当采取书面形式订立质权合同。质权合同一般包括下列条款：（1）被担保债权的种类和数额；（2）债务人履行债务的期限；（3）质押财产的名称、数量、质量、状况；（4）担保的范围；（5）质押财产交付的时间。虽然富滇银行大理分行陈述因职工离职原因无法提交 2010 年 10 月至 2011 年 8 月期间的贷款合作协议书，但根据 2010 年建标公司按揭额度的申请、富滇银行审批的相关材料、2011 年和 2012 年的《个人住房贷款合作协议书》《个

人购房（抵押）担保借款合同》，以及自2010年10月建标公司即开始交存保证金担保按揭贷款的客观事实等可以形成证据链，证实富滇银行大理分行与建标公司自2010年10月即存在贷款合作关系，双方对建标公司自2010年10月11日起，对购买“建标华城”项目的购房户提供连带保证担保，在富滇银行大理分行开立保证金账户，保持存放不低于富滇银行大理分行发放贷款最高额的5%的保证金，用于履行该公司的连带保证责任，未经富滇银行大理分行同意，该公司不得将保证金挪作他用，若保证人不按合同履行保证责任，富滇银行大理分行有权从其账户直接扣收有关款项，保证期间至抵押合同生效且抵押凭证送交富滇银行大理分行为止达成了合意，该合意具备质押合同的一般要件，故双方之间存在保证金质押关系。

三、关于质权是否设立即资金是否特定化及交付占有的问题。根据《中华人民共和国物权法》第二百一十二条“质权自出质人交付质押财产时设立”，以及《最高人民法院关于适用〈中华人民共和国担保法〉若干问题的解释》第八十五条“债务人或者第三人将其金钱以特户、封金、保证金等形式特定化后，移交债权人占有作为债权的担保，债务人不履行债务时，债权人可以以该金钱优先受偿”的规定，金钱质押生效的条件包括金钱特定化和移交债权人占有两方面。本案0990、6596两个保证金专户开立后，存入的款项均注明为保证金，转出款项只有两次，一次为部分购房户还清贷款后银行退回相应保证金，一次为扣划清偿购房户的逾期欠款，款项进出均能一一对应。保证金以专户形式特定化并不等于固定化，案涉账户内的资金因业务发生浮动，但均与保证金业务相对应，除缴存保证金外，支出的款项均用于保证金的退还和扣划，未作日常结算使用，符合《最高人民法院关于适用〈中华人民共和国担保法〉若干问题的解释》第八十五条规定的金钱以特户形式特定化的要求。另占有是指对物进行控制和管理的事实状态，因案涉账户开立在富滇银行大理分行，该行实际控制和管理该账户，符合出质金钱移交债权人占有的要求，故案涉保证金质权依法设立。此外，扣划款项表明富滇银行大理分行对该账户资金享有处置权，属于实现质权的情形。另建标公司申请按揭贷款的额度为4.5亿元，富滇银行大理分行授信的额度也为4.5亿元，故杨凤鸣关于保证金账户内的最高金额超出对应的贷款总额的主张也不能成立。

综上，一审判决认定部分事实不清，适用法律不当，上诉人富滇银行大理分行的上诉请求有事实和法律依据，应予支持。因富滇银行大理分行诉请判处的金额为一审法院冻结的6596账户内的资金额280万元及其利息，故二审法院针对当事人的诉请范围予以判处，同时根据《中华人民共和国物权法》第二百一十三条之规定，质权的效力及于质押财产的孳息，对该行诉请判处的利息一并予以支持。云南省高级人民法院依照《中华人民共和国物权法》第二百一十条、第二百一十二条、第二百一十三条，《最高人民法院关于适用〈中华人民共和国担保法〉若干问题的解释》第八十五条，《中华人民共和国民事诉讼法》第一百七十条第一款第二项，《最高人民法院关于适用〈中华人民共和国民事诉讼法〉的解释》第三百一十二条之规定，于2018年12月28日作出判决：

一、撤销云南省大理白族自治州中级人民法院（2018）云29民初19号民事判决；

二、确认富滇银行股份有限公司大理分行对大理建标房地产开发有限公司开立于富滇银行股份有限公司大理分行营业部账号为“9700××××××××××6596”保证金账户内的保证金280万元及其利息享有质权；

三、不得执行大理建标房地产开发有限公司开立于富滇银行股份有限公司大理分行营业部账号为“9700××××××××××6596”保证金账户内的保证金280万元及其利息。

本判决为终审判决。

云南省大理白族自治州中级人民法院（2018）云29执异1号执行异议裁定于本判决生效时自动失效。

9. 汤国伟与广州市海顺房地产发展有限公司、长春高斯达生物科技集团股份有限公司案外人执行异议之诉纠纷案*

▶ 案外人与被执行人之间订立的房屋买卖合同的真实性、合同效力以及履行情况等，均属于案外人执行异议之诉本应审理的范畴

【裁判摘要】

案外人与被执行人之间订立的房屋买卖合同的真实性、合同效力以及履行情况等，均属于案外人执行异议之诉本应审理的范畴。在执行异议之诉之外，案外人和被执行人另行单独就执行标的提出有关合同效力、继续履行等诉讼的，存在串通诉讼的嫌疑，可能损害到执行申请人的利益，故该另案诉讼不应继续审理，执行异议之诉不因另案诉讼而中止审理。

最高人民法院民事裁定书

（2017）最高法民申3075号

再审申请人（一审原告、二审上诉人）：汤国伟，男，1968年4月11日出生，汉族，住广东省广州市海

* 摘自《最高人民法院公报》2020年第11期。

珠区。

委托诉讼代理人：潘小拥，广东永通律师事务所律师。

被申请人（一审被告、二审被上诉人）：广州市海顺房地产发展有限公司。住所地：广东省广州市海珠区新港西路144号。

法定代表人：彭盛滔，该公司总经理。

被申请人（一审被告、二审被上诉人）：长春高斯达生物科技集团股份有限公司。住所地：吉林省长春市南关区桃园路东园小区5栋1门602室。

法定代表人：袁晨亮，该公司董事长。

再审申请人汤国伟因与被申请人广州市海顺房地产发展有限公司（以下简称海顺公司）、长春高斯达生物科技集团股份有限公司（以下简称高斯达公司）案外人执行异议之诉一案，不服广东省高级人民法院（以下简称广东高院）（2015）粤高法民一终字第39号民事判决，向本院申请再审。本院依法组成合议庭对本案进行了审查，现已审查终结。

汤国伟向本院申请再审称：（1）原审认定事实错误。汤国伟与海顺公司于2009年3月3日签订《房屋买卖协议书》，约定由汤国伟以1408260元的价格购买海顺公司位于广州市海珠区新港西路顺华街9号102铺房屋。汤国伟在签约当天将购房款支付给海顺公司，海顺公司也于当天将房屋交付给汤国伟，后因海顺公司的原因没有完成过户手续。海顺公司对前述事实予以确认。广东高院在没有相反证据的情况下，以推理的方式全面否定双方当事人和已生效民事判决、仲裁裁决所确认的事实，直接导致适用法律错误，应依法予以纠正。（2）本案二审应中止审理而不予中止，严重损害汤国伟的合法权益，程序违法。汤国伟与海顺公司之间《房屋买卖协议书》的效力结果直接影响本案的审理结果，故本案应在有关《房屋买卖协议书》效力确认之诉的裁判结果生效之前中止审理。二审法院明知有关《房屋买卖协议书》效力确认之诉的案件尚在审理过程中而没有中止本案审理，程序违法。据此，汤国伟依照《中华人民共和国民事诉讼法》第二百条的规定申请再审。

本院认为，本案属于案外人执行异议之诉。根据汤国伟申请再审的事由看，本案主要需审查以下两个问题：第一，二审程序是否违法，是否应中止审理；第二，汤国伟对于案涉房屋是否享有排除强制执行的民事权益。

（一）关于二审程序是否违法，是否应中止审理的问题

对于执行异议之诉，根据《最高人民法院关于适用〈中华人民共和国民事诉讼法〉的解释》第三百一十二条的规定，案外人同时提出确认其权利的诉讼请求的，人民法院可以在判决中一并作出裁判。本案中，案外人汤国伟提出的诉讼请求包括了确权之诉的内容，即请求依法确认案涉房屋归其所有。因此，汤国伟与海顺公司之间的《房屋买卖协议书》是否真实存在、合同效力以及履行情况等内容，均属于本案执行异议之诉中有关确权部分本应审理的范畴。

根据原审查明的事实看，广州市中级人民法院（以下简称广州中院）于2009年8月12日查封了案涉房产后，汤国伟于2010年3月18日作为原告以海顺公司为被告另案提起确认《房屋买卖协议书》有效的诉讼。此后，汤国伟于2010年7月2日就针对案涉房产的强制执行程序提出执行异议，广州中院驳回其执行异议后，汤国伟提起本案执行异议之诉。不难看出，汤国伟另案提起确认《房屋买卖协议书》有效的诉讼，是为其提出执行异议和执行异议之诉进行证据准备的。但是，汤国伟在案涉房产被查封之后另案提起确认《房屋买卖协议书》有效的诉讼，其审理结果明显与查封案涉房屋的申请执行人高斯达公司具有利害关系，在不追加高斯达公司作为第三人参加诉讼的情况下，汤国伟和海顺公司另案单独进行诉讼，存在串通诉讼的嫌疑，有可能损害高斯达公司的利益。而且，在执行异议之诉和确认合同有效之诉的两种诉讼中，有关举证责任的要求也是不同的。因此，在本案执行异议之诉立案之后，汤国伟另案提出的确认《房屋买卖协议书》有效的诉讼不应继续审理，而应由本案执行异议之诉针对《房屋买卖协议书》是否真实存在、合同效力以及履行情况等内容进行查明和认定。综上，本案二审无需以另案确认《房屋买卖协议书》有效之诉的裁判结果为依据，无需中止审理，二审审理程序并不违法。

(二)关于汤国伟对于案涉房屋是否享有排除强制执行的民事权益的问题

案外人提出执行异议之诉，应当就其对执行标的享有足以排除强制执行的实体权利承担举证证明责任，即便被执行人对案外人的权利主张表示承认的，也不能免除案外人的举证证明责任，以避免案外人和被执行人串通损害申请执行人的利益。就本案而言，虽然海顺公司确认汤国伟所主张的各项事实，但不能由此免除汤国伟的证明责任。结合《最高人民法院关于人民法院民事执行中查封、扣押、冻结财产的规定》第十七条的规定，本案汤国伟主张具有排除强制执行的民事权益，应举证证明其满足已支付价款、实际占有房屋等相关要件。

本案中，首先，汤国伟未能举证证明其已经支付140多万元的购房款。汤国伟主张其已付购房款，应首先证明其与海顺公司之间成立房屋买卖合同关系。但是，汤国伟在一审起诉时和证据交换时分别提供的《房屋买卖协议书》并不一致，其相关解释也明显自相矛盾，故原审对该协议书的真实性不予认定，并无不当。而且，汤国伟针对其付款主张未提供付款凭证，即便其经济收入可观，但140多万元款项一次性通过现金支付的说法，明显与现实中巨额资金交易往来的习惯不符。其次，汤国伟未能举证证明其已经实际占有案涉房屋。在一审针对案涉房屋是否由汤国伟出租给杨军这一事实进行调查的过程中，汤国伟均未提及其在广州仲裁委员会(2015)穗仲案字第447号仲裁案件中提交的《补充协议》和预付租金的重要事实，仲裁裁决查明的杨军向汤国伟支付租金的过程也与汤国伟在本案一审中陈述的内容明显不符。此外，根据二审的分析，汤国伟提交的作为其已实际占有案涉房屋的证据《物业管理合同》的真实性并不能得到确认，又未能提供与案涉房屋地址、合同约定的金额相符的物业管理费发票。因此，即便相关仲裁裁决确认了汤国伟将案涉房屋出租给杨军的事实，但鉴于汤国伟在该仲裁案之前于本案中的陈述和相关证据内容明显与仲裁裁决查明的事实不符，故原审未采信仲裁裁决的认定，并无不当。而且，该仲裁裁决结果亦明显与查封案涉房屋的申请执行人高斯达公司具有

利害关系，在高斯达公司未参与仲裁的情况下，汤国伟和海顺公司另案单独仲裁，存在串通仲裁的嫌疑。综合前述分析，由于汤国伟并不具备享有足以排除强制执行民事权益的要件，故原审判决驳回其排除执行的诉讼请求，并无不当。

综上所述，汤国伟的再审申请不符合《中华人民共和国民事诉讼法》第二百条规定的情形。依照《中华人民共和国民事诉讼法》第二百零四条第一款、《最高人民法院关于适用〈中华人民共和国民事诉讼法〉的解释》第三百九十五条第二款的规定，裁定如下：

驳回汤国伟的再审申请。

审 判 长　王毓莹
审 判 员　曹　刚
审 判 员　奚向阳

二〇一七年十二月十五日

法官助理　陈　亚
书 记 员　谢松珊

10. 张某与李娜、大冰公司、小冰公司案外人执行异议之诉案*

▶ 执行异议之诉中的被执行人是与诉讼标的权属存在直接利害关系的被执行人，而非所有被执行人

【裁判摘要】

执行异议之诉中的被执行人是与诉讼标的权属存在直接利害关系的被执行人，而非所有被执行人。

一、案件简介

2015年2月2日，河南省郑州市某公证处作出某公证书，载明：债权人李娜与债务人大冰公司、小冰实业公司、李小明于2015年1月26日签订《还款合同》约定，截至2015年1月26日各债务人向债权人所负债务总额为300万元，各债务人应于2015年1月30日将上述欠款一次性偿还给债权人，如债务人不按合同约定履行还款义务，债权人李娜可向人民法院申请执行。因各债务人均未依约履行清偿义务，应债权人李娜申请，河南省郑州市某公证处于2月8日出具执行证书。2月15日李娜依据已生效的公证书及执行证书，以大冰公司、小冰公司、李小明（注：李小明在执行期间于2015年4月8日病故）为被执行人向郑州中院申请强制执行。在

* 摘自《民事审判指导与参考》2016年第4辑（总第68辑），人民法院出版社2017年版，第187～189页。

执行过程中，一审法院查封了大冰公司所有的一某小区位于地下二层的车库。张某作为案外人以上述被查封车库中有归其所有的车位为由向一审法院提出执行异议。一审法院裁定驳回了张某提出的执行异议。张某不服，以李娜、大冰公司、小冰公司为被告向一审法院提起案外人执行异议之诉即本案诉讼。

本案一审审理期间，张某向一审法院提交大冰公司于2014年4月29日向其出具的收据一份，载明涉案车位款13万元。经一审法院现场勘察，涉案车库仍属在建工程，均未投入使用，张某所主张的车位没有确定的具体位置。

二、法院裁判意见

一审法院认为：参加诉讼的被执行人应指与发生争议的被执行标的物权属存在直接利害关系的被执行人，即本案仅需列大冰公司为被告，与执行标的物权属无关的执行案件被执行人即金钱债务案中的其他债务人（小冰公司、李小明）均不列为执行异议之诉案的当事人。若不考虑与执行标的物权属有无关系，将执行案件中所有被执行人均列为本案当事人，那么必须列李小明，因李小明已故，须在李小明的继承人表示是否放弃继承的前提下，确定参加诉讼的继承人。由于法定继承人之一下落不明，无法得知其是否继承李小明的财产，系列案件必须依照《中华人民共和国民事诉讼法》第一百五十条第一款第一项[①]“有下列情形之一的中止诉讼：（一）一方当事人死亡，必须等待继承人表明是否参加诉讼的”之规定，等待其继承人表明是否参加诉讼，因而系列案件均须中止审理。在李小明的继承人未表明是否放弃继承的情况下将其认定为诉讼参加人，一是不符合法律规定，二是若执行案件债权人以本案为据追加其继承人为被执行人，那么其继承人名下的财产有被执行的可能，面对李小明遗留的巨大债务，其继承人出现后很可能表示放弃继承的问题。这样的处理使得案件的处理更加

① 该法已于2017年6月27日修正，其中第一百五十条第一款第一项规定：“有下列情形之一的，中止诉讼：（一）一方当事人死亡，需要等待继承人表明是否参加诉讼的。”

复杂化。

二审法院认为：《最高人民法院关于适用〈中华人民共和国民事诉讼法〉的解释》（以下简称《民诉法司法解释》）第三百零七条①规定的被执行人应指执行案件中的所有被执行人，即也应列李小明和小冰公司为被告。从该规定本身看，并没有指出被执行人仅指与发生争议的被执行标的物权属存在直接利害关系的被执行人，所以应列所有被执行人为被告或第三人。

三、主要观点和理由

《民诉法司法解释》第三百零七条规定："案外人提起执行异议之诉的，以申请执行人为被告。被执行人反对案外人异议的，被执行人为共同被告；被执行人不反对案外人异议的，可以列被执行人为第三人。"此条中被执行人是指与发生争议的被执行标的物权属存在直接利害关系的被执行人，还是在执行案件中的所有被执行人？此问题关系到本案当事人范围的确定。

一种意见认为，《民诉法司法解释》第三百零七条规定的被执行人应指与发生争议的被执行标的物权属存在直接利害关系的被执行人。从案外人执行异议之诉的目的、实质等方面看，《民诉法司法解释》之所以规定被执行人在反对案外人异议时作为共同被告，是因为需对案外人与被执行人对执行标的物的权属进行审查，故上述规定的被执行人应指与执行标的物的权属有直接利害关系的被执行人。如果把与执行标的物无关的被执行人也列为被告，不仅与执行标的权属纠纷无关，对查清案件事实无益，相反使得案件当事人更多，程序更为复杂，不利于案件的审理。故参加诉讼的被执行人应指与发生争议的被执行标的物权属存在直接利害关系的被执行人。

另一种意见认为，《民诉法司法解释》第三百零七条规定的被执行人应指执行案件中的所有被执行人。从该规定本身看，并没有指出被执行人

① 该司法解释已于2020年12月29日修正，本条内容未作变动。

仅指与发生争议的被执行标的物权属存在直接利害关系的被执行人。

我们认为第一种观点更为合理。案外人提起执行异议之诉的目的是阻却执行，法院审理执行异议之诉案件系针对被执行标的物的权属以及能否执行进行审理。需对案外人对执行标的物享有的权利与执行债权人的权利进行比较，因此，与执行标的权属不存在直接利害关系的被执行人不宜作为执行异议之诉案件的当事人。从执行异议之诉的目的与审理范围看，应当对于《民诉法司法解释》第三百零七条规定的被执行人作限缩性解释，即执行异议之诉中的当事人应当是与诉讼标的权属存在直接利害关系的被执行人，而非所有被执行人。如果将所有被执行人均列为被告，使得程序更为复杂，反而不利于案件的审理。理由是：（1）按照民事诉讼法原则，案外人或申请人执行异议之诉案件的当事人，应是与诉讼标的物权属存在直接利害关系的人。（2）执行异议之诉针对的是被执行标的物的权属及能否执行的审查与处理。（3）执行异议之诉解决的是案外人的实体权益与执行债权人的债权谁应当优先保护的问题。（4）所有的被执行人均与执行利益有关，但不一定均与执行标的物权属有关。（5）本案中，所涉被查封的特定标的物车库系大冰公司名下财产，李小明仅系金钱债务案件（公证案）债务人，与被查封的标的物无关。

四、最高人民法院民一庭意见

《民诉法司法解释》第三百零七条规定的被执行人是指与发生争议的被执行标的物权属存在直接利害关系的被执行人。

（执笔人：王毓莹）

11. 再审申请人南宁市万智物业服务有限公司与被申请人广西海潮农业投资有限责任公司等案外人执行异议之诉纠纷案*

▶ 在适用《查封、扣押、冻结财产司法解释》第十七条规定对买受人利益进行特别保护时，应当严格审查不动产买卖协议的正当性，以及该条所规定的要件是否具备

【裁判摘要】

根据《最高人民法院关于民事执行中查封、扣押、冻结财产的规定》（以下简称《查封、扣押、冻结财产司法解释》）第十七条①的规定，买受人基于正当的不动产买卖关系，在已经支付全部价款、实际占有且对未办理过户登记没有过错的情况下，其虽未取得标的物之所有权，但该买受人仍享有排除普通金钱债权强制执行的权利。该规定系在买受人对所买受之不动产的权利保护与普通金钱执行债权人的权利保护发生冲突时，基于对正当买受人合法权利的特别保护之目的而设置的特别规则，该规则实质上是以牺牲普通金钱执行债权人的正当权利为代价而确立的，故在适用该规定对买受人利益进行特别保护时，应当严格审查买受人与被执行人之间不动产买卖协议的正当性，以及该条所规定的付款、实际占有和过错等要件是否具备。

---

* 摘自《民事审判指导与参考》2017 年第 3 辑（总第 71 辑），人民法院出版社 2017 年版，第 67～73 页。

① 该司法解释已于 2020 年 12 月 29 日修正，本条已变更为第十五条，但内容未作变动。

最高人民法院民事裁定书

（2016）最高法民申3635号

再审申请人（一审原告、二审被上诉人）：南宁市万智物业服务有限公司。

法定代表人：黄小明，该公司总经理。

委托诉讼代理人：覃永德，广东洛亚律师事务所律师。

委托诉讼代理人：郭春玉，广东洛亚律师事务所律师。

被申请人（一审被告、二审上诉人）：广西海潮农业投资有限责任公司。

法定代表人：张星朝，该公司董事长。

被申请人（一审第三人、二审上诉人）：南宁市邕宁区农村信用合作联社。

法定代表人：赵瑞勇，该联社理事长。

委托诉讼代理人：陆有清，广西欣和律师事务所律师。

委托诉讼代理人：刘胜，广西欣和律师事务所律师。

原审被告：深圳市有荣配销有限公司。

法定代表人：陆嘉琦，该公司董事长。

委托诉讼代理人：管佩亮，广东鹏鼎律师事务所律师。

再审申请人南宁市万智物业服务有限公司（原名南宁市万智物业管理有限公司，以下简称万智公司）因与被申请人广西海潮农业投资有限责任公司（原名广西绿满地房地产开发有限公司，以下简称海潮公司）、南宁市邕宁区农村信用合作联社（以下简称邕宁信用社），原审被告深圳市有荣配销有限公司（以下简称有荣公司）案外人执行异议之诉一案，不服广西壮族自治区高级人民法院（2015）桂民一终字第61号民事判决（以下简称原判决)，向本院申请再审。本院依法组成合议庭进行了审查，现已审查终结。

万智公司向本院申请再审，请求：(1) 撤销原判决，维持本案一审判决；(2) 解除对绿都假日山庄综合楼（以下简称案涉综合楼）的查封；(3) 改判海潮公司承担本案全部诉讼费。事实和理由：(1) 万智公司已经支付案涉综合楼的全部价款。从2003年8月10日开始至2007年8月28日长达4年多的时间里，由海潮公司开具的《收据》（附照片作为旁证）、《商品房买卖合同》（以下简称案涉合同）、南宁市房产管理局的《答复》、海潮公司承诺提供购房发票和确认绿都温泉度假山庄综合验收时间的两份《商函》、万智公司与海潮公司签订的《房屋租赁合同》、海潮公司出具的《资产转移协议函》、确认综合楼权属为万智公司的《房屋属权说明》、南宁市良庆区人民法院作出的（2010）良民一初字第528号民事判决（以下简称528号判决）等一系列证据形成完整的证据链，充分证明万智公司已经支付全部600万元的房价款。更为重要的是，在2013年海潮公司向南宁市中级人民法院就528号判决申请再审之前长达十年的时间里，海潮公司从未否认其已经收取万智公司600万元购房款的事实，也未向万智公司提出过任何异议。(2) 自2003年8月10日起万智公司已经合法占有、使用、出租综合楼，从未间断。万智公司从2003年8月1日开始选派相关人员进入该山庄综合楼提供物业管理服务。2006年5月18日，海潮公司向万智公司出具《确认函》，主要内容为，截至2006年5月1日，其应支付万智公司物业费、办公楼租金等款项共计2223730.3元，特此致函确认并承诺承担相应支付责任。2007年3月1日，万智公司与海潮公司签订《房屋租赁合同》，约定将案涉综合楼租赁给海潮公司做营业性使用，租期为5年，每月租金为47180元，租赁保证金为5万元。2007年5月25日，海潮公司向万智公司出具《资产转移协议函》，将综合楼内附属的经营固定资产冲抵其使用综合楼的租金而随楼转移并随租使用。2009年9月16日至今，综合楼由万智公司分别出租给案外人黄世楷、南宁市良庆区水利电业有限公司使用，无任何纠纷。上述事实已经由南宁市良庆区人民法院作出的（2013）良民一初字第431号民事判决认定。海潮公司从未提出过任何异

议，更未通过诉讼去维护自己的权利。这说明万智公司一直有合法依据地占有、使用、出租综合楼，且海潮公司也认可该事实。（3）万智公司对综合楼至今又登记至海潮公司名下这一事实没有过错。如前所述，万智公司与海潮公司已就案涉合同备案登记，后因海潮公司原法定代表人黄守新勾结原邕宁县房管所有关人员，单方将前述备案登记撤销，才形成现在的综合楼仍登记在海潮公司名下的局面。万智公司得知这一情况后，先后采取了对南宁市房产管理局提起行政诉讼、向南宁市公安局报案、向海潮公司提起民事诉讼、提起本案诉讼等方式维护自己的权利，故万智公司对综合楼目前的产权登记现状没有任何过错。（4）原判决评判、采信本案证据时，在没有相反证据的情况下，以法官个人无证据支持的主观推理分析推翻万智公司提供的已经形成完整证据链的书证以及已经人民法院生效判决确认的事实，严重违反我国法律有关证据评判、采信的相关规定，致使原判决认定的付款和实际占有这两个基本事实缺乏证据证明。

海潮公司提交意见，请求驳回万智公司的再审申请。理由：（1）万智公司没有支付600万元购房款。根据海潮公司原法定代表人黄守新出具的说明，其曾向万智公司借款150万元，每月利息75000元，当天收现金1425000元，以在建的综合楼担保。万智公司主张其以现金支付了600万元购房款，但其未提供在银行提取现金的证据，亦未证明黄守新收取600万元款。就万智公司拍摄的支付现金的现场照片，仔细查看可知其金额为150万元，而非600万元。（2）万智公司与海潮公司签订的案涉合同是虚假合同。该合同加盖的公章系由黄守新私刻，而非公安局备案核准的公章。且合同约定的建筑面积与套内建筑面积均为2359m²，有违常理。案涉合同签订之时，综合楼尚为在建工程，2004年8月10日万智公司交付600万元，2004年8月13日双方才签订案涉合同，亦不符合交易惯例。（3）万智公司非法占有案涉综合楼。2007年南宁市中级人民法院查封涉案综合楼后，2009年6月绿都温泉假日山庄停业，万智公司强行占据案涉综合楼。本案一审判决错误认定2004年8月13日万智公司与海潮公司签订案涉合同后交付案涉综合楼。（4）案涉综合楼系由海潮公司开发建设，万智公司于2009年6月将南宁市中级人民法院轮候查封的综合楼强行出租。本案原判决生效后，万智公司仍强占案涉综合楼，拒不搬离。

邕宁信用社提交意见，请求驳回万智公司的再审申请。理由：（1）万智公司与海潮公司签订案涉合同的真实目的是以该房屋为借款作抵押，双方并没有买卖该综合楼的真实意思表示。万智公司提供的关于支付现金的照片中的现金数量明显不足600万元现金，其实际是海潮公司向万智公司借款150万元的照片。万智公司无法证明其交付600万元现金的资金来源，故其交付600万元购房款现金的主张不能成立。（2）案涉合同存在不合常理的错误，该合同当认定为虚假合同。首先，案涉合同注明的商品房预售许可证号为“（邕宁）房预售证第20030013号”，但二审法院查明该综合楼的预售证号却为“（邕宁）房预售证第20040019号”。其次，合同第三条约定“该商品房的用途为商住楼”，但第十八条中却载明“买受人的房屋仅作住宅使用”，该两个条款相互矛盾。并且合同第三条约定的建筑面积与套内建筑面积均为2359平方米，有违常理。再次，合同第四条房屋的单价一栏并未填写，且万智公司在二审开庭时也无法说出房屋单价，由此可见该买卖合同并非双方的真实意思表示，双方所约定的购房总额只是掩人耳目。最后，根据合同第五条，就房屋面积争议的处理方式，双方选择自行约定。但合同中双方自行约定的条款并未实际填写。综合上述情况，案涉合同当认定为虚假合同，该合同的目的实际系为借款提供担保。（3）万智公司实际占有案涉综合楼，是因为其与海潮公司签订了物业管理合同，并非基于买卖合同而占有，故不能适用《最高人民法院关于人民法院民事执行中查封、扣押、冻结财产的规定》（以下简称《查封、扣押、冻结财产司法解释》）第十七条的规定。（4）万智公司用于主张其对涉案综合楼享有所有权的重要依据即528号民事判决本身存在错误。（5）案涉综合楼的房产以及该房产所占用的土地已经抵押给邕宁信用社，邕宁信用社对处置该房产和土地所得的价款享有优先受偿权。

有荣公司口头发表意见称，人民法院对登记在海潮公司名下的综合楼进行查封，程序合法，结果正确。海潮公司与万智公司之间并无真实的房屋交易关系，两公司签订房屋买卖合同的真实意图系为双方150万元的借款提供担保。由于海潮公司已经在原邕宁县房管所撤销了案涉合同的备

案，故该合同已经终止。在案涉合同终止后，万智公司不能再次主张要求继续履行。2003 年海潮公司将案涉综合楼委托给万智公司管理，万智公司基于物业委托关系对房屋进行管理，并不意味着万智公司拥有案涉综合楼产权。综上，请求驳回万智公司的再审申请。

本院经审查认为，本案系万智公司不服原判决，依据《中华人民共和国民事诉讼法》第二百条的规定向本院申请再审，故本案审查的重点是万智公司的再审申请是否符合《中华人民共和国民事诉讼法》第二百条规定的情形，即原判决依据《查封、扣押、冻结财产司法解释》第十七条的规定认定万智公司不享有足以排除强制执行的民事权益，是否存在《中华人民共和国民事诉讼法》第二百条规定的情形。

根据《查封、扣押、冻结财产司法解释》第十七条关于“被执行人将其所有的需要办理过户登记的财产出卖给第三人，第三人已经支付部分或者全部价款并实际占有该财产，但尚未办理产权过户登记手续的，人民法院可以查封、扣押、冻结；第三人已经支付全部价款并实际占有，但未办理过户登记手续的，如果第三人对此没有过错，人民法院不得查封、扣押、冻结”的规定，买受人基于正当的不动产买卖关系，在已经支付全部价款、实际占有且对未办理过户登记没有过错的情况下，其虽未取得标的物之所有权，但该买受人仍享有排除普通金钱债权强制执行的权利。司法解释的该条规定，系在买受人对所买受之不动产的权利保护与普通金钱执行债权人的权利保护发生冲突时，基于对正当买受人合法权利的特别保护之目的而设置的特别规则，该规则实质上是以牺牲普通金钱执行债权人的正当权利为代价而确立的，故人民法院在适用《查封、扣押、冻结财产司法解释》第十七条对买受人利益进行特别保护时，应当严格审查买受人与被执行人之间不动产买卖协议的正当性，以及该条所规定的付款、实际占有和过错等要件是否具备。

本案中，万智公司根据《查封、扣押、冻结财产司法解释》第十七条的规定主张人民法院不得查封案涉综合楼，但是案涉综合楼的交易存在如下诸多不合理之处：（1）案涉合同系于 2004 年 8 月 13 日签订，但是在此之前的同年 8 月 10 日海潮公司已向万智公司出具内容为“收到南宁市万智物业管理有限公司购买‘绿都温泉度假山庄’综合楼款项共计陆佰万（600万元）整（注税务发票另开）”的《收据》。在合同签订之前，当事人双方权利义务尚未确定的情况下，万智公司即支付全部购房款项，不符合一般交易规则。（2）据二审查明的事实，案涉综合楼于2004年7月31日在原邕宁县房管所办理了购房人为万智公司的商品房合同备案手续，后于2004年8月10日在原邕宁县建设局办理了（邕宁）房预售证20040019号商品房预售许可证。由此可见，在案涉合同尚未签订以及案涉综合楼项目尚未办理预售许可证的情况下，案涉合同已经办理了备案手续。此举明显有违商品房买卖合同登记备案的要求和通常做法。（3）案涉合同自身亦存在诸多不合常理之处：①案涉合同注明的商品房预售许可证号为“（邕宁）房预售证第20030013号”，但二审法院查明该综合楼的预售证号却为“（邕宁）房预售证第20040019号”，即合同载明的预售证号与实际不符。②合同第三条约定“该商品房的用途为商住楼”，但第十八条中却载明“买受人的房屋仅作住宅使用”，该两个条款相互矛盾。③房屋单价是房屋买卖合同的重要条款，但是案涉合同第四条房屋单价一栏并未实际填写，有违通常的交易惯例。④就房屋面积争议的处理方式，根据合同第五条双方选择自行约定，但合同中双方自行约定一栏并未实际填写。从案涉合同中有关房屋单价、用途等诸多房屋买卖合同重要条款的缺失或自相矛盾的情况看，万智公司与海潮公司并未尽到一般房屋交易行为所应有的注意义务。故根据现有证据不足以认定其之间存在房屋买卖的真实意思表示。（4）就付款问题，万智公司提供了收款收据和现金付款照片。本院再审审查询问时，万智公司明确表示，其并未主张照片上显示的是600万元，拍摄现金付款照片只是为了留念，而非留下证据。由于现金付款照片不能证明全额付款事实，且万智公司不能证明照片中的款项系支付本案购房款，故在该公司未能提供600万元现金来源以及任何银行汇款或转账凭证等证据佐证的情况下，仅凭收款收据，不足以认定万智公司已经全额支付购房款。（5）案涉合同第八条约定，交房时间为2004年2月28日前。合同约定的交房时间在双方签订合同之前，此亦不符合房屋买卖之常理。并且，由于万智公司在与海潮公司签订案涉合同之前，双方已存在物业服务合同

关系，万智公司于2003年已基于物业服务合同实际占有涉案综合楼，故现有证据不足以证明万智公司系基于案涉合同取得对综合楼的实际占有。

综上所述，万智公司与海潮公司之间就案涉综合楼的交易存在诸多不合常理之处，万智公司提供的证据亦不足以证明其已支付了全部购房款项且已基于房屋买卖合同实际占有案涉综合楼。原判决认定万智公司要求排除强制执行涉案综合楼并解除对涉案综合楼查封的诉讼请求缺乏事实及法律依据，并无不当。万智公司依据《查封、扣押、冻结财产司法解释》第十七条的规定主张其对执行标的物享有足以排除强制执行的民事权益，没有事实和法律依据，本院不予支持。

综上，万智公司的再审申请不符合《中华人民共和国民事诉讼法》第二百条规定的情形。依照《中华人民共和国民事诉讼法》第二百零四条第一款、《最高人民法院关于适用〈中华人民共和国民事诉讼法〉的解释》第三百九十五条第二款规定，裁定如下：

驳回南宁市万智物业服务有限公司的再审申请。

审 判 长 刘 敏

审 判 员 汪治平

审 判 员 孙祥壮

二〇一六年十二月三十日

法官助理 陈宏宇

王蓓蓓

书 记 员 潘海蓉

12. 上诉人金育平与被上诉人中信信托有限责任公司、被上诉人昆山红枫房地产有限公司案外人执行异议之诉纠纷案*

借款人与出借人签订《商品房购销合同》是为保障出借人的融资债权实现的，并非存在真实的商品房买卖关系

【裁判摘要】

借款人与出借人签订《商品房购销合同》是为保障出借人的融资债权实现，并非存在真实的商品房买卖关系。出借人支付借款人的款项系借款，而非购房款。出借人不属于《最高人民法院关于民事执行中查封、扣押、冻结财产的规定》第十七条①规定的无过错的购房者，不享有优先其他债权的权利。出借人对《商品房购销合同》项下房产主张排除法院的强制执行，无事实和法律依据。

---

* 摘自《民事审判指导与参考》2017年第3辑（总第71辑），人民法院出版社2017年版，第87~103页。

① 该司法解释已于2020年12月29日修正，本条已变更为第十五条，但内容未作变动。

最高人民法院民事判决书

（2016）最高法民终692号

上诉人（原审原告）：金育平。

委托诉讼代理人：葛玉石，北京奥北律师事务所律师。

被上诉人（原审被告）：中信信托有限责任公司，住所地：北京市朝阳区新源南路6号京城大厦13层。

法定代表人：陈一松，该公司董事长。

委托诉讼代理人：王和平，江苏三法律师事务所律师。

委托诉讼代理人：曹登辉，江苏三法律师事务所律师。

被上诉人（原审被告）：昆山红枫房地产有限公司，住所地：江苏省昆山市巴城镇湖滨南路1098号。

法定代表人：胡方云，该公司董事长。

委托诉讼代理人：黄惠民，上海君康律师事务所律师。

上诉人金育平因与被上诉人中信信托有限责任公司（以下简称中信公司）、被上诉人昆山红枫房地产有限公司（以下简称红枫公司）案外人执行异议之诉纠纷一案，不服江苏省高级人民法院（2014）苏民初字第00018号民事判决，向本院提起上诉。本院于2016年10月25日立案后，依法组成合议庭，公开开庭进行了审理。金育平的委托诉讼代理人葛玉石，中信公司的委托诉讼代理人王和平、曹登辉，红枫公司的委托诉讼代理人黄惠民到庭参加诉讼。

金育平上诉请求：（1）撤销一审判决；（2）依法判决对位于昆山市巴城镇湖滨南路1098号4区编号为1040101029地块（云顶红枫苑别墅）上的第1501号房屋停止执行；（3）本案一、二审诉讼费由中信公司和红枫公司承担。事实和理由：一审判决将金育平与红枫公司的房屋买卖合同关系认定为借款合同关系，事实认定及法律适用存在严重错误。2011 年 8 月，金育平与红枫公司签订《商品房购销合同》并依法办理了房屋预售合同备案登记；依据该合同约定，金育平购买了红枫公司开发的位于昆山市巴城镇湖滨南路 1098 号 4 区编号为 1040101029 地块（云顶红枫苑别墅）第 1501 号房屋；金育平已支付全部购房款。上述房屋建设完成后，金育平与红枫公司办理了 1501 号房屋的交接入住手续，金育平实际占有 1501 号房屋。

中信公司辩称：（1）金育平与红枫公司不存在合法有效的房屋买卖合同关系，名为买卖，实为借贷。（2）金育平不享有排除案涉房屋执行的实体权利。（3）根据同案同判原则，应当驳回金育平的上诉请求。

红枫公司辩称：（1）金育平与红枫公司所谓的《商品房购销合同》实际是一种债权债务的转让以及转让中对不动产的抵押。因案外人朱连平与红枫公司有债权债务关系，红枫公司曾经用多处房产（包括案涉房产）向朱连平融资，朱连平与红枫公司于 2011 年签订了一份债务抵销合同，约定将案涉三套别墅按照每套 700 万元价格转售给金育平、黄国勤，共计 2100 万元，以抵销红枫公司对朱连平的债务。红枫公司从金育平处获得的购房款均已按照约定全额支付给朱连平，红枫公司与金育平网签《商品房购销合同》。（2）金育平与红枫公司所谓的《商品房购销合同》是虚假的，红枫公司的目的是以名下不动产作为担保进行融资，金育平的目的是以购房为由出借资金以获得高额利息回报。网签《商品房购销合同》和《〈商品房购销合同〉补充协议》（以下简称《补充协议二》）约定的房款严重不符，金育平根据《补充协议二》实际支付的购房款不仅远低于当时同地段、同类房屋售价，也低于成本价。金育平主张已按照《商品房购销合同》约定支付全额房款明显缺乏依据，原审时，金育平并未提交除按照《补充协议二》支付的 700 万元外的其他转账或付款凭证。（3）红枫公司已以其名下其他房产折价支付了金育平部分利息，总共折抵 1033 万元，金育平获得两套，并办理了产权登记手续。综上，原审认定本案金育平与红枫公司的纠纷属于民间借贷纠纷并无不当，请求法院驳回金育平的上诉请求。

金育平向一审法院起诉请求：（1）对位于昆山市巴城镇湖滨南路 1098 号 4 区编号为 1040101029 地块（云鼎红枫苑别墅）第 1501 号房屋停止执行、解除查封、中止拍卖。（2）请求红枫公司为金育平办理云鼎红枫苑别墅 1501 号房屋所有权证。经一审法院释明，金育平自愿撤回要求解除查封、中止拍卖措施的诉讼请求，同时撤回对昆山东方云顶广场有限公司（以下简称东方云顶公司）的起诉。

一审法院认定事实：红枫公司于 2003 年经昆山市发展计划委员会批复同意在江苏省昆山市巴城镇湖滨南路 1098 号建造东方云顶广场红枫苑项目，并取得了昆山市住房和城乡建设局颁发的编号为 2010301 号房屋预售许可证。涉案房屋所在国有土地使用权于 2010 年 4 月 9 日被抵押给中信公司。

（一）关于红枫公司与金育平之间签订与履行商品房买卖合同的事实

1. 合同签订情况

（1）2012 年 3 月 7 日，金育平与红枫公司签订一份《商品房购销合同》，约定：红枫公司将其开发的位于昆山市巴城镇湖滨南路 1098 号 4 区红枫苑别墅 1501 号房屋出售给金育平。房屋住宅建筑面积 545.87 平方米，储藏室建筑面积 178.07 平方米，单价 2 万元/平方米，商品房总价款 14478800 元。第六条关于付款方式及期限约定，买受人一次性付款。第八条关于交付期限约定，出卖人应当在 2012 年 12 月 31 日前将取得昆山市建设局核发的交付备案证书、并符合本合同约定的商品房交付买受人使用。第九条关于出卖人逾期交房的违约责任约定：“（1）逾期不超过 30 日，自本合同第八条规定的最后交付期限的第二天起至实际交付日止，出卖人按日向买受人支付已交付房价款万分之五的违约金，合同继续履行；（2）逾期超过 30 日后，买受人有权解除合同。买受人解除合同的，出卖人应当自买受人解除合同通知到达之日起 10 日内退还全部已付款，并按买受人累计已付款的 5% 向买受人支付违约金。买受人要求继续履行合同的，合同继续履行，自本合同第八条规定的最后交付期限的第二天起至实际交付之日止，出卖人按日向买受人支付已交付房价款万分之七［该比率应不小于第（1）项中的比率］的违约金。”第十一条关于房屋交接约定：商品房达到交付使用条件后，出卖人应当书面通知买受人办理交付手续。双方进行验收交接时，出卖人应当出示本合同第八条规定的证明文件，并签署房屋交接单。所购商品房为住宅的，出卖人还需提供《住宅质量保证书》和《住宅使用说明书》。出卖人不出示证明文件或出示证明文件不齐全，买受人有权拒绝交接，由此产生的延期交房责任由出卖人承担。由于买受人原因，未能按期交付的，视为已交付。该《商品房购销合同》已在昆山市住房和城乡建设局办理了网签备案手续。对该合同真实性各方当事人均不持异议，应予以认定。

（2）金育平还提供了一份其作为乙方与红枫公司（甲方）签订的《〈商品房购销合同〉补充协议》（以下简称《补充协议一》），落款日期为2011年9月13日。合同约定：“鉴于甲方将其开发的红枫苑别墅1501（房屋产权面积878.44平方米，庭院面积634平方米，合同号2011023510）并签订《商品房购销合同》（网签备案）。一、乙方在本协议签订后支付相应购房款。甲方指定收款人：朱连平；账号：农行温州支行；工行温州支行，开户行：温州支行，房款收到后甲方向乙方开具收受房款收据。二、甲方应在：2012年12月31日前交房，同时履行甲方其他卖房义务，如甲方未能按时交房，乙方有权解除合同。1. 甲方必须补偿乙方100%的已交购房款；2. 甲方将购房款和补偿款合计万元支付给乙方；3. 乙方收到款后须配合甲方解除双方签订的《商品房购房合同》并配合甲方注销房屋登记备案手续，否则应承担违约金____元。三、若甲方违反《商品房购房合同》及本补充协议约定的，应向乙方支付20%的违约金，并承担乙方向甲方主张权利而产生的包括但不限于差旅费、诉讼费、律师费（按照房款及违约金总额的8%计算）等相关损失，本条约定均为各方自愿。五、本补充协议与《商品房购房合同》具有同等法律效力。若有与《商品房购房合同》冲突之处，均以本协议为准。”该份补充协议上有金育平的签名字样和红枫公司的盖章。中信公司对该协议的真实性表示无法确认，红枫公司对其真实性不予认可。一审法院认为，金育平提供了协议原件，中信公司和红枫公司

未明确提出反驳的主张和理由，故对其形式上的真实性予以确认。

（3）本案审理期间，中信公司也提供了一份红枫公司（甲方）与金育平（乙方）、朱永光（丙方）签订的《补充协议二》，约定：鉴于甲方将其开发的红枫苑别墅1501（房屋产权面积878.44平方米，庭院面积634平方米），（合同号2011023510），签订3份《商品房购销合同》（网签备案），经各方协商一致达成如下补充条款："一、甲方考虑到各种因素，要求登记备案的合同所显示的房屋价格为每平方米单价为____万元，但双方实际约定的房屋总价为每套700万元，备案登记的房屋销售价格不再适用，一套别墅的总价实际为700万元，乙方在本协议签订后支付。甲方指定收款人：朱连平；账号：农行温州支行；工行温州支行，开户行：温州支行，房款收到后甲方向乙方开具收受房款收据。二、甲方应在2012年3月15日前交房，同时履行甲方其他卖房义务。因考虑到施工期限的不确定因素，甲方如未能在____年____月____日前交房的则有权选择解除合同；甲方选择单方合同解除的，须同时满足以下条件：1. 甲方补偿乙方____万元；2. 甲方将购房款和补偿款合计____万元在提出解除合同前支付给乙方；否则甲方不得选择解除合同。甲方满足前述两个条件时，乙方须配合甲方解除双方签订的《商品房购房合同》并及时配合甲方注销房屋登记备案手续，否则应承担违约金____元，不足赔偿损失的，甲方有权追偿。____年____月____日如需解除合同，需经双方协商一致。三、若甲方违反《商品房购销合同》及本补充协议约定的，应向乙方支付20%的违约金，并承担乙方向甲方主张权利而产生的包括但不限于差旅费、诉讼费、律师费（按照房款及违约金总额的8%计算）等相关损失，本条约定为各方自愿。四、丙方作为甲方的股东在签订本补充协议时已知悉甲、乙双方之间的购房关系，同意为甲方在《商品房购销合同》及本补充协议中一切义务作连带担保，担保期间为合同约定义务成就之日次日起算二年。本担保条款不因主合同无效而无效，如主合同无效的担保人仍应对甲方的义务承担连带责任。"该补充协议上有金育平、朱连平、朱永光、陈秀兵的签字字样，有红枫公司的盖章和胡方云的签章，没有签订日期。

红枫公司质证认可该《补充协议二》的真实性，金育平则不认可，并申请对该补充协议中金育平签名的同一性和红枫公司印章加盖时间进行司法鉴定。一审法院遂依法委托南京师范大学司法鉴定中心对《补充协议二》上金育平签名的真实性和红枫公司印章的形成时间进行司法鉴定。2015 年 12 月 28 日，一审法院组织金育平的委托代理人杜喜文、中信公司的委托代理人曹登辉对检材和比对样本进行质证，红枫公司的委托代理人黄惠民表示同意中信公司的意见。各方对于将金育平的亲笔签名、金育平与红枫公司签订的 1501 号房屋《商品房购销合同》(复印件) 作为比对样本没有异议，一审法院予以确认。对于 2012 年 3 月 26 日金育平与中国银行股份有限公司昆山支行（以下简称中国银行昆山支行）《个人一手住房贷款合同》(复印件) 以及两套公寓房《商品房购销合同》(原件)，金育平同意作为比对样本，中信公司和红枫公司表示由法院决定，一审法院认为，中信公司和红枫公司没有证据推翻住房贷款合同以及两套公寓房《商品房购销合同》的真实性，故可以作为比对样本。

对于 2011 年 9 月 13 日红枫公司与金育平签订的《补充协议一》，金育平申请作为比对样本，但中信公司和红枫公司均不同意。鉴于双方对该补充协议的真实性存在争议，且本案司法鉴定已经取得了较为充足的比对样本，故一审法院决定对该 2013 年 9 月 13 日《补充协议一》不作为比对样本。南京师范大学司法鉴定中心于 2016 年 2 月 1 日出具鉴定意见书，结论为:《〈商品房购销合同〉补充协议》(即《补充协议二》) 上乙方处“金育平”签名与提供的字迹样本是同一人所写。对于印章形成时间，由于不具备鉴定条件，无法出具鉴定意见。一审法院于 2016 年 3 月 21 日开庭对该鉴定意见组织质证。中信公司和红枫公司对该鉴定意见予以认可。金育平对鉴定意见不认可，并申请重新鉴定。南京师范大学司法鉴定中心的鉴定人潘溪出庭接受质询，并就金育平提出的质询作出了相应答复。一审法院认为，金育平没有提出证据证明存在符合《最高人民法院关于民事诉讼证据的若干规定》第二十七条第一款重新鉴定的情形，故对其重新鉴定的主张不予支持，对中信公司提供的《补充协议二》的真实性予以确认。

2. 款项支付情况

从红枫公司与金育平签订的《商品房购销合同》看，金育平应支付的

房屋总价款为 14478800 元；而中信公司提供的《补充协议二》则显示，金育平应支付的房屋总价款为 700 万元。关于款项的实际支付情况，金育平称其已经按照《商品房购销合同》支付了全部购房款 14478800 元；而红枫公司和中信公司则认为金育平仅仅支付了《补充协议二》所约定的 700 万元。根据金育平提供的证据和一审法院依职权调查，查明款项支付情况如下：

（1）金育平提供了黄国勤于 2011 年 9 月 13 日向朱连平转账 300 万元的银行交易明细、陈晓林于 2011 年 9 月 9 日向朱连平转账 400 万元的银行交易明细，主张系由黄国勤和陈晓林代其支付。

（2）金育平于 2012 年 3 月 26 日与中国银行昆山支行就涉案房屋签订《个人一手住房贷款合同》，红枫公司作为保证人。合同中约定购房总价款 14478800 元，贷款金额 500 万元。该合同第五条贷款的发放约定：贷款人在同意借款人贷款申请后，按贷款人受托支付方式发放贷款，即借款人同意并授权贷款人将全部贷款直接划至借款人指定购买住房的开发商或售房单位的专用账户（账户名称：昆山红枫房地产有限公司；账号：536××××××904）。在附件二的清单中，约定以涉案房屋为贷款合同项下贷款向贷款人提供抵押，并同意配合办理抵押权有效设立所需的抵押登记等一切相关手续。

（3）关于上述贷款的实际发放和转账走向，经一审法院依职权调查，查明：2012 年 4 月 9 日，红枫公司在中国银行昆山支行的账户上，显示从黄国勤和金育平的账户上分别转入 500 万元，当天分四笔转出，其中两笔各转出 25 万元，备注信息为红枫公司；另两笔通过支票各转出 475 万元，备注信息为苏州兰大贸易发展有限公司（以下简称兰大贸易公司）。红枫公司的法定代表人胡方云在庭审中称该账户系为配合金育平开设，红枫公司没有使用过其中的款项，也不知晓兰大贸易公司。经一审法院查明，兰大贸易公司的法定代表人是卢品淑。在一审法院审理的与本案相关联的黄国勤与中信公司、红枫公司案外人执行异议之诉纠纷一案中，黄国勤在庭审中承认卢品淑是其朋友，其曾经向卢品淑借款用于支付该案的购房款。但是其对兰大贸易公司与卢品淑的关系并不清楚，对红枫公司和兰大贸易公司之间的往来亦不清楚。

(4) 对于剩余的245万元,金育平陈述为现金支付,但金育平就其陈述未能提供相关证据。

(5) 红枫公司于2011年9月6日、2011年11月16日、2012年4月16日分别给金育平出具收据700万元、245万元、500万元,收款事由购房款。收据上有红枫公司财务专用章和胡方云的签章。

3. 房屋交付情况

经查明,金育平购买的涉案房屋至今未办理竣工验收手续。金育平主张其于2013年1月1日实际占有涉案房屋,并提供了一组1501号房屋内部照片,证明涉案房屋已装修入住,实际占有。中信公司对交付房屋的真实性不予认可,认为涉案房屋未办理竣工验收手续,且所约定的交付时间在一审法院查封之后,不能发生交付效果。

4. 相关交易情况

(1) 金育平与红枫公司签订《昆山市商品房购销合同》,约定金育平购买红枫公司6号、67号公寓房,价款分别为2202400元和811200元。合同上没有签订日期。红枫公司于2012年1月13日就两套商品房向金育平开具了购房发票。该两套房屋登记在金育平名下。经一审法院释明,金育平未能提供支付两套房屋价款的付款证据。

(2) 胡方云提供朱连平(甲方)与红枫公司、胡方云(乙方)的《债务抵销协议》,约定:鉴于甲方对乙方享有____万元的债权,2011年9月13日乙方应甲方的要求与黄国勤、金育平签订了商品房购房《补充协议》,约定乙方将位于昆山市巴城镇湖滨南路1098号4区红枫苑别墅1601(房屋产权面积723.94平方米)、1602(房屋产权面积723.94平方米)、1501(房屋产权面积723.94平方米)号别墅以每套700万元的低价出售给黄国勤、金育平并进行了备案登记。就上述事宜甲乙双方达成如下一致意见,以供双方遵守执行:"1. 乙方与黄国勤、金育平在《补充协议》中约定低价出售的三套别墅甲方实际上已按1601号别墅30164334元,1602号别墅30564166元,1501号别墅31395997元的价格出售给甲方(未登记备案),三套别墅的总购房款额为人民币92124497元。甲乙双方同意,乙方应付甲方的购房款额抵销甲方在乙方相应数额的债权,自本协议签订之日

已作抵销。2. 乙方与黄国勤、金育平《补充协议》所约定的购房款额2100万由甲方享有，相应房屋的出售、登记备案事宜所产生的所有权利、义务和风险也都由甲方承担。乙方因上述别墅的再出售而产生费用、损失等由甲方承担，乙方有权抵销甲方相应数额的债权，不足部分乙方有权追偿。"该协议上有朱连平的签名和红枫公司、东方云顶公司的盖章。协议上没有签署日期。金育平认为该份证据为复印件，没有原件，对真实性不予认可。

（3）胡方云提供2012年1月18日黄国勤、金育平作为收款人签名的《收条》，载明："今收到朱永光7套1033平方米人民币1033万，冲支票290万，实收743万，计柒佰肆拾叁万元正。"金育平认为该份证据为复印件，没有原件，对真实性不予认可。

（4）2012年3月13日温州公安局鹿城区分局对朱连平的询问笔录，朱连平陈述其以预售网签形式为金育平等6人做抵押，借了4300万元，利息在4.5~5.5分之间。2012年5月16日温州公安局鹿城区分局对朱连平的询问笔录，朱连平陈述16幢别墅中有3幢作为抵押物向一个人借款大概2200万元。2012年6月14日温州公安局鹿城区分局对朱连平的询问笔录，朱连平陈述抵给金育平一套别墅，抵押了700万元。

（5）2012年6月12日温州公安局鹿城区分局对胡方云的询问笔录，胡方云陈述向金育平借款700万元，利息大概5分。2014年3月2日温州公安局鹿城区分局对胡方云的询问笔录，胡方云陈述将7幢别墅抵押给社会上的人。

（6）中信公司提供红枫公司、东方云顶公司（共同作为甲方）与朱连平（乙方）于2011年6月1日签订的《协议书》原件一份，内容为：甲方（借款人）与乙方（出借人）签订了一系列的借款协议及补充条款（截至本补充协议签订日），现就原来的所有借款及担保条款进行充分协商后做如下补充条款："1. 截至本补充条款签订之日，双方共同确定目前甲方尚欠乙方人民币本金总额为17500万元。该款项总额包括乙方出借给甲方红枫公司、东方云顶公司以及两股东或法人即胡方云、胡丽亚、胡聚帛以及单建珍名义为借款人项下之所有欠款。2. 该欠款本金连同利息偿还方式为以甲方之红枫公司开发的价值为42226.8万元的二期别墅共计16套作为抵偿，该16套别墅清单附后。3. 在该16套别墅具备办理产权证时，甲方应该无条件配合将该16套别墅产权办理至乙方名下。在办理产权证时，双方的契税各自承担。4. 在办理产权证之前，甲方如找到买家购买该16套别墅全部或者部分时，价格需得到乙方同意，同时所得款项由乙方所得，甲方在该房屋具备房屋交付条件时将该款项转交给乙方。5. 鉴于甲方二期别墅项目的整体性，乙方同意在该别墅具备交付条件之前，甲方可就该16幢别墅连同整个项目一起进行融资，所融资金进行项目的后期建设。但该房屋达到交付条件时，甲方应确保偿付清该16幢别墅项下的所有融资，即确保没有任何抵押，可以顺利将该16幢别墅过户至乙方名下。6. 甲乙双方除此上述债权债务外，再无其他任何瓜葛。”本案1501号房屋在该协议所附的16套别墅清单中。

5. 一审法院调查情况

一审法院就涉案别墅相关情况向江苏省昆山市住房和城乡建设局的工作人员进行了调查，该局工作人员称：“2011年左右地上地下500平方米的别墅，1000万元是好卖的，当时红枫公司要卖1500万元是卖不掉的。”

（二）关于中信公司与红枫公司签订公证债权文书及申请执行的相关事实

中信公司和红枫公司于2010年3月18日签订《人民币资金贷款合同》和《抵押合同》，约定由中信公司向红枫公司贷款，红枫公司以其拥有的部分房产及其对应的国有出让土地使用权作为抵押物，向中信公司提供抵押担保。上述合同均由当事人向北京市方圆公证处申请办理了赋予强制执行效力的公证书。中信公司于2010年3月29日起陆续向红枫公司累计发放了人民币552194200元，贷款期限为12个月。后经红枫公司申请，中信公司同意就贷款期限展期至2012年9月29日，双方就此于2011年3月29日签订《人民币资金贷款合同之补充合同》。中信公司于2011年5月10日向红枫公司发放贷款人民币4291万元。中信公司累计向红枫公司发放贷款人民币595104200元。根据合同约定，截至2012年6月20日，红枫公司应向中信公司支付贷款利息人民币306294579.72元，但红枫公司只向中信

公司支付贷款利息168936933.06元，尚欠贷款利息137357646.66元未按期向中信公司支付。为此，中信公司发函要求红枫公司立即偿还所有本息并承担抵押担保义务。因红枫公司未按照要求履行还款义务，中信公司遂向北京市方圆公证处申请执行证书，北京市方圆公证处于2012年7月3日作出（2012）京方圆内经证字第19478号执行证书。中信公司于2012年7月20日向一审法院申请执行，一审法院于2012年7月23日立案执行。

2012年8月1日、2日，一审法院通过昆山市住房和城乡建设局查封了登记在红枫公司名下的位于昆山市巴城镇阳澄湖旅游度假区的昆国用（2005）字第12005104051号面积为43890平方米的土地使用权及其地上建筑物（包括涉案房屋）。

2014年4月9日，一审法院作出（2012）苏执字第0006－4号执行裁定，拍卖被执行人红枫公司所有的位于昆山市巴城镇阳澄湖旅游度假区的昆国有（2005）字第12005104051面积为43890平方米的土地使用权及其地上建筑物（建筑面积合计21741.40平方米）。案外人金育平于2014年6月13日对执行标的提出书面异议，一审法院受理后于2014年8月18日作出（2014）苏执异字第0007号执行裁定书，认为案外人金育平主张其对涉案房屋已支付全款并实际合法占有，且对未过户登记无过错，因而其拥有实体权利足以阻却一审法院拍卖行为的异议理由无事实和法律依据，故裁定：驳回案外人金育平的异议。金育平不服该裁定，遂向一审法院提起本案诉讼。

一审法院认为本案争议焦点为：（1）金育平的起诉是否超过法定期限；（2）红枫公司与金育平之间是否存在合法有效的房屋买卖合同关系；（3）金育平有无排除执行的实体权利；（4）金育平请求红枫公司为其办理云鼎红枫苑别墅1501号房屋所有权证能否成立。一审法院根据事实与法律对上述争点作如下认定：

（一）关于金育平起诉是否超过法定期限的问题

一审法院认为，根据《中华人民共和国民事诉讼法》第二百二十七条的规定，执行过程中，案外人对执行标的提出书面异议，人民法院裁定驳回的，案外人对裁定不服，且其所提异议与原判决、裁定无关的，可以自裁定送达之日起15日内向人民法院提起诉讼。因此，15日系提起执行异议之诉的法定期间，逾期起诉的，人民法院不予受理，已经受理的，应当驳回起诉。经审查，本案执行裁定于2014年8月18日作出，8月22日金育平收到该执行裁定，金育平于9月5日将本案起诉状寄交一审法院，故金育平的起诉并未超过法定期限。

（二）关于红枫公司与金育平之间是否存在合法有效的房屋买卖合同关系

金育平主张其与红枫公司之间成立了房屋买卖合同关系；而中信公司和红枫公司则主张，金育平与红枫公司之间并不存在真实的商品房买卖合同关系，而是借贷关系。综合审查各方当事人提交的全部证据材料，一审法院认为，红枫公司与金育平之间法律关系的性质名为房屋买卖实为民间借贷关系。理由是：

1. 从履约过程看，双方并未按照《商品房购销合同》的约定实际履行

金育平主张其履行的是《商品房购销合同》，总价款14478800元，其中包括700万元转账、500万元银行贷款和2478000元现金，并提供了红枫公司的收据。红枫公司法定代表人胡方云则陈述，其只收到700万元转账，500万元银行贷款并未实际进入红枫公司，2478000元现金也未实际收到。至于收款收据，系由于公司经济当时陷入困难，财务管理较为混乱，印章当时已经处于失控状态。一审法院认为，首先，对于2478000元的现金付款，由于涉及金额较大，且红枫公司对款项交付提出合理异议，故金育平仍须就款项的交付事实进一步举证。但本案庭审中，金育平虽就款项的来源、交付的时间、地点和方式等作出了单方陈述，但其陈述内容并不具体，且存在前后矛盾和模糊之处，其并未提供相关的证据证明其陈述的真实性，并且该现金支付方式与之前双方通过银行转账700万元的交易习惯不符，故一审法院对金育平主张以现金方式交付2478000元的事实不予认定。其次，对于500万元银行贷款，红枫公司抗辩称其没有收到，在中国银行昆山支行开设的账户系为配合金育平贷款而开设，当时公司的银行

账户被他人控制，该款并未实际进入红枫公司。中信公司主张金育平与兰大贸易公司之间存在利益往来，该500万元银行贷款虽然名义上进入红枫公司账户但当天即被转走，红枫公司并未实际收到购房款。经一审法院审查，红枫公司在中国银行昆山支行的账户上显示，该500万元贷款从金育平账户汇入后当天即有475万元转入兰大贸易公司的账户，另500万元贷款从黄国勤账户汇入后当天也以475万元转入兰大贸易公司的账户。金育平庭审中认可黄国勤系其老乡，双方一起与红枫公司办理买房事宜，本案中金育平主张的转账700万元中有300万元系由黄国勤转账。而在一审法院审理的与本案相关联的黄国勤与中信公司、红枫公司案外人执行异议之诉纠纷一案中，黄国勤在庭审中承认兰大贸易公司的法定代表人卢品淑系其朋友，其曾经向卢品淑借款用于支付剩余的购房款。综合以上证据，可以认定兰大贸易公司与金育平、黄国勤存在利害关系，金育平并不能提供充分证据证明该500万元贷款已经实际为红枫公司所收取。因此，综合全案证据分析，金育平实际支付给红枫公司的款项应为700万元，恰好与《补充协议二》中约定的款项吻合，可见，双方实际履行的是房屋价格为700万元的《补充协议二》，而非《商品房购销合同》。

2. 双方约定的购房价格明显不符合市场行情

金育平与红枫公司签订的《商品房购销合同》约定涉案房屋总价款14478800元，单价2万元/平方米；而《补充协议二》约定房屋总价款700万元，单价仅为9669元/平方米，价格相差达1.07倍之多。据一审法院向江苏省昆山市住房和城乡建设局相关工作人员的调查，当时同地段别墅均价在2万元/平方米左右，按照补充协议的价格明显低于当地同类型房屋的市场价格。

3. 从利息支付情况看，可以推断红枫公司存在向金育平支付利息的行为

红枫公司主张其以两套公寓房抵偿本案借款利息，金育平对此虽然不予认可，但经一审法院释明，要求金育平提供两套公寓房的房款支付证明，金育平未能提供，而只提供了两套公寓房的购销合同和购房发票。一审法院认为，两套公寓房的购销合同和购房发票只能证明金育平与红枫公司签订了合同，但就房款是否已经实际向红枫公司支付，仅有购房发票尚

不足以证明。而经一审法院释明，金育平不能就该房款的款项来源、支付方式、支付时间等事实等作出合理说明，亦未能提供相关证据。故一审法院认为，中信公司和红枫公司关于红枫公司以两套公寓房抵偿本案借款利息的抗辩存在合理性，可进一步证明红枫公司与金育平之间名为房屋买卖实为借贷的法律关系。

4. 从其他关联证据看，能够佐证本案系民间借贷关系

从温州公安局鹿城区分局对朱连平的询问笔录看，朱连平陈述其以网签预售形式向金育平等人抵押借款，以700万元的价格抵一套别墅给金育平。红枫公司与朱连平于2011年6月1日签订的《协议书》中也确认，朱连平在别墅具备交付条件之前，红枫公司可就包括涉案房屋在内的16幢别墅连同整个项目一起进行融资，所融资金进行项目的后期建设。综合以上证据，能够形成证据锁链，可以认定红枫公司利用涉案房屋向金育平进行担保融资。

综上，一审法院认为，综合本案的证据进行分析，红枫公司与金育平签订商品房买卖合同的真实目的是融资而非买卖房屋，双方签订的商品房买卖合同以及相关补充协议仅是为了担保民间借贷的债务履行而采取的一种非典型担保方式，故金育平主张其与红枫公司之间系房屋买卖关系的理由无充分证据证明，一审法院不予采信。

（三）关于购房人有无排除执行的实体权利问题

本案中，金育平以《最高人民法院民事执行中查封、扣押、冻结财产的规定》（以下简称查扣冻规定）第十七条和《最高人民法院关于建设工程价款优先受偿权问题的批复》（以下简称优先受偿权批复）第一条、第二条作为依据，主张其对涉案房屋享有停止执行的实体权利。一审法院认为，无论是查扣冻规定或优先受偿权批复的相关规定，其适用的前提均是案外人需与被执行人建立房屋买卖关系，其必须具备房屋购买人的身份。而本案中，如前所述，金育平与红枫公司之间属于民间借贷关系而非房屋买卖关系，因此，金育平不具备买房人的身份，只能依据借贷关系向红枫公司主张债权，而不享有排除强制执行的实体权利。

（四）关于金育平要求红枫公司办理涉案房屋所有权证的问题

一审法院认为，案外人在执行异议之诉案件中同时提出要求被执行人继续履行合同、交付标的物等给付之诉的诉讼请求的，因其与阻却执行的诉讼目的无关，不属于执行异议之诉案件的审理范围，故对金育平要求红枫公司办理涉案房屋所有权证的请求，一审法院不予理涉。

综上，一审法院认为，法律关系的性质界定，不应受制于当事人之间签订合同的形式与名称，而应由当事人的真实意思与合同的真实权利义务关系来决定。本案中，红枫公司与金育平的真实意思是建立借款关系，双方签订的商品房购销合同及补充协议仅仅是作为债务履行的一种非典型担保方式。在双方不成立房屋买卖关系的前提下，金育平并不具备买房人的身份，故以《查扣冻规定》或《优先受偿权批复》等相关规定主张其享有排除强制执行的实体权利不能成立，对其主张停止执行的诉讼请求应当予以驳回。关于金育平主张的要求办理涉案房屋所有权证的问题，不属于执行异议之诉审理的范围，一审法院不予理涉。依照《中华人民共和国民事诉讼法》第一百四十二条、第二百二十七条之规定，判决：驳回金育平的诉讼请求。一审案件受理费108500元，鉴定费31200元，由金育平负担。

二审中，当事人没有提交新证据。金育平申请对《补充协议二》重新鉴定。主要理由是：一审鉴定程序和鉴定结论存在严重错误，排除最有比对价值的样本《补充协议一》；未对加盖印章形成时间进行鉴定。

本院认为，一审鉴定的样本包括金育平的亲笔签名、金育平与红枫公司签订的1501号房屋《商品房购销合同》（复印件）；2012年3月26日金育平与中国银行昆山支行《个人一手住房贷款合同》（复印件）以及两套公寓房《商品房购销合同》（原件）等。对上述比对样本，金育平并无异议，本案司法鉴定比对样本充足。中信公司和红枫公司不认可《补充协议一》的真实性，一审法院决定《补充协议一》不作为比对样本，并无不当。《补充协议二》印章形成时间不具备鉴定条件，鉴定机构对此未出具鉴定意见亦无不当。一审鉴定机构和鉴定人员具有相应鉴定资质，鉴定人员出庭接受质询。金育平未举证证明一审鉴定存在《最高人民法院关于民事诉讼证据的若干规定》第二十七条第一款规定的重新鉴定情形，本院对其重新鉴定的申请不予准许。

对当事人二审争议的事实，本院认定如下：金育平主张2012年3月5日、6日，红枫公司转账收入的1049万元中包括金育平支付的两套公寓房的购房款；红枫公司不予认可。经查，红枫公司的银行账户明细记载，2012年3月5日，红枫公司转账收入三笔，金额分别为50万元、50万元、150万元，备注是黄国勤，同日转账支出（同城提出）两笔，金额分别为100万元、150万元。2012年3月6日，红枫公司转账收入三笔，一笔260万元，备注黄国勤，一笔260万元和另一笔279万元，备注金育平。同日上述三笔款项转账支出（同城提出）。金育平转入红枫公司共计539万元，金育平购买红枫公司两套公寓房价款共计3013600元，两者金额并不相符。红枫公司于2012年1月13日就两套公寓房向金育平开具了购房发票，在539万元的转账时间之前。黄国勤和金育平向红枫公司购房金额总计10337900元，与双方转入红枫公司金额总计1049万元并不一致。故不足以认定金育平转入红枫公司的539万元系支付两套公寓房购房款。

二审查明其他事实与一审查明一致。

本院认为，本案争议的焦点问题是：金育平阻却强制执行江苏省高级人民法院（2012）苏执字第0006-4号执行裁定的理由是否成立。红枫公司与金育平虽签订《商品房购销合同》、红枫公司亦向金育平出具购房款收据，但是综合本案事实不足以认定双方存在商品房买卖合同关系，理由如下：

第一，红枫公司与金育平约定的房屋价格过低，与正常的商品房交易价格不符。红枫公司与金育平就案涉房产签订两份协议，其中《商品房购销合同》（合同号2011023510）予以备案，另签订《补充协议二》明确约定备案登记的价格不再适用，实际房屋总价为每套700万元。双方约定的房屋价格应以《补充协议二》为准，据此计算的房产价格不足1万元/平方米。而根据查明事实，该地段别墅的价格在2万元/平方米，双方约定的购房价格明显低于市场行情。

第二，金育平主张已实际支付购房款收据载明的全部款项，依据不足。金育平提交红枫公司于2011年9月6日、2011年11月16日、2012

年4月16日出具的金额分别为700万元、245万元、500万元的购房款收据，证明已付购房款。红枫公司认为其中700万元支付给朱连平，是借款。其中500万元系红枫公司帮助金育平获得银行贷款，红枫公司未实际收取。经查，金育平自中国银行昆山支行贷款500万元虽然进入红枫公司账户，但是同日其中的475万元又转入兰大贸易公司。兰大贸易公司与红枫公司并不存在其他经济往来，兰大贸易公司的法定代表人卢品淑是另案（黄国勤与中信公司、红枫公司案外人执行异议之诉纠纷）当事人黄国勤的朋友，黄国勤曾经向卢品淑借款用于支付购房款。即款项贷出后支付给黄国勤的关系人。红枫公司主张未收取购房款具有一定可信性。另外245万元，金育平委托代理人陈述为现金支付给红枫公司法定代表人胡方云，红枫公司不予认可。除购房款收据外，金育平未提交其他证据予以佐证，且与700万元的交付方式（转账）和收款人（朱连平）均不一致。金育平实际支付的款项仅为700万元，与《补充协议二》约定的金额相符。

第三，朱连平在公安机关供述用预售网签形式向金育平等人借款。朱连平在《补充协议二》签字，且为指定收款人，金育平委托黄国勤和陈晓林代其向朱连平支付房款700万元，说明朱连平与本案有密切关系。红枫公司、东方云顶公司与朱连平于2011年6月1日签订的《协议书》约定，以红枫公司开发的包括本案1501号房屋在内的16套别墅抵偿红枫公司、东方云顶公司欠朱连平的17500万元及利息。朱连平在公安机关的询问笔录中陈述其以预售网签形式为金育平等6人做抵押，借4300万元。以700万元的价格抵一套别墅给金育平。

第四，金育平收取红枫公司两套公寓房，而未举证证明支付购房款。金育平一审中以红枫公司开具购房发票主张已付两套公寓房价款，二审主张红枫公司2012年3月5日和6日转账收入的1049万元中包括金育平支付的购房款。经查，金育平转入红枫公司的款项与两套公寓房的价款金额并不相符；转账时间在红枫公司向金育平开具购房发票之后，故不足以认定金育平转入红枫公司的539万元系支付两套公寓房购房款。红枫公司主张用两套公寓房折抵应向金育平支付的借款利息，具有一定可信性。

上述事实和证据可以相互印证，证明红枫公司与朱连平通过预售网签方式向金育平借款，款项支付给朱连平。红枫公司另以公寓房折价向金育平支付利息。红枫公司与金育平签订《商品房购销合同》和《补充协议二》是为保障金育平的融资债权实现。金育平不属于《查扣冻规定》第十七条规定的无过错的购房者，不享有优先其他债权的权利。金育平主张排除法院的强制执行，无事实和法律依据。

综上所述，金育平的上诉请求不能成立，应予驳回；一审判决认定事实清楚，适用法律正确，应予维持。依照《中华人民共和国民事诉讼法》第一百七十条第一款第（一）项规定，判决如下：

驳回上诉，维持原判。

二审案件受理费108500元，由金育平负担。

本判决为终审判决。

审 判 长 张 纯
审 判 员 李 琪
代理审判员 谢爱梅

二〇一六年十二月十六日

书 记 员 徐 上

13. 再审申请人招商银行股份有限公司包头分行与被申请人贾建军、姜亥军及原审第三人刘涛案外人执行异议之诉纠纷案*

基于以房抵债而拟受让不动产的受让人，在完成不动产法定登记之前，不能据此产生针对交易不动产的物权期待权

【裁判摘要】

以房抵债协议首先以消灭金钱债务为目的，而房产的交付仅系以房抵债的实际履行方式，基于以房抵债而拟受让不动产的受让人，在完成不动产法定登记之前，该以房抵债协议并不足以形成优先于一般债权的利益，不能据此产生针对交易不动产的物权期待权。

最高人民法院民事裁定书

（2017）最高法民申1769号

再审申请人（一审被告、二审被上诉人）：招商银

* 摘自《民事审判指导与参考》2017年第3辑（总第71辑），人民法院出版社2017年版，第104～107页。

行股份有限公司包头分行，住所地：内蒙古自治区包头市青山区钢铁大街甲5号。

负责人：吕志良，该分行行长。

委托诉讼代理人：程东，北京市高朋律师事务所律师。

委托诉讼代理人：张斌，北京市高朋（呼和浩特）律师事务所律师。

被申请人（一审原告、二审上诉人）：贾建军。

被申请人（一审原告、二审上诉人）：姜亥军。

委托诉讼代理人：扈春，内蒙古日恒律师事务所律师。

委托诉讼代理人：赵元，内蒙古日恒律师事务所律师。

原审第三人：刘涛。

再审申请人招商银行股份有限公司包头分行（以下简称招商银行包头分行）因与被申请人贾建军、姜亥军及原审第三人刘涛案外人执行异议之诉纠纷一案，不服内蒙古自治区高级人民法院（2015）内民一终字第00184号民事判决，向本院申请再审。本院依法组成合议庭进行了审查，现已审查终结。

招商银行包头分行申请再审称：（1）本案事实认定错误。①贾建军、姜亥军不是涉案房地产的所有权人。贾建军、姜亥军虽然与刘涛于人民法院查封之前签订涉案房屋抵顶协议书，但此时贾建军、姜亥军对刘涛只享有债权请求权，其对刘涛的债权与招商银行包头分行对刘涛的债权性质是一样的，均为债权请求权，不能排除执行。②争议不动产是否交付给案外人贾建军、姜亥军，是本案的关键事实。招商银行包头分行认为贾建军、姜亥军在人民法院查封之前没有合法占有涉案房产的理由是：基于贾建军、姜亥军与刘涛抵账协议约定，向贾建军、姜亥军交付房地产的时间是2014年9月30日前；内蒙古自治区包头市中级人民法院（以下简称包头中院）在巴彦淖尔市房屋产权交易中心查封本案房地产是2014年6月5日，贾建军、姜亥军以其2014年8月4日《校舍租赁协议》及装修费等相关证据来证明其对涉案房地产占有、使用、收益的权利，不能对抗招商银行包头分行的财产保全；中山学校交付姜亥军的租赁费36万元不能证明其在2014年6月5日前占有房屋的事实；贾建军、姜亥军自认2014年8

月4日实际占有包括本案执行标的在内的全部抵债房产和地产。③现有证据不能证明贾建军、姜亥军在2014年6月5日查封之前对涉案房地产的管理和支配；贾建军、姜亥军与刘涛在2013年8月9日签订的500万元《借款合同》及借条，均未约定是为办理涉案房地产注销在银行的抵押登记所借款，也无转账汇款凭证，且在巴彦淖尔市临河区人民法院（2014）临民初字第4283号民事判决中无此事实的陈述与认定；内蒙古泰安煤业有限公司及刘涛出具的《确认书》，刘涛、国红霞存在倒签的行为，不具有真实性。④巴彦淖尔市临河区人民法院（2014）临民初字第4283号民事判决作出于2014年10月28日，在执行标的被查封之后，作为排除执行的依据不符合法律规定；该判决在诉讼中未审查涉案房地产的状态，判决依据也是基于借贷关系的债权请求权；招商银行包头分行未参与该诉讼程序，该判决对招商银行包头分行无约束力。⑤贾建军、姜亥军对未及时进行涉案房地产过户登记具有过错。在2014年6月5日查封涉案房地产前，将近10个月的时间内，贾建军、姜亥军怠于行使房地产产权变更手续的权利，其主观上是存在过错的。其没有任何证据证明符合“非因买受人自身原因未办理过户登记”的情形，故不应受到该原则的保护。（2）本案适用法律错误。①巴彦淖尔市临河区人民法院（2014）临民初字第4283号案件立案时间为2014年8月21日，判决作出时间是2014年10月28日，对本案房地产保全查封时间是2014年6月5日，根据《最高人民法院关于人民法院办理执行异议和复议案件若干问题规定》第二十六条第二款的规定，金钱债权执行中，案外人依据执行标的被查封、扣押、冻结后作出的另案生效法律文书提出排除执行异议的，人民法院不予支持。②《最高人民法院关于人民法院办理执行异议和复议案件若干问题规定》第二十八条是关于无过错不动产买受人物权期待权的保护规定，贾建军、姜亥军不属于法律规定的不动产的买受人，抵债协议的受让人不在物权期待权的保护范围之内。综上，招商银行包头分行依据《中华人民共和国民事诉讼法》第二百条第（二）项、第（六）项的规定申请再审。

贾建军、姜亥军提交意见称：（1）其在包头中院查封前已经与刘涛、国红霞签订《协议书》并办理了公证。该《协议书》约定了全部房产及地产的抵债总价为22867992元，房产现状为教学使用，房产交易方式为抵债，交付时间为2014年9月30日前。（2）在包头中院查封前，贾建军、姜亥军已合法占有抵债的不动产。本案中刘涛、国红霞于2013年8月9日向贾建军、姜亥军借款500万元，用于消灭抵押房产的抵押权。抵押的房产在注销抵押登记后，刘涛、国红霞将全部权利凭证都交付给了贾建军、姜亥军；2014年8月5日贾建军、姜亥军与中山学校签订《协议书》，先后投入20余万元修缮了教职工食堂，一直在行使出租人的管理职能；2014年12月24日临河区教育局向贾建军、姜亥军交付了2013年度至2014年度租金36万元，可以证实在2013年8月9日后，刘涛、国红霞抵顶的全部房产及地产一直由贾建军、姜亥军占有和管理。（3）签订抵债协议后，贾建军、姜亥军已经免除了刘涛、国红霞以房抵债部分的债务。（4）由于刘涛、国红霞无力承担抵债房产和地产的变更登记税费，导致贾建军、姜亥军在签订《协议书》后一直未能办理过户登记。（5）招商银行包头分行据以申请执行的债权为一般债权。综上，原判决认定事实清楚，适用法律准确，应予维持。

本院经审查认为，案外人提起执行异议之诉的主要目的在于通过诉讼阻却人民法院对执行标的的强制执行，在此类诉讼中，人民法院需要审查案外人对执行标的是否享有所有权或者享有其他足以阻止执行标的的转让、交付的实体权利。

贾建军、姜亥军与刘涛、国红霞民间借贷纠纷一案，巴彦淖尔市临河区人民法院于2014年10月28日作出（2014）临民初字第4283号民事判决，该判决已经生效。上述案件案由是民间借贷纠纷而非物权确认纠纷，该判决并未确认案涉房产所有权归属于贾建军、姜亥军，只是判决刘涛、国红霞协助贾建军、姜亥军办理抵顶房屋所有权转移登记手续及抵顶土地使用权变更登记手续，该判决不能直接引起物权变动的法律后果。因案涉房产一直登记在刘涛名下，物权变动并未完成，贾建军、姜亥军对刘涛只享有债权请求权。

原判决适用的主要依据是《最高人民法院关于人民法院办理执行异议和复议案件若干问题规定》第二十八条规定，即“金钱债权执行中，买受人对登记在被执行人名下的不动产提出异议，符合下列情形且其权利能够排除执行的，人民法院应予支持：（一）在人民法院查封之前已签订合法有效的书面买卖合同；（二）在人民法院查封之前已合法占有该不动产；（三）已支付全部价款，或者已按照合同约定支付部分价款且将剩余价款按照人民法院的要求交付执行；（四）非因买受人自身原因未办理过户登记。”上述规定适用的主体是不动产买卖合同中的买受人，保护的是基于买卖不动产而产生的物权期待权。本案涉及的是以房抵债协议，以房抵债协议首先以消灭金钱债务为目的，而房产的交付仅系以房抵债的实际履行方式，基于以房抵债而拟受让不动产的受让人，在完成不动产法定登记之前，该以房抵债协议并不足以形成优先于一般债权的利益，不能据此产生针对交易不动产的物权期待权。

依照《中华人民共和国民事诉讼法》第二百零四条、第二百零六条、《最高人民法院关于适用〈中华人民共和国民事诉讼法〉的解释》第三百九十五条第一款的规定，裁定如下：

1. 指令内蒙古自治区高级人民法院再审本案；

2. 再审期间，中止原判决的执行。

审　判　长　贾劲松

审　判　员　吴晓芳

代理审判员　高　榉

二〇一七年六月二十三日

书　记　员　武泽龙

▶ 在对夫妻一方个人债务执行程序中，另一方提起执行异议之诉，请求排除执行夫妻共同财产的，不予支持，但应在夫妻共有财产范围内对夫妻一方所享有的财产份额进行处分

14. 再审申请人张静与被申请人高天云、一审第三人张佳勋案外人执行异议之诉纠纷案*

【裁判摘要】

在对夫妻一方个人债务执行程序中，另一方以被执行财产系夫妻共同财产为由提起执行异议之诉，请求排除执行夫妻共同财产的，人民法院不予支持，但应在夫妻共有财产范围内对夫妻一方所享有的财产份额进行处分，不得损害另一方的财产份额。

最高人民法院民事裁定书

（2017）最高法民申2083号

再审申请人（一审原告、二审上诉人）：张静。

委托诉讼代理人：解仲鹏，内蒙古邦铎律师事务所

* 摘自《民事审判指导与参考》2017年第3辑（总第71辑），人民法院出版社2017年版，第108～110页。

律师。

被申请人（一审被告、二审被上诉人）：高天云。

一审第三人：张佳勋。

再审申请人张静因与被申请人高天云、一审第三人张佳勋案外人执行异议之诉一案，不服内蒙古自治区高级人民法院（以下简称内蒙古高院）（2016）内民终154号民事判决，向本院申请再审。本院依法组成合议庭对本案进行了审查，现已审查终结。

张静依照《中华人民共和国民事诉讼法》第二百条第（二）项、第（六）项的规定，向本院申请再审。事实与理由：一审、二审判决适用法律错误。一、二审判决已经认定张静是目前已查封财产的共同共有人，而内蒙古自治区乌海市中级人民法院（2012）乌中民一初字第98号民事判决明确判决张静在该案中不承担责任。如果在未析产前对共有财产予以执行，则势必会连同张静的财产一并执行，而执行张静的财产是没有依据的，甚至是与据以执行的判决相悖的。一审判决认为因难以划分执行财产各归所属，而执行行为本身也不能充分印证对张静的共有权已经造成实质性损害的理由是无事实和法律依据的。二审法院认可张静不承担责任，在执行中应在共有财产范围内对第三人张佳勋所享有的财产份额进行处分，不得损害张静的财产份额，但却驳回了张静的上诉请求，明显前后自相矛盾。在执行本案中的涉案财产前，必须先进行析产。在有明确的析产结果前，应当先对涉案财产解除查封。因为《最高人民法院关于人民法院民事执行中查封、扣押、冻结财产的规定》（以下简称《查封扣押冻结规定》）第十四条并未对提起析产后以及协商不成又无人提起析产诉讼时是否能够继续查封作出规定，根据公权力“法无授权不可为”的原则，法律没有授权人民法院在这种情况下继续查封涉案财产，人民法院应当先解除对涉案财产的查封。

高天云辩称，张静的再审申请不符合《中华人民共和国民事诉讼法》第二百条的规定，应裁定驳回申请。

本院认为，本案再审审查的核心问题是：张静的主张是否足以排除强制执行效力。《查封扣押冻结规定》第十四条规定，对被执行人与其他人共有的财产，人民法院可以查封、扣押、冻结，并及时通知共有人。共有人协议分割共有财产，并经债权人认可的，人民法院可以认定有效。查封、扣押、冻结的效力及于协议分割后被执行人享有份额内的财产；对其他共有人享有份额内的财产的查封、扣押、冻结，人民法院应当裁定予以解除。共有人提起析产诉讼或者申请执行人代位提起析产诉讼的，人民法院应当准许。诉讼期间中止对该财产的执行。本案中，张佳勋作为生效判决的被执行人，人民法院查封张佳勋与张静的夫妻共同财产，符合《查封扣押冻结规定》第十四条第一款的规定，并无不当。该条第二款规定，共有人可以和债权人协议分割共有财产。但张佳勋、张静并没有与债权人高天云协商一致对共有财产进行分割，故人民法院继续查封张佳勋、张静夫妻共同财产，并无不当。该条第三款赋予共有人提起析产诉讼或者申请执行人代位提起析产诉讼的权利，而非提起析产诉讼的法定义务，张静认为高天云应该积极提起析产诉讼的主张，缺乏法律依据。同时，本案亦不符合《最高人民法院关于适用〈中华人民共和国婚姻法〉若干问题的解释(三)》第四条“婚姻关系存续期间，夫妻一方请求分割共同财产的，人民法院不予支持”的例外情形，故内蒙古高院不支持张静“先析产再执行”的上诉请求，并无不当。《查封扣押冻结规定》第十四条第一款规定执行法院可以对被执行人与其他人共有的财产进行查封、扣押、冻结，第二款和第三款分别规定了在各方当事人协商一致分割共有财产以及提起析产诉讼情况下的执行方式，在不存在第二款和第三款规定的情形时，应适用第一款的规定。张静关于“该条并未对提起析产后以及协商不成又无人提起析产诉讼时是否能够继续查封作出规定”的主张不能成立。内蒙古高院二审判决认定“在对张佳勋、张静夫妻共有财产进行拍卖时，应在夫妻共有财产范围内对张佳勋所享有财产份额进行处分，不得损害张静的财产份额”。可见，二审判决已经对张静的财产权益给予了适当保护，故张静关于涉案的执行行为对其造成实质性损害的再审事由亦不能成立。

综上，张静的再审申请不符合《中华人民共和国民事诉讼法》第二百条第（二）项、第（六）项规定的情形，依照《中华人民共和国民事诉讼法》第二百零四条第一款、《最高人民法院关于适用〈中华人民共和国

民事诉讼法〉的解释》第三百九十五条第二款之规定，裁定如下：

驳回张静的再审申请。

审　判　长　付少军

代理审判员　王　渊

代理审判员　赵风暴

二〇一七年六月二十八日

书　记　员　李　帅

15. 再审申请人大连舒心门业有限公司与被申请人中信银行股份有限公司大连甘井子支行、大连国滨企业发展总公司案外人执行异议之诉纠纷案*

▶ 租赁合同是否合法有效，均不能产生阻却人民法院对该房屋及其占用土地使用权予以执行的法律效果

【裁判摘要】

（1）根据《中华人民共和国民事诉讼法》第二百二十五条之规定，房屋承租人主张拍卖房屋未通知其行使优先购买权，属于对人民法院执行行为是否合法的异议，而不属于对执行标的的异议。（2）租赁合同是否合法有效，均不能产生阻却人民法院对该房屋及其占用土地使用权予以执行的法律效果。（3）当事人所持因土地被征用而使抵押物发生变化，申请执行人就案涉土地使用权无权行使抵押权的主张，属于对执行所依据的法律文书的异议，而不属于对执行标的的异议，应通过针对执行依据的审判监督程序解决。

---

* 摘自《民事审判指导与参考》2017年第3辑（总第71辑），人民法院出版社2017年版，第111～114页。

最高人民法院民事裁定书

（2015）民申字第16号

再审申请人（一审原告、二审上诉人）：大连舒心门业有限公司，住所地：辽宁省大连经济技术开发区湾里杏树底村。

法定代表人：赵石品，该公司总经理。

委托代理人：原伟，北京金诚同达律师事务所律师。

委托代理人：于德彬，北京金诚同达律师事务所律师。

被申请人（一审被告、二审被上诉人）：中信银行股份有限公司大连甘井子支行，住所地：辽宁省大连市甘井子区金家街1号。

负责人：赵勇，该支行行长。

被申请人（一审被告、二审被上诉人）：大连国滨企业发展总公司，住所地：辽宁省大连市甘井子区石家沟。

法定代表人：王佐京，该公司总经理。

再审申请人大连舒心门业有限公司（以下简称舒心门业）因与被申请人中信银行股份有限公司大连甘井子支行（以下简称中信银行）、大连国滨企业发展总公司（以下简称国滨公司）案外人执行异议之诉纠纷一案，不服辽宁省高级人民法院（2014）辽民一终字第254号民事判决，向本院申请再审。本院依法组成合议庭对本案进行了审查，现已审查终结。

舒心门业申请再审称，国滨公司向中信银行抵押的是集体土地建设用地使用权，大连舒心科技建材有限公司（以下简称舒心建材）投资在该地块上建设仓库3500平方米，仓库建设于抵押权设定之后，根据《中华人民共和国物权法》第二百条的规定，该仓库不属于抵押财产。舒心门业因未收到拍卖通知导致未能行使优先购买权，二审判决认定舒心门业放弃了优先购买权缺乏证据证明。案涉建筑物在甘井子区土地规划局有总体规划图，并非违法建筑，舒心门业与国滨公司及舒心建材签订租赁合同的时间是2004年，而《最高人民法院关于审理城镇房屋租赁合同纠纷案件具体应用法律若干问题的解释》自2009年9月1日起才开始实施，一审、二审判决根据上述解释第一条、第二条的规定认定舒心门业对案涉房屋不享有合法承租权，适用法律错误。根据法律规定，抵押物毁损、灭失或被征用，就该抵押物设定的抵押权消灭，抵押物价值转化为其他形态时，其他形态的价值为抵押权标的物的代位物，抵押权人可以就该代位物行使抵押权。案涉土地被征用后，国滨公司原有的土地使用权证已被注销，土地权属已发生变化，中信银行在案涉土地上设定的抵押权其抵押物不再是集体土地使用权，而是转变成土地征收补偿金、赔偿金的优先受偿权，法院将案涉土地及地上建筑物均作为执行标的没有事实和法律依据。本案舒心门业有两个租赁关系，一个是国滨公司出租的土地使用权，另一个是舒心建材出租的房屋使用权，一审、二审忽略了舒心门业与舒心建材之间的租赁关系，未作释明也未依职权追加舒心建材为被告，遗漏了应当参加诉讼的当事人，且在舒心建材未参加诉讼的情况下，认定案涉租赁合同无效，处分了案外人的实体权利。舒心门业系根据《中华人民共和国民事诉讼法》第二百条第（二）项、第（六）项、第（九）项之规定申请再审。

本院认为，关于案涉地块上3500平方米仓库是否属于抵押财产的问题。舒心门业提交的三份租赁合同中，落款日期为2004年9月23日的国滨公司与舒心门业的租赁合同约定，租赁物范围为国滨公司拥有的案涉土地使用权及地上厂房，其中包含了仓库3500平方米。舒心门业主张其仅从国滨公司租赁了土地使用权，地上仓库系舒心建材投资建设，但就该节事实，未提供充分证据予以证明，其仅提供与舒心建材签订的房屋租赁合同，不能证明该房屋系舒心建材投资建设于案涉抵押权设定之后的事实。而且根据《中华人民共和国担保法》第五十五条、《中华人民共和国物权法》第二百条的规定，即使可以认定土地使用权抵押后该土地上新增建筑物不属于抵押财产的情况下，在抵押权人就该土地使用权实现抵押权时，人民法院亦应当依法将该土地上新增的建筑物与土地使用权一并处分，故舒心门业所持案涉地块上3500平方米仓库不属于抵押财产范畴的理由，不

能产生阻却人民法院对该土地使用权及地上房屋采取执行措施的法律效果，该申请再审理由不能成立。

关于优先购买权问题。本院认为，根据一审、二审判决载明的事实，案涉房产及土地使用权拍卖前，法院曾就拍卖事宜多次通知舒心门业，但该公司未行使优先购买权，舒心门业称并未收到拍卖通知与其经理在接受法院调查时所作陈述不相符。而且，根据《中华人民共和国民事诉讼法》第二百二十五条之规定，舒心门业关于优先购买权行使问题的异议，属于对人民法院执行行为是否合法的异议，而不属于对执行标的的异议，故其所持该项申请再审理由不能成立。

关于舒心门业对案涉房屋是否享有合法承租权的问题。本院认为，舒心门业主张案涉建筑物在大连市甘井子区土地规划局有总体规划图，并非违法建筑，但就该节事实未举证证明，且仅具有总体规划图，亦不符合取得建设工程规划许可并按照规划许可建设施工的要求，不能因此推翻本案一审、二审判决作出的事实认定。本案系执行异议之诉，案件争议焦点为舒心门业就案涉执行标的物是否享有合法权利且该权利是否可以阻却人民法院的执行。根据《最高人民法院关于适用〈中华人民共和国担保法〉若干问题的解释》第六十六条的规定，抵押人将已抵押的财产出租的，抵押权实现后，租赁合同对受让人不具有约束力。抵押人将已抵押的财产出租时，如果抵押人未书面告知承租人该财产已抵押的，抵押人对出租抵押物造成承租人的损失承担赔偿责任；如果抵押人已书面告知承租人该财产已抵押的，抵押权实现造成承租人的损失，由承租人自己承担。根据一审、二审判决载明的事实，本案中信银行的抵押权设定在先，舒心门业所持租赁合同签订在后，因此，无论该租赁合同是否合法有效，舒心门业的承租权是否合法存在，都不能产生阻却人民法院对案涉土地使用权及房屋予以执行的法律效果。舒心门业以其享有合法承租权为由，要求停止人民法院对抵押物执行的申请再审理由不能成立。

关于中信银行抵押权的抵押物是否发生变化的问题。本院认为，舒心门业提交的征地文件，不能证明征地范围是否包含案涉土地以及征地是否已经实际进行，就其所持案涉土地被征用、国滨公司原有土地使用权证被注销的事实，舒心门业未提供充分证据予以证明。而且，根据《中华人民共和国民事诉讼法》第二百二十七条之规定，舒心门业所持因土地被征用的事实而使抵押物发生变化，中信银行就案涉土地使用权无权行使抵押权的问题，属于对执行所依据的法律文书的异议，而不属于对执行标的的异议，依法应通过针对执行依据的审判监督程序解决，舒心门业所持该项申请再审理由不能成立。

关于本案是否遗漏了应当参加诉讼的当事人问题。本院认为，根据《最高人民法院关于适用〈中华人民共和国民事诉讼法〉执行程序若干问题的解释》第十七条的规定，案外人执行异议之诉中，案外人对执行标的主张实体权利，并请求对执行标的停止执行的，应当以申请执行人为被告；被执行人反对案外人对执行标的所主张的实体权利的，应当以申请执行人和被执行人为共同被告。本案中，舒心门业作为案外人，对执行标的主张实体权利，以申请执行人中信银行和被执行人国滨公司为共同被告提起执行异议之诉，一审、二审法院根据其提起的诉讼确定当事人诉讼地位并无不当。舒心建材不属于本案中法院应当依职权追加的被告，舒心门业亦未举证证明其曾经要求追加舒心建材为被告，本案在程序上不存在遗漏了应当参加诉讼的当事人问题，故舒心门业的该项申请再审理由亦不能成立。

综上所述，舒心门业的再审申请不符合《中华人民共和国民事诉讼法》第二百条第（二）项、第（六）项、第（九）项规定的情形。本院依照《中华人民共和国民事诉讼法》第二百零四条第一款的规定，裁定如下：

驳回大连舒心门业有限公司的再审申请。

审　判　长　辛正郁
代理审判员　潘　杰
代理审判员　沈丹丹

二〇一五年一月二十九日

书　记　员　韦　大

16. 再审申请人赵培凯与被申请人利津县利华益恒信小额贷款股份有限公司、一审第三人东营市润泽房地产开发有限责任公司案外人执行异议之诉纠纷案*

▶ 公司之间签订内部关系协议，在没有对案涉土地或房屋进行变更登记或者经生效裁判文书确权之前，不足以对抗权属证书的公示性

【裁判摘要】

案涉房屋所在土地的《土地使用权证》、案涉房屋的《建设用地规划许可证》《建设工程规划许可证》《建筑工程施工许可证》和《商品房预售许可证》均办理在润泽公司名下，依据《中华人民共和国物权法》规定，案涉房屋的产权人应认定为润泽公司。赵培凯主张其对案涉房屋享有可排除强制执行的权益，但其主张的依据为其与润泽公司之间签订的《联合开发协议》，该协议是其与润泽公司之间的内部关系，在没有对案涉土地或房屋进行变更登记或者经生效裁判文书确权之前，赵培凯享有的仅是对润泽公司的债权，不足以对抗上述权属证书的公示性。

---

* 摘自《民事审判指导与参考》2017年第3辑（总第71辑），人民法院出版社2017年版，第126～130页。

最高人民法院民事裁定书

（2017）最高法民申2004号

再审申请人（一审原告、二审上诉人）：赵培凯。

委托诉讼代理人：于永志，北京恒都律师事务所律师。

委托诉讼代理人：杜辉，北京恒都律师事务所律师。

被申请人（一审被告、二审被上诉人）：利津县利华益恒信小额贷款股份有限公司，住所地：山东省东营市利津县大桥路86号。

法定代表人：赵宝民，该公司董事长。

委托诉讼代理人：王洪云，该公司员工。

委托诉讼代理人：霍连台，山东东城律师事务所律师。

一审第三人：东营市润泽房地产开发有限责任公司，住所地：东营市利津县利三路65号。

法定代表人：赵顺波，该公司董事长。

再审申请人赵培凯因与被申请人利津县利华益恒信小额贷款股份有限公司（以下简称恒信公司）、一审第三人东营市润泽房地产开发有限责任公司（以下简称润泽公司）案外人执行异议之诉纠纷一案，不服山东省高级人民法院（2016）鲁民终2378号民事判决，向本院申请再审。本院依法组成合议庭进行了审查，现已审查终结。

赵培凯申请再审称：（1）从涉案项目土地使用权的历史沿革、赵培凯与润泽公司签订的相关合作协议、涉案项目的实际投资情况来看，赵培凯是涉案项目的权利人，其权利真实、合法，一审、二审认定事实错误。①涉案项目土地使用权系赵培凯及赵培吉（赵培凯的哥哥）通过自有土地置换取得，真实权利人为赵培凯。②根据赵培凯与润泽公司签订的《联合开发协议》，涉案项目土地使用权为赵培凯所有，建设费用由赵培凯投资，建成的房屋及相应土地使用权归赵培凯所有。③从涉案项目实际投资情况

来看，涉案项目完全是由赵培凯个人投资建设。赵培凯向利津瑞凯商贸有限公司、东营市海河物流有限公司、东营市好运来运输有限公司、利津鑫汇商贸有限公司、山东锐凯新能源开发有限责任公司等公司借款，通过润泽公司对涉案项目进行投资。赵培凯通过财务人员胡培森、张真真二人的个人银行账户支出建设费用。润泽公司对赵培凯上述证据及主张均无异议。（2）赵培凯作为涉案项目的实际权利人，享有足以排除强制执行的权利，如果允许法院强制执行，则严重损害了赵培凯的合法权益。①根据《最高人民法院关于人民法院民事执行中查封、扣押、冻结财产的规定》第二条第二款规定，未登记的建筑物和土地使用权，依据土地使用权的审批文件和其他相关证据确定权属。本案中，涉案土地使用权是赵培凯通过拆迁补偿获得，以润泽公司名义开发只是在履行赵培凯与政府拆迁部门的协议，而且赵培凯与润泽公司也明确约定涉案项目所有权归赵培凯所有。确定涉案项目权属应当以项目的历史渊源、审批文件和合作协议等证据综合认定。东营中院（2014）东民保字第68-4号民事裁定书裁定赵培凯作为案外人的异议成立，裁定解除对涉案房产的查封，证明赵培凯为涉案项目权利人。东营中院（2014）东民保字第68-5号民事裁定书裁定利津县人民政府就法院查封的登记在润泽公司名下的三宗土地使用权提出的异议成立，也证明土地及房产并非完全以不动产权属证书记载为准。②赵培凯与润泽公司合作开发涉案房产，是为了配合利津县棚户区改造项目，赵培凯取得涉案项目所有权是政府拆迁补偿的结果，如果允许法院执行涉案项目，则违反公平正义原则。根据赵培凯与利津县棚户区改造工程指挥部签订的协议书，政府同意赵培凯置换4栋小高层住宅楼和1栋多层住宅楼，负责将土地使用权证办理到赵培凯名下，但由于赵培凯不具有房地产开发的资质，不得不以与润泽公司合作开发的方式获得置换的房产，这是政府部门、赵培凯、润泽公司三方意思表示一致的结果，共同目的是赵培凯取得涉案项目房产保障拆迁顺利进行。③赵培凯作为房屋的实际建造人，根据《中华人民共和国物权法》第三十条规定，自房屋建成时取得房屋的所有权。④如果将涉案项目定性为名为合作开发实为房屋买卖合同，赵培凯也有权排除执行。根据《联合开发协议》，润泽公司不承担风险。双方不存在共同出资、共担风险、共负盈亏的事实，不属于合作开发。根据《最高人民法院关于审理涉及国有土地使用权合同纠纷案件适用法律问题的解释》第二十五条的规定，应将赵培凯与润泽公司的行为视为房屋买卖合同。根据《最高人民法院关于人民法院民事执行中查封、扣押、冻结财产的规定》第十七条规定，赵培凯已经支付的全部投资应视为房款，房屋建成后即完成分配属于赵培凯已经实际占有，而且赵培凯已将大部分房屋出售，属于对房屋进行了处分。所以，赵培凯虽未办理产权过户登记手续，但法院不应强制执行。（3）恒信公司主张的借款，名义上借款人是润泽公司，但实际借款人为王树青及银海棉业公司，恒信公司明知该笔借款与涉案项目无任何关系。如果法院排除本案执行，实质上未损害恒信公司利益。恒信公司的法定代表人赵宝民与赵培凯是多年朋友关系，其对赵培凯是涉案项目的所有人是明知的。（4）一审法院将润泽公司列为第三人程序违法。赵培凯的诉讼请求涉及润泽公司的实体权利，润泽公司应当作为被告而非第三人参加诉讼。赵培凯系根据《中华人民共和国民事诉讼法》第二百条第（二）项、第（六）项规定申请再审。

恒信公司提交意见称，一审、二审判决认定事实正确、适用法律得当、审判程序合法，请求驳回赵培凯的再审申请。

本院经审查认为，根据再审申请人申请再审的理由以及提交的证据，本案的争议焦点问题为：

1. 赵培凯对案涉房屋是否享有足以排除强制执行的权益。本院认为，根据《中华人民共和国物权法》第十六条第一款“不动产登记簿是物权归属和内容的根据”、第十七条“不动产权属证书是权利人享有该不动产物权的证明”以及第九条“不动产物权的设立、变更、转让和消灭，经依法登记，发生效力；未经登记，不发生效力，但法律另有规定的除外”的规定，对于涉案房屋的归属及变动应根据不动产权属证书及登记情况确定。本案中，根据已查明事实，润泽公司是案涉房屋所在土地的《土地使用权证》上所载的土地使用权人，案涉房屋的《建设用地规划许可证》《建设工程规划许可证》《建筑工程施工许可证》和《商品房预售许可证》也是由润泽公司取得，依据《中华人民共和国物权法》上述规定，案涉房屋的

产权人应认定为润泽公司。赵培凯主张其对案涉房屋享有可排除强制执行的权益，但其主张的依据为其与润泽公司之间签订的《联合开发协议》，该协议是其与润泽公司之间的内部关系，在没有对案涉土地或房屋进行变更登记或者经生效裁判文书确权之前，赵培凯享有的仅是对润泽公司的债权。在法律没有另行规定的情形下，该债权不足以对抗《土地使用权证》《建设用地规划许可证》《建设工程规划许可证》《建筑工程施工许可证》《商品房预售许可证》等权属证书的公示性。山东省东营市中级人民法院（2014）东民保字第68－4号民事裁定和（2014）东民保字第68－5号民事裁定均是在财产保全中作出的程序性裁定，不具有确权性质，因此，赵培凯以此作为证据证明其是涉案项目权利人的主张不能成立。综上，赵培凯关于其对案涉房屋享有足以排除强制执行的权益的主张不能成立，二审判决对此认定并无不当，赵培凯关于此点的申请再审的理由不成立。

2. 一审法院将润泽公司列为第三人是否属于程序违法。根据《最高人民法院关于适用〈中华人民共和国民事诉讼法〉的解释》第三百零七条“案外人提起执行异议之诉的，以申请执行人为被告。被执行人反对案外人异议的，被执行人为被告；被执行人不反对案外人异议的，可以列被执行人为第三人”之规定，本案中，根据一审判决书记载，润泽公司作为另案中的被执行人，对赵培凯的陈述“没有异议”，依据上述规定，可以列其为第三人，故原审审理不存在程序违法情形。赵培凯关于此点的申请再审的理由不成立。

综上，赵培凯主张的再审事由不成立。依照《中华人民共和国民事诉讼法》第二百零四条第一款，《最高人民法院关于适用〈中华人民共和国民事诉讼法〉的解释》第三百九十五条第二款规定，裁定如下：

驳回赵培凯的再审申请。

审　判　长　李明义
代理审判员　方　芳
代理审判员　于　蒙

二〇一七年六月二十七日

书　记　员　张莉莉

17. 再审申请人鄂尔多斯银行股份有限公司呼和浩特分行与被申请人王洪玉、王银祥案外人执行异议之诉纠纷案*

以房屋及国有土地使用权作为抵押担保，但实际只办理了该房屋的抵押登记的，对在抵押房屋占用范围内的土地使用权享有优先受偿权

【裁判摘要】

(1) 鄂尔多斯银行呼市分行与润鑫公司、王银祥等签订《还款协议书》，约定以房屋及国有土地使用权作为抵押担保，但实际只办理了该房屋的抵押登记，而未办理土地使用权的抵押登记。故根据《中华人民共和国物权法》第一百八十二条、第一百八十七条之规定，鄂尔多斯银行呼市分行对该国有土地使用权，在抵押房屋占用范围内的土地使用权享有优先受偿权。鄂尔多斯银行呼市分行可在执行程序中，主张和实现其依法享有的优先受偿权，其要求停止对该国有土地使用权的强制执行，缺乏法律依据。(2) 鄂尔多斯银行呼市分行提出的关于被执行人为王银祥个人，法院查封王银祥控股的润鑫公司财产错误的理由，系对法院执行行为的异议，不属于案外人执行异议之诉案件的审理范围。

* 摘自《民事审判指导与参考》2017 年第 3 辑（总第 71 辑），人民法院出版社 2017 年版，第 131 ~ 133 页。

最高人民法院民事裁定书

（2015）民申字第3429号

再审申请人（一审原告、二审上诉人）：鄂尔多斯银行股份有限公司呼和浩特分行，住所地：内蒙古自治区呼和浩特市新城西街37号建行内蒙分行营业部大楼。

负责人：张廷丽，该分行行长。

委托代理人：昂汗巴雅尔，该分行客户经理。

被申请人（一审被告、二审被上诉人）：王洪玉。

被申请人（一审被告）：王银祥。

再审申请人鄂尔多斯银行股份有限公司呼和浩特分行（以下简称鄂尔多斯银行呼市分行）因与被申请人王洪玉、王银祥案外人执行异议之诉纠纷一案，不服内蒙古自治区高级人民法院（2015）内民一终字第27号民事判决，向本院申请再审。本院依法组成合议庭对本案进行了审查，现已审查终结。

鄂尔多斯银行呼市分行申请再审称，该分行对案涉磴国用（2011）第10753号国有土地使用权享有优先受偿权，本案应当停止对案涉土地使用权的执行。二审判决仅认定鄂尔多斯银行呼市分行对抵押房屋占用土地范围内的土地使用权具有抵押权，将导致其余土地使用权无法实现价值。案涉执行依据的被执行人为王银祥个人，法院查封王银祥控股的巴彦淖尔市润鑫煤焦有限公司（以下简称润鑫公司）的财产，没有法律依据。鄂尔多斯银行呼市分行系根据《中华人民共和国民事诉讼法》第二百条第（二）项、第（六）项之规定申请再审。

本院认为，根据一审、二审法院查明的事实，鄂尔多斯银行呼市分行虽然与润鑫公司、王银祥等人签订《还款协议书》，约定以证号为蒙房权证磴口县字第10401110××××号房屋一套，及证号为磴国用（2011）第10×××号国有土地使用权作为抵押担保，但鄂尔多斯银行呼市分行只办理了上述房屋的抵押登记，而未办理土地使用权的抵押登记。故二审判决认定鄂尔多斯银行呼市分行对磴国用（2011）第10753号国有土地使用权，在巴彦淖尔市房他证字第10404130××××号《房屋他项权证》记载的房屋抵押权7416.45平方米占用范围内的土地使用权享有优先受偿权，符合《中华人民共和国物权法》第一百八十二条、第一百八十七条之规定。鄂尔多斯银行呼市分行可在执行程序中，主张和实现其依法享有的优先受偿权，其要求停止对润鑫公司国有土地使用权的强制执行，缺乏法律依据。鄂尔多斯银行呼市分行提出的关于被执行人为王银祥个人，法院查封王银祥控股的润鑫公司财产错误的理由，系对法院执行行为的异议，不属于案外人执行异议之诉案件的审理范围，其据此提出的申请再审理由亦不能成立。

综上，鄂尔多斯银行呼市分行的再审申请不符合《中华人民共和国民事诉讼法》第二百条第（二）项、第（六）项规定的情形。本院依照《中华人民共和国民事诉讼法》第二百零四条第一款之规定，裁定如下：

驳回鄂尔多斯银行股份有限公司呼和浩特分行的再审申请。

审 判 长　辛正郁
代理审判员　司　伟
代理审判员　沈丹丹

二〇一五年十二月十一日

书 记 员　韦　大

▶

如公司之间债权债务关系不能认定，就不能证明其享有排除强制执行的民事权益

18. 上诉人青海盐湖新域水泥制造有限公司与被上诉人中国华融资产管理股份有限公司深圳市分公司、原审第三人青海水泥股份有限公司案外人执行异议之诉纠纷案*

【裁判摘要】

虽然并无充分证据证明当事人之间就案涉借款存在恶意串通、规避执行的行为，但结合对新域公司提交的证明三者之间借贷关系的证据分析以及新域公司、新域管理公司、水泥公司三者之间关联关系这一事实，可以作出新域公司在本案中提交的证据不足以证明新域公司与水泥公司之间存在案涉债权债务关系的认定。相应地，新域公司关于判决不得执行本案争议标的的上诉请求因就案涉执行款项不能证明享有足以排除强制执行的民事权益，而不能得到支持。

---

* 摘自《民事审判指导与参考》2017年第3辑（总第71辑），人民法院出版社2017年版，第134～142页。

最高人民法院民事判决书

（2016）最高法民终363号

上诉人（原审原告）：青海盐湖新域水泥制造有限公司，住所地：青海省西宁市经济技术开发区甘河工业园区。

法定代表人：刁祥瑞，该公司董事长。

委托诉讼代理人：黄小伟，青海树人律师事务所律师。

被上诉人（原审被告）：中国华融资产管理股份有限公司深圳市分公司，住所地：广东省深圳市福田区南园路232号五邑大厦三楼。

负责人：孙光文，该公司总经理。

委托诉讼代理人：王琴，泰和泰（深圳）律师事务所律师。

委托诉讼代理人：张勇，北京市永轩律师事务所律师。

原审第三人：青海水泥股份有限公司，住所地：西宁市大通回族土族自治县桥头镇黎明路19号。

法定代表人：白玉文，该公司董事长。

委托诉讼代理人：李浩，该公司员工。

委托诉讼代理人：许婧，青海树人律师事务所律师。

上诉人青海盐湖新域水泥制造有限公司（以下简称新域公司）因与被上诉人中国华融资产管理股份有限公司深圳市分公司（以下简称华融公司）、原审第三人青海水泥股份有限公司（以下简称水泥公司）案外人执行异议纠纷一案，不服青海省高级人民法院（以下简称青海高院）（2015）青民三初字第1号民事判决，向本院提起上诉。本院于2016年5月23日立案后，依法组成合议庭，开庭进行了审理。上诉人新域公司委托诉讼代理人黄小伟、被上诉人华融公司委托诉讼代理人王琴、原审第三人水泥公司委托诉讼代理人许婧、李浩到庭参加诉讼。本案现已审理终结。

新域公司上诉请求：（1）撤销一审判决；（2）判决不得执行本案争议标的；（3）一、二审诉讼费退返新域公司或由华融公司承担。事实和理由：

1. 原审法院认定事实不清，责任认定不当。案涉 20310048.73 元是在查封保全逾期解封的状态下，由水泥公司通过其开户银行青海银行股份有限公司中心广场支行（以下简称广场支行）以转账方式支付给新域公司。水泥公司之所以给新域公司转款，是因为双方之间存在债权债务关系。虽然 20310048.73 元是执行标的，但在保全逾期后即属于水泥公司的可支配款项。其再行转付或处分并不属于转移执行标的或逃避履行。法院对水泥公司账户的查封保全逾期后，该账户资金已自动解封。在此情形下，任何单位动用或处分该资金均不属于妨害和阻止执行。因为执行民事裁判的先决依据是裁定书。裁定书失效，该裁定书确定的义务即不存在。

2. 原审法院的执行程序错误，对证据的认定不当。新域公司与华融公司申请执行水泥公司担保债务一案无任何关系。案争款项 20310048.73 元是水泥公司通过银行付至新域公司账户的。从银行转付款的程序来看，收款方属于被动一方是善意相对人，在转付款的流程中不需要也没有必要去衡量、判断该款项是否合法、权利受限。而新域公司自其账户收到该款项时就占有了该款项。根据我国民法的基本精神，占有货币即取得其所有权。

新域公司取得该款项的所有权后至今，没有任何司法机关及第三方对该款项的所有权提出异议，要求确认无效或行使撤销权。故原审法院执行占有的该款项是新域公司的款项。本案执行至今，法院并未追加新域公司为协助执行人，华融公司也没有申请追加新域公司要求承担责任，故法院（口头）要求新域公司承担责任没有依据，属于执行程序不当。原审法院依据《最高人民法院关于适用〈中华人民共和国民事诉讼法〉的解释》（以下简称《民诉法解释》）第三百一十一条认为，新域公司应当对涉案执行标的享有足以排除人民法院强制执行的民事权益提供证据是本末倒置，将本属于法院执行程序错误的责任转嫁给新域公司。首先，新域公司是案外人，法院在执行中牵涉到或要求新域公司承担责任时要有法律依据及司法认定，而且在被要求承担责任前就应由司法机关出具并送达；其次，法院现执行的标的是新域公司善意、合法取得的财产，法院执行该财产，需要完备的司法程序与司法文书，故举证责任不应由新域公司承担。

3. 关于本案的诉讼费用问题。本案虽然是新域公司与华融公司的执行异议之诉，但华融公司对该执行程序实际既未参与也不知情，本案实质审查的是法院的程序问题。因此，本案应归类于特别程序。《诉讼费用交纳办法》第八条第（一）项规定，依照特别程序审理的案件不交纳案件受理费。因而，该案不应当收取诉讼费，更不应由新域公司承担。

华融公司辩称：（1）新域公司与水泥公司均属于同一家公司共同控制的关联公司，双方之间的债权债务关系具有模糊性。（2）水泥公司利用查封空档期，与银行串通，转移执行标的款项，属于非法转移资产，逃避债务的行为。（3）新域公司向原审法院支付案涉款项时，案涉款项的所有权已发生转移。

水泥公司述称，水泥公司向新域公司转款时，案涉款项已经解冻。水泥公司向新域公司还款合法。

新域公司向原审法院提出诉讼请求：（1）撤销（2015）青执异字第3号执行裁定；（2）返还案涉20310048.73元。后经原审法院释明后，新域公司变更诉讼请求为：对案涉20310048.73元不得强制执行，应返还所有人新域公司。

原审法院认定事实：2008年6月29日，青海高院作出（2008）青民二初字第4号民事判决，判决青海水泥厂向中国东方资产管理公司兰州办事处（以下简称兰州办事处）归还本金5000万元及截至2007年12月20日的利息44069952.23元，水泥公司承担连带清偿责任。该案经二审判决维持并已生效。在兰州办事处申请执行该案期间，青海高院于2013年10月15日，依当事人申请，裁定将申请执行人兰州办事处变更为华融公司。2014年6月16日，青海高院依法冻结了被执行人水泥公司在广场支行开设账户上的现金20310048.73元。同年12月17日8时7分，水泥公司将此笔资金转入该公司另一个账户，再转入新域公司账户并销户。12月18日，青海高院向广场支行下发《责令追回被转移款项通知书》。12月23

日，青海高院责令水泥公司限期追回款项，该公司法定代表人承诺按期转回。12月26日，水泥公司在新域公司的配合下，将20310048.73元转账至青海高院账户。

新域公司是青海盐湖新域资产管理有限公司（以下简称新域管理公司）全资子公司；水泥公司注册资本11000万元，由三个股东组成，其中管理公司持股金额103442800元，为控股股东。三家公司均为独立的法人企业。2008年4月22日，水泥公司向新域管理公司借款1200万元，2010年4月20日又借款1000万元；2011年4月30日，新域管理公司向新域公司借款2000万元；2014年5月5日，新域管理公司、新域公司、水泥公司三方确认《还款通知》，将新域管理公司欠新域公司借款2000万元及利息360万元，转移由水泥公司直接向新域公司偿还2360万元。

原审法院认为，依照《民诉法解释》第三百一十一条关于“案外人或者执行人提起执行异议之诉的，案外人应当就其对执行标的享有足以排除强制执行的民事权益承担举证证明责任”之规定，案外人是否对执行标的享有实体权益并可以排除对执行标的执行，应当在执行标的上是否具有真实权属和能否阻止执行提供证据证明。新域公司在本案中仅就其与水泥公司存在债权债务关系提供了初步证据，但未能提供对涉案执行标的享有足以排除人民法院强制执行的民事权益的证据。（2008）青民二初字第4号民事判决发生法律效力后，经华融公司申请，青海高院裁定对被执行人水泥公司的财产进行强制执行。在执行期间，青海高院冻结了水泥公司在广场支行账户存款20310048.73元，该存款属于水泥公司所有，虽然新域公司与水泥公司可能存在债权债务关系，但在涉案特定执行标的上，新域公司既没有民事权益，更无优先权。华融公司行使权利的依据是生效判决，按照民事裁判执行优先原则，该款项应优先实现进入执行程序的债权。即使人民法院采取的具体执行措施影响到保全效力，也不允许义务人转移财产，逃避债务。

新域公司是水泥公司的控股股东，属于关联公司，新域公司之所以取得涉案执行标的，是水泥公司为逃避执行，利用保全措施逾期的机会，以偿还债务为名，将原冻结款项转移给新域公司，其行为属于故意妨害和阻止民事裁判的执行。水泥公司不履行生效裁判确定义务，其转款行为既无正当性，也无合法性；新域公司主张善意取得该款项理由不当，不予支持。

综上，新域公司在本案中未能提供对涉案执行标的享有足以排除强制执行的民事权益的证据，其诉讼请求不能成立，不予支持。华融公司的抗辩理由正当，应予采纳。经本院审判委员会讨论决定，依照《民诉法解释》第三百零四条、第三百零七条、第三百一十条、第三百一十一条、第三百一十二条第一款第（二）项规定，判决：驳回新域公司的诉讼请求。案件受理费143350元由新域公司负担。

本院二审期间，当事人围绕上诉请求依法提交了证据。本院组织当事人进行了证据交换和质证。二审庭审时，新域公司向本院提交了五份新证据：（1）2015年1月16日，新域公司向青海高院出具的《关于新域公司支付案款的说明》；（2）2015年5月21日，新域公司向青海高院出具的《新域公司关于不能动用案款的函》；（3）2015年7月1日，新域公司向青海高院出具的《新域公司关于涉诉案款的函》；（4）2014年12月17日，青海高院出具的《协助冻结存款通知书》；（5）2014年12月26日，青海高院出具的《解除冻结存款通知书》。新域公司在接受庭审询问时，仅以无法调取青海高院的执行卷宗作为逾期举证的理由，但并未提交不能调取的相关证据。

对于上述五份新证据，华融公司发表质证意见为，对前三份证据的关联性不予确认，因为该三份证据是新域公司的单方陈述，没有法院的认可，也没有其他证据印证；对第四份、第五份证据的关联性也不予确认。因为法院对违法转移的执行款项具有冻结查封的权利。本院认为，前三份证据仅为新域公司单方制作，并无法院确认，不能证明其真实性和关联性；由于新域公司提交后两份证据目的是证明青海高院执行时违反法定程序，而在二审庭审中，新域公司已明确表示不再坚持关于执行违反程序的主张，故对后两份证据，不作评价。

本院认为，本案争议焦点为：新域公司是否已取得案涉款项的所有权并可以此排除法院的强制执行。对此，可从以下方面进行分析。

1. 新域公司提交的证据不足以证明水泥公司与新域管理公司之间存在案涉2200万元的借款关系。第一，案涉《借款协议》内容存在冲突。首先，2008年4月22日，新域管理公司与水泥公司签订第一份《借款协议》时，尚未成立。经查，新域管理公司经工商登记，成立时间为2008年6月4日。根据《借款协议》可知，协议虽约定新域管理公司出借1200万元给水泥公司，但落款盖的是青海数码网络投资（集团）股份有限公司。而且，案涉1200万元也是由青海数码网络投资（集团）股份有限公司通过转账支票支付给水泥公司。对此，一审质证笔录中载明，新域公司的陈述为，青海数码网络投资（集团）股份有限公司为新域管理公司前身，2008年新域管理公司刚刚完成重组，公章还没有刻。但新域公司并未提供证据证明青海数码网络投资（集团）股份有限公司与新域管理公司之间的演变关系，更没有提供证据证明新域管理公司从青海数码网络投资（集团）股份有限公司取得了该债权。其次，《借款协议》上记载的“借款编号”“公司用章”存在不一致。经查，2009年4月30日，新域管理公司将1200万元续借给水泥公司签订的《借款协议》为格式文本，其上“借款编号：YHXY（正常）0000111”。新域管理公司盖的是该公司公章。而时隔一年后的2010年4月20日，新域管理公司将1000万元出借给水泥公司签订的《借款协议》（格式文本）上“借款编号：YHXY（正常）0000109”。新域管理公司盖的是该公司财务章。经查，两份《借款协议》中的打印条款部分均相同，应为新域管理公司单方制作提供的格式文本，其上编号并非手写。一般情况下，借款编号与《借款协议》签订时间对应，签订时间越早，则借款编号越小。本案中，2010年4月20日签订的《借款协议》上“借款编号：YHXY（正常）0000109”比之前2009年4月30日签订的《借款协议》上“借款编号：YHXY（正常）0000111”还小，不符合逻辑和日常生活经验。另外，既然都是新域管理公司出借款项给水泥公司，合同文本都是新域管理公司提供的格式文本，那么前后《借款协议》上，新域管理公司盖章也应一致。但新域管理公司在2010年4月20日的《借款协议》上不加盖公司公章而用公司财务部章替代，不符合常理。

第二，案涉银行转账支票存根存在涂改。经查，证明案涉1200万元借款已支付的中国建设银行转账支票存根上“用途”一栏填写的是“水泥借款”，而证明案涉1000万元借款已支付的中国建设银行转账支票存根上“用途”一栏填写的原有字迹已被删除后加上了“借款”二字。故上述两张转账支票存根在证明转账款项为借款性质这一点上存在形式瑕疵。

2. 新域公司提交的证据不足以证明新域公司与新域管理公司之间存在案涉2000万元的借款关系。第一，《借款协议》约定案涉2000万元借款期间的起点与借款实际给付时间不一致。经查，案涉2000万元的《借款协议》签订时间为2011年4月30日，而约定的借款期间为2011年5月1日至2014年4月30日，但借款实际转账时间是2011年5月5日。故实际借款给付时间晚于约定的借款期间起点。第二，《中国建设银行电子转账凭证》本身不能证明其与案涉2000万元借款有必然联系。首先，新域公司同一天分两笔各1000万元向新域管理公司电子转账给付案涉2000万元借款的行为，不合常理。为证明新域公司已向新域管理公司提供案涉2000万元借款，新域公司提交了同一天委托的两张各1000万元的《中国建设银行电子转账凭证》，从其凭证编号分别为0754和0755来看，应是新域公司先后分别向新域管理公司转账1000万元，共计2000万元。一般而言，同一笔借款没有必要分拆为两笔分别转账。但新域公司未提供证据证明拆分的合理性；其次，两张各1000万元的《中国建设银行电子转账凭证》上“附加信息及用途”记载的并非“借款”而是“往来款”。虽然两张《中国建设银行电子转账凭证》能够证明新域公司向新域管理公司转账了2000万元，但从《中国建设银行电子转账凭证》上的文字表述也得不出该款项是借款的结论。

3. 新域管理公司向水泥公司出具的《还款通知》的表述不符合常理。第一，从《还款通知》内容看，其抬头部分载明的通知对象为水泥公司，主要内容是新域管理公司要求水泥公司将其所欠款项26891000元中的2360万元直接偿还给新域公司。既然是通知，则应是由新域管理公司直接发送给水泥公司即可，无需水泥公司、新域公司确认。但《还款通知》上出现了确认单位：水泥公司、新域公司的盖章。第二，新域管理公司通过《还款通知》让水泥公司代为承担其对新域公司的债务，应经债权人新域

公司同意。但新域公司并不是《还款通知》上载明的通知对象，其如何得知该通知内容、何时盖章确认，均不得而知。第三，《还款通知》记载的案涉2000万元借款日期与实际借款日期不一致。《还款通知》上记载的案涉2000万元借款发生时间为2010年4月30日，而新域公司与新域管理公司实际借款发生日期为2011年4月30日。如此大笔借款，新域管理公司在起草《还款通知》时，应会仔细审核，但在《还款通知》内容不足一页纸的情形下，新域管理公司居然对借款日期的表述不一致，也不符合常理。

4. 水泥公司向新域公司支付案涉20310048.73元的具体行为表现不符合常理。根据一审已查明事实，2014年6月16日，水泥公司账户中的案涉20310048.73元被依法冻结后，于2014年12月16日24时到期。水泥公司在17日早上8点07分即将案涉资金先转入该公司另一账户，再转账支付给新域公司。转账后，水泥公司还对原账户进行了销户处理。显然，案涉20310048.73元解冻后，水泥公司马上在银行非正常营业时间实施的转账后销户行为，不符合日常生活经验和行业惯例。对此，2014年12月23日，水泥公司法定代表人李良也认识到上述行为的不当，明确表示其将想办法给法院把钱划回来。

5. 新域管理公司既是水泥公司控股股东又是新域公司的唯一股东，三者之间存在关联关系。根据一审质证笔录可知，新域管理公司持有水泥公司股权比例为94.04%，而持有新域公司股权比例为100%。《中华人民共和国公司法》第二百一十六条规定："本法下列用语的含义：……（二）控股股东，是指其出资额占有限责任公司资本总额百分之五十以上或者其持有的股份占股份有限公司股本总额百分之五十以上的股东；出资额或者持有股份的比例虽然不足百分之五十，但依其出资额或者持有的股份所享有的表决权已足以对股东会、股东大会的决议产生重大影响的股东……（四）关联关系，是指公司控股股东、实际控制人、董事、监事、高级管理人员与其直接或者间接控制的企业之间的关系，以及可能导致公司利益转移的其他关系。但是，国家控股的企业之间不仅因为同受国家控股而具有关联关系。"可知，新域管理公司是新域公司与水泥公司的共同控股股东，分别与两者构成关联关系。也即，新域管理公司可以同时控制新域公司与水泥公司包括对外借贷在内的生产经营。本案中，虽然并无充分证据证明三者之间就案涉借款存在恶意串通、规避执行的行为，但结合对新域公司提交的证明三者之间借贷关系的证据分析以及新域公司、新域管理公司、水泥公司三者之间关联关系这一事实，可以作出新域公司在本案中提交的证据不足以证明新域公司与水泥公司之间存在案涉债权债务关系的认定。相应地，新域公司关于判决不得执行本案争议标的的上诉请求因就案涉执行款项不能证明享有足以排除强制执行的民事权益，而不能得到支持。

综上所述，新域公司的上诉请求不能成立，应予驳回。依照《中华人民共和国民事诉讼法》第一百七十条第一款第一项规定，判决如下：

驳回上诉，维持原判。

二审案件受理费 143350 元，由青海盐湖新域水泥制造有限公司负担。

本判决为终审判决。

审 判 长 张颖新

审 判 员 吴晓芳

代理审判员 肖 峰

二〇一六年十二月二十九日

书 记 员 王冬颖

19. 华宇广泰建工集团松原建筑有限公司与东北农业生产资料有限公司及松原市博翔房地产开发有限公司案外人执行异议之诉申请再审案*

▶

对生效判决确认债权的强制执行并不必然妨害建设工程价款优先受偿权的实现，案外人不能以此为由要求停止执行，而应当在执行程序中向执行法院提出优先受偿主张

【裁判摘要】

1. 建设工程价款优先受偿权是以建设工程折价、拍卖的交换价值担保债权的实现，本质上是债权实现的优先顺位权。人民法院对生效判决确认债权的强制执行并不必然妨害建设工程价款优先受偿权的实现，案外人不能以其对被执行的建设工程享有优先受偿权为由要求停止执行，而应当在执行程序中向执行法院提出优先受偿主张。若案外人提出的优先受偿主张未获支持，其可以根据《最高人民法院关于适用〈中华人民共和国民事诉讼法〉的解释》第五百一十二条[①]的规定，对分配方案提出书面异议以及提出“执行分配方案异议之诉”。

---

* 摘自《民事审判指导与参考》2017年第4辑（总第72辑），人民法院出版社2018年版，第228～241页。

① 该司法解释已于2020年12月29日修正，本条条数及内容均未作变动。

2. 案外人执行异议之诉的根本目的在于解决能否排除执行的问题，确权只是排除执行的附带功能，若案外人对执行标的物享有的实体权利不足以排除强制执行，人民法院在执行异议之诉中不能单独针对案外人的确权请求作出确权判项。

3. 执行异议之诉的实质为“执行标的异议”之诉，应围绕“执行标的异议”进行审理。当事人、利害关系人在已经提起的执行异议之诉中又提出执行行为、执行程序违法的主张，不属于执行异议之诉的审理范围，其应依据《中华人民共和国民事诉讼法》第二百二十五条的规定，提出执行行为异议、申请复议或者申请执行监督。

再审申请人（一审原告、案外人，二审上诉人）：华宇广泰建工集团松原建筑有限公司（以下简称华宇广泰公司）。

被申请人（一审被告、申请执行人，二审上诉人）：东北农业生产资料有限公司（以下简称东北农业公司）。

一审被告、被执行人：松原市博翔房地产开发有限公司（以下简称松原博翔公司）。

一、辽宁省葫芦岛市中级人民法院一审查明的事实

辽宁省葫芦岛市中级人民法院（以下简称葫芦岛中院）经审理查明：东北农业公司因松原博翔公司欠付其巨额借款债务，向辽宁省高级人民法院（以下简称辽宁高院）提起民间借贷纠纷诉讼，双方在法院主持下达成调解，辽宁高院作出（2013）辽民二初字第3号民事调解书和（2013）辽民二初字第4号民事调解书。葫芦岛中院因执行上述两份民事调解书，于2014年7月11日作出（2013）葫执一字第00074－4号执行裁定书，查封了松原博翔公司所有的博翔大酒店－1层至23层；于2015年9月21日作

出（2013）葫执一字第00074－7号执行裁定书，裁定对博翔大酒店－1层至23层进行拍卖，后流拍；该院于2015年11月20日作出（2013）葫执一字第00074－8号执行裁定书，裁定将松原博翔公司名下的博翔大酒店－1层至23层（面积57758.96平方米）房屋交付给东北农业公司，抵偿辽宁高院（2013）辽民二初字第4号民事调解书确定的债务135863274元，抵偿余额87174771元用于偿还辽宁高院（2013）辽民二初字第3号民事调解书确定的债务；2015年12月10日葫芦岛中院作出（2013）葫执一字第00074－10号执行裁定书，裁定终结辽宁高院（2013）辽民二初字第4号民事调解书的执行程序。

华宇广泰公司系博翔大酒店的施工人，其于2015年10月19日以松原博翔公司为被告，向吉林省松原市中级人民法院（以下简称松原中院）提起建设工程施工合同纠纷一案，请求松原博翔公司支付工程款。松原中院于2015年11月26日作出（2015）松民二初字第106号民事判决，判决：一、松原博翔公司于该判决生效后给付华宇广泰公司工程款本金115641081.50元，并自2014年1月1日起至执行完毕时止按照中国人民银行发布的同期同类贷款利率支付利息；二、松原博翔公司于该判决生效后给付华宇广泰公司窝工损失300万元；三、如松原博翔公司未按照该判决主文履行给付工程款本金115641081.50元的义务，华宇广泰公司有权在其承建的博翔大酒店工程范围内行使工程价款优先受偿权。

2015年10月29日，华宇广泰公司向葫芦岛中院提出执行异议，请求：（1）中止对执行标的物博翔大酒店－1层至23层的拍卖，同时裁定中止强制执行程序，待工程竣工交付后，恢复强制执行和拍卖程序；（2）请求在案涉工程执行程序中，确认其对博翔大酒店（C2、C3）工程折价或者拍卖价款享有优先受偿权。葫芦岛中院于2015年11月23日作出（2015）葫执异字第00062号执行裁定书，以华宇广泰公司主张优先受偿权于法无据为由，驳回其异议请求。华宇广泰公司不服，于2015年12月15日向葫芦岛中院提起了本案执行异议之诉。

二、当事人起诉与答辩情况

华宇广泰公司起诉请求:(1)判令对博翔大酒店工程折价或者拍卖价款优先支付给华宇广泰公司工程款本金115641081.50元,确认华宇广泰公司对案涉工程折价或者拍卖的价款享有优先受偿权;(2)判令停止对松原博翔公司开发的、华宇广泰公司承建的博翔大酒店工程的强制执行程序。

东北农业公司答辩称:(1)葫芦岛中院于2014年7月11日查封了博翔大酒店,松原中院(2015)松民二初字第106号民事判决书的生效时间在葫芦岛中院查封行为之后。根据《最高人民法院关于人民法院办理执行异议和复议案件若干问题的规定》第二十六条第二款之规定,华宇广泰公司依据执行标的被查封后作出的另案生效法律文书提出排除执行异议的,人民法院应不予支持。(2)根据《最高人民法院关于执行权合理配置和科学运行的若干意见》,人民法院的查封行为,排除其他法院关于查封物的另案确权。华宇广泰公司不得依松原中院(2015)松民二初字第106号民事判决书主张优先受偿权。综上,东北农业公司请求驳回华宇广泰公司的诉讼请求。

三、葫芦岛中院一审认定与判决情况

葫芦岛中院一审认为,本案执行标的为辽宁高院(2013)辽民二初字第3号和(2013)辽民二初字第4号民事调解书所确定的松原博翔公司给付东北农业公司欠款,执行标的物为博翔大酒店。华宇广泰公司诉松原博翔公司建设工程施工合同纠纷案[松原中院(2015)松民二初字第106号]生效判决认定,华宇广泰公司在案涉执行标的物博翔大酒店工程价款的范围内享有优先受偿权。据此,该公司对案涉执行标的享有实体权益。东北农业公司与松原博翔公司经辽宁高院达成(2013)辽民二初字第3号民事调解书及(2013)辽民二初字第4号民事调解书,该案执行中,案涉执行标的物博翔大酒店-1层至23层被葫芦岛中院查封,因此,出现了在同一执行标的物即案涉博翔大酒店-1层至23层之上,华宇广泰公司主张工程价款优先受偿权而东北农业公司主张债权的冲突问题。华宇广泰公司

享有的优先受偿权能否排除东北农业公司案的强制执行，是本案需要解决的关键问题，而该问题取决于建设工程价款优先受偿权与债权的关系如何。

《最高人民法院关于建设工程价款优先受偿权问题的批复》（法释〔2002〕16号）第一条规定："人民法院在审理房地产纠纷案件和办理执行案件中，应当依照《中华人民共和国合同法》第二百八十六条的规定，认定建筑工程的承包人的优先受偿权优于抵押权和其他债权。"《中华人民共和国合同法》第二百八十六条规定："发包人未按照约定支付价款的，承包人可以催告发包人在合理期限内支付价款。发包人逾期不支付的，除按照建设工程的性质不宜折价、拍卖的以外，承包人可以与发包人协议将该工程折价，也可以申请人民法院将该工程依法拍卖。建设工程的价款就该工程折价或者拍卖的价款优先受偿。"据此，建设工程价款优先受偿权相较之债权而言具有优先性，此即意味着当同一标的物之上同时存在债权人主张债权与建设工程价款优先受偿权人主张优先受偿权相冲突时，建设工程价款优先受偿权优先于债权实现。具体到本案，华宇广泰公司对博翔大酒店-1层至23层享有建设工程价款优先受偿权，而东北农业公司作为松原博翔公司的普通债权人对博翔大酒店-1层至23层享有的仅是一般债权，两种权利虽都是当事人的合法民事权利，但二者相比较，华宇广泰公司享有的建设工程价款优先受偿权应当优先于东北农业公司的普通债权得以实现。因此，可以得出结论，华宇广泰公司对执行标的物即博翔大酒店-1层至23层享有的建设工程价款优先受偿权足以排除东北农业公司案的强制执行。华宇广泰公司该项诉讼请求有事实及法律依据，依法予以支持。

根据《最高人民法院关于适用〈中华人民共和国民事诉讼法〉的解释》第三百一十二条规定："对案外人提起的执行异议之诉，人民法院经审理，按照下列情形分别处理：（一）案外人就执行标的享有足以排除强制执行的民事权益的，判决不得执行该执行标的；（二）案外人就执行标的不享有足以排除强制执行的民事权益的，判决驳回诉讼请求。案外人同时提出确认其权利的诉讼请求的，人民法院可以在判决中一并作出裁判。"

人民法院在审理案外人执行异议之诉时，只能对能否继续执行案涉执行标的作出裁判，不能直接判决一方当事人向另一方当事人进行相关给付，故华宇广泰公司所提“请求依法判决对博翔大酒店工程折价或者拍卖价款优先支付给华宇广泰公司工程款本金115641081.50元”的诉讼请求，葫芦岛中院不予支持。

本案中，华宇广泰公司要求葫芦岛中院确认之权利为建设工程价款优先受偿权，因该权利已经他院另案生效判决所确认，故法院无再次确权之必要。

综上所述，华宇广泰公司的诉讼请求部分成立，一审法院部分予以支持。葫芦岛中院依照《最高人民法院关于适用〈中华人民共和国民事诉讼法〉的解释》第九十条、第三百一十一条、第三百一十二条之规定，判决：一、停止对松原博翔公司开发的、华宇广泰公司承建的坐落于松原市宁江区沿江街的博翔大酒店工程强制执行程序；二、驳回华宇广泰公司的其他诉讼请求。一审案件受理费620005元，由华宇广泰公司承担。

四、当事人上诉情况

一审判决作出后，东北农业公司和华宇广泰公司均不服，向辽宁高院提起上诉。

东北农业公司上诉请求：撤销一审判决，改判驳回华宇广泰公司的全部诉讼请求。

华宇广泰公司上诉请求：(1) 维持一审判决第一项；(2) 撤销一审判决第二项；(3) 改判对博翔大酒店工程折价或者拍卖价款优先支付给华宇广泰公司工程款本金115641081.50元。

五、辽宁高院二审认定与判决

辽宁高院认为，华宇广泰公司提出的确认其对案涉工程折价或者拍卖的价款享有优先受偿权的请求属于重复诉请，另案即松原中院（2015）松民二初字第106号案件民事判决对此已予以处理，本案对该请求不能再予处理。而华宇广泰公司提出的“判决对博翔大酒店工程折价或者拍卖价款

优先支付给华宇广泰公司工程款本金115641081.50元”的请求，则实质为行使工程价款优先受偿权的具体请求，因工程价款优先受偿权只是保护债权受偿的一种顺位权，故该项请求并不属于排除执行的诉请，同时亦不属于案外人提出的确认其对执行标的享有足以排除强制执行的民事权益的诉请。该项请求不属于案外人执行异议之诉案件的审查范畴，本案不予审理。

关于华宇广泰公司提出的“判决停止对案涉博翔大酒店工程的强制执行程序”的诉请，如前所述，工程价款优先受偿权是以建设工程折价或拍卖所得价款受偿保护的顺位权，其不属于对执行标的享有的足以排除强制执行的民事权益，其不能阻却执行，华宇广泰公司对执行标的并不享有足以排除强制执行的民事权益，一审法院支持华宇广泰公司提出的停止对案涉工程的强制执行程序的请求错误，二审予以改判。

综上所述，东北农业公司的上诉请求成立，予以支持；华宇广泰公司的上诉请求不能成立，应予驳回。辽宁高院依照《中华人民共和国民事诉讼法》第一百七十条第一款第（二）项之规定，判决：一、撤销葫芦岛中院（2015）葫民初字第00121号民事判决；二、驳回华宇广泰公司的全部诉讼请求。一审案件受理费620005元，由华宇广泰公司负担；二审案件受理费620005元，由华宇广泰公司负担。

六、当事人申请再审情况

华宇广泰公司不服二审判决，依据《中华人民共和国民事诉讼法》第二百条第（二）项、第（十一）项规定向最高人民法院申请再审，理由为：（1）本案一审法院违反法定程序，为了剥夺华宇广泰公司的建设工程价款优先受偿权，故意违背法律规定延长执行异议裁定期限，利用其对查封财产的控制和处分优势，将执行标的违法抵顶东北农业公司的普通债权，在案涉执行标的物所有权交付移转后才作出裁定驳回华宇广泰公司的执行异议。当华宇广泰公司以案外人身份提起执行异议之诉时，一审法院又以案外人提起执行异议之诉必须在对执行标的物强制执行终结前提起为由，驳回该公司的诉讼请求。此种违背事实和法律的执行行为，人民法院应当通过再审纠正。(2)一、二审判决遗漏华宇广泰公司的诉讼请求。两审判决既不确认华宇广泰公司的建设工程价款优先受偿权，也不支持工程折价或拍卖价款优先受偿，而是对东北农业公司高利放贷且计算复利的债权给予特殊优先保护，违反了“人民法院在办理执行案件中应当认定工程价款优先受偿权优于一般债权”的规定，显属错判。

七、最高人民法院再审审查认定与裁定

最高人民法院经审查认为：(1)关于华宇广泰公司享有的建设工程价款优先受偿权能否排除东北农业公司借款债权执行的问题。华宇广泰公司诉松原博翔公司建设工程施工合同纠纷一案，松原中院于2015年11月26日作出(2015)松民二初字第106号生效民事判决，确认华宇广泰公司在博翔大酒店工程价款的范围内享有优先受偿权。据此，华宇广泰公司对本案执行标的物博翔大酒店享有实体权益。建设工程价款优先受偿权属于法定优先权，其本质是以建设工程的交换价值担保工程款债权的实现，此种优先受偿权仅是债的实现顺位的优先，不能排除人民法院对执行标的采取的拍卖、变卖、折价等执行行为，不属于“足以排除强制执行”的民事权益。因此，二审法院对建设工程价款优先受偿权人华宇广泰公司停止执行的诉讼请求不予支持，并无不当，华宇广泰公司此项申请再审主张不成立。(2)关于葫芦岛中院的执行行为是否违反法定程序以及案外人华宇广泰公司的权利如何救济的问题。华宇广泰公司申请再审主张葫芦岛中院的执行行为存在违法处分执行标的物、逾期审查执行异议的程序问题，该主张系对“执行行为”而非对“执行标的”提出的异议，不属于执行异议之诉的审理内容，华宇广泰公司应依据《中华人民共和国民事诉讼法》第二百二十五条“当事人、利害关系人认为执行行为违反法律规定的，可以向负责执行的人民法院提出书面异议。当事人、利害关系人提出书面异议的，人民法院应当自收到书面异议之日起十五日内审查，理由成立的，裁定撤销或者改正；理由不成立的，裁定驳回。当事人、利害关系人对裁定不服的，可以自裁定送达之日起十日内向上一级人民法院申请复议”的规定，针对葫芦岛中院的违法执行行为提出异议、申请复议，或者通过执行

申诉启动执行监督程序予以解决。(3) 关于二审法院是否遗漏审理华宇广泰公司的确权请求和优先给付请求的问题。本案华宇广泰公司所享有的建设工程价款优先受偿权已经另案松原中院 (2015) 松民二初字第 106 号生效民事判决所确认，该公司在本案执行异议之诉中再次请求确认其建设工程价款优先受偿权，属于重复诉讼，本案一、二审法院不予确认并无不当。对于华宇广泰公司提出的“判决对博翔大酒店工程折价或者拍卖价款优先支付给华宇广泰公司工程款本金 115641081.50 元”的请求，实质为行使工程价款优先受偿权的具体请求，属于给付请求，不属于执行异议之诉的审查范围，一、二审法院不予审查并无不当。

综上，最高人民法院认为，葫芦岛中院的违法执行行为应通过执行监督程序予以解决，华宇广泰公司所享有的建设工程价款优先受偿权不能排除强制执行，本案一、二审判决未遗漏诉讼请求。华宇广泰公司的再审申请不符合《中华人民共和国民事诉讼法》第二百条第（二）项、第（十一）项规定的情形，依照《中华人民共和国民事诉讼法》第二百零四条第一款、《最高人民法院关于适用〈中华人民共和国民事诉讼法〉的解释》第三百九十五条第二款规定，裁定：驳回华宇广泰公司的再审申请。

八、对本案的解析

本案涉及的法律问题有两个：一是建设工程价款优先受偿权是否属于能够排除强制执行的民事权益；二是执行异议之诉的审理对象。以上两个问题在审判实践中存在一定争议，有必要予以探讨与明确。

（一）建设工程价款优先受偿权能否排除强制执行

《最高人民法院关于适用〈中华人民共和国民事诉讼法〉的解释》第三百一十一条规定：“案外人或者申请执行人提起执行异议之诉的，案外人应当就其对执行标的享有足以排除强制执行的民事权益承担举证证明责任。”第三百一十二条规定：“对案外人提起的执行异议之诉，人民法院经审理，按照下列情形分别处理：（一）案外人就执行标的享有足以排除强制执行的民事权益的，判决不得执行该执行标的；（二）案外人就执行标的不享有足以排除强制执行的民事权益的，判决驳回诉讼请求。案外人同时提出确认其权利的诉讼请求的，人民法院可以在判决中一并作出裁判。”根据上述规定，人民法院审理案外人执行异议之诉案件，应当审查案外人就执行标的是否享有“足以排除强制执行”的民事权益。在民事诉讼法司法解释颁布之前，2008 年 11 月 3 日颁布的《最高人民法院关于适用〈中华人民共和国民事诉讼法〉执行程序若干问题的解释》第十五条使用了“足以阻止执行标的转让、交付的实体权利”的表述，民事诉讼法司法解释起草过程中，有同志提出“阻止”一词不足以表达案外人异议的内容和目的，应当借用我国台湾地区“强制执行法”的表述，使用“排除”一词。据此，排除强制执行的内容，可以是排除执行标的物的转让，也可以是虽不能排除执行标的物的转让，但可以排除执行标的物的交付。依据民事诉讼理论通说和相关司法解释规定，能够产生排除执行效力的民事权益主要包括所有权、用益物权、以占有标的物为权利成立和存续要件的动产质权和留置权、物权期待权以及法律、行政法规特别规定的担保物权或者债权等。

建设工程价款优先受偿权是否属于法律规定的“足以排除强制执行的民事权益”，在审判实践中存在两种不同观点：支持的观点认为，建设工程价款优先受偿权相较之债权而言具有优先性，此即意味着当同一标的物之上同时存在债权人主张债权与建设工程价款优先受偿权人主张优先受偿权相冲突时，建设工程价款优先受偿权优先于一般债权实现。如果不赋予此种优先受偿权排除强制执行的效力，则不利于保护施工人的利益。否定的观点认为，建设工程价款优先受偿权是以建设工程折价或拍卖所得价款受偿保护的顺位权，其不属于对执行标的享有的足以排除强制执行的民事权益，不能排除执行。

最高人民法院执行异议之诉司法解释起草过程中，对建设工程价款优先受偿权能否排除执行的问题仍有一定分歧，司法解释稿目前尚无明确定论，但从征求意见的情况看，绝大多数观点还是倾向于认为建设工程价款优先受偿权不属于足以排除强制执行的民事权益，本文亦采此种观点，理由如下：

与传统的诉讼类型相比，执行异议之诉是一种具有复合性的新类型诉讼。这类纠纷在形式上体现为是否排除强制执行行为的纠纷，在实质上是案外人与被执行人对该执行标的的权属纠纷，以及案外人对执行标的所享有权益与申请执行人在生效裁判文书等执行依据项下请求权的优先效力纠纷。[①] 申请执行人请求人民法院强制执行特定执行标的的行为实际是实现生效裁判文书所确定的债权的行为，而案外人所享有的民事权益能够排除生效裁判文书的强制执行，应同时满足两个条件：一是权利效力优先于申请执行人的债权；二是人民法院对特定执行标的的强制执行妨害了案外人对执行标的享有的实体权益。如果人民法院的强制执行不妨害案外人对执行标的享有的实体权益，则应判决驳回。例如，案外人对执行标的物享有抵押权，人民法院依据申请执行人的申请准备将该执行标的物拍卖，以所得价款清偿申请执行人。此种情况下，因案外人享有的抵押权是对担保财产变现价值的优先受偿权，其只能请求就拍卖价款优先受偿，或者在担保债权的范围内进行提存，人民法院的拍卖行为并不妨害案外人享有的抵押权，故尽管抵押权在效力上优先于普通债权，案外人亦不能排除强制执行。

建设工程价款优先受偿权能否排除强制执行，应基于该权利的法律性质进行判断。对于建设工程价款优先受偿权的法律性质，学理上存在留置权说、法定抵押权说以及法定优先权说等多种观点，三种观点的共同特点均是建设工程价款优先受偿权优先于一般债权甚至抵押权，受法律特别保护。《中华人民共和国合同法》第二百八十六条规定："发包人未按照约定支付价款的，承包人可以催告发包人在合理期限内支付价款。发包人逾期不支付的，除按照建设工程的性质不宜折价、拍卖的以外，承包人可以与发包人协议将该工程折价，也可以申请人民法院将该工程依法拍卖。建设工程的价款就该工程折价或者拍卖的价款优先受偿。"依据该条规定，施工人对工程价款享有的优先权是以建设工程折价、拍卖的交换价值担保债

---

① 参见沈德咏主编、最高人民法院修改后民事诉讼法贯彻实施工作领导小组编著：《最高人民法院民事诉讼法司法解释理解与适用（下）》，人民法院出版社2015年版，第814页。

权的实现，此种优先受偿权只是一种优先顺位权，人民法院对建设工程采取的折价、拍卖等执行措施并不妨害其优先权的实现，案外人不能以其对该建设工程享有优先受偿权为由要求停止执行，而应当在执行程序中向执行法院提出优先受偿主张。若案外人提出的优先受偿主张未获支持，其可以根据《最高人民法院关于适用〈中华人民共和国民事诉讼法〉的解释》第五百一十二条的规定，对分配方案提出书面异议以及提出“执行分配方案异议之诉”。若允许建设工程价款优先受偿权人排除生效裁判文书所确认债权的强制执行，则不仅申请执行人的债权不能及时实现，建设工程价款优先受偿权的实现也须另行启动一个执行程序，势必造成审判及执行资源的浪费，拉长各债权人实现债权的时间。

具体到本案，华宇广泰公司于2015年10月29日向葫芦岛中院提出执行异议时，该公司的建设工程价款优先受偿权尚未经松原中院判决确认，葫芦岛中院于2015年11月23日驳回华宇广泰公司的执行异议之后，松原中院于2015年11月26日判决松原博翔公司支付华宇广泰公司工程款及相关费用，华宇广泰公司遂于2015年12月15日向葫芦岛中院提起本案执行异议之诉。因建设工程价款优先受偿权不属于排除强制执行的民事权利，本案辽宁高院二审判决纠正一审判决的错误，改判驳回华宇广泰公司停止执行的诉讼请求是正确的。

（二）有关执行异议之诉审理对象的几个问题

1. 案外人对执行标的物享有的民事权利不能排除强制执行的，人民法院能否针对案外人的确权请求判决确认案外人的民事权利

案外人执行异议之诉的根本目的在于解决能否排除执行的问题，不解决权利归属问题，对于权属争议案外人可以通过另诉解决。但是，鉴于权属问题是认定能否排除执行的前提，诉讼应将当事人之间实体法律关系及阻止执行之问题一并解决，否则既浪费司法资源，也造成案外人讼累，难以避免判决的冲突，也不符合普通民众的法律观念。为此，《最高人民法院关于适用〈中华人民共和国民事诉讼法〉的解释》第三百一十二条第二款规定，案外人同时提出确认其权利的诉讼请求的，人民法院可以在判决

中一并作出裁判，亦即执行异议之诉可以作出确权判项。但是，执行异议之诉毕竟不同于确权之诉，其制度目的是排除对执行标的的强制执行，在执行异议之诉中确权通常是以案外人享有足以排除强制执行的实体权利为前提，确权只是排除执行的附带功能，故若案外人享有的实体权利不足以排除强制执行，人民法院在执行异议之诉中不能单独针对确权请求作出确权判项，而同时又判决准许执行该执行标的。具体到本案，华宇广泰公司所享有的建设工程价款优先受偿权不属于足以排除强制执行的民事权利，人民法院在执行异议之诉的裁判中，不能单独确认华宇广泰公司享有建设工程价款优先受偿权，故本案二审判决对华宇广泰公司确认其享有建设工程价款优先受偿权的请求不予支持，不属于遗漏诉讼请求。

2. 执行异议之诉能否审理给付请求

本案华宇广泰公司除提出确权请求和排除执行请求外，还请求对执行标的物拍卖、折价的款项优先清偿其工程价款，该项诉讼请求的实质是实现优先受偿权的具体请求，其性质为给付请求。给付请求是否属于执行异议之诉的审理对象，民事诉讼法及其司法解释没有明确规定。在民事诉讼理论中，有学说认为执行异议之诉的性质为“给付诉讼”，该说主张“执行异议之诉的诉讼标的是案外人要求申请执行人不作为的给付请求权，当事人要求法院命令债权人不得为强制执行，或者返还执行财产等就是给付请求的内容”。对此，我们认为，“给付诉讼说”所主张的给付是一种消极义务，与为实现优先受偿权的积极给付不能等同，案外人优先受偿权的实现应通过建设工程施工合同纠纷案的执行予以实现，并非案外人执行异议之诉解决的问题，且“给付诉讼说”并非通说，亦未被民事诉讼法所采纳，基于现行民事诉讼法及其司法解释的规定，案外人提出的给付请求不属于执行异议之诉的审理对象。

3. 执行异议之诉应否对“执行行为”的合法性进行审理

本案中，华宇广泰公司申请再审主张葫芦岛中院的执行行为存在违法处分执行标的物以及逾期审查执行异议两项程序错误，据此请求对执行异议之诉的二审判决进行再审改判。华宇广泰公司的该项主张是针对人民法院的“执行行为”而非针对“执行标的”提出的异议。案外人、当事人对

法院的执行行为提出的异议，是否属于执行异议之诉的审理对象，有必要予以明确。

首先要明确执行异议与执行异议之诉的区别与联系。执行异议与执行异议之诉同为法定的执行救济方法，前者属于程序救济方法，后者属于实体救济方法，[①] 执行异议之诉以执行异议为前置程序，但只有针对“执行标的”的异议被裁定驳回后，才可能引起执行异议之诉，针对“执行行为”的异议被裁定驳回后，当事人应通过向上一级法院申请复议予以救济。谈到这里，就要对执行异议作一个划分。根据执行异议的对象不同，民事诉讼法将执行异议区分为“执行行为”异议与“执行标的”异议，并分别设置了不同的救济程序。《中华人民共和国民事诉讼法》第二百二十五条是关于“执行行为异议”的规定：“当事人、利害关系人认为执行行为违反法律规定的，可以向负责执行的人民法院提出书面异议。当事人、利害关系人提出书面异议的，人民法院应当自收到书面异议之日起十五日内审查，理由成立的，裁定撤销或者改正；理由不成立的，裁定驳回。当事人、利害关系人对裁定不服的，可以自裁定送达之日起10日内向上一级人民法院申请复议。”第二百二十七条则是关于“执行标的异议”的规定：“执行过程中，案外人对执行标的提出书面异议的，人民法院应当自收到书面异议之日起十五日内审查，理由成立的，裁定中止对该标的的执行；理由不成立的，裁定驳回。案外人、当事人对裁定不服，认为原判决、裁定错误的，依照审判监督程序办理；与原判决、裁定无关的，可以自裁定送达之日起十五日内向人民法院提起诉讼。”依据上述规定，“执行行为异议”与“执行标的异议”虽同属执行异议，但存在以下不同：（1）异议主体不同。执行行为异议可以由当事人、利害关系人提出，执行标的异议应由案外人提出。（2）异议的目的不同。执行行为异议的目的在于撤销或更正违法或不当的执行行为；执行标的异议的目的在于排除对执行标的的强制执行。（3）异议的原因不同。执行行为异议的原因在于对执行法院的执

---

① 民事诉讼法理论将执行救济分为三类：（1）程序上的救济：指执行异议和申请变更执行法院；（2）实体上的救济：指执行异议之诉；（3）程序与实体双重救济：指执行依据被撤销尤其是通过再审程序改判后引起的执行回转。

行措施方法不服、认为执行程序违法等事由；执行标的异议的原因在于案外人就执行标的物享有足以排除强制执行的民事权利或者有消灭、妨碍债权人请求的事由。（4）救济程序不同。人民法院针对执行行为异议作出的裁定，当事人、利害关系人不服的，可以自裁定送达之日起10日内向上一级人民法院申请复议，该复议程序属于执行监督程序。人民法院针对执行标的异议作出的裁定，案外人、当事人不服的，区分为两种情形：一是认为作为执行依据的原判决、裁定错误的，依照审判监督程序办理；二是若与原判决、裁定无关，可以提起执行异议之诉，执行异议之诉系一种实体救济方法，通过正常的民事审判程序予以审理，以判决形式作出裁判。

基于以上分析，执行异议之诉的本质应为执行标的异议之诉，[①] 人民法院应围绕“执行标的”异议进行审理，当事人、利害关系人基于不当“执行行为”提起执行异议之诉的，不符合执行异议之诉的本质特征，人民法院应不予受理；当事人、案外人在已经提起的执行异议之诉中同时主张执行行为、执行程序违法的，不属于执行异议之诉的审理对象，人民法院应不予审理。本案中，华宇广泰公司基于其享有建设工程价款优先受偿权，提起本案执行异议之诉，是针对“执行标的”提出的排除强制执行的异议诉讼，但该公司申请再审主张葫芦岛中院的执行行为违反法定程序的问题，系对执行行为提出的异议，不属于执行异议之诉的审理对象，最高人民法院不予审查。针对葫芦岛中院执行行为违反法定程序的问题，华宇广泰公司应依据《中华人民共和国民事诉讼法》第二百二十五条的规定，通过执行行为异议、申请复议予以解决；超过法定申请复议期间的，可通过执行申诉启动执行监督程序予以解决。

（执笔人：潘杰、汪传海）

① 民事案件案由规定中所规定的执行分配方案异议之诉，不属于执行异议之诉的常态，故本文依据案外人申请执行异议之诉、申请执行人执行异议之诉认为，执行异议之诉的本质为执行标的异议之诉。

20. 上诉人信达陕西分公司与被上诉人崇立公司、佳佳公司案外人执行异议之诉案*

案外人执行异议之诉中，案外人对其享有足以排除强制执行的民事权益承担举证证明责任且需达到高度盖然性标准

【裁判摘要】

根据《最高人民法院关于适用〈中华人民共和国民事诉讼法〉的解释》第三百一十一条[①]规定，案外人提起执行异议之诉的，应当就其对执行标的享有足以排除强制执行的民事权益承担举证证明责任，且需达到享有权益排除执行的高度盖然性证明标准。

执行异议之诉中，利益和主张相对的双方首先是案外人和申请执行人，被执行人对案件事实的承认可以作为认定案件事实的证据，但不能据此当然免除案外人的举证证明责任。

上诉人（一审被告）：中国信达资产管理股份有限公司陕西省分公司，住所地：陕西省西安市碑林区南大街10号楼。

负责人：李小昭，该公司总经理。

委托诉讼代理人：郭香龙，国浩律师（北京）事务

* 摘自《民事审判指导与参考》2017年第3辑（总第71辑），人民法院出版社2017年版，第166~176页。

① 该司法解释已于2020年12月29日修正，本条条数及内容均未作变动。

所律师。

委托诉讼代理人：黄兴超，国浩律师（西安）事务所律师。

被上诉人（一审原告）：陕西崇立实业发展有限公司，住所地：陕西省西安市高新区紫薇花园19号楼3-1。

法定代表人：刘崇礼，该公司总经理。

委托诉讼代理人：刘聪，北京大成（西安）律师事务所律师。

委托诉讼代理人：于菲，北京大成（西安）律师事务所律师。

被上诉人（一审被告）：西安佳佳房地产综合开发有限责任公司，住所地：陕西省西安市未央区北二环西段31号。

法定代表人：李世隆，该公司总经理。

委托诉讼代理人：杨建成，陕西静远新言律师事务所律师。

一、陕西省高级人民法院一审查明的案件事实

陕西省高级人民法院（以下简称一审法院）认定事实：2004年9月3日、9月6日，西安佳佳房地产综合开发有限责任公司（以下简称佳佳公司）与中国工商银行股份有限公司西安朱雀大街支行（以下简称工行朱雀支行）分别签订了陕工银营朱雀经字002号、003号《房地产业借款合同》及陕工银营朱雀抵字004号、005号《抵押合同》。佳佳公司共计向工行朱雀支行借款8000万元整，借款期限30个月，佳佳公司以坐落于西安市经济技术开发区文景路以西的文景花园3号、4号、5号楼在建工程提供抵押担保。2004年9月10日，陕西省西安市汉唐公证处（原陕西省公证处）对上述合同予以公证，分别作出（2004）陕证经字第6526号、第6527号赋予强制执行效力公证书。2007年1月10日，陕西省西安市汉唐公证处作出（2007）陕证执字第1号和第2号执行证书，对佳佳公司所欠本金利息合计85592366.6元赋予强制执行效力。

2007年2月6日，工行朱雀支行向一审法院申请强制执行。同年2月14日，一审法院立案执行，案号分别为（2007）陕执二公字第58号、第59号。一审法院执行中查明贷款抵押物文景花园3号、4号、5号楼除46套房产未予销售，且被西安市中级人民法院查封外，其余房产均已销售完

毕。一审法院依据工行朱雀支行的申请，对上述46套房产进行轮候查封，并对位于西安市未央区北二环北侧，面积为9589.1平方米土地使用权及在建工程（地上建筑面积为佳家时代广场A、D座）和面积为16497平方米的土地使用权及在建工程（地上建筑物为佳家时代广场B、C座）予以查封，对位于文景花园内面积为12295.18平方米的428套地下车库予以查封。后经工行朱雀支行申请，一审法院解除了对面积为16497平方米的土地使用权及在建工程的查封。一审法院执行过程中，因将上述428套地下车库过户至工行朱雀支行名下以抵偿佳佳公司所欠债务，并依法拍卖了轮候查封的46套房产中的1套，上述第59号案件还剩余债权本金1274万元及相应利息未执行。2009年3月16日，一审法院裁定将上述第59号案件的剩余债权本金1274万元及相应利息与上述第58号案件合并执行，上述第59号案件终结执行。同年4月20日，一审法院因查封的佳佳公司所有的面积为9589.1平方米土地使用权及在建工程不具备执行条件，经征求申请执行人工行朱雀支行的意见，裁定终结执行。

后因工行内部撤并，工行朱雀支行的业务归由工行西安南大街支行负责。本案债权其后又调整由工行东大街支行负责。2011年3月23日，工行东大街支行申请恢复执行。一审法院于2011年4月6日立案恢复执行，执行过程中将已查封的佳家时代广场A座1层和2层房屋以91380430元抵偿给工行东大街支行，用以清偿借款本金及迟延履行期间双倍债务利息共计91316014元，对多抵偿的64410元由工行东大街支行在交接房产时退还给佳佳公司。2012年12月27日，一审法院裁定解除对佳家时代广场A座4层和D座1层房产和相应土地使用权的查封措施，终结执行。

2013年10月16日，工行东大街支行称计算错误向一审法院申请恢复执行。同年12月13日，一审法院立案恢复执行。2014年3月3日，一审法院对位于西安市经济技术开发区北二环西段31号佳家时代广场B、C座的案涉15套房屋予以查封。

另查明，2015年1月13日，中国信达资产管理股份有限公司陕西省分公司（以下简称信达陕西分公司）向一审法院递交申请称其与工行东大街支行于2014年12月8日签订债权转让协议，将工行东大街支行申请恢

复执行的贷款债权依法转让，请求变更其为申请执行人。后一审法院裁定变更信达陕西分公司为申请执行人。

2015 年 6 月 15 日，陕西崇立实业发展有限公司（以下简称崇立公司）向一审法院提出案外人执行异议。同年 9 月 17 日，一审法院作出（2015）陕执异字第 00002 号执行裁定认为，崇立公司没有相关房屋权属登记手续和房屋权属证书等权属证明文件。执行异议所涉房屋尚未办理不动产登记，其国有土地使用证、建设工程规划许可证等相关审批手续和建筑设计方案等均登记在被执行人佳佳公司名下。根据《最高人民法院关于人民法院办理执行异议和复议案件相关问题的规定》（以下简称《执行异议和复议规定》），对案外人的异议，人民法院应当按照下列标准判断其是否系权利人；已登记的不动产，按照不动产登记簿判断；未登记的建筑物、构筑物及其附属设施，按照土地使用权登记簿、建设工程规划许可证、施工许可证等相关证据判断。崇立公司所提供的证据材料不足以证明其是涉案房屋的所有权人，故驳回了崇立公司的异议请求。崇立公司不服，向一审法院起诉，遂形成本案。

一审法院还查明，2006 年 7 月 19 日，崇立公司与佳佳公司签订《佳家时代广场 B、C 座项目联合开发合同书》约定，双方联建项目为 B、C 座住宅楼及 B 座以北的地下车库工程，联建面积 85000 平方米。佳佳公司提供建设项目用地、项目的规划审批手续和建筑设计方案及施工图纸，崇立公司以人民币出资，承担项目设计蓝图内所有的建安费用。双方共同投资至本项目总价的 25% ~30% 时，佳佳公司应无条件地将该项目过户给崇立公司，由崇立公司独自建设、经营、销售，收益归崇立公司所有。佳佳公司应收回投资和收益为总建筑面积每平方米 700 元，B 座一至三层裙房每平方米 1250 元。其余投资、楼盘的销售、产权（同土地证年限）及收入全部归崇立公司所有。

2007 年 6 月 19 日，佳佳公司作出授权书载明："经佳佳公司研究决定，将佳家时代广场 B、C 座销售全权委托崇立公司。B、C 座的个人住户贷款和保证金直接转入崇立公司的账户。"

2008 年 12 月 2 日，佳佳公司与崇立公司向西安市住房公积金管理中心作出《情况说明》称："我公司开发的佳家时代广场项目是与投资商崇立公司联合开发，前期报建手续全部以佳佳公司名义报建，后期销售我公司委托崇立公司负责第10号楼、第11号楼的销售和收款工作。因此，这两座楼的买受人首付款收据均由崇立公司出具，买受人办理的公积金贷款同样转入崇立公司账户。"

2009年9月7日，崇立公司与佳佳公司签订《有关〈佳家时代广场B、C座项目联合开发合同书〉相关问题的协议》载明，工程已经验收竣工。双方一致认可崇立公司已经按照合同约定向佳佳公司付清了全部投资收益，双方就合同收益分配问题再无任何争议。双方一致认可崇立公司已经依据合同合法且无争议的拥有佳家时代广场B、C座及协议约定的地下车库全部产权以及产权转让后的全部销售收益。

佳佳公司与崇立公司合同约定的佳家时代广场B、C座即为佳家SPORT第10幢、第11幢房屋。佳家时代广场项目已办理的国有土地使用权证、建设用地规划许可证、建设工程规划许可证、建设工程施工许可证等手续均在佳佳公司名下。

二、一审法院裁判情况

崇立公司向一审法院起诉请求：（1）确认崇立公司对位于西安市经济技术开发区北二环和文景路交汇处佳家SPORT第10幢、第11幢的10套房屋享有所有权；（2）判令不得执行上述房屋，并解除对上述房屋的查封；（3）判令信达陕西分公司与佳佳公司承担本案诉讼费用。

一审法院认为，案外人执行异议之诉，是指案外人就执行标的享有足以排除强制执行之权利，请求法院不得对该标的实施执行的诉讼。本案系崇立公司提起的案外人执行异议之诉，其诉讼请求为确认其对涉案10套房屋享有所有权，判令不得执行该房屋，并解除对该房屋的查封。诉讼请求能否成立，应判断其是否依法享有涉案10套房屋的所有权或其他足以排除强制执行的民事权益，并进而决定是否停止执行。

《中华人民共和国物权法》第三十条规定："因合法建造、拆除房屋等事实行为设立或者消灭物权的，自事实行为成就时发生效力。"依法建造

房屋属于取得权利的事实行为，房屋建好后即在事实上产生了房屋的所有权，建造人亦因此取得该房屋的所有权，该种取得属于《中华人民共和国物权法》第三十条[①]规定的原始取得方式，不以登记作为取得房屋所有权的要件。佳佳公司与崇立公司系联建关系，共同出资开发建设涉案房屋，故佳佳公司与崇立公司均为房屋建造人，自房屋建成，即应共同享有对涉案房屋的所有权。2009 年 9 月 7 日，佳佳公司与崇立公司签订的《有关〈佳家时代广场 B、C 座项目联合开发合同书〉相关问题的协议》载明，双方确认崇立公司已经向佳佳公司付清全部投资收益，崇立公司拥有佳家时代广场 B、C 座及协议约定的地下车库全部产权以及产权转让后的全部销售收益。佳佳公司与崇立公司之间的上述约定对合作开发的共有财产进行了分割，该约定系双方的真实意思表示，不违反法律、行政法规的强制性规定，应为有效。本案争议的 10 套房屋属于崇立公司所有，崇立公司请求确认其为该 10 套房屋的所有权人合法有据，应予支持。信达陕西分公司认为国有土地使用权证、建设工程规划许可证等证书均在佳佳公司名下，根据《执行异议和复议规定》第二十五条之规定，佳佳公司应为权利人。但该司法解释适用于执行程序，就本案所涉房屋所有权归属的审查认定在执行异议中仅仅是一种初步审查，一审法院在诉讼程序中依据查明的基础交易事实认定崇立公司为涉案房产的所有权人与上述司法解释并不矛盾。信达陕西分公司的该项抗辩理由不能成立。信达陕西分公司对佳佳公司仅享有一般的金钱债权，该普通债权不能对抗崇立公司对涉案房屋所享有的物的所有权。

《最高人民法院关于适用〈中华人民共和国民事诉讼法〉的解释》第三百一十二条[②]规定："对案外人提起的执行异议之诉，人民法院经审理，按照下列情形分别处理：（一）案外人就执行标的享有足以排除强制执行的民事权益的，判决不得执行该执行标的；（二）案外人就执行标的不享有足以排除强制执行的民事权益的，判决驳回诉讼请求。案外人同时提出

① 对应《中华人民共和国民法典》第二百三十一条。

② 该司法解释已于 2020 年 12 月 29 日修正，本条条数及内容均未作变动。

确认其权利的诉讼请求的，人民法院可以在判决中一并作出裁判。”本案中，崇立公司依法享有涉案10套房屋的所有权，足以排除强制执行，故依照上述规定，应不得执行该10套房屋。至于崇立公司请求解除对涉案10套房屋的查封，应在执行程序中申请，本案不予涉及。

综上，一审法院依照《中华人民共和国物权法》第三十条、《最高人民法院关于适用〈中华人民共和国民事诉讼法〉的解释》第三百一十二条之规定，判决：一、崇立公司对位于西安市经济技术开发区北二环和文景路交会处佳家时代广场第10幢、第11幢的10套房屋享有所有权。二、在信达陕西分公司申请执行佳佳公司一案中不得执行上述10套房屋。案件受理费42800元，由信达陕西分公司、佳佳公司共同负担。

三、当事人上诉请求、事由与答辩意见

信达陕西分公司上诉请求：（1）撤销（2015）陕民一初字第00037号民事判决；（2）驳回崇立公司诉讼请求；（3）本案诉讼费由崇立公司承担。事实与理由：

1. 案涉房屋尚未办理不动产登记，其国有土地使用权证、建设用地规划许可证、建设工程规划许可证、建筑施工许可证、商品房预售许可证等相关审批手续和建筑设计方案等均登记在佳佳公司名下。依据《执行异议复议规定》第二十五条第一款第一项规定，崇立公司提交证据材料不足以证明其为涉案房屋所有权人。崇立公司与佳佳公司的联合开发协议，是双方之间合同关系以及销售款项的分配（债的关系），属普通债权债务关系。崇立公司对执行法院依法查封的房屋不享有物权，也不享有物上请求权。不动产物权的设立、变更、转让经过登记发生效力，未经登记不发生物权效力。

2. 原判认定事实不清、适用法律不当。依据协议，崇立公司作为投资商应出资并承担设计蓝图内所有建安费用。一审法院并未就崇立公司的投资行为及是否履行协议约定全部义务进行查明。案涉工程“建造人”应为五证登记的权利人佳佳公司，而非依据合同承担相应出资权利义务的崇立公司，崇立公司与佳佳公司协议约定房屋分配本身为合作开发中的一种收

益分配，未经权属登记不应产生物权效力，未经依法登记的合作主体，不享有开发土地及其上房产的物权。仅凭一纸协议就主张不动产所有权并排除法院强制执行行为，违背了物权法定、物权公示基本原则。原判适用《中华人民共和国物权法》第三十条规定错误。一审判决认定涉案房屋系佳佳公司与崇立公司共同共有关系，判决主文却判决涉案房屋的所有权归属崇立公司矛盾。

崇立公司辩称：（1）五证登记在佳佳公司名下，并不能否认崇立公司对涉案房屋所有权。《执行异议和复议规定》第二十五条对权属判断，形式审查为主、实质审查为辅，仅适用于执行异议程序，仅是明确执行标的权属原则上根据登记和占有情况判断。原判根据崇立公司与佳佳公司相关协议确认崇立公司对涉案房屋所有权正确。（2）崇立公司与佳佳公司就涉案房屋建设、分配已签署协议，并实际履行。原判依据《中华人民共和国物权法》第三十条规定对涉案房屋所有权作出认定正确。（3）信达陕西分公司主张对涉案房屋执行，违背诚信公平原则。

佳佳公司辩称，原判适用《中华人民共和国物权法》第三十条规定，扩大解释不以登记作为取得房屋所有权要件，认定崇立公司与佳佳公司自房屋建成即共同享有对涉案房屋所有权错误。崇立公司对于案涉房屋，不享有法定所有权。

四、最高人民法院裁判情况

最高人民法院二审期间，当事人围绕上诉请求依法提交了证据，最高人民法院组织当事人进行了证据交换和质证。陕西信达分公司提交一审法院（2014）陕技委字第4—2号评估委托书和陕西金达房地产评估有限公司《房地产估价报告》，以证明佳佳公司用其中1套房屋抵债，为涉案房屋物权人；房地产评估报告明确涉案房屋中8套为空置，毛墙毛地，2套出租，崇立公司并未实际占有房屋。崇立公司对该证据真实性认可，证明目的不予认可；佳佳公司质证认为，真实性认可，证明目的由法院认定。二审法院对该两份证据真实性确认，但一审法院委托事项为15套房屋现值评估，房屋抵债及占有情况为事实问题，既非一审法院委托范围，亦不属于委托鉴定内容，与待证事实无关联性，对于该证据不予采信。

二审庭审，佳佳公司述称，本案一审判决后，涉案房屋的大产权证已经办理在佳佳公司名下，因为特殊原因，佳佳公司法定代表人还没有拿到房产证，大的房产证给了佳佳公司的一个小股东。

二审庭审，合议庭询问崇立公司“一审期间，崇立公司是否提交对B、C座投入的证据材料”，崇立公司回答“没有提交，因为根据双方签订协议，一审提交的证据，佳佳公司认可我们投资建设，我们认为足以证明合同已经履行”。合议庭询问“二审阶段，能否提交投资建设的证据”，崇立公司回答“因为已经很久远了，我们庭后会找一下相关证据”。但至此尚未提交。

二审法院对一审法院查明的其他事实予以确认。

最高人民法院认为，围绕当事人上诉请求、事实理由与答辩意见，本案争议焦点为：原判认定崇立公司享有案涉10套房屋所有权并可排除执行是否正确。

首先，不动产物权变动一般应以登记为生效要件。依照物权法规定的物权法定原则，物权的种类和内容，由法律规定，当事人之间不能创设。《中华人民共和国物权法》第九条[1]规定，不动产物权的设立、变更、转让和消灭，经依法登记，发生效力；未经登记，不发生效力，但法律另有规定的除外。《中华人民共和国物权法》第十四条[2]规定，不动产物权的设立、变更、转让和消灭，依照法律规定应当登记的，自记载于不动产登记簿时发生效力。根据查明事实，案涉房屋并未登记于崇立公司名下，崇立公司不能依据登记取得案涉房屋所有权。

其次，崇立公司能否基于合法建造取得案涉房屋所有权。最高人民法院认为，第一，《中华人民共和国物权法》第一百四十二条[3]规定，建设用地使用权人建造的建筑物、构筑物及其附属设施的所有权属于建设用地使

---

① 对应《中华人民共和国民法典》第二百零九条：“不动产物权的设立、变更、转让和消灭，经依法登记，发生效力；未经登记，不发生效力，但是法律另有规定的除外。”

② 对应《中华人民共和国民法典》第二百一十四条。

③ 对应《中华人民共和国民法典》第三百五十二条。

用权人，但有相反证据证明的除外。即建设用地使用权人建造的建筑物、构筑物及其附属设施的所有权一般属于建设用地使用权人。就本案而言，建设用地使用权证载明的权利人为佳佳公司并非崇立公司。第二，虽然《中华人民共和国物权法》第三十条规定，因合法建造、拆除房屋等事实行为设立或者消灭物权的，自事实行为成就时发生效力。但合法建造取得物权，应当包括两个前提条件，一是必须有合法的建房手续，完成特定审批，取得合法土地权利，符合规划要求；二是房屋应当建成。根据查明事实，案涉房屋的国有土地使用权证、建筑用地规划许可证、建筑工程规划许可证、施工许可证等记载的权利人均为佳佳公司。即在案涉房屋开发的立项、规划、建设过程中，佳佳公司是相关行政审批机关确定的建设方，崇立公司仅依据其与佳佳公司的联建协议，并不能直接认定其为《中华人民共和国物权法》第三十条规定的合法建造人，并因事实行为而当然取得物权。结合《佳家时代广场 B、C 座项目联合开发合同书》约定内容分析，双方联建的佳家时代广场 B、C 座楼位及 B 座以北的地下车库项目，双方共同投资至本项目总价的 25% ~30% 时，佳佳公司应无条件地将该项目转让，过户给崇立公司，由崇立公司独自建设、经营、销售，收益归崇立公司所有，转让过户的税费由崇立公司承担。即崇立公司、佳佳公司双方亦明知，双方合作开发，崇立公司仅能依据联建协议参与建成房屋分配，项目转让仍需履行相关审批手续。

最后，《最高人民法院关于适用〈中华人民共和国民事诉讼法〉的解释》第三百一十一条规定，案外人或者申请执行人提起执行异议之诉的，案外人应当就其对执行标的享有足以排除强制执行的民事权益承担举证证明责任。崇立公司主张其基于合法建造事实享有案涉房屋所有权，应当承担举证证明责任。现其既未提交证据足以证明对于案涉项目投资事实，亦未提交证据证明其对涉案房屋占有的权利外观，更未提交证据证明案涉房屋已经登记至其名下，应当承担举证不能不利后果。

另外，物权法规定物权公示原则，即物权的变动必须将其变动的事实通过一定方法向社会公开，其目的在于使第三人知道物权变动情况，以免第三人遭受损害并保障交易安全。本案中崇立公司与佳佳公司之间存在合作开发房地产合同关系，崇立公司有权另案向佳佳公司主张二者基于合作开发合同产生的权利义务关系。但在其提交证据不足以证明其为相关审批手续载明的合法建造主体、投资事实、占有权利外观的情况下，仅依据其与佳佳公司合作开发合同关系，不属于《中华人民共和国物权法》第三十条规定的合法建造人，一审判决认定崇立公司基于合法建造取得案涉房屋所有权属适用法律不当，予以纠正。

综上所述，信达陕西分公司的上诉请求成立，予以支持。最高人民法院依照《中华人民共和国民事诉讼法》第一百七十条第一款第二项规定，判决：一、撤销陕西省高级人民法院（2015）陕民一初字第00037号民事判决；二、驳回陕西崇立实业发展有限公司的诉讼请求。二审案件受理费42800元，由陕西崇立实业发展有限公司负担。

五、本案解析

执行异议之诉是一种具有复合型的特殊诉讼，往往涉及三方利益：申请执行人、被执行人、案外人。其实质为案外人与被执行人对执行标的的权属纠纷和案外人对执行标的所享有权益与申请执行人在生效裁判文书等执行依据项下请求权的优先效力纠纷。[①] 执行异议之诉包括案外人执行异议之诉和申请执行人执行异议之诉。案外人执行异议之诉是指案外人就执行标的享有足以排除强制执行的权利，请求人民法院不许对标的物实施执行之诉讼。申请执行人执行异议之诉是案外人对执行标的提出书面异议后，人民法院经审查，认为理由成立并裁定中止对该标的执行，申请执行人对该裁定不服请求继续执行的诉讼。

本案为案外人执行异议之诉。案外人执行异议之诉最直接功能在于排除对执行标的的强制执行，具有形成之诉的性质；同时，案外人主张的实体法律关系，即是否享有排除执行的实体权益是异议权的前提，故案外人异议之诉兼具确认之诉性质。

① 沈德咏主编：《最高人民法院民事诉讼法司法解释理解与适用》，人民法院出版社2015年版，第814页。

（一）关于案外人执行异议之诉的举证责任分配

执行异议之诉的举证责任分配是查明案件事实、准确适用法律的前提，也成为当前日益增多的执行异议之诉案件审理难点。

我们认为，《中华人民共和国民事诉讼法》第六十四条第一款规定：当事人对自己提出的主张，有责任提供证据。《最高人民法院关于适用〈中华人民共和国民事诉讼法〉的解释》第九十条①规定，当事人对自己提出的诉讼请求所依据的事实或者反驳对方诉讼请求所依据的事实，应当提供证据加以证明，但法律另有规定的除外。在作出判决前，当事人未能提供证据或者证据不足以证明其事实主张的，由负有举证证明责任的当事人承担不利后果。执行异议之诉举证证明责任分配应遵循该一般原则。

《最高人民法院关于适用〈中华人民共和国民事诉讼法〉的解释》第三百一十一条规定，案外人提起执行异议之诉的，应当就其对执行标的享有足以排除强制执行的民事权益承担举证证明责任，且需达到享有权益排除执行的高度盖然性证明标准。就本案而言，崇立公司主张其享有的权益足以排除法院对于案涉标的物的强制执行，负有举证证明责任。

首先，基于物权登记情况分析。不动产物权变动一般应以登记为生效要件。依照物权法规定的物权法定原则，物权的种类和内容，由法律规定，当事人之间不能创设。《中华人民共和国物权法》第九条规定，不动产物权的设立、变更、转让和消灭，经依法登记，发生效力；未经登记，不发生效力，但法律另有规定的除外。《中华人民共和国物权法》第十四条规定，不动产物权的设立、变更、转让和消灭，依照法律规定应当登记的，自记载于不动产登记簿时发生效力。崇立公司在本案中并未提供登记取得案涉房屋所有权的证明。

其次，崇立公司主张其基于合法建造事实享有案涉房屋所有权，应当承担举证证明责任。第一，《中华人民共和国物权法》第一百四十二条规定，建设用地使用权人建造的建筑物、构筑物及其附属设施的所有权属于

① 该司法解释已于2020年12月29日修正，本条条数及内容均未作变动。

建设用地使用权人，但有相反证据证明的除外。即建设用地使用权人建造的建筑物、构筑物及其附属设施的所有权一般属于建设用地使用权人。就本案而言，建设用地使用权证载明的权利人为佳佳公司并非崇立公司。第二，虽然《中华人民共和国物权法》第三十条规定，因合法建造、拆除房屋等事实行为设立或者消灭物权的，自事实行为成就时发生效力。但合法建造取得物权，应当包括两个前提条件：一是必须有合法的建房手续，完成特定审批，取得合法土地权利，符合规划要求；二是房屋应当建成。根据查明事实，案涉房屋的国有土地使用权证、建筑用地规划许可证、建筑工程规划许可证、施工许可证等记载的权利人均为佳佳公司。即在案涉房屋开发的立项、规划、建设过程中，佳佳公司是相关行政审批机关确定的建设方，崇立公司仅依据其与佳佳公司的联建协议，并不能直接认定其为《中华人民共和国物权法》第三十条规定的合法建造人，并因事实行为而当然取得物权。

本案中，崇立公司既未提交证据足以证明对于案涉项目投资事实，亦未提交证据证明其对涉案房屋占有的权利外观，更未提交证据证明案涉房屋已经登记至其名下，应当承担举证不能不利后果。

（二）被执行人对案件事实的承认不能据此当然免除案外人的举证证明责任

本案中，崇立公司认为，因有出资建设事实、佳佳公司认可，故无需承担举证证明责任，我们认为，目前有关处理涉及不动产执行异议的法律依据主要是《最高人民法院关于人民法院民事执行中查封、扣押、冻结财产的规定》（以下简称《查封、扣押、冻结财产司法解释》）第十七条[①]的

① 《查封、扣押、冻结财产司法解释》第十七条规定："被执行人将其所有的需要办理过户登记的财产出卖给第三人，第三人已经支付部分或者全部价款并实际占有该财产，但尚未办理产权过户登记手续的，人民法院可以查封、扣押、冻结；第三人已经支付全部价款并实际占有，但未办理过户登记手续的，如果第三人对此没有过错，人民法院不得查封、扣押、冻结。"该司法解释已于2020年12月23日修正，本条已变更为第十五条，但内容未发生变动。

规定和《执行异议和复议规定》第二十八条①规定。司法解释的规定，主要解决正当买受人权利保护，系在买受人对所买受之不动产的权利保护与普通金钱执行债权人的权利保护发生冲突时，基于对正当买受人合法权利特别保护之目的而设置的特别规则，该规则实质上是以保护合法买受人物权期待权、牺牲普通金钱执行债权人的正当权利为代价而确立的。在处理相关不动产执行异议之诉中，可以参照适用相关规则，但在适用相关司法解释对案外人利益进行特别保护时，应当严格审查。

执行异议之诉中，利益和主张相对的双方首先是案外人和申请执行人，被执行人对案件事实的承认可以作为认定案件事实的证据，但不能据此当然免除案外人的举证证明责任。根据《最高人民法院关于适用〈中华人民共和国民事诉讼法〉的解释》第九十条规定，主张法律关系存在的当事人，应当对产生该法律关系的基本事实承担举证证明责任。就本案而言，认定合作开发房地产法律关系，崇立公司负有提供证据证明双方存在“共同出资、共享利润、共担风险”的房地产合作开发法律关系，且不因佳佳公司认可当然免除其举证证明责任。

故在本案中，最高人民法院认为，物权法规定物权公示原则，即物权的变动必须将其变动的事实通过一定方法向社会公开，其目的在于使第三人知道物权变动情况，以免第三人遭受损害并保障交易安全。本案中崇立公司与佳佳公司之间存在合作开发房地产合同关系，崇立公司有权另案向佳佳公司主张二者基于合作开发合同产生的权利义务关系。但在其提交证据不足以证明其为相关审批手续载明的合法建造主体、投资事实、占有权利外观的情况下，仅依据其与佳佳公司合作开发合同关系，不属于《中华人民共和国物权法》第三十条规定的合法建造人。

---

① 《执行异议和复议规定》第二十八条规定：“金钱债权执行中，买受人对登记在被执行人名下的不动产提出异议，符合下列情形且其权利能够排除执行的，人民法院应予支持：（一）在人民法院查封之前已签订合法有效的书面买卖合同；（二）在人民法院查封之前已合法占有该不动产；（三）已支付全部价款，或者已按照合同约定支付部分价款且将剩余价款按照人民法院的要求交付执行；（四）非因买受人自身原因未办理过户。”

（三）申请执行人执行异议之诉中亦由案外人承担举证证明责任

实践中，对于案外人执行异议之诉由案外人承担举证证明责任，证明其对执行标的享有足以排除人民法院强制执行的权利，并无太大争议。有观点认为，在申请执行人执行异议之诉中，因申请执行人提出异议，举证证明责任由其承担，我们认为该观点值得商榷。

首先，申请执行人提起执行异议之诉的前提，是执行法院因为案外人提起执行异议申请，人民法院裁定中止执行后，申请执行人以判决准许执行该执行标的为诉请的诉讼。由案外人承担举证证明责任并不违背“谁主张谁举证”原则，将《中华人民共和国民事诉讼法》第二百二十七条执行异议与执行异议之诉结合，因案外人执行过程中对执行标的提出书面异议，由其主张而引起，案外人在申请执行人执行异议之诉中承担举证证明责任视为其在执行异议中举证证明责任的延伸。

其次，不宜认定执行法院因案外人异议而裁定中止执行是举证证明责任的转移。毋庸讳言，目前执行异议审查与执行异议之诉功能并非吻合，执行异议审查，人民法院只有15天审查期限，执行机构不属于审判机构，执行异议亦不同于审判程序，一般只对标的物权利归属外观进行审查并作出裁定。而在执行异议之诉阶段，审理对象是案外人对执行标的是否享有足以排除人民法院强制执行的权利，其审查判断标准、举证证明责任要求并非等同。

最后，从与证据的接近程度来看，执行异议之诉的标的是案外人是否有权请求排除对执行标的采取的强制执行措施，而这一诉讼标的的基础是案外人与被执行人谁对该执行标的享有实体权利，二者权利是否相互排斥、谁的权利具有优先性，由于申请执行人并不掌握案外人和被执行人之间对该执行标的权属关系的证据，相对于申请执行人而言，案外人距离权利相关证据更近。

（执笔人：李琪）

21. 佳宜公司与玉商公司、赵某案外人执行异议之诉案*

▶

未登记为建设用地使用权人及项目开发建设主体的合作开发一方不属于合法建造人的，无权排除强制执行

【裁判摘要】

依房地产开发建设主体的金钱债权人申请对建成房屋强制执行时，合作开发合同另一方当事人请求排除执行的，不予支持。

一、案情简介

2014年8月，佳宜公司与玉商公司签订合作开发房地产合同，由玉商公司提供开发资金，佳宜公司提供建设用地，玉商公司负责项目开发建设和销售；利润分配：以约定的建筑面积分给佳宜公司若干商品住宅，以及2号楼1至3层商业用房（以下简称涉诉房屋）垂直划分每层各1000平方米分配给玉商公司。按照约定，玉商公司依法取得了建设用地使用权证以及规划建设、预售等证照，实际完成了项目开发建设，但房屋尚未进行所有权初始登记。

案外人赵某与玉商公司民间借贷纠纷而经人民法院作出生效判决后，在法院强制执行环节，因查封案涉房

* 摘自《民事审判指导与参考》2017年第4辑（总第72辑），人民法院出版社2018年版，第195~198页。

屋，案外人佳宜公司以查封的涉诉房屋产权属其所有为由，提出执行异议，被裁定驳回后又提起本案诉讼，认为佳宜公司因与玉商公司的合作开发而原始取得涉诉房屋所有权，故请求排除对案涉土地及房屋的强制执行。

二、法院裁判情况

一审法院认为，本案的争议焦点是佳宜公司是否具有足以排除强制执行的民事权益。虽然玉商公司作为项目开发方，案涉建设用地使用权及房屋权属均登记在其名下，但案涉房屋不能简单以物权登记来确定权属，否则，与本案项目系佳宜公司与玉商公司合作开发这一基础事实以及当事人之间的合作开发协议约定不符。据此，佳宜公司应当享有相应的权益，符合合同权利、义务对等的原则。在当事人之间尚未进行结算、分配的情况下，双方对案涉房屋的权益符合共有的法律特征，故应认定为双方共同共有。故判决停止对合作开发协议约定的应当分配给佳宜公司的房屋的强制执行。

赵某不服，提起上诉。

二审法院认为，佳宜公司作为合作开发主体，并非物权法意义上的建造主体，并不能依照《中华人民共和国物权法》第三十条①的规定原始取得涉诉房屋所有权。佳宜公司与玉商公司的合作开发协议中关于涉诉房屋分配的约定，是双方基于合作开发房地产利润分配而进行的变更、设定涉诉房屋物权的合同法律行为，因没有登记而未产生物权效力。因此，佳宜公司对于涉诉房屋的权益并不足以排除强制执行。综上，撤销一审判决，改判驳回佳宜公司的诉讼请求。

三、主要观点及理由

本案的争议焦点在于未登记为建设用地使用权人及项目开发建设主体的合作开发一方对于合作开发建设房屋享有何种权益以及能否排除强制执

① 对应《中华人民共和国民法典》第二百一十四条。

行。对此，实践中主要存在两种不同观点，一审、二审法院的裁判理由即反映了这两种不同的观点，不再赘述。对此，我们赞同后一种观点。主要理由如下：

《中华人民共和国物权法》第九条①规定："不动产物权的设立、变更、转让、消灭，经依法登记发生效力，未经登记不发生效力，法律另有规定的除外。"《中华人民共和国物权法》第三十条②规定："因合法建造、拆除房屋等事实行为设立或消灭物权的，自事实行为成就时发生效力。"据此，我国不动产物权变动是以法定登记为原则，以事实行为成就等为例外。本案中，由于涉诉房屋尚未进行所有权初始登记，但系经合法建造，故在其已经竣工验收之后，虽未进行所有权初始登记，但合法建造人亦可依法直接取得房屋所有权，而不必以房屋所有权登记作为取得房屋所有权的生效要件。因此，涉诉房屋所有权应归属于房屋的合法建造人，故在判断其权属时应当首先明确谁是合法建造人。

由于物权是一种对世权，具有排他性和优先力。物权的变动涉及范围大，直接关系财产的归属利用，关乎权利人的保护和市场交易安全，因此，物权变动一般应遵循公示原则，须以法定的公示方式才能产生效力。《中华人民共和国物权法》第十六条③规定，不动产登记簿是物权归属和内容的根据。根据物权法确立的不动产物权变动的原则，本案中，就建设用地使用权而言，其登记在玉商公司名下，故玉商公司是建设用地使用权人。

而根据《中华人民共和国物权法》第三十条的规定，建造是物权取得的事实行为，但建造必须符合"合法"的要求。我们认为，这里的"合法"建造，应当是指按照国家有关法律所规定的建设用地使用权取得、规划施工许可等要求进行建造，否则，就不能产生该条所称的物权设定的效力。我国现行立法坚持建设用地使用权与房屋等不动产所有权权利主体一

---

① 对应《中华人民共和国民法典》第二百零九条："不动产物权的设立、变更、转让和消灭，经依法登记，发生效力；未经登记，不发生效力，但是法律另有规定的除外。"

② 对应《中华人民共和国民法典》第二百一十四条，内容未作变动。

③ 对应《中华人民共和国民法典》第二百一十六条，内容未作变动。

致的原则，明确要求商品房建造必须取得相应建设用地使用权和土地规划、建设规划、建设施工等证书。不动产登记部门亦是以建设用地使用权等相应证书登记主体作为房屋所有权初始登记主体。这与上述物权法相关条文所确立的不动产物权登记制度所体现的精神是一脉相承的。因此，合作开发不等同于共同建造，建造行为必须在依法办理建设用地使用权登记和取得相关规划、建设等证书的情况下，才能在建造事实行为完成时产生设立物权的法律效力。没有进行上述登记的合作开发合同当事人，并不当然因合作开发合同约定而享有物权。本案中，建设规划许可、建筑工程施工许可、预售许可等主体均为玉商公司，因此，应认定玉商公司是涉诉房屋的合法建造人，其因此而依法享有涉诉房屋所有权。

就非作为开发建设主体的合作开发合同的一方当事人而言，虽然其与另一方当事人之间形成了合作开发房地产合同关系，当事人的合同约定在法律规定的框架下直接发生法律效力，但对于当事人之间关于房屋所有权最终归属的约定之意思仍需根据合法性解释原则加以理解。根据《中华人民共和国物权法》第九条的规定，我国确立了基于法律行为发生的不动产物权变动的主要模式即债权形式主义模式，原因行为和登记都是不动产物权变动生效的要件。而由于法律并未对合作开发房地产法律关系中的不动产物权变动作出例外规定，故对此所涉及的建设用地使用权归属仍应在基于法律行为发生的物权变动的框架下加以判断，即仍应遵循法定登记原则，未经登记，不发生物权效力。故即使当事人约定建设用地使用权由合作开发共有享有，在不动产登记并未作此登记的情形下，也不能发生共有的物权效力。当然，本案中，当事人并未作出类似约定，故建设用地使用权按照登记应认定由玉商公司单方享有。相应地，一方面，由前所述，佳宜公司也不能基于合法建造人的身份而取得涉诉房屋的所有权；另一方面，当事人虽然在合作开发合同中约定了部分房屋所有权的归属，但该约定并不发生法律所认可的物权效力，而只是在合作开发合同当事人之间产生了以在符合法律规定和合同约定的条件时完成物权变动为主要内容的债权债务关系，即该约定仅具有债权效力。据此，佳宜公司亦不能基于合作开发关系以及合作开发合同的约定而成为涉诉房屋的所有权人。

此外，依照《中华人民共和国物权法》第三十条的规定判定物权取得主体时，还需考虑保障交易安全，依法保护第三人信赖利益的因素。虽然建造不需要通过法定的登记公示方式产生物权效力，但国家对建造行为的法律要求和行政管理，尤其是通过相应的登记、许可等制度，对外会产生相应的权利推定和权利公示效果，第三人可通过这些权利外部表征去推定建造事实行为成就时的物权状态和物权主体，实际上起到保障市场交易安全的目的。如果佳宜公司的主张获得支持，将出现不动产登记人与权利人不一致的情形，对外也会造成物权权属不明晰，权利义务关系不明确，对市场交易安全造成严重影响。

综上所述，佳宜公司仅对涉诉房屋基于合作开发房地产协议享有一般债权，并不足以排除基于玉商公司所负金钱债务而对合作开发房屋的强制执行。

四、最高人民法院民一庭意见

金钱债权执行中，人民法院针对作为开发建设主体的被执行人所开发建设的房屋实施强制执行，与被执行人之间存在合作开发房地产关系、但并未作为开发建设主体的案外人，以其系房屋的实际所有权人为由，提起执行异议之诉，请求排除强制执行的，不予支持。

（执笔人：司伟、刘伟）

22. 林庆某与陈某、澄迈天浙房地产开发有限公司案外人执行异议之诉再审纠纷案*

认为作为执行依据的仲裁调解书有错误，不能通过执行异议之诉解决

【裁判摘要】

当事人认为作为执行依据的仲裁调解书有错误，不能通过执行异议之诉解决，而应当申请不予执行仲裁调解书。当事人提起执行异议之诉的，应当驳回起诉。

再审申请人（一审原告、二审上诉人）：林庆某。

委托诉讼代理人：李斌，北京市尚衡律师事务所广西分所律师。

被申请人（一审被告、二审被上诉人）：陈某。

委托诉讼代理人：陈某新，系陈某之父。

委托诉讼代理人：曾理，海南威盾律师事务所律师。

一审第三人、二审被上诉人：澄迈天浙房地产开发有限公司，住所地海南省澄迈县老城镇原镇人民政府所在地。

---

* 摘自《民事审判指导与参考》2018 年第 3 辑（总第 75 辑），人民法院出版社 2018 年版，第 218～228 页。

法定代表人：郑胜某，该公司执行董事。

委托诉讼代理人：王宏宇，广西万益律师事务所律师。

一、一审法院审理情况

林庆某向海南省海口海事法院（以下简称一审法院）起诉请求，（1）判令停止执行位于老城商业广场1层房号为101A号、102号、105号、108号、109号、110号、111号、112号、113号、115号、116号、117号、117A号、118号、119号、120号、121号、122号、126号、127号、151号、152号、153号、165号共24套商品房给陈某；（2）判令确认林庆某与澄迈天浙房地产开发有限公司（以下简称天浙公司）于2013年9月12日签订的24份《澄迈商品房买卖合同》合法有效；（3）判令确认位于老城商业广场1层24套商品房的所有权及该24套商品房对应的国有土地使用权归林庆某所有。

一审法院认定事实：2013年9月12日，案外人（本案证人）张某为借款需要，以其担任法定代表人的天浙公司名义与林庆某签订24份《澄迈商品房买卖合同》，并在海南省澄迈县房管局信息管理系统网签，约定天浙公司将其开发的老城商业广场1层房号为101A号、102号、105号、108号、109号、110号、111号、112号、113号、115号、116号、117号、117A号、118号、119号、120号、121号、122号、126号、127号、151号、152号、153号、165号共计24套商品房卖给林庆某，总价款为人民币1000万元，签订合同当日内付清。为此，天浙公司出具与上述合同相关的24份《澄迈商品房买卖合同备案确认表》。合同签订后，林庆某并未按合同约定当日支付天浙公司购房款。第二日即9月13日，林庆某与张某签订《借款合同》，约定张某向原告借款1000万元，借款期限自2013年9月13日起至2014年3月12日止，借款利率按月利率2%计算，以银行转账方式支付借款本金至张某指定的海南金富源投资控股有限公司账户。同日，林庆某指定其财务人员黄思鹏将1000万元汇至上述账户。当日，林庆某作为甲方、张某作为乙方、天浙公司作为丙方签订《协议》，约定：（1）丙方同意乙方直接将1000万元的借款作为甲方购买上述24间商铺的全部购房款，于借款到期后向丙方支付，并不追究甲方逾期支付购房款的违约责任。（2）《借款合同》到期后，乙方应直接将1000万元的借款返还至丙方，该1000万元视为甲方向丙方支付上述24间商铺的全部购房款。（3）如乙方未按时足额向丙方支付1000万元，也应当视为甲方已经按照约定向丙方支付了上述24间商铺的全部购房款，丙方应自行向乙方追索未按时支付的款项，因此产生的任何费用和责任与甲方无关。（4）不管乙方是否按时向丙方支付1000万元的款项，丙方都应当在《借款合同》到期后7日内向甲方出具全额购房发票，为甲方办理房产证等相关手续，将全部房屋交付甲方使用。三方还就纠纷解决方式作了约定。之后，张某未归还林庆某借款，亦无证据证实张某将所借林庆某款项付给天浙公司。天浙公司至今未将上述24套房屋交付给林庆某。2015年2月13日，林庆某向海南仲裁委员会申请仲裁，提出确认上述商品房买卖合同有效等请求。同年6月18日，林庆某申请撤回仲裁申请。同日，海南仲裁委员会作出（2015）海仲字第243－266号决定书，准许林庆某撤回仲裁申请。本案2015年11月27日开庭审理中，林庆某申请的证人张某出庭作证，证实张某向林庆某借款，并以天浙公司名义与林庆某签订的24套澄迈商品房买卖合同作为借款担保。

另查明，2012年1月19日，陈某与天浙公司签订了《老城商业广场商品房内部认购协议书》，认购天浙公司开发的老城商业广场地下室、一层、二层、三层、四层整层商铺及部分住宅。同日，陈某委托他人转账代付100万元定金，2013年5月8日前又分次将全部购房款共计64184370元付至天浙公司指定账户。天浙公司取得《澄迈县房产预售许可证》后，于2013年7月5日与陈某签订了6份《商品房买卖合同》，约定陈某购买老城商业广场共计235套房产，其中包括与林庆某争议的24套房产，于2013年12月30日前交付，解决争议方式为双方协商解决，协商不成，则提交海南仲裁委员会仲裁。之后，天浙公司未按约定交付房产给陈某并为其办理房产权属证书。2014年7月14日，陈某申请海南仲裁委员会仲裁。仲裁过程中，陈某与天浙公司达成调解协议，海南仲裁委员会于2014年7月23日作出（2014）海仲（湛）第79号《调解书》，确认陈某与天浙公

司于2013年7月5日签订的6份《商品房买卖合同》合法有效，确认陈某从天浙公司所购老城商业广场210套房屋（包括与原告争议的24套房产）的所有权及对应的土地使用权归陈某所有，还规定交付房产及办证过户等内容。仲裁调解书生效后，陈某于2015年2月4日向一审法院申请执行，一审法院于同日立案执行。执行过程中，林庆某于同年4月15日提出执行异议，一审法院作出（2015）琼海法执异字第24号执行裁定，驳回其异议。林庆某遂向一审法院提起案外人执行异议之诉。一审法院开庭审理后，向林庆某释明变更诉讼请求，但林庆某拒绝变更。

一审法院认为：

1. 林庆某与天浙公司签订的商品房买卖合同不具有法律约束力。林庆某与案外人张某签订借款合同，建立民间借贷法律关系，系双方真实意思表示，其内容不违反法律、行政法规的强制性规定，具有法律效力。林庆某为保证借款的安全，在考虑到张某时为天浙公司法定代表人的背景下，遂与天浙公司签订澄迈商品房买卖合同，并与张某、天浙公司以协议形式约定借款到期后将借款资金转移至商品房买卖合同中，且约定不管天浙公司是否收到购房款，都视为林庆某已足额支付房款，房产都需交付过户给林庆某的内容，清晰地表明林庆某与天浙公司签订商品房买卖合同的目的实为其与张某的借款合同提供房屋担保。事实上，借款到期后借款人张某不能还款，林庆某便请求天浙公司履行商品房买卖合同。对此，证人张某亦当庭证实其与林庆某及天浙公司之间系以房担保的借款关系。鉴于张某既是与林庆某签订借款合同、协议的当事人，又是天浙公司的时任法定代表人，且系林庆某申请出庭作证的证人，其所作证言对林庆某有利或无利均具有约束力。故林庆某与天浙公司签订的商品房买卖合同非双方真实意思表示，不具有法律约束力；林庆某请求确认其与天浙公司于2013年9月12日签订的24份《澄迈商品房买卖合同》合法有效的理由不能成立，不予支持。

2. 林庆某未取得案涉房屋所有权。根据《中华人民共和国物权法》第二十八条[①]“因人民法院、仲裁委员会的法律文书或者人民政府的征收决定等，导致物权设立、变更、转让或者消灭的，自法律文书或者人民政府的征收决定等生效时发生效力”的规定，自海南仲裁委员会于2014年7月23日作出生效仲裁调解书时起，陈某即享有从天浙公司所购本案争议的24套房产的所有权及对应的土地使用权。又根据《中华人民共和国物权法》第九条[②]“不动产物权的设立、变更、转让和消灭，经依法登记，发生效力；未经登记，不发生效力，但法律另有规定的除外”的规定，房地产主管部门对购房合同备案登记制度系行政管理措施，在未办理房产正式登记或预告登记情况下，备案与否，均不产生物权设定的效力，故林庆某关于其对争议房屋产权优先于陈某的理由不能成立，不予采纳。即便林庆某与天浙公司签订的商品房买卖合同有效，因本案争议房产未经物权登记，亦未交付给林庆某合法占有，故林庆某并未取得本案争议房屋的实际所有权，更不能对抗已经形成的陈某对本案争议房屋的所有权。林庆某请求确认本案争议房屋的所有权及该24套商品房对应的国有土地使用权归其所有的主张不能成立，不予支持。

3. 林庆某主张海南仲裁委员会作出的仲裁调解书存在法律规定不予执行的情形证据不足。本案中，林庆某无有效证据证实海南仲裁委员会作出的仲裁调解书存在法律规定不予执行的情形，林庆某提出天浙公司未参加仲裁调解程序、仲裁虚假的主张无证据证实，故该仲裁调解书应当得到执行，林庆某请求停止执行本案争议房屋的主张不能成立，不予支持。

综上所述，林庆某就本案执行标的不享有足以排除强制执行的民事权益，其提出的确认其权利的诉讼请求亦不能成立。一审法院依照《中华人民共和国物权法》第九条、第二十八条，《中华人民共和国民法通则》第

---

① 对应《中华人民共和国民法典》第二百二十九条：“因人民法院、仲裁机构的法律文书或者人民政府的征收决定等，导致物权设立、变更、转让或者消灭的，自法律文书或者征收决定等生效时发生效力。”

② 对应《中华人民共和国民法典》第二百零九条：“不动产物权的设立、变更、转让和消灭，经依法登记，发生效力；未经登记，不发生效力，但是法律另有规定的除外。”

五十五条[①]，《最高人民法院关于适用〈中华人民共和国民事诉讼法〉的解释》第三百一十二条第一款第二项、第二款[②]的规定，判决：驳回林庆某的诉讼请求。一审案件受理费81800元，由林庆某负担。

三、二审法院审理情况

林庆某不服一审判决，向海南省高级人民法院（以下简称二审法院）上诉，请求二审法院依法改判。

二审查明的案件事实与一审查明的事实相同。

二审法院认为：

根据《最高人民法院关于适用〈中华人民共和国民事诉讼法〉的解释》第三百零七条[③]"案外人提起执行异议之诉的，以申请执行人为被告。被执行人反对案外人异议的，被执行人为共同被告；被执行人不反对案外人异议的，可以列被执行人为第三人"的规定，在案外人执行异议之诉中，被执行人反对案外人主张的应当列为被告。本案中，根据被执行人天浙公司在一审中陈述的意见可知，天浙公司反对林庆某主张，应当将其列为被告，而一审法院将其列为第三人不当，依法予以纠正，在二审程序中将其列为被上诉人。

根据《中华人民共和国民事诉讼法》第二百二十七条、《最高人民法院关于适用〈中华人民共和国民事诉讼法〉的解释》第三百零五条[④]的规定，案外人提起执行异议之诉，其诉讼请求与原判决、裁定无关，如果案外人认为原判决、裁定错误的，依照审判监督程序办理。即案外人执行异议之诉的诉讼请求应与执行依据无关，亦即案外人不能通过执行异议之诉途径来解决其对执行依据的异议。根据法院审理查明的案件事实，本案中，2014年7月23日，经陈某申请，海南仲裁委员会对其与天浙公司签

---

① 对应《中华人民共和国民法典》第一百四十三条："具备下列条件的民事法律行为有效：（一）行为人具有相应的民事行为能力；（二）意思表示真实；（三）不违反法律、行政法规的强制性规定，不违背公序良俗。"

② 该司法解释已于2020年12月29日修正，本条内容未作变动。

③④ 该司法解释已于2020年12月29日修正，本条内容未作变动。

订的6份《商品房买卖合同》进行仲裁，并作出（2014）海仲（湛）第79号《调解书》，确认陈某与天浙公司于2013年7月5日签订的6份《商品房买卖合同》合法有效，将老城商业广场共计210套房屋的所有权及对应的土地使用权归陈某所有，限期天浙公司交付房产并办理房屋所有权证及对应的土地使用权证。2015年2月4日，陈某就上述仲裁调解书向海口海事法院申请执行，该院于同日立案执行。林庆某提起执行异议之诉请求停止执行的老城商业广场一层101A号、102号、105号、108号、109号、110号、111号、112号、113号、115号、116号、117号、117A号、118号、119号、120号、121号、122号、126号、127号、151号、152号、153号、165号共计24套铺面全部被上述仲裁调解书的内容所涵盖。故林庆某主张排除对执行标的执行的诉讼请求全部与海口海事法院正在执行的上述仲裁调解书直接相关，即林庆某诉讼请求的实质是认为作为执行依据的海南仲裁委员会作出的（2014）海仲（湛）第79号《调解书》存在错误，而非针对海口海事法院在执行程序中因执行与执行依据无关的执行标的提出执行异议。故林庆某的起诉不符合《最高人民法院关于适用〈中华人民共和国民事诉讼法〉的解释》第三百零五条所规定的起诉条件。

综上，依照《中华人民共和国民事诉讼法》第一百五十四条第一款第三项、《最高人民法院关于适用〈中华人民共和国民事诉讼法〉的解释》第三百三十条的规定，裁定如下：一、撤销海口海事法院（2015）琼海法执诉字第11号民事判决；二、驳回林庆某的起诉。一审案件受理费81800元，退还林庆某；林庆某预交的二审案件受理费81800元，予以退还。

四、当事人申请再审情况

林庆某申请再审请求：（1）撤销海南省高级人民法院（2016）琼民终248号民事裁定、海口海事法院（2015）琼海法执诉字第11号民事判决；（2）停止执行位于海南省澄迈县老城经济开发区澄江北路东南侧老城商业广场铺面号为101A号、102号、105号、108号、109号、110号、111号、112号、113号、115号、116号、117号、117A号、118号、119号、120号、121号、122号、126号、127号、151号、152号、153号、165号共

24 套商品房；（3）确认林庆某与天浙公司于 2013 年 9 月 12 日签订的 24 份《澄迈商品房买卖合同》合法有效；（4）确认林庆某享有前述 24 套商品房的所有权及对应的国有土地使用权。

事实与理由：（1）作为本案执行依据的海南仲裁委员会（2014）海仲（湛）字第 79 号仲裁调解书侵害了林庆某的合法权益，林庆某有权通过执行异议之诉的方式予以救济。《最高人民法院关于适用〈中华人民共和国民事诉讼法〉的解释》第三百零五条规定的执行异议之诉起诉条件中"诉讼请求与原判决、裁定无关"，并未规定与仲裁裁决书或仲裁调解书无关。现行仲裁法仅将申请撤销仲裁裁决的权利赋予仲裁当事人而未赋予案外人，故案外人不能成为申请撤销仲裁裁决的主体。在现行法律框架下，林庆某除了提起执行异议之诉，已无其他救济途径。（2）林庆某与天浙公司就案涉 24 套商品房签订的《商品房买卖合同》合法有效，并经备案登记，林庆某已向天浙公司足额支付购房款，林庆某拥有 24 套商品房的所有权及其相应的国有土地使用权。陈某就案涉 24 套商品房签订的商品房买卖合同是虚假的，陈某和天浙公司通过虚假仲裁形成的仲裁调解书所确认的民事权益是违法的，不应予以保护，林庆某对案涉 24 套商品房享有的民事权益足以排除强制执行。综上所述，二审裁定和一审判决在事实认定和法律适用上均存在明显错误，林庆某根据《中华人民共和国民事诉讼法》第二百条第六项规定申请再审。

陈某答辩称：（1）根据《中华人民共和国民事诉讼法》第二百二十七条的规定，林庆某提起执行异议之诉的前提是其诉讼请求与原判决、裁定无关。仲裁裁决和调解书属于前述规定的"判决、裁定"的范围。本案中，林庆某的诉讼请求涉及对执行标的的权属认定问题，属于与仲裁调解书有关，故无权提出执行异议之诉。在涉及仲裁调解书的执行程序中，林庆某作为案外人提出的执行异议被驳回后，应根据 2018 年 3 月 1 日起实施的《最高人民法院关于人民法院办理仲裁裁决执行案件若干问题的规定》依法申请不予执行仲裁裁决进行救济。（2）天浙公司和林庆某之间并无真实的房屋买卖意思表示，案涉 24 份《澄迈商品房买卖合同》中加盖的天浙公司公章是虚假的，该合同实为林庆某和张某之间 1000 万元借款关系所作的担保，故24份《澄迈商品房买卖合同》因意思表示不真实和违反法律强制性规定而无效。陈某和天浙公司之间的商品房买卖合同关系是真实有效的，仲裁调解书是合法的。而且，陈某和天浙公司订立的合同和交付房款的时间均早于林庆某和张某签订所谓的购房合同和付款时间，且陈某实际占有使用案涉房屋至今。

天浙公司答辩称，其和林庆某签订的24份《澄迈商品房买卖合同》已经备案，相关房款已用于工程建设。仲裁调解书所确认的调解协议是在陈某新胁迫下，由天浙公司当时的法定代表人张某在办公室签署的，天浙公司的公章当时也由陈某新控制。因此仲裁调解书的内容不是天浙公司的真实意思。

五、最高人民法院认定与裁决情况

最高人民法院认为，本案再审的争议焦点是：林庆某是否具备案外人执行异议之诉的原告主体资格。

《最高人民法院关于适用〈中华人民共和国民事诉讼法〉的解释》第三百零五条第一款规定了案外人提起执行异议之诉的条件，其中第二项条件为"有明确的排除对执行标的执行的诉讼请求，且诉讼请求与原判决、裁定无关"。这里的"原判决、裁定"宜作广义理解，应包括仲裁裁决书和仲裁调解书在内。陈某和天浙公司的仲裁调解书确认，陈某和天浙公司订立的6份《商品房买卖合同》有效，陈某从天浙公司购买的210套商品房（包括案涉24套商品房在内）归陈某所有，天浙公司应履行交付房产和办理过户等义务。本案林庆某提出的诉讼请求包括请求停止对案涉24套商品房的强制执行，并确认林庆某与天浙公司签订的24份《澄迈商品房买卖合同》合法有效，林庆某享有案涉24套商品房的所有权和土地使用权。由此可见，林庆某诉讼请求的成立是以推翻仲裁调解书所确认的部分内容为前提，其诉讼请求与仲裁调解书发生冲突，故本案应认定林庆某的诉讼请求与原判决、裁定有关。

根据《中华人民共和国仲裁法》第五十八条的规定，只有仲裁当事人才能申请撤销仲裁裁决，案外人不能成为申请撤销仲裁裁决的主体。因

此，即便陈某和天浙公司之间的仲裁调解书损害到林庆某的民事权益，林庆某也无权根据《中华人民共和国仲裁法》的规定申请撤销。在最高人民法院裁定提审本案之前，如果仅以林庆某的诉讼请求与原判决、裁定有关而否定其提起执行异议之诉的主体资格，在原有法律框架下可能会使林庆某的合法权益因欠缺其他有效手段而无法得到救济。在最高人民法院裁定提审本案之后，《最高人民法院关于人民法院办理仲裁裁决执行案件若干问题的规定》发布并于2018年3月1日起施行。根据该司法解释第二条的规定，案外人对仲裁裁决执行案件申请不予执行的，负责执行的中级人民法院应当另行立案审查处理。可见，案外人如果对作为执行依据的仲裁裁决或仲裁调解书有异议的，新施行的司法解释赋予了案外人依法申请不予执行的权利。既然现行司法解释已经给予案外人新的救济途径，在林庆某不符合《最高人民法院关于适用〈中华人民共和国民事诉讼法〉的解释》第三百零五条规定的提起执行异议之诉条件的情况下，其提起的执行异议之诉应裁定予以驳回。一审法院受理并对本案经实体审理后作出判决，不符合法律规定，依法应予撤销。二审法院撤销一审判决，并裁定驳回林庆某的起诉是正确的。

需要指出的是，案外人向人民法院申请不予执行仲裁裁决或者仲裁调解书的，人民法院应当严格按照《最高人民法院关于人民法院办理仲裁裁决执行案件若干问题的规定》进行审查。鉴于该司法解释是在法院裁定提审本案之后发布和施行，而林庆某现如果按照该司法解释的规定向人民法院申请不予执行案涉仲裁调解书，已经超过了“自知道或者应当知道人民法院对该标的采取执行措施之日起三十日内提出”的法定期限，而此情况的发生并非全因其自身原因所致。为保护当事人正当权益，林庆某可自本裁定发生法律效力之日起三十日内依法向人民法院申请不予执行案涉仲裁调解书，以对其权益进行救济。

综上所述，林庆某的再审请求不能成立。依照《中华人民共和国民事诉讼法》第二百零七条、《最高人民法院关于适用〈中华人民共和国民事诉讼法〉的解释》第四百零七条第一款[①]规定，裁定：维持海南省高级人民法院（2016）琼民终248号民事裁定。林庆某缴交的一、二审案件受理费各81800元，均予退还。

六、对本案的解析

本案诉讼的起因是，海南仲裁委员会针对陈某和天浙公司之间的房屋买卖合同纠纷作出仲裁调解书，海口海事法院根据陈某的申请在执行该仲裁调解书的过程中，林庆某提出执行异议，海口海事法院驳回其异议后，林庆某提起案外人执行异议之诉。因此，本案再审审理的焦点问题是：林庆某是否具备案外人执行异议之诉的起诉资格。

《最高人民法院关于适用〈中华人民共和国民事诉讼法〉的解释》第三百零五条第一款规定的案外人提起执行异议之诉的条件中，第二项的条件为“有明确的排除对执行标的执行的诉讼请求，且诉讼请求与原判决、裁定无关”。这里的“原判决、裁定”宜作广义理解，应包括仲裁裁决书和仲裁调解书在内。陈某和天浙公司的仲裁调解书确认，陈某和天浙公司订立的6份《商品房买卖合同》有效，陈某从天浙公司购买的210套商品房（包括案涉24套商品房）归陈某所有，天浙公司履行交付房产和办理过户等义务。本案林庆某提出的诉讼请求包括请求停止执行案涉24套商品房，确认林庆某与天浙公司签订的24份《澄迈商品房买卖合同》合法有效，确认林庆某享有案涉24套商品房的所有权和土地使用权。由此可见，林庆某所请求的内容是与仲裁调解书相冲突的，其诉讼请求成立的前提是必须推翻仲裁调解书所确认的部分内容，故本案林庆某的诉讼请求是与“原判决、裁定”有关。

执行异议分为执行行为异议、执行标的异议与执行依据异议，三者应适用不同的程序。针对执行行为的异议应适用《中华人民共和国民事诉讼法》第二百二十五条的规定，针对执行标的的异议与执行依据的异议，通常应适用《中华人民共和国民事诉讼法》第二百二十七条的规定，《中华

① 该司法解释已于2020年12月29日修正，本条内容未作变动。

人民共和国民事诉讼法》第二百二十七条规定：执行过程中，案外人对执行标的提出书面异议的，人民法院应当自收到书面异议之日起十五日内审查，理由成立的，裁定中止对该标的的执行；理由不成立的，裁定驳回。案外人、当事人对裁定不服，认为原判决、裁定错误的，依照审判监督程序办理；与原判决、裁定无关的，可以自裁定送达之日起十五日内向人民法院提起诉讼。该表述中没有包括执行依据为调解书的情形，但《最高人民法院关于适用〈中华人民共和国民事诉讼法〉的解释》第四百二十三条之规定[①]，执行依据为调解书的情形同样适用《中华人民共和国民事诉讼法》第二百二十七条之规定，案外人排除执行的请求与执行依据原调解书有关的，对人民法院驳回其执行异议的裁定不服，如果认为原民事调解书中认定错误，应当依照审判监督程序对原调解书申请再审。依据上述规定，针对人民法院作出的调解书本身不服，案外人可以申请再审。对于仲裁机构作出的仲裁调解书不服，案外人如何救济，在《最高人民法院关于人民法院办理仲裁裁决执行案件若干问题的规定》发布前，法律及司法解释均缺乏相应的规定。依据仲裁法的相关规定，能够申请撤销仲裁裁决的只能是案件的当事人，案外人并不享有这项权利，能够申请不予执行仲裁裁决的也只能是案件的当事人。当案外人认为仲裁裁决书与仲裁调解书存在错误，损害其权益时，缺乏相应的救济途径。因此，针对陈某和天浙公司之间的仲裁调解书，林庆某无权申请撤销。在最高人民法院裁定提审之前，如果仅以林庆某的诉讼请求与“原判决、裁定”有关而否定其提起执行异议之诉的主体资格，当事人没有任何救济途径。在裁定提审之后，《最高人民法院关于人民法院办理仲裁裁决执行案件若干问题的规定》发布并实施。根据该司法解释第二条的规定，案外人对仲裁裁决执行案件申请不予执行的，负责执行的中级人民法院应当另行立案审查处理。可见，案外人如果对作为执行依据的仲裁裁决和仲裁调解书有异议的，新施行的司法解释赋予案外人有权依法申请不予执行。考虑到现行司法解释已经给予案外人新的救济途径，在林庆某不符合《最高人民法院关于适用〈中华

① 该司法解释已于2020年12月29日修正，本条内容未作变动。

人民共和国民事诉讼法〉的解释》第三百零五条规定的提起执行异议之诉条件的情况下，其提起执行异议之诉应予驳回。本案存在一定的特殊之处，在裁定提审之前，最高人民法院关于仲裁执行的司法解释并未出台。案外人向人民法院申请不予执行仲裁裁决或者仲裁调解书的，人民法院应当严格按照《最高人民法院关于人民法院办理仲裁裁决执行案件若干问题的规定》进行审查。依据该规定，当事人向人民法院申请不予执行案涉仲裁调解书，已经超过了“自知道或者应当知道人民法院对该标的采取执行措施之日起三十日内提出”的法定期限，而此情况的发生并非因其自身原因所致。为保护当事人正当权益，最高人民法院的裁定赋予了当事人在发生法律效力之日起三十日内依法向人民法院申请不予执行案涉仲裁调解书的权利，以对其权益进行救济。

（执笔人：王毓莹、陈亚）

23. 上诉人陈某述与被上诉人重庆银坤矿业开发（集团）有限责任公司、重庆市伟映实业（集团）有限公司案外人执行异议之诉纠纷案*

▶ 以物抵债受让人能否排除金钱债权强制执行

【裁判摘要】

以物抵债协议以消灭协议当事人之间存在的金钱债务为目的，不动产的交付仅系以物抵债的履行方式。一般而言，当事人之间并未达成买卖不动产的合意，因而也并未从金钱债权债务关系转化形成以买卖不动产为目的的法律关系。因此，根据债的平等性原则，基于以物抵债而拟受让不动产的“买受人”，在完成不动产权属转移登记之前，仅凭以物抵债协议并不足以形成优先于一般债权的权益，原则上不能据此而排除对该不动产的强制执行。

一、案件基本信息

上诉人（一审原告、案外人）：陈某述。

被上诉人（一审被告、申请执行人）：重庆银坤矿

* 摘自《民事审判指导与参考》2019 年第 2 辑（总第 78 辑），人民法院出版社 2019 年版，第 157～169 页。

业开发（集团）有限责任公司。

被上诉人（一审被告、被执行人）：重庆市伟映实业（集团）有限公司。

上诉人陈某述因与被上诉人重庆银坤矿业开发（集团）有限责任公司（以下简称银坤矿业公司）、重庆市伟映实业（集团）有限公司（以下简称伟映实业公司）案外人执行异议之诉纠纷一案，不服重庆市高级人民法院（2018）渝民初112号民事判决，向最高人民法院提起上诉。

二、重庆市高级人民法院一审认定的事实

银坤矿业公司因与伟映实业公司、赤峰伟映房地产开发公司（以下简称赤峰伟映公司）民间借贷纠纷一案起诉至一审法院。一审法院于2015年12月22日作出（2015）渝高法民初字第00068号民事判决。该民事判决发生法律效力后，伟映实业公司及赤峰伟映公司未按约履行义务，银坤矿业公司遂向一审法院申请对伟映实业公司进行强制执行。一审法院于2016年11月18日作出（2016）渝执44号执行裁定书，查封、扣押、冻结伟映实业公司所有的12000万元存款或相应价值的其他财产，并于2017年5月5日查封了伟映实业公司所有的时代商汇房屋若干套，其中包含网签在陈某述名下的12栋3－1号、3－3号、3－4号、3－5号、2－1号、2－2号、2－3号、1－2（2）号、1－5号、－1－1号。

另查明：陈某述与赤峰伟映公司签订《项目入股书》，约定陈某述以现金500万元入股赤峰伟映公司位于赤峰市新城区支七路“金钰大都会二期”项目，占5%的股份。该《项目入股书》上未载明签订时间。赤峰伟映公司于2013年9月26日出具《投资情况确认》，载明：截至2013年5月2日，收到陈某述投资开发金钰大都会二期项目的资金500万元，该款已实际用于金钰大都会二期项目之开发建设。

2012年11月20日，赤峰伟映公司向陈某述出具《委托》，称因陈某述已与赤峰伟映公司签订《项目入股书》，按该公司的财务安排，要求陈某述直接将入股资金350万元转入吴某丰（伟映实业公司原法定代表人张某之友）账户。2012年11月22日陈某述通过中国工商银行账户向吴某丰

账户转账200万元，载明用途“借款”；2012年11月26日陈某述通过中国工商银行账户向吴某丰账户转账150万元，载明用途“借款”。2013年4月30日，赤峰伟映公司向陈某述出具《委托》，称因陈某述已与赤峰伟映公司签订《项目入股书》，按赤峰伟映公司的财务安排，要求陈某述直接将入股资金150万元转入张小某（赤峰伟映公司法定代表人王某兰和伟映实业公司前法定代表人张某之女）账户。陈某述于2013年5月2日通过中国工商银行转账150万元到张小某账户。

2014年7月28日，铜仁分公司与陈某光、李某模、陈某述签订了《商品房买卖合同》共10份［房号为12栋3－1号、3－3号、3－4号、3－5号、2－1号、2－2号、2－3号、1－2（2）号、1－5号、－1－1号］，约定所购房屋为按份共有，其中陈某光占50%，李某模占30%，陈某述占20%。并于2014年7月29日在铜仁市住房和城乡建设局办理了预售合同登记备案。－1－1号房屋面积4663.08平方米，总房款17174009元，单价3682.98元/平方米；1－2（2）号房屋面积516.67平方米，总房款3875028元，单价7500元/平方米；1－5号房屋面积163.17平方米，总房款424242元，单价2600元/平方米；2－1号房屋面积1073.53平方米，总房款4830884元，单价4500元/平方米；2－2号房屋面积992.66平方米，总房款3970638元，单价4000元/平方米；2－3号房屋面积815.64平方米，总房款3262562元，单价4000元/平方米；3－1号房屋面积584.85平方米，总房款2222432元，单价3800元/平方米；3－3号房屋面积1158.24平方米，总房款3706363元，单价3200元/平方米；3－4号房屋面积579.61平方米，总房款2028636元，单价3500元/平方米；3－5号房屋面积552.69平方米，总房款1934414元，单价3500元/平方米，十套房屋备案登记的付款方式均为“一次性”。

2014年8月5日，陈某光作为业主签署了商铺接房单10份，建设方及物管公司在接房单上签字盖章。接房单主要载明：业主陈某光特别授权委托开发商铜仁分公司以该公司的名义对本物业（商铺）招商出租，收取租金。10份商铺接房单中有对月租金最低标准的约定，从38元到60元不等。陈某述在庭审中陈述，案涉房屋由陈某光代为接收并委托铜仁分公司对外出租，但陈某述至今并未向铜仁分公司收取租金。

2018年6月1日铜仁分公司向一审法院出具《情况说明》，载明：（1）该公司以案涉房屋20%的所有权份额抵偿了陈某述所享有的债权，并已于2014年8月5日将案涉房屋交付给陈某光，同时该公司接受陈某光、李某模、陈某述的委托，将案涉房屋代为对外出租，并代为收取了租金。（2）由于该公司无足够资金缴纳案涉房屋过户登记所需的土地增值税、营业税等各项税费，故未能在交房后及时办理过户登记手续。案涉房屋因李某模个人原因被南京市中级人民法院查封，又因伟映实业公司原因被重庆市第五中级人民法院及一审法院查封，故至今未能完成过户登记手续。该情况说明除加盖铜仁分公司公章外，还有王某兰、张小某签名捺印。铜仁分公司并出具《负责人身份证明》一份，载明：因该公司工商登记的负责人张某下落不明，故自2014年起，分公司的实际负责人为伟映实业公司另一股东王某兰。陈某述在庭审中陈述，其并未因铜仁分公司未办理房屋过户手续而未向该分公司主张过权利。

铜仁分公司以伟映实业公司名义、王某兰以赤峰伟映公司名义出具《情况说明》一份，称根据赤峰伟映公司与陈某述签订的金钰大都会二期项目入股书，陈某述占该项目5%的股份，并按规定交纳了投资款，后因经济业务的需要，将陈某述5%的股份转为债务，利息从投入资金开始按月息2分计算，每月计息，并用铜仁分公司如下资产清偿完毕了陈某述上述债务（网签资产明细表略）。铜仁分公司已于2014年7月28日将案涉十套房屋网签给陈某述，陈某述拥有这十套房产20%的份额。该《情况说明》上未载明出具时间，且未加盖伟映实业公司及赤峰伟映公司印章。铜仁分公司在该份《情况说明》上加盖公章，王某兰在《情况说明》上签字。

伟映实业公司在本案一审庭审中陈述，铜仁分公司系伟映实业公司分支机构，不具有独立法律人格，陈某光、李某模系铜仁分公司的投资人，实际控制该分公司公章。伟映实业公司未授权铜仁分公司对案涉房屋进行处分，但案涉房屋实际登记在铜仁分公司名下，并实际由该分公司对外销售。赤峰伟映公司与伟映实业公司系相互独立的民事主体。伟映实业公司

于2018年7月24日向一审法院出具《情况说明》，载明：赤峰伟映公司于2007年5月31日注册成立，系伟映实业公司的全资子公司，该公司原法定代表人在2016年7月19日前由张某担任，2016年7月19日变更为王某兰，2017年9月1日前执行董事由张某担任，2017年9月1日变更为王某兰。

还查明：铜仁市时代商汇三期12#楼于2010年4月5日开工，2012年5月31日竣工，2012年10月26日竣工验收，并于2013年8月30日完成竣工验收备案。

2015年10月13日，江苏省南京市中级人民法院作出协助执行通知书（2014）宁执字第396号，查封李昌模名下位于贵州省铜仁市锦江南路12栋-1-1号、1-2号、1-2（2）号、1-5号、2-1号、2-2号、2-3号、2-4号、3-1号、3-3号、3-4号、3-5号［即一审法院（2016）渝执44号执行裁定书查封的12套房屋］。2016年11月2日，重庆市第五中级人民法院作出（2015）渝五中法民执1093号、1094号、1095号、1096号、1097号之七，（2016）渝05执第733号、734号之五协助执行通知书，查封了被执行人伟映实业公司所有的位于贵州省铜仁市锦江南路房屋若干，含12栋1-3号、1-2号、1-4号、2-4号、2-6-1号房屋。

贵州省铜仁市房地产交易管理处于2018年9月19日出具《查询结果》载明：截至2018年9月19日星期三，随机抽样铜仁分公司时代商汇项目2014年商业服务用房（非住宅）销售单价：12栋一层商业服务用房1-1号房每平方米单价30953元；12栋二层商业服务用房2-4（3）号房每平方米单价10000元；12栋二层商业服务用房2-4（4）号房屋每平方米单价13930元；该项目2013年销售单价随即抽样12栋二层商业服务用房2-4（5）号房每平方米单价22105元。

银坤矿业公司于2018年6月26日向一审法院提出申请，要求对情况说明、项目入股书、投资情况确认、委托（二份）及商铺接房单的形成时间进行司法鉴定，以及对情况说明中铜仁分公司印章的真实性、《商品房买卖合同》中陈某述签名的真实性、《商品房预售合同登记备案表》中陈某述签名的真实性进行司法鉴定。因形成时间鉴定方法尚无国家标准，且对检材和比对样本要求较高，鉴定结论存在较大不稳定性，并且前述证据的形成时间与案件事实的认定关系并不密切，故一审法院对银坤矿业公司的该项申请不予准许。因铜仁分公司并未否定其公章真实性，陈某述也未否定其签名的真实性，且陈某述可以通过追认的方式确认《商品房买卖合同》及备案登记的效力，银坤矿业公司的该项申请对案件事实的认定不具意义，故一审法院对银坤矿业公司的该项申请不予准许。

三、当事人一审起诉情况

陈某述向一审法院起诉请求：（1）撤销（2017）渝执异126号执行裁定书，停止对网签在陈某述名下的位于贵州省铜仁市时代商汇的10套房屋[12栋3－1号、3－3号、3－4号、3－5号、2－1号、2－2号、2－3号、1－2（2）号、1－5号、－1－1号]中陈某述名下份额的强制执行，解除对陈某述名下份额的查封。另外一审法院查封的12幢2－4号、1－2号房屋并非陈某述所有；（2）确认陈某述持有案涉10套房屋20%的所有权份额。

四、重庆市高级人民法院一审认定与判决

一审法院认为：

1. 关于应否停止对网签在陈某述名下的位于贵州省铜仁市时代商汇的10套房屋中陈某述占有份额的强制执行的问题。本案情况不符合《最高人民法院关于人民法院办理执行异议和复议案件若干问题的规定》（以下简称《执行异议和复议规定》）第二十八条①的规定，不应停止对网签在陈某述名下的位于贵州省铜仁市时代商汇的10套房屋中陈某述占有份额的强制执行。

首先，尽管陈某述在一审法院查封案涉房屋之前已经与铜仁分公司签订了《商品房买卖合同》，且在当地房管部门办理了网签，但该10份《商品房买卖合同》约定购房款的支付方式为“一次性支付”而非“以房抵

① 该司法解释已于2020年12月29日修正，本条内容未作变动。

债”。陈某述也并未举示证据证明其与铜仁分公司在签订《商品房买卖合同》之前已经达成了以房抵债的合意。铜仁分公司及王某兰出具的关于案涉十套房屋系以房抵债的《情况说明》形成时间不详，且未加盖伟映实业公司及赤峰伟映公司公章，不能证明系该二公司于2014年的意思表示。王某兰在该《情况说明》中以赤峰伟映公司法定代表人身份签字，而王某兰系于2016年7月19日成为赤峰伟映公司法定代表人，可印证该《情况说明》形成时间晚于2016年7月19日。故仅凭《情况说明》不能证明陈某述与铜仁分公司签订的《商品房买卖合同》系以房抵债的合同。

其次，陈某述主张用其对赤峰伟映公司所享有的债权抵扣房屋价款，但赤峰伟映公司与伟映实业公司系独立的民事主体，铜仁分公司系伟映实业公司的分支机构，不具有独立法人资格，与赤峰伟映公司之间亦无法律关系，且对赤峰伟映公司不负有债务，伟映实业公司亦不认可铜仁分公司的抵债行为。铜仁分公司与陈某述签订的《商品房买卖合同》中亦未约定用陈某述对赤峰伟映公司的债权来抵扣商品房对价，故不能认定陈某述已经支付全部价款。

再则，按照陈某述所述，陈某光、李某模和陈某述对案涉房屋按份共有，各自享有各自的权利义务，那么在陈某光签署商铺接房单时既未获得陈某述代为接收房屋的委托，也未明确表示代表陈某述履行接房义务，故陈某光的接房行为不能当然视为陈某述的接房行为。另外，陈某光在签署商铺接房单时将房屋授权铜仁分公司以该公司名义对外出租，铜仁分公司并未向陈某述支付房屋租金，陈某述也未向铜仁分公司主张收取租金，故陈某述关于陈某光代为接房并委托铜仁分公司对外出租房屋的说法缺乏事实依据，不能认定陈某述在一审法院查封之前已经合法占有案涉房屋。

最后，陈某述与伟映实业公司铜仁分公司（以下简称铜仁分公司）签订的《商品房买卖合同》已于2014年7月28日办理网签手续，但直到2017年5月5日被一审法院查封之前仍未办理物权变更登记。陈某述抗辩因案涉房屋在2014年8月已被法院查封故无法办理产权过户登记，但根据其举示的证据显示，案涉房屋第一次被查封是2015年10月13日，故其辩解理由不能成立。铜仁分公司向法院出具情况说明，声称案涉房屋未能在法院查封前办理过户手续是因为该公司未缴清相应税费。但在网签后将近一年的时间里，陈某述不向铜仁分公司主张办理过户手续，不接房亦不收取租金，结合案涉商品房销售单价远远低于该楼盘同期销售的其他商业用房的单价，以及陈某述未实际支付购房款的行为，陈某述、赤峰伟映公司及铜仁分公司的行为损害了伟映实业公司其他债权人的合法权益。

2. 关于陈某述是否对案涉10套房屋享有20%所有权的问题。陈某述对案涉10套房屋不享有20%所有权。《中华人民共和国物权法》第九条规定："不动产物权的设立、变更、转让和消灭，经依法登记，发生效力，但法律另有规定的除外。"① 案涉房屋20%的所有权至今未登记在陈某述名下，其将《商品房买卖合同》进行网签的行为不产生物权登记的效力，故陈某述目前并不对案涉10套房屋享有20%的所有权。

综上，陈某述的诉讼请求不能成立，一审法院不予支持。依照《中华人民共和国民事诉讼法》第一百四十二条、《最高人民法院关于适用〈中华人民共和国民事诉讼法〉的解释》第三百一十二条第一款第二项②、《最高人民法院关于人民法院办理执行异议和复议案件若干问题规定》第二十八条规定，判决驳回陈某述的诉讼请求。

五、当事人上诉与答辩情况

陈某述上诉请求：撤销一审判决，改判支持陈某述的全部诉讼请求。事实和理由：（1）陈某述与铜仁分公司达成了以房抵债的协议，就案涉房屋签订了《商品房买卖合同》，并办理了网签备案登记手续。（2）该买卖合同的付款方式为以陈某述对赤峰伟映公司所享有的500万元债权冲抵，陈某述已经付清房款。（3）在案涉房屋查封以前，陈某述已委托案涉房屋共有人陈某光接房，陈某光已实际接房并对外出租，陈某述已完成对案涉房屋的占有。（4）案涉房屋未能办理过户的原因是铜仁分公司无法足额缴纳办理过户所需的相关税费以及案涉房屋上存在法院查封，导致陈某述在

---

① 对应《中华人民共和国民法典》第二百零九条："不动产物权的设立、变更、转让和消灭，经依法登记，发生效力；未经登记，不发生效力，但是法律另有规定的除外。"

② 该司法解释已于2020年12月29日修正，本条内容未作变动。

办理网签后未能及时办理房屋过户登记手续，过错不在陈某述。（5）陈某述与铜仁分公司之间以房抵债的行为未损害赤峰伟映公司其他债权人的利益。

银坤矿业公司辩称：（1）陈某述与铜仁分公司未签订合法有效的书面买卖合同，且一审查明抵债的金额远远低于同楼盘同期销售单价，严重侵害债权人利益。（2）陈某述在法院查封前没有占有案涉房产，陈某述称委托陈某光接房没有事实依据。（3）陈某述未支付全部房款。伟映实业公司与赤峰伟映公司系两个独立的民事主体，铜仁分公司是伟映实业公司的分支机构，伟映实业公司、铜仁分公司与赤峰伟映公司没有债权债务关系，不存在以其名下的房产为赤峰伟映公司抵债的理由。（4）陈某述在网签后一年多时间未向铜仁分公司主张办理过户登记，怠于行使权利，对案涉房产没有办理过户登记存在过错。

伟映实业公司辩称，铜仁分公司系伟映实业公司的分公司，伟映实业公司对铜仁分公司以房抵债的行为没有授权，也未予追认，铜仁分公司将房屋抵偿给陈某述损害了伟映实业公司债权人利益。

六、最高人民法院二审认定与判决

本案二审期间，陈某述提交了伟映实业公司与王某兰、重庆聚兴城股权投资基金管理有限公司、重庆一城实业有限公司于2015年1月7日签订的《协议书》复印件，拟证明伟映实业公司因债务繁多，协议由重庆聚兴城股权投资基金管理有限公司托管，伟映实业公司现对外表达的意思不能代表伟映实业公司的真实意思。

银坤矿业公司质证认为，该协议系复印件，不能核实其真实性，且该协议形成时间为2015年1月7日，不属于二审新证据。

伟映实业公司对该《协议书》的真实性、关联性不予认可。

对此，最高人民法院认为，该《协议书》系复印件，真实性无法确认，且该协议并不导致伟映实业公司主体资格变更或消灭，故陈某述主张伟映实业公司的委托诉讼代理人陈述的意见不能代表伟映实业公司的真实意思，不能成立，最高人民法院对该证据不予采信。

最高人民法院对一审法院认定的事实予以确认。

最高人民法院认为，根据当事人的上诉请求、答辩意见以及有关证据，本案二审争议焦点为：（1）陈某述对案涉房屋是否享有20%的所有权；（2）陈某述就案涉房屋是否享有足以排除强制执行的民事权益。具体分析如下：

（一）关于陈某述对案涉房屋是否享有20%所有权的问题

《中华人民共和国物权法》第九条规定："不动产物权的设立、变更、转让和消灭，经依法登记，发生效力；未经登记，不发生效力，但法律另有规定的除外。"本案所涉不动产系商品房，故依法应当办理所有权转移登记，方发生所有权变动的效力，而该房屋现仍登记在铜仁分公司名下，因此，铜仁分公司仍为该房屋的所有权人，故陈某述主张对案涉10套房屋享有20%的所有权，于法无据，最高人民法院不予支持。

（二）关于陈某述就案涉房屋是否享有足以排除强制执行的民事权益的问题

《最高人民法院关于适用〈中华人民共和国民事诉讼法〉的解释》第三百一十一条规定："案外人或者申请执行人提起执行异议之诉的，案外人应当就其对执行标的享有足以排除强制执行的民事权益承担举证证明责任。"[①] 本案中，对于陈某述就案涉房屋是否享有足以排除强制执行的民事权益，应当根据法律、司法解释对于民事权益的规定，并可在法律、司法解释对此没有明确规定时参照有关执行程序的司法解释的规定加以认定。陈某述提起本案诉讼主张相应权利所依据的是《执行异议和复议规定》第二十八条，该条规定："金钱债权执行中，买受人对登记在被执行人名下的不动产提出异议，符合下列情形且其权利能够排除执行的，人民法院应予支持：（一）在人民法院查封之前签订合法有效的书面买卖合同；（二）在人民法院查封之前已合法占有该不动产；（三）已支付全部价款，或者已

① 该司法解释已于2020年12月29日修正，本条内容未作变动。

按照合同约定支付部分价款且将剩余价款按照人民法院的要求交付执行；（四）非因买受人自身原因未办理过户登记。”因此，可参照该条规定的条件审查认定陈某述就案涉房屋是否享有足以排除强制执行的民事权益。

对此，最高人民法院认为，《执行异议和复议规定》第二十八条规定了一般不动产买受人在何种情形下能够排除基于对出卖人的强制执行程序而对买受人所购不动产强制执行的问题，该规定解决的是在强制执行程序中，买受人对所买受的不动产权利保护与普通金钱执行债权人权利保护发生冲突时，基于对正当买受人合法权利的特别保护之目的而设置的特别规则。因此，人民法院在审理案外人执行异议之诉案件参照适用该规定审查认定案外人是否享有足以排除强制执行的民事权益时，应当严格把握该条适用的前提条件，从严审查买受人支付价款、合法占有不动产以及未办理过户的原因等事实。本案中，首先，从陈某述与铜仁分公司签订的 10 份《商品房买卖合同》来看，该系列合同虽具有房屋买卖合同的外在形式，但陈某述与铜仁分公司均认可铜仁分公司系以案涉 10 套房屋中 20% 的份额用于清偿赤峰伟映公司对陈某述的所欠债务，双方的真实意思表示为以房抵债，即陈某述签订该合同的目的并非为购买案涉不动产，而是为了实现债务的清偿。基于债的平等性，陈某述对赤峰伟映公司的债权并不较本案所涉执行债权更具有优先实现的价值利益。其次，陈某光既未获得陈某述代为接收房屋的委托，也未明确表示代表陈某述履行接房义务，故陈某光的接房行为不能当然视为陈某述的接房行为。此外，陈某光在签署商铺接房单时将房屋授权铜仁分公司以该公司名义对外出租，铜仁分公司并未向陈某述支付过房屋租金，陈某述也未向铜仁分公司主张收取租金，故陈某述关于陈某光代为接房并委托铜仁分公司对外出租房屋的说法缺乏事实依据，不能认定陈某述在查封之前已经合法占有案涉房屋。再次，从本案认定的事实看，案涉房屋的合同价格远低于当地同期同类房屋的市场价格，在当事人未能给出合理解释的情况下，亦不应认定符合《执行异议和复议规定》第二十八条第三项规定的支付了全部价款的条件。

因此，陈某述主张其对案涉房屋享有足以排除强制执行的民事权益，没有事实和法律依据。

综上所述，陈某述的上诉理由不能成立，应予驳回；一审法院对陈某述与铜仁分公司之间的以房抵债合意未予认定存有不当，但裁判结果正确，应予维持。依照《中华人民共和国民事诉讼法》第一百七十条第一款第一项规定，判决如下：驳回上诉，维持原判。

七、对本案的解析

本案的焦点问题以物抵债受让人是否能够排除对抵债物的强制执行。以物抵债本质上是合同双方关于以他物代偿债务从而达到债务消灭的合意。从合同的成立要件来看，学界存在两种观点：一种观点认为，以物抵债系实践性合同，以物抵债协议的成立生效与原债关系之消灭同时发生，故在代偿物之权利发生转移、债务得以消灭之前，以物抵债协议尚不成立；另一种观点认为，以物抵债系诺成性合同，即只需合同双方达成以物抵债的合意合同即告成立，对双方具有约束力。目前，两种观点尚未达成统一。笔者认为，如将以物抵债定性为实践性合同，则在物之权利发生转移前抵债行为尚不成立，以物抵债的受让人当然不能对抗人民法院强制执行。如将以物抵债定性为诺成性合同，则该合意也仅在以物抵债双方当事人之间发生债法上效力，该合意并不直接导致物之所有权的转移和债务的当然消灭。在抵债物被法院查封而不能向债权人转移所有权时，债务人应当以其他方式向债权人继续履行原债务或承担违约责任。

从法律依据上看，现行法律法规及执行异议相关司法解释并未明确规定以物抵债受让人能否排除对地债务的强制执行。审判实践中，不少法院通常援引《执行异议和复议规定》第二十八条对以物抵债能否排除强制执行进行审查判断，认为以物抵债具备不动产买卖合同的形式要件，在不动产买卖合同中虽不含支付价款的内容，但在原债权债务消灭的同时，相应的抵债款也就转化为买卖款，故可将以物抵债视为一种购买不动产的价款支付方式。在满足抵债价款合理、案外人实际占有不动产并且在非因案外

人原因未办理过户登记的情况下，就可以排除强制执行。[①] 笔者认为，从案外人执行异议之诉的目的看，其要解决的是案外人是否有权排除对执行标的的强制执行的问题，这其中隐含了针对执行标的物，要判断案外人的权益还是执行债权人的权利更为优先，凸显的是权利对抗思维。案外人异议的主张是否成立，应当根据案件的具体情况，综合相关当事人对执行标的享有权利（益）的来源和性质，与执行标的交易相关的权利行使状况、交易履行情况、资金往来情况，相关当事人对于执行标的权利瑕疵状态的主观过错程度等因素，并结合对相关法律规范之间的层级关系、背后蕴含的价值以及立法目的的分析。而从立法目的的角度看，《执行异议和复议规定》第二十八条似不应包括以物抵债的受让人。理由在于，一般而言，以物抵债协议以消灭协议当事人之间存在的金钱债务为目的，不动产的交付仅系以物抵债的履行方式，并不能改变所谓的“买受人”在本质上系出卖人的普通金钱债权人的地位。这与以购买不动产为目的签订的买卖合同在当事人之间形成买受人对出卖人的物之交付及权属变动这一非金钱债权迥然不同。再者，基于以物抵债而拟受让不动产的“买受人”，在完成不动产权属转移登记之前，仅凭以物抵债协议并不足以形成优先于其他金钱债权的权益。如果认为此种情况下的所谓“买受人”可以排除出卖人的其他金钱债权人对抵债物的强制执行，则无异于该“买受人”通过以物抵债的方式即获得了优先于出卖人的其他普通金钱债权的法律地位，使得本应处于平等受偿地位的普通债权仅因以物抵债协议就产生了优先与劣后之别。这一方面将导致对民法上普通金钱债权领域中债权平等基本原则的严重冲击；另一方面也无疑会在某种程度上“暗示”普通债权人通过这种方式获得优先受偿的地位，将会助长对抗强制执行的不诚信乃至违法行为。诚如《最高人民法院关于人民法院办理执行异议和复议案件若干问题的规定理解与适用》一书中所论及，实践中，案外人与被执行人恶意串通倒签抵债时间以排除其他债权人，使得受让人偏颇受偿的问题突出，尚无鉴定

---

① 如江苏省高级人民法院在其出台的《执行异议及执行异议之诉案件设立指南（二）》中即持此观点。

合同确切签订时间的有效技术手段，抵债又不需要支付具体的价款，无法通过其他证据来判断抵债合意的真伪。同时，之所以要对买受人物权期待权进行保护，实际上隐含的理念是，物之交付的债权优先于金钱债权，而抵债协议的目的是消灭金钱债，不应优先于另外一个金钱债权的实现。因此，以物抵债的受让人原则上不能排除人民法院的强制执行。

当然，在坚持这一原则的基础上，也应当注意的是，这一原则的基础实际上是建立在对债权人或买受人主观目的的认定之上的，而对当事人主观目的的探寻，则应尤为注意从一些客观事实与因素中发现蛛丝马迹，运用穿透性审判思维，探究当事人交易的真实目的。[①] 因此，实践中一概否定通过以物抵债方式购买不动产的案外人排除强制执行，似亦不妥。如果案外人虽始为“出卖人”的金钱债权人，但在其债权已届清偿期后实际上与“出卖人”达成合意，将两者之间的法律关系转化为了不动产买卖合同关系，此时其所处的法律地位与《执行异议和复议规定》第二十八条规定的买受人则不存在本质区别，宜参照该条规定进行审查。当然，对于该种情形，需要结合证据对当事人的真意进行判断，此种情形应主要发生在房屋买卖领域，如建设工程施工人确因发包人无力支付工程价款，而施工人亦有一定的购买房屋的目的，其购买房屋并实际装修、居住于该房屋内，这些事实对于认定当事人之间形成了真实的房屋买卖法律关系非常重要。此外，还要对所抵债务是否与不动产价值相符进行严格审查，既要对不动产在抵债时的市场价值进行审查，还应对抵债的债权的真实性进行审查。不动产价值应当以抵债时评估价值为准；未进行评估的，案外人应当举证证明抵债时当地同类不动产的市场价值；案外人不能举示相应证据，或不能证明其对被执行人所享有债权的真实性的，不能认定其已支付全部价款。

本案中，从查明的事实看，陈某述与铜仁分公司签订的10份《商品房买卖合同》本质上是以房抵债，其目的并非真实转化为购买案涉房屋，而是为了实现债务的清偿。基于债的平等性，陈某述对赤峰伟映公司的债权并不较本案所涉执行债权更具有优先实现的价值利益。而且，案涉房屋

① 最高人民法院审判委员会专职委员刘贵祥在2019年全国民商事审判工作会议上的讲话。

的合同价格远低于当地同期同类房屋的市场价格，在当事人未能给出合理解释的情况下，亦不能认定付清了全部房款。此外，陈某述也未办理房屋交接手续，其主张将房屋委托租赁，也未提供收取租金的证据，故不能认定对案涉不动产进行合法占有。因此，陈某述对案涉房屋并不享有排除法院强制执行的民事权益。

（执笔人：陈泫华、司伟）

24. 案外人张某某执行异议之诉案*

在执行异议之诉中提起确权之诉的，确权之诉不受提起执行异议之诉的十五天期限限制

【裁判摘要】

在执行异议之诉中，当事人对执行标的增加确权请求的，可以在法庭辩论结束前提出，不受驳回执行异议裁定送达之日起十五日内提起的限制。对该诉讼请求，人民法院可以在判决中一并作出裁判。

一、案情简介

甲公司与乙公司因拖欠买卖货款发生纠纷，诉讼中，双方达成调解协议，确认了乙公司拖欠货款的金额，并由乙公司法定代表人张某某及其妻谢某某二人对欠付款项承担连带还款责任，法院出具民事调解书对双方调解协议约定事项予以确认。后，乙公司并未履行民事调解书确定的还款义务，甲公司申请强制执行，一审法院执行过程中，查封了张某某、谢某某二人之子张某某名下的房屋一套、存款11余万元。张某某作为案外人，提起执行异议，一审法院于2014年8月11日裁定驳回其异议。张某某不服该裁定，于2014年10月22日

* 摘自《民事审判指导与参考》2019年第4辑（总第80辑），人民法院出版社2020年版，第163～166页。

提起案外人执行异议之诉，请求：（1）判令停止执行该房屋及存款，确认被冻结的银行存款为张某某所有；（2）甲公司承担本案全部诉讼费用。一审庭审中，张某某当庭增加诉讼请求：确认被查封冻结的涉案房产为张某某所有。

二、法院裁判情况

一审法院认为，张某某在庭审中增加的房产确权请求，未在《中华人民共和国民事诉讼法》第二百二十七条规定的驳回执行异议裁定送达之日起15日内向人民法院提起，应不予审理。

张某某不服，提起上诉。

二审法院认为，张某某在其提交的《民事起诉状》中已就停止执行涉案房产提出了诉讼请求，且在认定是否停止执行涉案房产时，亦必然涉及对该财产的权属问题进行审查和判断。张某某在本案原一审中当庭增加“确认涉案房产归其所有”的诉讼请求，该请求属于确权之诉的范畴，符合《最高人民法院关于适用〈中华人民共和国民事诉讼法〉的解释》（以下简称《民事诉讼法司法解释》）第二百三十二条①、第三百一十二条第二款②规定，应予审理。

三、主要观点及理由

本案需要讨论的问题是：案外人已就被执行财产依法提起执行异议之诉，能否在该诉讼一审法庭辩论终结前增加确权的诉讼请求，也即对被执行财产确权的诉讼请求是否必须在提起执行异议之诉时一并提出。对此，一、二审法院表现出了两种截然不同的观点，这也是实践中涉及执行异议之诉合并确权诉讼时，比较有代表性的两种观点。我们赞同二审法院的观点。主要理由如下：

---

①② 该司法解释已于2020年12月29日修正，本条内容未作变动。

（一）十五天起诉期限是由执行异议之诉的制度目的决定的，确权之诉无受此种期限限制的必要

根据《中华人民共和国民事诉讼法》第二百二十七条规定，执行过程中，案外人对执行标的提出书面异议，人民法院经审查理由不成立的，裁定驳回。案外人对裁定不服，须在裁定送达之日起15日内向人民法院提起诉讼。此15日属除斥期间性质。如果当事人起诉时已超过此期间，其针对执行异议裁定提起执行异议之诉的权利即丧失，该期间不适用诉讼时效的中止、中断、延长等规定。执行异议之诉源于执行程序中对执行标的提起的执行异议，因此，执行异议之诉与其他普通民事诉讼存在一定区别，其目的主要是排除强制执行，其中的诉讼请求应当与执行异议有关。从立法本意上看，通过为权利行使设定期限，能够促使权利人及时行使权利，避免因权利的怠于行使，影响执行效率，妨害申请执行人及时实现权利，这与执行保障生效裁判文书确定的权利快速实现的功能密不可分。《中华人民共和国物权法》第三十三条[①]规定，因物权的归属、内容发生争议的，利害关系人可以请求确认权利。此种基于保护物权的确认之诉与上述执行异议之诉的制度设计并无关联。

（二）执行异议之诉和确权之诉为互相独立的、可分之诉

根据《民事诉讼法司法解释》第三百零五条规定，执行异议之诉最直接的功能在于排除对执行标的的强制执行，人民法院主要审查案外人对执行标的享有的民事权益，是否足以排除强制执行。有观点认为，案外人所主张的实体法律关系是异议权的先决问题，案外人执行异议之诉中须对此问题先行解决，否则难以作出是否排除执行的判决。故案外人执行异议之

---

① 对应《中华人民共和国民法典》第二百三十四条："因物权的归属、内容发生争议的，利害关系人可以请求确认权利。"

诉同时具有确认案外人所主张的实体权益的功能，兼具确认之诉的性质。[①]我们认为，此种观点虽然表述并不准确，但也有一定道理。因判断是否能够排除执行往往需要以确权为前提，故确权之诉与执行异议之诉具有一定的关联性。《民事诉讼法司法解释》第三百一十二条[②]规定："对案外人提起的执行异议之诉，人民法院经审理，按照下列情形分别处理：（一）案外人就执行标的享有足以排除强制执行的民事权益的，判决不得执行该执行标的；（二）案外人就执行标的不享有足以排除强制执行的民事权益的，判决驳回诉讼请求。案外人同时提出确认其权利的诉讼请求的，人民法院可以在判决中一并作出裁判。"该条规定确认了执行异议之诉中，当涉及对执行标的的权利确认时，受理执行异议之诉的人民法院可径行审理并裁判。如不进行这种制度设计，当案件进入执行程序，案外人主张其对执行标的享有权利时，权利的确认只能通过另行提起确权之诉予以解决。此时根据《中华人民共和国民事诉讼法》第一百五十条规定，执行异议之诉将处于中止状态，各方当事人之间的权利义务关系随之待确定。这会导致两个问题：其一，多个诉讼导致诉讼整体时间变长，增加当事人诉累、增加司法资源消耗；其二，申请执行人无法参加被执行人与案外人之间的确权之诉，如其对确权之诉的裁判结果不服，可能提起第三人撤销之诉，导致诉讼时间的进一步延长，诉讼成本成倍增加，司法资源重复浪费。亦即，上述司法解释的规定既能够最大限度保护各方当事人权益，又减轻当事人诉累、提高诉讼效率。但不能因此认为，执行异议之诉兼具了确权之诉的性质，执行异议之诉针对的是异议人对执行标的的权利是否可以排除强制执行，确权之诉针对的是通过诉讼手段对执行标的上的权利状态进行确认，两者并非不可分之诉。确权请求并非提起执行异议之诉的前提条件，不需要以在执行程序中提起执行异议为前提。只要当事人在执行程序中对被执行的财产提出了执行异议申请，并在驳回异议的裁定送达之日起15日

---

① 沈德咏主编：《最高人民法院民事诉讼法司法解释理解与适用》（下），人民法院出版社2015年版，第817页。

② 该司法解释已于2020年12月29日修正，本条内容未作变动。

内提起诉讼，即符合执行异议之诉的特殊受理条件。因此，在执行异议之诉中，当事人增加的确权请求，应当适用一般诉讼程序规定，即按照《民事诉讼法司法解释》第二百三十二条①规定，原告可以在法庭辩论结束前提，增加诉讼请求。对该请求，可以合并审理的，应当合并审理。本案中，根据张某某一审《民事起诉状》的记载，其对案涉房产请求排除执行的意思表示是明确的。而且，案涉房产登记在张某某名下，其不提出明确的确权请求，亦有其合理性。其当庭增加确认房产归其所有的诉讼请求，符合法律规定，亦不影响执行异议之诉的审理。

四、最高人民法院民一庭意见

在执行异议之诉中，当事人对执行标的增加确权请求的，可以在法庭辩论结束前提出，不受在驳回执行异议裁定送达之日起15日内提起的限制。对该诉讼请求，人民法院可以在判决中一并作出裁判。

（执笔人：王丹、徐上）

① 该司法解释已于2020年12月29日修正，本条内容未作变动。

25. 案外人徐杰执行异议之诉申请再审案*

▶
案外人在执行程序终结前提出执行异议，即未超出应当提出执行异议的法定期限

【裁判摘要】

案外人执行异议之诉中，一般来讲，重点审查案外人是否具有足以排除执行的实体权利，但对是否存在阻碍其诉权实现的程序性问题，亦应一并审查。如果案外人没有依法按照法定程序提出异议，即使其具有足以排除执行的实体权利，也会因丧失了胜诉权而不能得到法律的保护。实践中，既要改变重实体轻程序从而忽略程序性问题审查，也要注意避免简单地对程序性问题加以认定从而侵害当事人诉权的现象。

一、案件基本情况

再审申请人（案外人）：徐杰，男，住安徽省六安市金安区。

被申请人（申请执行人）：张先俊，男，住安徽省六安市裕安区。

一审被告（被执行人）：安徽省中平置业有限公司。住所地安徽省六安市经济技术开发区。

---

* 摘自《执行工作指导》2019 年第 1 辑（总第 69 辑），人民法院出版社 2019 年版，第 1 ~ 12 页。

再审申请人徐杰与被申请人张先俊、一审被告安徽省中平置业有限公司（以下简称中平公司）案外人执行异议之诉纠纷一案，徐杰诉请确认中平公司开发的安徽鑫泰钢铁物流园2幢10×室、20×室、30×室商品房为徐杰所有，停止对该商品房的相关执行行为。

2013年12月9日，张先俊向安徽省六安市中级人民法院提出诉前保全申请，要求查封中平公司在六安市开发区“鑫泰钢铁物流园”122套房屋，该院于2013年12月10日裁定查封了上述122套房屋，案涉“鑫泰钢铁物流园”第二幢10×室、20×室、30×室房屋在上述查封的122套房屋范围内。后张先俊以中平公司为被告向该院提起民间借贷之诉，该院于2014年9月10日作出（2014）六民二初字第00068号民事调解书。因中平公司未按期履行调解书义务，张先俊申请执行，该院于2015年5月12日立案执行。执行中，对前述保全查封的中平公司开发的位于六安市开发区“鑫泰钢铁物流园”第2栋30套、第3栋90套共计120套房屋进行价格评估，评估总价值为6657.49万元。根据案件执行实际，该院于2015年7月27日作出（2015）六执字第00178号执行裁定，拍卖其中的112套房屋。因三次拍卖均无人报名而流拍，根据张先俊书面申请，该院于2015年11月16日作出（2015）六执字第00178－1号执行裁定，将上述112套房屋及所占土地使用权以第三次拍卖保留价4775万元交付申请执行人张先俊以物抵债。

2015年12月7日，案外人徐杰对该院处置的“鑫泰钢铁物流园”2幢10×室、20×室、30×室房屋提出书面异议。其提出执行异议的主要依据为，安徽省六安市金安区人民法院对徐杰诉被告中平公司商品房买卖合同纠纷一案，于2016年1月11日作出的（2016）皖1502民初82号民事判决。该判决查明：2012年6月10日，中平公司与徐杰签订《商品房买卖合同》，约定：徐杰购买中平公司开发的“鑫泰钢铁物流园”第二幢10×室、20×室、30×室商品房，建筑面积共130.02平方米，单价为3912.74元每平方米，总金额508734元，付款方式为首付房款254734元，于2012年6月10日前付清，剩余房款254000元采用银行贷款方式支付，交房期限为2012年9月30日前等，双方还约定了违约责任等其他事项。

后徐杰通过现金、银行转账、他人代付等方式进行了付款，2012年9月30日，中平公司按合同约定向徐杰交付所购商品房，2014年，中平公司出具一份“张总所购商铺明细”，载明案涉《购买意向协议》中约定的“鑫泰钢铁物流园”2（交易二区）幢11套商铺实际总价为5535196.7元已全部付清。但经徐杰多次催促，中平公司至今未按合同约定为徐杰房产备案登记，导致徐杰所购商品房无法办理产权登记手续。故判决中平公司于判决生效之日起5日内协助徐杰办理所购安徽鑫泰钢铁物流园2幢10×室、20×室、30×室商品房的房产登记手续并给付徐杰违约金5087元。该判决已生效。

安徽省六安市中级人民法院对上述执行异议进行了审查，于2016年4月25日作出（2016）皖15执异2号裁定书，裁定驳回案外人徐杰的异议。裁定书送达后，徐杰于2016年5月13日提起案外人执行异议之诉。

二、一审法院审理情况

一审法院认为，本案主要争议焦点为：（1）徐杰是否系案涉房屋的所有权人；（2）徐杰对案涉房屋是否享有足以排除强制执行的民事权益。

关于焦点一：根据《中华人民共和国物权法》的相关规定，不动产物权的设立、变更、转让和消灭，经依法登记，发生效力；未经登记，不发生效力。因此，当事人签订房屋买卖合同转移房屋所有权，买受人在办理房屋过户登记手续后，才能取得该房屋的所有权。本案中，徐杰与中平公司签订了商品房买卖合同，已经支付了购房款，并实际占有该诉争房屋，但尚未办理房屋所有权过户登记，买受人依据买卖合同仅享有请求中平公司办理房屋过户登记的债权请求权，但对诉争房屋并不享有所有权，故徐杰要求确认诉争房屋归其所有的诉讼请求，于法无据，不予支持。

关于焦点二：《最高人民法院关于人民法院办理执行异议和复议案件若干问题的规定》第二十八条[①]规定：“金钱债权执行中，买受人对登记在被执行人名下的不动产提出异议，符合下列情形且其权利能够排除执行

① 该司法解释已于2020年12月29日修正，本条内容未作变动。

的，人民法院应予支持：（一）在人民法院查封之前已签订合法有效的书面买卖合同；（二）在人民法院查封之前已合法占有该不动产；（三）已支付全部价款，或者已按照合同约定支付部分价款且将剩余价款按照人民法院的要求交付执行；（四）非因买受人自身原因未办理过户登记。”本案中，案涉房屋被法院查封的时间为2013年12月10日，案涉房屋买卖合同签订时间为2012年6月10日，早于人民法院的查封时间。根据六安市金安区人民法院（2016）皖1502民初82号民事判决查明的事实，2012年9月30日，中平公司已向徐杰交付所购商品房，再结合徐杰将案涉房屋出租给六安市宝莱汽车销售服务有限公司的事实，可以认定徐杰在人民法院查封之前已合法占有案涉房屋，且已支付全部购房款。至于案涉房屋未及时办理过户登记，系因中平公司一直未按合同约定为徐杰办理房产备案登记，非徐杰自身原因所致，此事实也经生效的民事判决予以确认。据此，徐杰的执行异议具备《最高人民法院关于人民法院办理执行异议和复议案件若干问题的规定》第二十八条规定的情形，徐杰对案涉房屋享有的民事权益足以排除法院的强制执行，人民法院应当停止与案涉房屋有关的执行行为。虽然张先俊辩称本案应当适用《最高人民法院关于人民法院办理执行异议和复议案件若干问题的规定》第二十九条[①]的规定，但该条规定的是房屋消费者物权期待权的保护条件，是针对所购商品房用于自住且名下没有其他用于居住的房屋的情形，本案中徐杰购买案涉房屋后将其出租，并未用于自住，故本案不具备适用第二十九条规定的条件。

综上所述，徐杰的诉讼请求部分成立，应予以支持。依照《中华人民共和国物权法》第九条第一款、第十四条、第十五条，《最高人民法院关于适用〈中华人民共和国民事诉讼法〉的解释》[②] 第三百一十一条、第三百一十二条，《最高人民法院关于人民法院办理执行异议和复议案件若干问题的规定》第二十八条之规定，判决如下：一、停止对安徽鑫泰钢铁物流园2幢10×室、20×室、30×室商品房的执行；二、驳回原告徐杰的其

① 该司法解释已于2020年12月29日修正，本条内容未作变动。

② 该司法解释已于2020年12月29日修正。

他诉讼请求。张先俊不服，提起上诉。

三、二审法院审理情况

二审法院认为，本案争议焦点是：徐杰请求排除对案涉房产的强制执行是否有事实和法律依据。根据《最高人民法院关于适用〈中华人民共和国民事诉讼法〉的解释》第四百六十四条规定，案外人对执行标的提出异议的，应当在该执行标的执行程序终结前提出。案涉“鑫泰钢铁物流园”2幢10×室、20×室、30×室商品房，原审法院于2015年11月16日作出（2015）六执字第00178－1号执行裁定，上述房屋财产权自该裁定送达时起转移给张先俊。同日，原审法院作出的（2015）六执字第00178号《协助执行通知书》也已送达六安市房地产管理局，据此，涉案房屋登记在张先俊名下并在网上备案，涉案执行标的的执行程序已经终结。徐杰一审提交的证据不能证明其早于2015年11月16日前向原审法院提出了对涉案标的物的执行异议。二审中，徐杰提交的原审法院《材料收取登记单》上记载的日期是2015年12月7日向六安市中级人民法院执行局法官提出执行异议，不能据此认定其在涉案执行标的执行程序终结前提出了执行异议。一审判决支持徐杰的部分诉讼请求，即停止对“鑫泰钢铁物流园”2幢10×室、20×室、30×室商品房的执行，不符合《最高人民法院关于人民法院办理执行异议和复议案件若干问题的规定》第二十八条的规定。徐杰提起案外人执行异议之诉，请求停止对“鑫泰钢铁物流园”2幢10×室、20×室、30×室商品房的相关执行行为，无事实和法律依据，不予支持。

综上，张先俊的上诉理由成立，二审法院予以支持。依照《中华人民共和国民事诉讼法》第一百七十条第一款第二项、第一百七十五条，《最高人民法院关于适用〈中华人民共和国民事诉讼法〉的解释》第三百三十条、第四百六十四条[①]之规定，裁定：一、撤销安徽省六安市中级人民法院（2016）皖15民初71号民事判决；二、驳回徐杰的起诉。

① 该司法解释已于2020年12月29日修正，第三百三十条、第四百六十四条内容未作变动。

四、徐杰申请再审理由

徐杰不服前述二审裁定，向最高人民法院申请再审。主要事实和理由为：(1) 二审法院认定本案的基本事实缺乏证据证明，认定事实错误。①徐杰是在法定期限内对执行标的提出的执行异议，张先俊取得案涉房屋不动产登记不合法。②一审法院对于案涉房屋的查封、执行裁定程序均严重违法，致使徐杰的财产权益至今未能实现。③被申请人张先俊在二审时提供的证据并不属于新的证据，不能作为定案依据。(2) 二审法院适用法律错误，进而导致裁定错误。二审法院在案件基本事实认定错误的情况下，又错误地依据《最高人民法院关于适用〈中华人民共和国民事诉讼法〉的解释》第四百六十四条的规定，作出了错误的裁定。(3) 徐杰已取得案涉房屋的物权期待权，具备《最高人民法院关于人民法院办理执行异议和复议案件若干问题的规定》第二十八条规定的情形，足以排除法院的强制执行。

五、最高人民法院审查处理意见

最高人民法院经审查认为，本案再审审查的主要问题为：徐杰对案涉房屋提出执行异议是否超出法律规定的期限，即其是否在该执行标的执行程序终结前提出了执行异议。

根据《最高人民法院关于适用〈中华人民共和国民事诉讼法〉的解释》第四百六十四条的规定，案外人根据《中华人民共和国民事诉讼法》第二百二十七条规定对执行标的提出异议的，应当在该执行标的执行程序终结前提出。而对于执行标的执行程序终结，按照《最高人民法院关于人民法院办理执行异议和复议案件若干问题的规定》第六条第二款[①]的规定，又区分了两种情况：一是执行标的由当事人以外的第三人受让的，案外人应当在异议指向的执行标的执行终结之前提出；二是执行标的由申请执行人或者被执行人受让的，应当在执行程序终结之前提出。本案中，张先俊

① 该司法解释已于2020年12月29日修正，本条内容未作变动。

以中平公司为被告提起民间借贷之诉，后双方达成调解，一审法院作出民事调解书，因中平公司未按期履行调解书确定的法律义务，张先俊申请强制执行。执行法院裁定拍卖、变卖诉前保全财产中的112套房屋，后因三次拍卖均无人报名而流拍，又根据张先俊书面申请，于2015年11月16日作出（2015）六执字第00178－1号执行裁定，将上述112套房屋及所占土地使用权以第三次拍卖的保留价4775万元交付申请执行人张先俊以物抵债。根据《最高人民法院关于适用〈中华人民共和国民事诉讼法〉的解释》第四百九十三条①的规定："拍卖成交或者依法定程序裁定以物抵债的，标的物所有权自拍卖成交裁定或者抵债裁定送达买受人或者接受抵债物的债权人时转移。"上述以物抵债裁定一经送达即产生物权变动的效力，但案涉房屋系执行案件的申请执行人张先俊获得，属于《最高人民法院关于人民法院办理执行异议和复议案件若干问题的规定》第六条第二款规定的执行标的由当事人受让的，应当在执行程序终结之前提出情形。作为案外人的徐杰只要在该案执行程序终结前提出执行异议，即未超出应当提出执行异议的法定期限。二审法院认定徐杰所提执行异议已超出法律规定的期限，缺乏事实和法律依据。至于徐杰的执行异议是否足以排除执行，则应根据实体审理情况进行裁判。

六、评析意见

本案系案外人提出的案外人执行异议之诉，主要解决在执行过程中，案外人对执行标的提出书面异议被驳回后，仍具有诉权而获得诉讼程序实体审查的问题。一般来讲，重点审查案外人是否具有足以排除执行的实体权利，但对是否存在阻碍其诉权实现的程序性问题，亦应一并审查。如果案外人没有依法按照法定程序提出异议，即使其具有足以排除执行的实体权利，也会因丧失了胜诉权而不能得到法律的保护。实践中，既要改变重实体轻程序从而忽略程序性问题审查，也要注意避免简单地对程序性问题加以认定从而侵害当事人诉权的现象。因此，本案二审法院在审查案外人

① 该司法解释已于2020年12月29日修正，本条内容未作变动。

是否具有排除执行的实体权利前，对案外人提出执行异议是否逾期进行审查值得肯定，但在适用法律方面未能准确区分不同情形而加以认定，应当重新进行审查。具体问题分析如下：

首先，案外人对执行标的提出异议，应当在该执行标的执行程序终结前提出。效率是民商事案件执行的目标之一，为了避免执行程序因对执行标的权属的争议而过分拖延，对于案外人提出异议的期间，有明确的法律规定，案外人要依法定程序提出异议，才可能获得法律的保护。根据《最高人民法院关于适用〈中华人民共和国民事诉讼法〉的解释》第四百六十四条的规定，案外人根据《中华人民共和国民事诉讼法》第二百二十七条规定对执行标的提出异议的，应当在该执行标的执行程序终结前提出。也就是说，案外人如果主张对执行标的具有实体权利足以排除执行，应当在该执行标的尚未执行终结前提出，否则即为逾期提出执行异议。本案中，案外人徐杰就要在其所主张权利的执行标的“鑫泰钢铁物流园”2幢10×室、20×室、30×室房屋执行程序终结前提出。

其次，所谓执行标的的执行程序终结，与整个案件的执行程序终结不同，主要是指对执行标的物的处置。一般认为，如果执行标的物已经处置完毕，所有权已经转移则关于执行标的的执行程序终结，而对于案件的执行程序往往滞后于对执行标的的执行程序。之所以要求在执行标的的执行程序终结前提出异议，除了前述执行效率因素外，更重要的是为了交易的稳定和善意第三人的保护。但在执行程序中，司法拍卖、变卖以及以物抵债是对执行标的进行处置的常见方式，通过这些方式处置执行标的的受让人有时不一定为第三人，往往是申请执行人，因此，需要在对案外人及债权人权利保护方面进行一定的平衡，作进一步的规范和审查。

最后，执行标的由申请执行人受让的，提出执行异议的期间转为案件执行程序终结前。根据执行标的受让人的不同情形，《最高人民法院关于人民法院办理执行异议和复议案件若干问题的规定》第六条第二款进行了区别规定：一是执行标的由当事人以外的第三人受让的，案外人应当在异议指向的执行标的执行终结之前提出；二是执行标的由申请执行人或者被执行人受让的，应当在执行程序终结之前提出。也就是说，如果受让人通

过司法拍卖程序已经取得了执行标的的所有权，虽然为了维护司法拍卖的公信力以及执行程序的稳定性，不应允许案外人过分迟延地提出异议，但如果执行标的通过拍卖或者以物抵债由执行案件当事人获得，其应因错误执行而返还执行标的，只要执行程序尚未结束，案外人提出异议的期限就不应截止。因此，执行过程中对案涉房屋作出了以物抵债裁定，则应当以执行程序是否终结来判断案外人提出执行异议的期限。具体到本案，案外人徐杰提出执行异议时执行标的“鑫泰钢铁物流园”2 幢 10×室、20×室、30×室房屋虽然已经处置完毕，但因执行标的系以物抵债于申请执行人张先俊，故判断其是否逾期提出执行异议，应按照整个案件是否执行终结来判断。二审法院简单地适用根据《最高人民法院关于适用〈中华人民共和国民事诉讼法〉的解释》第四百六十四条的规定，驳回案外人徐杰的起诉，确有不当。至于案外人徐杰对执行标的“鑫泰钢铁物流园”2 幢 10×室、20×室、30×室房屋是否具有所有权，是否具有足以排除执行的物权期待权，可以在进入实体审理程序后依法进行审查。

（执笔人：刘慧卓）

附：

最高人民法院民事裁定书

（2018）最高法民申 1299 号

再审申请人（一审原告、二审被上诉人）：徐杰，男，1987 年 6 月 9 日出生，汉族，住安徽省六安市金安区。

委托诉讼代理人：桑言文，安徽皋德律师事务所律师。

被申请人（一审被告、二审被上诉人）：张先俊，男，1972 年 11 月 10 日出生，汉族，住安徽省六安市裕安区。

委托诉讼代理人：汪万海，安徽华人（六安）律师事务所律师。

委托诉讼代理人：朱楠，安徽华人（六安）律师事务所律师。

一审被告：安徽省中平置业有限公司。住所地安徽省六安市经济技术开发区。

法定代表人：廖贵斌，该公司董事长。

再审申请人徐杰因与被申请人张先俊、一审被告安徽省中平置业有限公司（以下简称中平公司）案外人执行异议之诉纠纷一案，不服安徽省高级人民法院（2017）皖民终402号民事裁定，向本院申请再审。本院依法组成合议庭进行了审查，现已审查终结。

徐杰申请再审称，原审裁定存在《中华人民共和国民事诉讼法》第二百条第二项、第六项规定之情形，应当依法再审。主要事实和理由为：

一、二审法院认定本案的基本事实缺乏证据证明，认定事实错误

（一）二审法院认为徐杰不能提供证据证明其提出执行异议的时间早于张先俊申请执行案件的执行终结时间，据此错误作出驳回起诉的裁定

首先，徐杰是在法定期限内对执行标的提出的执行异议。徐杰在得知案涉房屋被法院裁定抵付给他人后，立即于2015年12月7日向六安市中级人民法院提出了执行异议申请，六安市中级人民法院于2016年2月17日公开听证，并于2016年4月25日作出（2016）皖15执异2号执行裁定书，驳回了再审申请人徐杰的异议。后徐杰不服，向六安市中级人民法院提起案外人执行异议之诉，该院于2016年11月29日作出（2016）皖15民初71号民事判决，判决停止对安徽鑫泰钢铁物流园2幢10×室、20×室、30×室商品房的执行。其次，张先俊取得案涉房屋不动产登记不合法。根据《最高人民法院关于适用〈中华人民共和国民事诉讼法〉的解释》第四百六十五条规定，驳回案外人执行异议裁定送达案外人之日起十五日内，人民法院不得对执行标的进行处分。徐杰于2015年12月7日即向六安市中级人民法院提出了执行异议申请，六安市中级人民法院于2016

年4月25日才作出驳回徐杰案外人执行异议的裁定，人民法院在案外人执行异议期间处分执行标的的行为显然违反了前述法律规定，也严重侵犯了徐杰的合法权益。

（二）一审法院对于案涉房屋的查封、执行裁定程序均严重违法，致使徐杰的财产权益至今未能实现

1. 六安市中级人民法院在查封案涉房屋过程中从未依法通知、告知过徐杰或房屋的实际使用人，更未在案涉房屋现场张贴公告等，不但执行程序违法，也剥夺了徐杰依法提出保全异议的权利。

2. 六安市中级人民法院在对案涉房屋的执行过程中，执行人员在作出执行裁定之前未履行法定职责，未对拍卖的财产权属状况、占有使用情况等进行必要的调查。一审法院于2015年11月16日作出（2015）六执字第00178－1号执行裁定书的程序严重违法，显然不能作为被申请人张先俊取得案涉房屋的依据，更不能作为定案依据。

（三）被申请人张先俊在二审时提供的证据并不属于新的证据，据此作出的抗辩当然也不能成立，更不能作为定案依据

1. 本案已历经执行异议、执行异议之诉一审、执行异议之诉二审三个阶段。而在本案执行异议和执行异议之诉一审时，被申请人张先俊均未向法院提供上述证据，也未向法院申请调取该证据，法院也未进行相关调查。张先俊在二审时提供的证据并不属于新的证据，不能作为定案依据。

2. 在本案执行异议审查和本案执行异议之诉一审，申请执行人张先俊答辩时均未提出徐杰对执行标的提出异议已超过法律规定期限的抗辩，也未向法庭陈述案涉房屋的办证情况。在执行异议之诉二审时，张先俊却上诉称案涉房产已于2015年11月16日登记在张先俊名下且已抵押给六安市金安信用担保有限公司，张先俊申请的执行案件的执行程序已终结。而二审法院却据此认为张先俊的上诉理由成立，让人难以信服。

二、二审法院适用法律错误，进而导致裁定错误

二审法院在案件基本事实认定错误的情况下，又错误地依据《最高人民法院关于适用〈中华人民共和国民事诉讼法〉的解释》第四百六十四条的规定，作出了错误的裁定，理由是：《最高人民法院关于人民法院办理执行异议和复议案件若干问题的规定》第六条第二款明确规定，案外人依照《民事诉讼法》第二百二十七条规定提出异议的，应当在异议指向的执行标的执行终结之前提出；执行标的由当事人受让的，应当在执行程序终结之前提出。而本案执行标的就是由当事人张先俊受让的，也正因为如此六安市中级人民法院才予以受理，并于2016年11月21日作出（2015）六执字第00178－2号裁定书，终结该案本次执行程序。也就是说六安市中级人民法院是在徐杰提出执行异议近一年后才终结执行程序的。可见，徐杰提出执行异议完全符合法律规定。

三、徐杰已取得案涉房屋的物权期待权，具备《最高人民法院关于人民法院办理执行异议和复议案件若干问题的规定》第二十八条规定的情形，足以排除法院的强制执行

六安市金安区人民法院于2016年1月11日作出（2016）皖1502民初82号民事判决书，判决确认徐杰享有中平公司开发的“鑫泰钢铁物流园”2幢10×室、20×室、30×室房屋所有权并由中平公司协助办理登记手续。徐杰实际占有并处分案涉房屋的事实已经生效的民事判决予以确认。因此，徐杰的执行异议具备《最高人民法院关于人民法院办理执行异议和复议案件若干问题的规定》第二十八条规定的情形，徐杰对案涉房屋享有的民事权益足以排除法院的强制执行，人民法院应当停止与案涉房屋有关的执行行为。

本院认为，本案再审审查的主要问题为：徐杰对案涉房屋提出执行异议是否超出法律规定的期限。即其是否在该执行标的执行程序终结前提出了执行异议。

根据《最高人民法院关于适用〈中华人民共和国民事诉讼法〉的解

释》第四百六十四条的规定，案外人根据《中华人民共和国民事诉讼法》第二百二十七条规定对执行标的提出异议的，应当在该执行标的执行程序终结前提出。而对于执行标的执行程序终结，按照《最高人民法院关于人民法院办理执行异议和复议案件若干问题的规定》第六条第二款的规定，又区分了两种情况：一是执行标的由当事人以外的第三人受让的，案外人应当在异议指向的执行标的执行终结之前提出；二是执行标的由申请执行人或者被执行人受让的，应当在执行程序终结之前提出。也就是说，如果受让人通过司法拍卖程序已经取得了执行标的的所有权，为了维护司法拍卖的公信力以及执行程序的稳定性，不应允许案外人过分迟延地提出异议，但如果执行标的通过拍卖或者以物抵债由执行案件当事人获得，其应因错误执行而返还执行标的，只要执行程序尚未结束，案外人提出异议的期限就不应截止。因此，执行过程中对案涉房屋作出了以物抵债裁定，则应当以执行程序是否终结来判断案外人提出执行异议的期限。

本案中，张先俊以中平公司为被告提起民间借贷之诉，后双方达成调解，一审法院作出民事调解书，因中平公司未按期履行调解书确定的法律义务，张先俊申请强制执行。执行法院裁定拍卖、变卖诉前保全财产中的112套房屋，后因三次拍卖均无人报名而流拍，又根据张先俊书面申请，于2015年11月16日作出（2015）六执字第00178－1号执行裁定，将上述112套房屋及所占土地使用权以第三次拍卖的保留价4775万元交付申请执行人张先俊以物抵债。根据《最高人民法院关于适用〈中华人民共和国民事诉讼法〉的解释》第四百九十三条的规定：“拍卖成交或者依法定程序裁定以物抵债的，标的物所有权自拍卖成交裁定或者抵债裁定送达买受人或者接受抵债物的债权人时转移。”上述以物抵债裁定一经送达即产生物权变动的效力，但案涉房屋系执行案件的申请执行人张先俊获得，属于《最高人民法院关于人民法院办理执行异议和复议案件若干问题的规定》第六条第二款规定的执行标的由当事人受让的，应当在执行程序终结之前提出情形。作为案外人的徐杰只要在该案执行程序终结前提出执行异议，即未超出应当提出执行异议的法定期限。前述（2015）六执字第00178－1号以物抵债执行裁定作出后执行程序并未完全终结。2016年11月21日执行法院又作出（2015）六执字第00178－2号执行裁定，认定因案外人对上述抵债的部分房屋，即第2栋（二区）……111号……提出执行异议，主张其权利。现申请执行人张先俊未能实现全部债权，亦不能举证被执行人中平公司其他可执行财产证据，且被执行人暂无财产可供执行，本案终结本次执行程序。而徐杰在此之前已经提出异议，二审法院认定徐杰所提执行异议已超出法律规定的期限，缺乏事实和法律依据。至于徐杰的执行异议是否足以排除执行，则应根据实体审理情况进行裁判。

综上，徐杰的再审申请符合《中华人民共和国民事诉讼法》第二百条第二项规定的情形。依照《中华人民共和国民事诉讼法》第二百零四条、《最高人民法院关于适用〈中华人民共和国民事诉讼法〉的解释》第三百九十五条第一款规定，裁定如下：

指令安徽省高级人民法院再审本案。

审 判 长　刘慧卓
审 判 员　杨立初
审 判 员　刘京川

二〇一八年六月二十九日

法官助理　金　悦
书 记 员　武　迪

26. 案外人青海百通材料公司材料开发有限公司异议之诉案*

▶ 执行中对隐名股东对抗执行的认定

【裁判摘要】

对股权的强制执行，涉及内部关系的，基于当事人的意思自治来解决。涉及外部关系的，根据工商登记来处理。工商登记是对公司股权情况的公示，与登记股东进行交易的善意第三人及登记股东的债权人有权信赖工商机关登记的股权情况，该信赖利益应当得到法律的保护。在案涉股份的实际出资人与公示出来的登记股东不符的情况下，法律优先保护信赖公示的与登记股东进行交易的善意第三人及登记股东的债权人的权利，而将实际投资人的权利保护置于这些人之后。

一、案件基本情况

上诉人（案外人）：青海百通材料公司材料开发有限公司。住所地：青海省西宁市经济技术开发区。

被上诉人（一审被告、申请执行人）：青海交通银

---

* 摘自《执行工作指导》2020 年第 2 辑（总第 74 辑），人民法院出版社 2021 年版，第 80 ~ 90 页。

行股份有限公司青海省分行。住所地：青海省西宁市城西区。

第三人（案件被执行人）：青海鑫通矿业有限公司。住所地：青海省海西州格尔木盐桥南。

青海交通银行股份有限公司青海省分行（以下简称交通银行青海省分行）与青海鑫通矿业有限公司（以下简称鑫通公司）借款合同纠纷一案，青海省高级人民法院（以下简称青海高院）于2015年9月24日作出（2015）青民二初字第71号民事调解书，确认：（1）鑫通公司欠交通银行青海省分行贷款本金2.3亿余元，利息、罚息等另外计算；（2）如鑫通公司未按期归还上述欠款，交通银行青海省分行对抵押的新疆裕泰矿业技术服务有限公司的民丰县苏乎拉客金矿1号采矿权变价款享有优先受偿权。本案进入执行程序后，因被执行人鑫通公司拒不履行生效法律文书确定的义务，青海高院对登记在鑫通公司名下的百通小贷公司20%股权（2000万元）进行冻结。案外人青海百通材料公司材料开发有限公司（以下简称百通材料公司）向青海高院提出执行异议，要求青海高院解除股权冻结，停止执行。青海高院审查后，作出（2016）青执异字第4号执行裁定，驳回百通材料公司的异议。百通材料公司不服，提起案外人异议之诉，请求撤销该裁定，停止执行。

二、青海高院审理情况

青海高院在执行申请执行人交通银行青海省分行与被执行人鑫通公司借款合同纠纷一案中，因被执行人鑫通公司拒不履行生效法律文书确定的义务，故作出（2015）青执字第47号执行裁定，于2016年2月23日依法对登记在被执行人鑫通公司名下的百通小贷公司20%股权（2000万元）进行冻结。案外人百通材料公司提出执行异议称，涉案股权虽登记在鑫通公司名下，但系其实际出资认缴，鑫通公司代其持股，既不享有股东权利，也不承担股东义务，股权所有权归其所有，要求法院解除股权冻结，停止执行。该院审查后认为，法律规定案外人对股权权利提出异议的，法院应当按照工商行政管理机关的登记和企业信用信息公示系统公示的信息

判断。由于案涉异议股权均登记在鑫通公司名下，遂裁定驳回百通材料公司案外人异议。百通材料公司不服，提起案外人异议之诉，要求撤销青海高院驳回其异议的（2016）青执异字第4号执行裁定书，停止执行案涉股权。青海高院于2016年11月28日作出（2016）青民初91号民事判决，驳回百通材料公司的诉讼请求。

另查明，青海高院在执行交通银行青海省分行与被执行人鑫通公司借款合同纠纷一案中，依法冻结鑫通公司在百通小贷公司20%的股权后，百通材料公司与鑫通公司就冻结股权向西宁中院提起确权诉讼。西宁中院于2016年8月10日作出（2016）青01民初185号判决，判令鑫通公司将涉案股权变更到百通材料公司名下。该判决已生效。

青海高院认为，一方面，虽然原告与鑫通公司之间是委托持股关系，但是依法进行登记的股权具有对外公示的效力，无论对执行异议的审查还是对异议之诉案件的审理，判断股权的法律依据应当一致。原告与鑫通公司之间的内部约定，不能据此对抗善意第三人或排除法院的强制执行。另一方面，根据《最高人民法院关于人民法院办理执行异议和复议案件若干问题的规定》（以下简称《执行异议和复议规定》）第二十五条第二款①规定，执行标的被查封、扣押后作出的另案生效法律文书不能排除对执行标的的执行，西宁中院作出的185号民事判决不能排除对该股权的执行。综上，该院判决驳回百通材料公司的诉讼请求。

三、上诉理由

百通材料公司不服青海高院判决，向最高人民法院上诉称，一审判决认定事实不清，适用法律不当。首先，一审案件在查明“上诉人与原审第三人之间系委托持股关系，上诉人系案涉股权的实际权利人，且第三人从未行使股东权利，承担股东义务等”事实后，却不作认定，属于认定事实不清。其次，一审判决适用的是《最高人民法院关于适用〈中华人民共和

① 该司法解释已于2020年12月29日修正，本条内容未作变动。

国民事诉讼法〉的解释》第三百一十二条第一款第二项[①]，而该项与已查明的案件事实不相吻合，属于适用法律错误，本案理应适用该条第一款第一项。最后，一审判决未能准确区分执行异议审查和执行异议之诉的区别，以异议审查方式处理异议之诉涉及的实体问题，显为不当。基于上述理由，上诉人请求从执行异议之诉立法目的出发，对本案进行实质审查后，依据查明的事实，适用《最高人民法院关于适用〈中华人民共和国民事诉讼法〉的解释》第三百一十二条第一款第一项之规定，判决对涉案股权不得执行。

四、最高人民法院审查处理意见

最高人民法院经审理认为，本案的争议焦点是：百通材料公司关于其系案涉股权实际出资人的事实，能否排除人民法院的强制执行。最高人民法院认为，百通材料公司就案涉股权不享有足以排除强制执行的民事权益，不能排除人民法院的强制执行，具体理由如下：

第一，根据公示公信原则，对股权的强制执行，涉及内部关系的，基于当事人的意思自治来解决。涉及外部关系的，根据工商登记来处理。根据《中华人民共和国公司法》第三十二条第三款的规定，工商登记是对公司股权情况的公示，与登记股东进行交易的善意第三人及登记股东的债权人有权信赖工商机关登记的股权情况，该信赖利益应当得到法律的保护。换言之，根据《中华人民共和国公司法》该条款的规定，经过公示体现出来的权利外观，导致第三人对该权利外观产生信赖，即使真实状况与第三人的信赖不符，只要第三人的信赖合理，第三人的信赖利益就应当受到法律的优先保护。这里所说的优先保护，就本案而言，是指在案涉股份的实际出资人与公示出来的登记股东不符的情况下，法律优先保护信赖公示的与登记股东进行交易的善意第三人及登记股东的债权人的权利，而将实际投资人的权利保护置于这些人之后。本案中，百通材料公司虽然是案涉股

---

① 该司法解释已于2020年12月29日修正，本条内容未作变动。

份的实际出资人，但是鑫通公司却是案涉股份的登记股东，交通银行青海省分行是鑫通公司的债权人，基于上述法律规定，百通材料公司就案涉股份不享有对抗交通银行青海省分行申请强制执行的权利。

第二，百通材料公司在上诉时提到的“一审判决未能准确区分执行异议审查和执行异议之诉的区别，以异议审查方式处理异议之诉涉及的实体问题，显为不当”这一理由也不成立。执行异议之诉所要解决的是依法应该优先保护谁，进行实质审查的目的只是在于将争议事实查得更清楚、更明白，而不是说因为进行了实质审查，所以就要优先保护实际权利人，就本案而言就要优先保护实际投资人。究竟应该保护登记股东的债权人，还是争议股份的实际出资人，那要看法律如何规定。《中华人民共和国公司法》第三十二条第三款对此的规定已经很明确，于此不赘。

第三，实际投资人百通材料公司让登记股东鑫通公司代持股份，其一定获得某种利益。根据风险与利益相一致的原则，百通材料公司在获得利益的同时，也应当承担相应的风险，该风险就包括登记股东代持的股份被登记股东的债权人申请强制执行，本案就属于这种情况。当然，该风险还包括登记股东转让代持的股份或者将该股份出质。综上所述，百通材料公司的上诉请求不能成立，予以驳回。

五、评析意见

人民法院对登记在被执行人名下的股权进行强制执行时，第三人就争议股权提出的执行异议，执行机构一般根据商事外观主义进行审查即可，但第三人随后根据《中华人民共和国民事诉讼法》第二百二十七条的规定，提出的案外人异议之诉，是否仍根据商事外观主义进行审查，存在很大争议。目前主要存在着以下两种观点：一种观点认为，股权的商事登记外观仅是执行机构采取强制措施时的权属判断标准，进入实体权属审查程序后，如果发现登记权属与实际权属不一致时，应当以真实的权属为准；另外一种观点认为，股权的商事登记不仅是执行程序的权属判断标准，也是实际权属的审查判断标准。笔者在目前检索到2015年5月5日之后，由中级以上人民法院作出的执行异议之诉裁定书，得到30起案例。其中，有14份案件法院未确认股权归隐名股东所有；在另外16份案例中，有7份判决停止执行，其余9份判决允许继续执行股权。[①] 可以看出，审判实践中有两种观点：一种观点认为，争议的股权登记在被执行人名下，隐名股东不能对抗名义股东的债权人对该股权申请强制执行。另外一种观点认为，隐名股东能够对抗名义股东的债权人对该股权申请强制执行。笔者倾向于同意第一种观点，具体理由如下：

第一，商事外观主义保护第三人基于权利外观而产生的信赖利益，避免因代持股关系的成本转嫁问题。我国《公司法》三十二条第三款规定："公司应当将股东的姓名或者名称及出资额向公司登记机关登记，登记事项发生变更的，应当变更登记，未经登记或者变更登记的，不得对抗第三人。"因此，依法登记的股东对外具有公示效力，隐名股东在公司对外关系上，不具有股东的法律地位，其不能以其与名义股东之间的约定为由对抗外部债权人对名义股东的正当权利。当名义股东因其未能清偿债务而成

---

① 如最高人民法院（2016）最高法民申3132号民事裁定书认为，因第三人根据商事外观主义产生信赖，只要该信赖合理，则应当优先保护第三人，故隐名股东不得对抗第三人（申请执行人）。而最高人民法院（2015）民申字第2381号民事裁定书则认为，商事外观主义仅适用于交易的第三方，不能适用于无交易关系的申请执行人，而关于商事外观主义对抗的"第三人"是否包括申请执行人。最高人民法院在（2015）民申字第2381号案件中（中国银行股份有限公司西安南郊支行与上海华冠投资有限公司、陕西西安成城经贸有限公司、西安海舟实业有限公司、西安长安影视制作有限责任公司执行异议案），作出如下裁判："案涉执行案件申请执行人中行南郊支行并非针对成城公司名下的股权从事交易，仅仅因为债务纠纷而寻查成城公司的财产还债，并无信赖利益保护的需要。若适用商事外观主义原则，将实质权利属于华冠公司的股权用以清偿成城公司的债务，将严重侵犯华冠公司的合法权利……中行南郊支行基于商事外观主义原则要求强制执行取得案涉长安银行1000万股份的再审申请主张，依法不能成立。"最高人民法院在（2016）最高法民申3132号案件中（王某岐与被申请人刘某苹、长春中安房地产开发有限公司、詹某才、陈某菱案外人执行异议之诉案）则主张，《中华人民共和国公司法》第三十二条第三款所称的第三人，并不限于与显名股东存在股权交易关系的债权人。根据商事外观主义原则，有关公示体现出来的权利外观，导致第三人对该权利外观产生信赖，即使真实状况与第三人的信赖不符，只要第三人的信赖合理，第三人的民事法律行为效力即应受到法律的优先保护。基于上述原则，名义股东的非基于股权处分的债权人亦应属于法律保护的第三人范畴。刘某苹作为债权人可以依据工商登记中记载的股权归属证明材料，向人民法院申请对该股权强制执行。

为被执行人时，其债权人依据工商登记中记载的股权归属，向人民法院申请对该股权强制执行时，应当予以保护。另外，《最高人民法院关于适用〈中华人民共和国公司法〉若干问题的规定（三）》（以下简称《公司法解释三》）第二十四条的规定肯定了股权代持协议的法律效力，该条第一款规定："有限责任公司的实际出资人与名义出资人订立合同，约定由实际出资人出资并享有投资权益，以名义出资人为名义股东，实际出资人与名义股东对该合同效力发生争议的，如无合同法第五十二条规定的情形，人民法院应当认定该合同有效。"[①] 即在实际出资人与名义股东就合同效力产生争议时，法律承认代持股协议的法律效力，但代持股协议受《合同法》约束，性质属于委托代理合同，不能作为认可隐名股东即实际出资人的股东地位的证据。即使基于保护股权实际投资人的考虑，也要看股权的实际投资人是否通过司法程序、仲裁程序或一定范围的公示程序取得了股东地位，成为股权的真正权利人。从域外法规定看，无论是《德国股份法》[②]《德国有限责任公司法》[③]，还是《英国1985年公司法》[④]《美国示范商业公司法》《美国统一有限责任公司法》[⑤]，无论大陆法系国家还是英美法系国家，对于隐名股东的股东资格认定都从实质主义和形式主义出发，兼顾

---

① 该司法解释已于2020年12月29日修正，本条第一款修改为："有限责任公司的实际出资人与名义出资人订立合同，约定由实际出资人出资并享有投资权益，以名义出资人为名义股东，实际出资人与名义股东对该合同效力发生争议的，如无法律规定的无效情形，人民法院应当认定该合同有效。"

② ［德］格茨·怀克、克里斯蒂娜·温德比西勒：《德国公司法》，殷盛译，法律出版社2010年版，第68页。1965年《股份公司法》第67条第2款规定，被登记在股东名册上的人，即可以取得股东资格。公司若知道股东名册上记载的股东与履行出资义务的实际出资人不同，也只能赋予股东名册上登记者股东身份。这一立法是出于稳定团体关系的考虑。

③ 《德国有限责任公司法》第2条规定："公司合同必须由全体股东签字，并且具有公证形式。"即公司只承认公司合同上签字的股东具有股东资格。

④ R. E. G. 佩林斯 A. 杰弗里斯：《英国公司法》，公司法翻译小组译，上海翻译出版社1984年版，第121页。英国《1985年公司法》第22条第1款规定："在公司章程大纲内签署的股份认购人，须当作已成为公司的成员，并须在公司注册时作为成员计入公司的成员登记册。"

⑤ 《美国统一有限责任公司法》第209条规定："如果本法授权或要求申报的记录所载内容失实，因为信赖该失实记录而遭受损失的人可以从签署该申报记录或者被指使代表其签署记录、并在签署时明知该记录失实的人获得赔偿。"参见虞政平：《中美有限责任公司制度比较》，载《中国法学》2003年第1期。

实质出资及对外公示材料等要件。根据《公司法解释三》第二十四条第一款的规定，在有限责任公司成立后，对于第三人以股东身份加入的，属于公司股东的内部行为，对此，可以通过变更公司章程和股东名册、签署出资证明书、变更登记等对股东的身份进行认可。如果隐名股东和名义股东之间已经通过司法程序、仲裁程序或者公示程序对隐名股东的股权和股东地位进行了确认，那么隐名股东就不仅是实际投资人，也是股权的实际权利人，享有所投资公司的股东资格。但如果未履行法定手续的，“隐名股东”仅属于公司的内部法律关系，对外承担责任的股东始终是“名义股东”。非经股权确认的法律程序，实际出资人并不能当然取得登记在他人名下股权以及股东资格，被执行人与案外人之间的股权代持协议，不能对抗执行法院的执行行为和第三人通过执行程序以拍卖股权的方式实现对被执行人债权的清偿。另外，由于实践中公司管理不够规范、不置备股东名册的情形较为普遍，第三人无法查询到隐名股东存在与否的实际情况。除非被执行人另有可供执行的财产，人民法院可以对被执行人持有的银行股权予以强制执行。本案的百通材料公司根据转账记录、股东会决议、代持股协议，可以证明其履行了实际出资行为，但是公司章程及股东名册中未记载其姓名，缺乏形式要件。由于股权的实际出资人在对外关系上不具有登记股东的法律地位，所以其不能以其与登记股东之间的内部约定，来对抗与登记股东进行交易的善意第三人及登记股东的债权人。因此，当登记股东因其未能清偿到期债务而成为被执行人时，该股份的实际出资人不得以此对抗登记股东的债权人对该股权申请强制执行。也就是说，登记股东的债权人依据工商登记中记载的股权归属，有权申请对该股权强制执行。《公司法解释三》第二十六条对名义股东擅自处分名下股权，以及第二十八条对股权转让后原股东再次处分股权的处理方式也体现了对第三人的合理信赖保护的理念。

第二，统一适用商事外观主义，可以避免被执行人与他人恶意串通逃避执行。实践中，股权代持类案件在实践中存在多种情形，被执行人持有的名义股权能否强制执行，应综合全案具体证据与因素而定。一方面，执行债权人能否成为受到登记公示公信原则保护的第三人在理论与实践中存

在争议，因此，一概否定隐名股东排除执行的权利难以成立。另一方面，如果一概承认隐名股东排除执行的权利，则会让股权代持协议成为实践中规避执行、逃避义务的工具，导致被执行人无论是股权的实际投资人，还是名义持有人时，都无法执行的局面。（如果被执行人是实际投资人，则通过提出案外人异议之诉的方式排除执行；如果被执行人是登记的权利人，根据“只能查封登记在被执行人名下财产”的规则，也能轻易逃避掉执行。）这将严重损害执行债权人的合法权益，因此，对于此类情形，应当区分具体情形予以判断，除非隐名股东具有相当理由，否则不能轻易承认其排除执行的权利。商事登记彰显的权属状态与真实权属状态出现差异的产生原因不同，导致发生的法律效果相应也有所不同。为个人利益而虚假登记所导致的登记是基于权利人自己故意实施的行为而发生，其目的在于对登记机关以及社会公众掩饰其权利人身份，鉴于登记会对第三人产生信赖利益，故在确定真正权利人保护与善意第三人保护之冲突的平衡点时，应当考虑权利人的行为在形成登记错误的过程中所具有的不同作用，虚假登记的真正权利人所处地位与其物权变动未经登记的受让人的地位基本相同，权利人随时可以请求更正登记而避免法律风险，其权利因处于“秘密状态”而不应具有对抗善意第三人的效力。而本案隐名股东未经变更登记，是由于其自身利益规避金融监管而导致，其应当承担规避监管的不利后果，实际投资人百通材料公司让登记股东鑫通公司代持股份，其一定获得某种利益。根据风险与利益相一致的原则，百通材料公司在获得利益的同时，也应当承担相应的风险，该风险就包括登记股东代持的股份被登记股东的债权人申请强制执行，本案就属于这种情况。对其因规避政府监管而作出的委托持股协议的法律后果不能对抗执行。

第三，本案情形不应参照适用善意取得规则。善意取得制度中的受让人与隐名股权执行程序中的债权人虽然均处于第三人的地位，但由于所涉财产权属变动的意思表示及时间阶段不同，不能简单地混为一谈。善意取得仅适用于物权或者股权被无权处分且为有偿转让的情形，其保护交易安全的方式是令善意受让人依法直接取得权利，同时使真正权利人即刻丧失其权利，而善意受让人之取得权利，与真正权利人的权利是否具有对抗效力毫无关系，因此，善意取得主要适用于错误登记的不动产以及股权等。首先，在善意取得制度适用的情境中，名义股东将代持股权向债权人（股权受让方）进行处分，且工商登记已经变更完毕。而执行程序中，债权人基于执行依据确定的一般金钱给付义务要求名义股东履行的行为，并非普通商事交易行为。其次，隐名股东选择代持股，其主观意图多具有不正当性，而实践中股权代持情形大量存在，若仅选择性地保护处于交易关系中的债权人，即意味着给隐名股东最大限度的保护，从长远来看，不利于隐名股东的显名化，增加商业风险与交易成本。最后，《中华人民共和国公司法》规定的因信赖权利外观而不得对抗制度不适用于错误登记情况下的无权处分，此种无对抗力所及第三人范围较大，除了不得对抗在无权处分情况下的善意购买人之外，还包括其他具有信赖利益的第三人（如善意受赠人、申请强制执行的普通债权人等）。

第四，我国《中华人民共和国公司法》第三十二条第三款中的“第三人”并不限于与名义股东存在股权交易关系的债权人。关于“不得对抗的第三人”中是否应包括申请并已由人民法院对财产采取了强制执行措施的债权人的问题，一直存在争议。德国和日本物权法中的观点认为包括基于标的物所有权的错误外观而发生了物权行为（如善意取得），以及准物权行为（如查封）的人。我妻荣教授提出的“有效交易说”，主张不能对抗之第三人应“处于有效交易关系之中”。我国目前学术上存在两种观点：一种观点同意第三人仅指与被执行人从事物权交易的相对人，主要包括两种人：一是在“一物二卖”中办理了过户登记的买受人；二是对财产已设定质押或抵押并办理登记的抵押权人。另外一种观点是“吃掉或被吃掉说”，主张“第三人限于处于相互争夺物的支配关系，且被认为是信赖登记而展开行动的人”。《德国民事诉讼法》第804条规定，申请执行人因查封行为而取得优先权，即查封质权。法国也有类似规定。法国民法和日本民法上的物权变动主要采用物权公示的“对抗要件主义”，即物权变动以合同生效为准，但未经公示不得对抗善意第三人。根据法国和日本的理论

和实务，已经通过法院对财产采用了强制执行扣押措施的债权人，应列入未经公示的物权不得对抗的第三人的范围。[①] 其理论依据主要是：（1）如同信赖物权登记而为交易的第三人，已申请强制执行的债权人同样具有应予保护的信赖利益；（2）怠于进行物权变动公示的权利人不值得特别保护，即物权变动时，物权受让人既不申请预告登记，也不及时办理物权变动登记，即使其物权变动登记受阻，亦应及时寻求法律救济，故其应当承担由此导致的法律风险。[②] 对此，我国理论界的研究尚不深入，而强制执行实务界则有两种意见。就应否将申请执行人列为不可对抗的第三人范围的问题，赞成者的主要理由是：（1）申请强制执行的债权人因信赖登记而选择查封了被执行人的财产后，如第三人（取得未经公示的物权的权利人）提出的异议能够成立，则债权人有可能会因丧失对被执行人的其他财产的执行机会而受损；（2）如第三人异议能够成立，有可能促使被执行人在其财产被查封后，与第三人恶意串通，虚构财产交易事实以逃避强制执行。而反对者的主要理由是：购买股权等特殊财产并已经支付价款且实际占有财产的买受人，虽其物权变动未经登记，但较之出卖人的债权人，其利益更值得保护。其中，以“物权优先于债权”的理由支撑其观点[③]的亦为常见。笔者认为，此处“不得对抗的第三人”包括已申请并由法院对财产采取强制执行措施的债权人。强制执行中的司法扣押不仅限制了被执行人对财产的处分权，而且将申请执行人的债权实现与被执行人的特定财产相联系，同时赋予了申请执行人就被执行财产价值上的优先受偿权。此时，如财产被强制执行，则该执行标的真正的物权人（受让人）的利益就会受损，于是，财产受让人（物权人）与申请执行人（债权人）之间发生直接的利益冲突就不可避免。只有在此种情况下，法律才有必要确认受让

---

① 参见［日］铃木禄弥：《物权的变动与对抗》，渠涛译，社会科学文献出版社1999年版。

② 参见尹田、尹伊：《论对未经登记及登记不实财产的强制执行》，载《法律适用》2014年第10期。

③ 依照此种观点，受让人所取得的物权应对转让人的债权人具有对抗力，其原因在于该物权应优先于转让人的债权得到保护。

人所取得的物权对于申请强制执行的转让人的债权人应否具有对抗效力。后者仅对债务人享有单纯的债权请求权，前者则因强制执行措施而对被执行的特定财产享有法定的优先受偿权。而未经公示的物权的对抗力，仅涉及前者，与后者无关。目前立法上也并未明文规定“对于已申请强制执行措施的股权转让人的债权人，如其债权基于买卖等交易行为发生，受让人未经登记的物权对之无对抗力”，故对于第三人是否为“交易第三人”不亦作出限缩解释。据此，经申请执行人申请，人民法院对登记在被执行人名下的股权予以查封后，该财产的受让人或者抵押权人依据其未经登记的权利所提出的异议不能支持。概括来说，实际权利人不得对抗与之处于对抗关系的，且是因信赖登记而展开行动的第三人，包括对物权人及对物有直接支配关系的债权人，如查封债权人、申请执行分配债权人、破产债权人。第三人依据错误外观而发生的物权行为（如买受代持股权），或准物权行为（如查封代持股权）可以“吃掉”欠缺公示外观的所有权；一旦其“控制”了标的物，则可以“吃掉”欠缺外观的所有权，就该标的物获得清偿。同时，不判断实际所有权存在与否，直接认定缺少公示的所有权不能对抗公示的准物权，符合强制执行程序、执行异议之诉程序对效率价值的追求。就未经登记的股权等特殊动产的物权，《中华人民共和国物权法》及相关司法解释并未对其不能对抗的第三人的范围作出具体规定，在审理案外人执行异议之诉案件过程中，隐名股东不得以此理由来阻却法院的强制执行。

第五，由于我国目前禁止超标的查封，若债权人已就代持股权采取了保全措施，势必使其丧失对名义股东其他责任财产保全的机会。另外，既然隐名股东选择了这种投资方式，就应当承担因此可能产生的风险。因此，应当优先保护债权人利益。从司法的引导规范功能来看，案涉股权登记在被执行人鑫通公司名下，依法判决实际出资人百通材料公司不能对抗被执行人鑫通公司的债权人对该股权申请强制执行，还有利于净化社会关系，防止实际出资人违法让他人代持股份或者规避法律。

（执笔人：张丽洁）

27. 刘某与浙江森帮铜业有限公司、郑某满、黄某泉案外人执行异议之诉纠纷案*

▶ 同一不动产上抵押权与租赁权的关系及房屋租赁权的认定

【裁判摘要】

1. 同一不动产上，若租赁权设立在先，鉴于租赁权易于成立且难辨真伪的特点，应建立租赁权登记制度，防止虚假租赁出现；若抵押权设立在先，则应考虑租赁权对抵押权的实现是否有影响，并不必须涤除租赁权。

2. 案外人主张租赁权先于抵押权设定，人民法院应从租金实际支付情况、案外人所租房屋用途、抵押权成立时案外人是否占有房屋、租赁合同条款是否符合交易习惯等方面进行审查，以判断案外人是否享有房屋租赁权。

再审申请人（一审原告、二审被上诉人）：刘某。

被申请人（一审被告、二审被上诉人）：浙江森邦铜业有限公司。（以下简称森邦公司）

被申请人（一审被告、二审被上诉人）：郑某满。

---

* 摘自《审判监督指导》2018年第1辑（总第63辑），人民法院出版社2019年版，第130~141页。

被申请人（一审被告、二审被上诉人）：黄某泉。

一、基本案情

衢江区人民法院查明，2012年4月1日，刘某父亲吴某民将衢州市柯城区双港开发区霞光路××号××幢的房屋出租给衢州铭歆商贸有限公司（筹）。2012年4月9日，刘某与前夫韩某注册成立衢州铭歆商贸有限公司，公司住所地为衢州市柯城区双港开发区霞光路××号××幢。郑某满因经营需要向刘某的父亲吴某民借款。后吴某民向郑某满提出要租用森邦公司的厂房及场地。经吴某民与郑某满洽谈，由刘某与森邦公司签订了《营业场所租赁合同》（合同的落款时间为2012年3月28日）一份，协议约定森邦公司将位于衢州市柯城区东港八路××号5幢厂房（厂房面积4000平方，土地面积32亩）出租给刘某，租期10年（2012年4月1日至2022年4月1日）；租金十年共计350万元，先付后租，一次性交清；水电费等使用期间的一切费用由刘某承担。刘某曾将20张银行承兑汇票复印件（共计350万元）交予郑某满签字和盖森邦公司的公章，其中有一张银行承兑汇票上记载收票时间为2012年4月8日，有一张号码为1020××××金额为10万元的银行承兑汇票的出票日期为2012年4月16日，有二张江西开泰克压缩空气系统有限公司出票给浙江开山压缩机股份有限公司金额为15万元的银行承兑汇票复印件重复。2012年6月25日，江某林、吴某民和黄某泉、郑某满签订了四方协议，协议约定江某林和黄某泉各借50万元给郑某满，用于归还郑某满欠吴某民的借款；吴某民同意森邦公司将位于衢州市柯城区东港八路××号5幢的房地产抵押给江某林和黄某泉。后吴某民、江某林和黄某泉履行了四方协议约定的义务。2012年6月26日，江某林和森邦公司、黄某泉向衢州市柯城区房地产管理处申请将位于衢州市柯城区东港八路××号5幢的厂房及土地抵押给江某林和黄某泉。同日，衢州铭歆商贸有限公司将住所地由衢州市柯城区双港开发区霞光路××号××幢变更为衢州市柯城区东港八路××号5幢。因郑某满未按约向黄某泉履行还款义务。2012年12月17日，该院经审理判决黄某泉对森邦公司

所抵押的位于衢州市柯城区东港八路××号5幢的房地产［房产证号：衢房权证柯城区字第20103468号、土地证号：衢州国用（2009）第3－44714号］在拍卖或变卖的价款中850.5万元的部分具有优先受偿权。2013年3月21日，黄某泉申请强制执行。该院在执行过程中公告要求森邦公司于2013年5月22日前将坐落浙江省衢州市东港八路××号的房地产腾空，到期如不履行，该院将强制执行。2014年1月20日，刘某向该院提出执行异议，该院于2014年1月28日作出（2014）衢执异字第1号执行裁定书，驳回刘某的异议。为此，刘某提起案外人执行异议之诉。

另查明，2012年3月28日，郑某满尚欠吴某民借款。

衢州市中级人民法院二审查明的事实与一审查明的事实一致。

二、原审法院审理情况

衢江区人民法院审理认为，订立抵押合同前抵押财产已出租的，原租赁关系不受该抵押权的影响。抵押权设立后抵押财产出租的，该租赁关系不得对抗已登记的抵押权。当事人对自己提出的诉讼请求所依据的事实有责任提供证据加以证明。没有证据或者证据不足以证明当事人的事实主张的，由负有举证责任的当事人承担不利后果。本案的关键问题是森邦公司与刘某签订的《营业场所租赁合同》是否是刘某和森邦公司于2012年3月28日的真实意思表示。刘某认为其是为了做有色金属生意而与森邦公司签订《营业场所租赁合同》。森邦公司认为其因法定代表人即郑某满欠刘某父亲吴某民借款而被迫签订的。

首先，从租金支付上分析。（1）森邦公司、郑某满否认收到350万元租金。（2）《最高人民法院关于民事诉讼证据的若干规定》第七十四条[①]规定，诉讼过程中，当事人在起诉状、答辩状、陈述及其委托代理人的代

① 该司法解释已于2019年12月25日修正，本条已修改为第三条："在诉讼过程中，一方当事人陈述的于己不利的事实，或者对于己不利的事实明确表示承认的，另一方当事人无需举证证明。在证据交换、询问、调查过程中，或者在起诉状、答辩状、代理词等书面材料中，当事人明确承认于己不利的事实的，适用前款规定。"

理词中承认的对己方不利的事实和认可的证据，人民法院应当予以确认，但当事人反悔并有相反证据足以推翻的除外。根据刘某在2014年1月20日该院对其询问时所制作的笔录、刘某提交的执行异议申请书以及民事起诉状中均陈述租金系一次性支付，刘某为此提供了20张由郑某满、森邦公司收票的银行承兑汇票复印件，其中一张银行承兑汇票上记载收票时间为2012年4月8日，这说明刘某支付租金的时间为2012年4月8日，但是刘某提交的20张银行承兑汇票中有一张号码为1020××××、金额为10万元的银行承兑汇票的出票日期却为2012年4月16日，这充分说明刘某陈述的租金支付时间、支付方式不事实；即使刘某后来陈述租金一次性支付系记错，是分期支付的，但20张银行承兑汇票中有两张江西开泰克压缩空气系统有限公司出票给浙江开山压缩机股份有限公司金额为15万元的银行承兑汇票复印件，经该院核实，该二张银行承兑汇票复印件实际为同一张银行承兑汇票所复印，故刘某陈述已付租金350万元在金额上也不事实。(3)刘某未向该院提交其曾将提交的20张银行承兑汇票背书给郑某满、森邦公司的证据，也未向该院提交其曾享有提交的20张银行承兑汇票所有权的证据。(4)2012年3月28日，郑某满尚欠吴某民借款，吴某民不可能在刘某与森邦公司签订营业场所租赁合同（该合同系吴某民与郑某满具体洽谈）后，让女儿支付租金给郑某满，然后自己再向郑某满催收还款，刘某陈述其已支付森邦公司租金不符合常理。综上，对刘某陈述的其已付森邦公司租金350万元不予确认。

其次，从涉案房地产的使用上分析。(1)根据《营业场所租赁合同》的落款时间，刘某于2012年3月28日已与森邦公司签订涉案房地产租赁合同，其与前夫韩某于2012年4月9日成立衢州铭歆商贸有限公司无需另外租用房屋，事实上衢州铭歆商贸有限公司（筹）于2012年4月1日从吴某民处租赁了房屋，这与常理不符。(2)根据刘某提交的《营业场所租赁合同》的约定，刘某应从2012年4月1日起负担承租场所的水电费。但从国网浙江省电力公司衢州供电公司客户服务中心和中国农业银行股份有限公司衢州分行调取的材料得知，户号为764006××××的电表在2012

年7月前的电费由森邦公司缴纳。森邦公司虽在2015年4月1日庭审陈述其代刘某交纳了2012年4月、5月、6月份的电费，但在2015年4月14日森邦公司在庭审中已予纠正，即2012年4月、5月、6月份森邦公司是为自己交纳电费，该纠正的陈述能与2012年7月31日吴某民在公安机关的陈述、衢州铭歆商贸有限公司与谢某水签订的生产承包合同和该院调取的森邦公司的用电清单相互印证，故涉案房地产在2012年6月前由森邦公司使用。（3）衢州铭歆商贸有限公司于2012年6月26日将住所地由衢州市柯城区双港开发区霞光路××号××幢变更为衢州市柯城区东港八路××号5幢，可以认定刘某在2012年6月26日占有、使用了涉案房地产。综上，刘某于抵押前占有、使用涉案房地产的证据不足。

最后，从刘某对涉案房地产的需求上分析。刘某虽在庭审中陈述自己承租涉案房地产是为了做生意，但根据吴某民在公安机关的陈述，其是在2012年6月才开始和他人谈合作做阀门生意，故2012年3月28日刘某没有租房需求。

综合前述三点，2012年3月28日的《营业场所租赁合同》不是刘某和森邦公司当时的真实意思表示，即该《营业场所租赁合同》是无效的，刘某以无效的租赁权来对抗黄某泉抵押权的主张于法无据，不予支持。该院于2015年4月14日作出（2015）衢执异重字第1号民事判决：驳回原告刘某的诉讼请求。案件受理费80元，公告费260元，合计340元，由刘某负担。

衢州市中级人民法院经审理认为，本案的争议焦点为：原审法院依职权调取证据是否符合法律规定；刘某与森邦公司之间是否存在真实的厂房租赁关系。

第一，原审法院依职权调取证据是否符合法律规定。《中华人民共和国民事诉讼法》第六十四条规定，人民法院认为审理案件需要的证据，人民法院应当调查收集。《最高人民法院关于适用〈中华人民共和国民事诉讼法〉的解释》第九十六条[①]规定，当事人有恶意串通损害他人合法权益可能的，人民法院应当依职权调查收集证据。本案中，争议的焦点为刘某与森邦公司之间是否存在厂房租赁合同关系。若合同关系成立，则租赁权系对执行标的享有足以阻止其转让、交付的实体权利，势必会导致本案执行分配方案的变动，影响抵押权人黄某泉的利益。根据该院对刘某询问时制作的笔录显示，刘某对其父吴某民与江某林、黄某泉、郑某满签订四方协议及涉案厂房抵押等事实是清楚的，结合刘某对于如何支付租金前后陈述不一致，森邦公司、郑某满庭审中一直对租赁一事予以否认、黄某泉对租赁一事不知情等事实，原审法院有理由相信黄某泉在办理涉案厂房抵押登记时，存在刘某与森邦公司、郑某满恶意串通未将签订租赁合同一事告知黄某泉的可能。原审法院为查明案件事实，保障抵押权人的合法权益，依职权调取证据符合法律规定。

第二，刘某与森邦公司之间是否存在真实的厂房租赁关系。刘某为证明与森邦公司之间存在厂房租赁关系，提交了《营业场所租赁合同》及郑某满签字、森邦公司盖章的20张承兑汇票复印件等证据，结合双方当事人陈述及其他证据，上述证据不足以认定双方之间存在厂房租赁关系。具体理由如下：首先，《营业场所租赁合同》的当事人森邦公司否认合同的真实性。本案历次庭审过程中，森邦公司对租赁合同的真实性不予承认，并认为租赁合同是因其法定代表人郑某满欠刘某父亲吴某民借款而被迫签订，签订租赁合同的目的是抵偿借款。其次，现有证据不足以证明刘某向森邦公司支付了350万元的租金。森邦公司、郑某满庭审中一直否认收到350万元租金，虽然刘某提交了郑某满签字、森邦公司盖章的20张承兑汇票复印件，但根据九江银行南昌分行运营管理部出具的说明，2012年3月15日，出票人为江西开泰克压缩空气系统有限公司，付款行为九江银行南昌分行，收款人为浙江开山压缩机股份有限公司，出票金额为15万元的承兑汇票，银行仅开出一张，而刘某提交的复印件中2012年3月15日开出

① 该司法解释已于2020年12月29日修正，本条内容未作变动。

的承兑汇票有两张，结合刘某如何支付租金前后矛盾的陈述及其未提供将汇票背书给森邦公司的证据，现有证据不足以证明刘某向森邦公司支付了350万元租金。最后，没有证据证明抵押登记前，刘某已占有、使用涉案厂房。厂房租赁既未依法登记，也没有证据证明抵押登记前该厂房已被刘某实际占有使用。根据原审法院依法调取的电费缴费凭证，证明2012年4月、5月、6月涉案厂房的电费由森邦公司支付，这与《营业场所租赁合同》约定的自2012年4月开始水电费由刘某支付的事实不符。

该院于2015年6月30日作出（2015）浙衢执异终字第5号民事判决，驳回上诉，维持原判。二审案件受理费80元，由刘某负担。

三、再审申请人再审请求及被申请人答辩意见

刘某申请再审称：原判否认本案所涉厂房租赁关系错误。（1）森邦公司法定代表人郑某满在2014年12月8日下午庭审中陈述，当时租房是为了刘某父亲吴某民（以衢州铭歆商贸有限公司的名义）和郑某满外甥谢某水合作办厂，郑某满将半成品和设备给外甥作为投资，吴某民以现金投资，故由吴某民出面商谈租房事宜，刘某出面签订租赁合同。可见，森邦公司并未否认租赁合同的真实性。（2）刘某在原审庭审后发现森邦公司借款的借条及部分凭证复印件等“新证据”，可以证明森邦公司在2012年3月28日签订《营业场所租赁合同》之前只向吴某民借款300万元，故郑某满所述在2012年3月28日之前欠款390万元及“以欠款抵房租”不是事实。（3）刘某已经就其提交的汇票复印件中有两张出票日期为2012年3月15日地相同的承兑汇票这一事实作出合理解释；刘某关于租金是一次性支付还是分次支付的陈述前后不一系记忆发生错误导致。原判未采信刘某提交的汇票复印件，以刘某关于符合支付租金的陈述前后矛盾为由否定刘某向森邦公司支付了350万元租金这一事实，明显错误。（4）电费缴纳凭证本身不能证明实际缴费人身份，而森邦公司法定代表人郑某满在之前的庭审中已经陈述其代刘某缴纳了2012年4月、5月、6月份电费的事实，原判不采信该陈述，却采信了郑某满代理人在之后庭审中作出的相反陈

述，严重违反了证据采信规则；认定2012年4月、5月、6月涉案厂房的电费仍由森邦公司支付，并否定在抵押登记前刘某已占有使用涉案厂房的事实，明显错误。综上，依据《中华人民共和国民事诉讼法》第二百条第一项、第二项之规定，请求对本案予以再审。

黄某泉提交书面意见称：原判认定事实清楚，适用法律正确，应驳回刘某的再审申请。（1）2012年6月，黄某泉、江某林、郑某满及吴某民签订“四方协议”及办理房产抵押登记时，吴某民与郑某满未将二人签订厂房租赁协议一事告知黄某泉和江某林，且“四方协议”第3条明确载明吴某民同意将上述厂房抵押登记给黄某泉，应视为吴某民放弃了“买卖不破租赁”的对抗权。（2）森邦公司及其法定代表人郑某满并不认可租赁关系的真实性，反而陈述系受刘某父亲吴某民逼迫才签订虚假的《营业场所租赁合同》，刘某也没有支付过任何租金。（3）刘某提交的借条及转账凭证复印件不属于“新证据”，更不足以推翻原判决。（4）刘某提交的承兑汇票复印件不足以证明其向森帮公司支付了350万元租金这一事实。

郑某满、森邦公司未提交书面意见。

四、浙江省高级人民法院再审情况

浙江省高级人民法院认为，根据法律规定，在合同纠纷案件中，主张合同关系成立并生效的一方当事人对合同订立和生效的事实承担举证责任。本案诉讼中，刘某主张其与森邦公司真实成立厂房租赁关系，但其提交的证据并不足以证明这一主张，依法应承担不利的诉讼后果。（1）郑某满在公安机关接受询问时以及其和森邦公司在原审诉讼过程中，均主张涉案《营业场所租赁合同》并非当事人真实意思表示，而是为了抵债或者是为郑某满向吴某民、刘某的借款提供担保。虽然郑某满在2014年12月8日下午的庭审中承认其先与吴某民协商，后与刘某签订了《营业场所租赁合同》这一事实，但其也就签订《营业场所租赁合同》的背景作了说明，仍然主张因其欠吴某民借款而签订租赁合同，该合同只是形式，且其也未实际收取租金，该陈述与其之前的陈述及抗辩并不矛盾，并非承认双方建

立了真实的租赁关系。(2) 刘某就其提交的汇票复印件中有两张出票日期为2012年3月15日地相同的承兑汇票这一事实，主张系同一张汇票在其与森邦公司之间二次流转所致，但该主张除其个人陈述外，并无其他证据证明，且与常理相悖，无法采信。刘某在申请再审阶段提交的森邦公司借款的借条及部分凭证复印件，不属于《最高人民法院关于适用〈中华人民共和国民事诉讼法〉审判监督程序若干问题的解释》第十条[①]规定的再审"新的证据"范畴；即使上述证据属于"新的证据"，也可以证明郑某满当时至少尚欠吴某民约300万元借款，在此情况下，吴某民、刘某不用借款抵销租金，反而仍由刘某支付350万元租金给郑某满，明显不合常理。原判综合多方面证据否定刘某主张的支付租金的事实，并无不当。(3) 按照刘某主张，吴某民、郑某满与黄某泉、江某林于2012年6月25日签订"四方协议"时，其早已承租森邦公司的厂房，而吴某民作为刘某的父亲对厂房租赁一事完全知情，但其与郑某满却并未将租赁一事告知江某林、黄某泉，这也与常理不符。(4) 原判根据原审法院依法调取的电费缴纳凭证，结合郑某满在庭审中所作"2012年4、5、6月份森邦公司自己交纳电费"这一陈述，同时考虑《营业场所租赁合同》关于"承租后由刘某支付水电费"的约定，2012年7月31日吴某民在公安机关的陈述、衢州铭歆商贸有限公司与谢某水签订的生产承包合同等证据，认定涉案厂房在2012年6月前仍由森邦公司使用，有充分依据。而刘某除提交2012年6月1日地转租协议书外，并未提交直接证据证明办理抵押登记前其已经占有使用涉案厂房这一事实；退一步说，在《营业场所租赁合同》真实性存疑的情况下，即使刘某在办理抵押登记前占有使用了涉案厂房，也不能排除其基于其他原因占有使用涉案厂房的可能，该种占有使用行为本身也不足以证明租赁的事实。

综上，由于刘某无法证明其与森邦公司存在真实租赁关系的事实，其以对涉案厂房享有租赁权为由提出的执行异议不能成立，原审驳回其诉讼

① 该司法解释已于2020年12月29日修正，新修正的司法解释已无此条。

请求并无不当。裁定驳回刘某的再审申请。

五、评析意见

本案主要涉及两方面问题：一是同一不动产上抵押权和租赁权的关系；二是案外人享有的房屋租赁权如何认定。

（一）同一不动产上抵押权与租赁权的关系

不动产抵押是通过不转移标的物的占有来实现抵押物所有权人对抵押物的使用、收益的目的，而租赁权则是一种所有权人将标的物转由他人占有、使用以实现自己对标的物的收益利用权。因此，在同一不动产上可以同时成立抵押权和租赁权，二者在客观成立方面并不矛盾。同一不动产上并存抵押权和租赁权包括两种情形，即租赁权先于抵押权设立和抵押权先于租赁权设立。

1. 租赁权先于抵押权设立时两者之间的关系。《最高人民法院关于适用〈中华人民共和国担保法〉若干问题的解释》（以下简称《担保法解释》）[①] 第六十五条规定："抵押人将已出租的财产抵押的，抵押权实现后，租赁合同在有效期内对抵押物的受让人继续有效。"《中华人民共和国物权法》第一百九十条[②]承继了上述立法精神，规定"订立抵押合同前抵押财产已出租的，原租赁关系不受该抵押权的影响"。纵观上述规定，在已经出租的财产上设定抵押，不能影响在先的租赁关系。在抵押权实现前，抵押权人固然不能要求终止租赁合同，纵然抵押权实现，抵押物的受让人也必须蒙受租赁权负担。学者们将其归纳为"买卖不破租赁"的原则。从抵押权人的角度看，其设定抵押权时若已知晓该抵押物上存在租赁关系，则抵押权人必然将租赁关系纳入抵押物价值评估考量因素范围之内。即使在抵押权实现时出现先设租赁权对抗后设抵押权的情形，也不会对抵押权人

---

① 本司法解释已于2021年1月1日废止。

② 对应《中华人民共和国民法典》第四百零五条："抵押权设立前，抵押财产已经出租并转移占有的，原租赁关系不受该抵押权的影响。"

产生不公平的后果。但问题在于，先设租赁权是否在不具备任何附加条件的情况下就能对抗后设的抵押权呢？从我国立法表述来看，先设租赁权似乎可以无条件地对抗后设抵押权。然而，租赁权本质上毕竟为一种债权，其伴随着租赁合同的生效而成立，并不需要其他特别的成立要件。但租赁权又是物权化的债权，具有对抗第三人的效力，若在租赁合同生效时不仅成立租赁权，而且使该租赁权具备完整的对抗效力，则可能使善意第三人利益和社会交易安全遭遇不测之损害。不仅如此，即便租赁权在抵押权之后设立，抵押人仍可与承租人恶意串通，提前租赁权的设立时间以诈害抵押权人。因此，现行制度并不能有效保护抵押权人的合法权益。

2. 抵押权先于租赁权设立时两者之间的关系。《担保法解释》第六十六条第一款规定："抵押人将已抵押的财产出租的，抵押权实现后，租赁合同对受让人不具有约束力。"《中华人民共和国物权法》第一百九十条规定："订立抵押合同前抵押财产已出租的，原租赁关系不受该抵押权的影响。抵押权设立后抵押财产出租的，该租赁关系不得对抗已登记的抵押权。"有学者认为，上述规定应作相同理解，即如果将办理了抵押登记的财产出租，实现抵押权后，抵押财产的买受人可以解除原租赁合同，承租人不能要求继续承租该房屋。但笔者认为，《中华人民共和国物权法》第一百九十条并不意味着只要租赁权产生于抵押权之后，就必须要突破"买卖不破租赁"原则。所谓"租赁关系不得对抗已登记的抵押权"，是指因租赁关系的存在致使抵押权实现时无人应买抵押财产，或出价降低导致不足以清偿抵押债权时，抵押权人有权要求抵押人与承租人解除租赁合同关系。当然，如果有租赁权负担的抵押财产的变价足额以清偿抵押债权，就表明租赁关系的存在对抵押权的实现没有损害，此时租赁关系应继续存续并由抵押物的受让人承受。易言之，在理解《中华人民共和国物权法》第一百九十条时，不能采取与《担保法解释》第六十六条第一款相同的见解，而应将该句理解为"该租赁关系不得对登记抵押权造成不利影响"。否则，对于抵押权的保护就超越了合理范围，在抵押权人并无损害时，法律直接干涉抵押物上的用益关系，从而对抵押人、承租人甚至抵押物受让人利益造成不当的影响。

(二)案外人房屋租赁权的认定

正如前文所述，在同一不动产上可以同时设定抵押权和租赁权，二者在客观成立方面并不矛盾。然而，在民事强制执行的拍卖中，被抵押拍卖标的物上存有的租赁权涉及债权人、被执行人（标的物所有权人）、承租人三方利益，由于被拍卖标的物上租赁权的存在，很大程度上会影响买受人的购买心理，导致强制拍卖的目的难以实现，进而损害抵押权人的合法权益。本案中，案外人刘某提起案外人执行异议之诉，请求法院确认其对涉案房屋享有租赁权。如前文所述，租赁权伴随着租赁合同的生效而成立，并不需要其他特别的成立要件。由于现行法律对租赁权的对抗力未作任何公示要求，该权易于成立且在外观上难辨真伪，致使众多债务人利用法律的漏洞签订虚假租约规避执行。

那么，在司法实践中又应如何审查案外人是否享有涉案房屋租赁权呢？笔者认为，法院审查时应尽可能考虑到各种因素，如双方当事人签订合同时的真实意思表示、租金的实际支付情况、租赁物的占有使用情况、承租人是否对房屋有实际需求、合同条款的约定是否符合交易习惯等。本案在审理过程中，法院围绕上述因素对相关事实进行查明。首先，关于双方当事人签订租赁合同是否是其真实意思表示。本案在整个庭审阶段，森邦公司及郑某满均表示当时与刘某签订租赁合同，其目的是为偿还郑某满所欠刘某父亲的借款而作担保，租赁房屋并不是双方真实意思表示。债务人对于其签订租赁合同真实目的的陈述是本案被怀疑为虚假租赁的重要因素。其次，租金的实际支付情况。根据租赁合同约定，租金 350 万元，一次性支付。刘某表示是将 350 万元的汇票交给郑某满，但对于是一次性交付还是分期交付前后陈述矛盾。针对汇票的问题，法院依职权对相关汇票进行调查后发现，刘某提交的 20 张承兑汇票复印件中有两张是同一张汇票所复印。再次，涉案房屋的占有使用情况。占有虽不是租赁权成立的必要条件，但占有对于租赁权的成立具有决定性作用。《最高人民法院关于审

理城镇房屋租赁合同纠纷案件具体应用法律若干问题的解释》第六条[①]规定，就同一房屋存在数份有效租赁合同、承租人均主张履行的情况下，人民法院按照占有、登记备案、合同成立在先的顺序确定履行合同的承租人。该条强调了占有对于租赁的重要意义。本案中，根据合同约定，涉案房屋水电费由刘某缴纳，但自2012年3月28日签订租赁合同至6月26日涉案房屋办理抵押登记，水电费均由森邦公司缴纳，且办理抵押登记当天刘某的衢州铭歆商贸有限公司才将住所地变更为涉案房屋所在地址，故刘某声称其自签订租赁合同时就已占有使用房屋令人生疑。最后，租赁合同的相关条款不符合一般交易习惯。合同第六条约定："租赁期间，若遇政府征用，则乙方（森邦公司）全额返还租金。"根据该条约定，无论刘某租用房屋多长时间，如遇到政府征用土地，森邦公司应将350万租金返还给刘某，此种约定不符合租赁的一般交易习惯。综上，法院认为刘某与森邦公司之间并不存在真实的租赁关系。

（三）本案引发的思考

如前文所述，租赁权本质为一种债权，其伴随着租赁合同的生效而成立，并不需要其他特别的成立要件，此特点致使众多债务人利用法律的漏洞签订虚假租赁合同以规避执行，不仅严重侵害了申请执行人的合法权益，浪费了大量司法资源，而且极大损害了司法裁判的公信力和权威性。笔者认为，为有效杜绝虚假租赁的发生，应从以下几方面加以完善。

1. 适当强化法官职权。在有关证据的规定中，我国法律确定了法院依职权调查的范围，原则上是想尽量减少法院依职权调查的范围，体现当事人举证中心主义。但是，这种诉讼模式在强调当事人举证责任和当事人有

① 该司法解释已于2020年12月29日修正，本条已修改为第五条："出租人就同一房屋订立数份租赁合同，在合同均有效的情况下，承租人均主张履行合同的，人民法院按照下列顺序确定履行合同的承租人：（一）已经合法占有租赁房屋的；（二）已经办理登记备案手续的；（三）合同成立在先的。不能取得租赁房屋的承租人请求解除合同、赔偿损失的，依照民法典的有关规定处理。"

处分权的同时，也不能过于弱化法官职权，尤其是在涉及当事人存在虚假陈述时，法院应结合民事诉讼法以及证据立法中的相关规定适当强化法院的调查权。本案中，承办法官发现存在虚假租赁嫌疑时，主动依职权调取刘某提交汇票的原始凭证、水电费缴费凭证及衢州铭歆商贸有限公司的工商登记情况，从而结合其他证据认定本案合同虚假。

2. 建立租赁权登记制度。为防止被执行人与案外人恶意串通虚构租赁事实，就不动产租赁而言，应建立租赁权登记制度，即在先租赁权办理了登记，则不动产抵押权人可以查询登记簿获悉抵押物已被出租的情况，租赁权应具备对抗抵押权的效力；在先租赁权未办理登记，则抵押权人不能通过查询登记簿以了解抵押物已被出租的事实，租赁权不应对抗抵押权人。

3. 加大惩治打击力度。对虚假租赁合同的主体而言，仅对其科以程序法上的制裁并不足以免除其承担实体法上的侵权责任，但我国侵权责任法目前尚未将虚假诉讼作为一种独立的侵权行为，笔者认为应当将虚假诉讼规定为独立的侵权行为并明确行为人应负的民事责任，建立虚假诉讼民事侵权损害赔偿制度。

（执笔人：姚振忠、方园）

28. 王某与A银行、B公司等案外人执行异议之诉案*

▶

案外人执行异议之诉中案外人主体资格的界定

【裁判摘要】

《中华人民共和国民事诉讼法》第二百二十七条规定的案外人是指对被执行人的执行标的主张实体权益的人。对案外人的理解，应就每一个具体特定的执行标的进行判断，不能因个案中存在多名被执行人和多个执行标的而混同认为所有被执行人均系某一具体特定执行标的的被执行人，并进而否认其提起案外人执行异议之诉的主体资格。

【案例索引】

一审：慈溪市人民法院（2017）浙0282民初8964号民事裁定书

二审：宁波市中级人民法院（2017）浙02民终3691号民事裁定书

* 摘自《审判监督指导》2018年第3辑（总第65辑），人民法院出版社2019年版，第45～46页。

【基本案情】

原告（上诉人）：王某

被告（被上诉人）：A 银行

一审第三人：B 公司、C 公司、D 公司、E 公司、F 公司、岑某、华某

2016 年 12 月 12 日，A 银行与王某、B 公司、C 公司、D 公司、E 公司、F 公司、岑某、华某就金融借款合同纠纷达成调解协议：B 公司偿还 A 银行本金 1 亿余元及利息；若 B 公司未履行还款义务，A 银行在其债权范围内就 E 公司、F 公司、岑某、王某提供的抵押物在相应担保范围内享有优先受偿权。C 公司、D 公司、岑某、华某在相应担保范围内承担连带保证责任。后 B 公司未履行调解协议约定的还款义务。法院根据 A 银行的申请，查封了岑某名下的房屋并拍卖。王某以其与岑某在房屋抵押登记前签订了租房协议，其已一次性支付十年租金并实际占有上述房屋为由，向法院提出执行异议。被驳回后，王某提起执行异议之诉，请求：确认其与岑某间的房屋租赁协议有效、其对案涉房屋享有租赁权并带租拍卖。

【审理结果】

慈溪法院一审认为，被执行人在案外人执行异议之诉中的法律地位只能是被告或者第三人，其作为被执行的对象，不在执行异议之诉的保护范围内。王某作为被执行人，无权提起案外人执行异议之诉，非本案适格主体。裁定：驳回王某的起诉。

宁波中院二审认为，就金融借款合同纠纷而言，王某、岑某等皆为被执行人，但在具体执行岑某名下的抵押房屋时，岑某为该执行标的的被执行人，其他被执行人并非该执行标的的被执行人，王某以其对该执行标的享有实体权益为由提出异议，其法律地位系案外人。裁定：撤销一审裁定，指令一审法院审理。

【评析意见】

《中华人民共和国民事诉讼法》第二百二十七条规定的案外人应为对

被执行人的执行标的主张享有民事权益的人。通常情况下，被执行人在案外人执行异议之诉中作为被告或者第三人参与诉讼，其作为被执行的对象，不在执行异议之诉的保护范围内。但是在存在多个被执行人的案件中，各被执行人承担义务的基础法律关系、执行标的以及承担的债务金额均有可能不同。因而，在具体执行某一被执行人名下的财产时，其他被执行人并非该执行标的的被执行人。若其他被执行人主张对该执行标的享有民事权益并提出执行异议，且该权益与原判决、裁定无关的，其他被执行人就属于“案外人”。特别是在其他被执行人的民事权益有可能大于该被执行人应当承担的债务时，如不确认其他被执行人的案外人地位，给予其提起案外人执行异议之诉的权利，其他被执行人就会被剥夺针对该执行标的民事权益的救济途径，直接导致其不能及时有效地进行自我权益救济，有违执行异议之诉的立法目的。

29. A 银行与 B 银行、C 公司等案外人执行异议之诉案*

▶

房产抵押权实现后，抵押权人对抵押物租金享有的权利可以对抗租金质权人

【裁判摘要】

根据《最高人民法院关于适用〈中华人民共和国担保法〉若干问题的解释》第七十九条规定，同一财产上法定登记的抵押权与质权并存时，抵押权人优先于质权人受偿。法院查封抵押财产后，抵押人丧失收取作为孳息的房租的权利，租金质权人亦应当劣后于房屋抵押权人实现其质权。

【案例索引】

一审：义乌市人民法院（2017）浙 0782 民初 5393 号民事判决书

二审：金华市中级人民法院（2017）浙 07 民终 4189 号民事判决书

【基本案情】

原告（上诉人）：A 银行

---

* 摘自《审判监督指导》2018 年第 3 辑（总第 65 辑），人民法院出版社 2019 年版，第 47～48 页。

被告（被上诉人）：B银行

第三人：C公司、D公司、E银行

2011年2月18日，D公司与B银行签订最高额抵押合同，约定以义乌市江滨北路523号、525号房屋为C公司自2011年2月18日至2013年2月8日在B银行处11000万元融资提供最高额抵押担保，并办理了抵押登记。2013年1月16日，双方约定将上述抵押主债权期间延长至2015年1月13日，并办理了抵押变更登记。义乌法院依据确定前述最高额抵押担保的生效民事判决，依B银行申请，于2015年8月17日查封上述房产并裁定拍卖；同年4月25日依B银行申请，查封冻结上述被查封房产应收的租金，同时通知E银行及案外人张某将应付租金交至该院。

2010年10月29日，E银行与D公司签订房屋租赁合同，约定D公司将义乌市江滨北路523号、525号一至五楼房产出租给E银行，租赁期限为2010年11月10日至2030年11月9日，年租金430万元。2014年2月12日、12月18日，A银行与D公司签订两份最高额应收账款质押合同，约定：D公司分别以其与E银行签订的房屋租赁合同项下自2014年2月12日起五年内形成的应收租金和2019年2月12日至2030年11月9日的应收租金，为A银行与C公司于2014年2月12日至2015年2月12日和2014年2月12日至2017年2月11日签订的一系列合同及其修订或者补充提供质押担保。上述应收账款质押已在中国人民银行征信中心办理了登记。A银行有权就D公司质押的应收租赁款项（即D公司与E银行房屋租赁合同项下自2015年5月10日起至2030年11月9日止的租金）在上述债务金额范围内享有优先受偿权。A银行先后分七次向C公司发放贷款共计8000万元。

义乌法院决定对上述房屋带租拍卖。A银行提出书面异议，要求停止对案涉房屋带租拍卖、停止执行D公司应收取的E银行租金。义乌法院作出执行裁定，驳回A银行的异议。A银行遂提起执行异议之诉，请求判决不对案涉房屋带租拍卖；若带租拍卖，确认E银行与D公司签订的房屋租赁合同项下自法院裁定房屋所有权转移之日起至2030年11月9日止的租金归其所有。

【审理结果】

义乌法院一审认为，根据《最高人民法院关于适用〈中华人民共和国担保法〉若干问题的解释》① 第七十九条“同一财产法定登记的抵押权与质权并存时，抵押权人优先于质权人受偿”的规定，虽然A银行对案涉房屋租金享有质权，但B银行对案涉房屋享有的抵押权优先于A银行的质权受偿。因E银行对案涉房屋的租赁权应予保护，故本案应带租拍卖，A银行要求停止带租拍卖的诉请于法不符，不予支持。B银行对案涉房屋享有的抵押权建立在D公司的所有权基础上，而A银行对案涉房屋租金享有的质权建立在D公司依法享有租金收益的基础上。拍卖成交后，自法院裁定所有权转移之日起，新的买受人即取得了包括收益权在内的完整所有权，享有收取租金的权利，而D公司不再享有所有权，无权继续收取租金。判决：驳回A银行的诉讼请求。

金华中院二审判决：驳回上诉，维持原判。

【评析意见】

房屋抵押权与租金质权分别针对房屋和租金，可以并存。抵押权人并不直接占有、支配被抵押的房屋，设定抵押后，抵押人仍可以对房屋使用、收益和处分，可以就租金设立质权。根据《中华人民共和国物权法》第一百九十七条第一款②的规定，抵押权人依法或者依约实现抵押权的，自抵押财产被人民法院扣押之日起，抵押权人在通知应当清偿法定孳息的义务人后，有权收取该抵押财产的天然孳息或者法定孳息。因此在法院查封抵押房屋后，抵押人丧失收益权，抵押权效力及于租金等法定孳息。同

---

① 本司法解释已2021年1月1日废止。

② 对应《中华人民共和国民法典》第四百一十二条：“债务人不履行到期债务或者发生当事人约定的实现抵押权的情形，致使抵押财产被人民法院依法扣押的，自扣押之日起，抵押权人有权收取该抵押财产的天然孳息或者法定孳息，但是抵押权人未通知应当清偿法定孳息义务人的除外。前款规定的孳息应当先充抵收取孳息的费用。”

时，根据《最高人民法院关于适用〈中华人民共和国担保法〉若干问题的解释》第七十九条的规定，同一财产上依法登记的抵押权优先于质权。因此，在抵押房屋被法院查封、抵押权及于租金的情况下，租金质权亦应当劣后于房屋抵押权。但较之无担保的普通债权人，租金质权人就抵押权实现后的剩余租金仍享有优先受偿权。本案中由于E银行的租赁权早于抵押权，因此法院裁定带租拍卖并认定A银行的租金质权不能对抗B银行的抵押权，于法有据。

30. 钱某与赵某某、郭某案外人执行异议之诉案*

▶ 执行异议之诉案件中对案外人租赁权的认定

【裁判摘要】

法院在审查案外人要求带租拍卖的请求时，参照《最高人民法院关于人民法院办理执行异议和复议案件若干问题的规定》第三十一条[①]规定，应当审查案外人与被执行人在法院查封前是否存在真实合法的租赁关系、案外人是否占有使用租赁物及租金是否合理等情况。审查租赁关系真实与否时应综合考虑租赁期限、租金价格、租金支付方式等各种因素。

【案例索引】

一审：嘉兴市南湖区人民法院（2017）浙0402民初1714号民事判决书

二审：嘉兴市中级人民法院（2017）浙04民终1619号民事判决书

---

* 摘自《审判监督指导》2018年第3辑（总第65辑），人民法院出版社2019年版，第49～51页。

① 该司法解释已于2020年12月29日修正，本条条数及内容均未作变动。

【基本案情】

原告（上诉人）：钱某

被告（被上诉人）：赵某某

第三人：郭某

2009年7月1日，钱某与郭某签订房屋租赁合同，约定：钱某向郭某承租嘉兴市财富广场东区1幢2-21××室房屋，期限20年，自2009年7月1日至2029年6月30日；租金108万元，合同签订后一个月内交纳50万元，其后按月交付不少于5000元至第三人银行卡，并于2018年底前付清全部租金等。2009年7月5日郭某出具收据一份，载明已收到租金首期款50万元。2015年4月23日郭某又出具收据一份，载明提前收取钱某租金10万元。钱某提供了六张郭某的银行卡存款凭证证明其支付租金的事实，分别为：2015年7月存入4400元，8月存入4800元，9月存入4820元，11月存入4400元，12月存入4500元，2016年1月存入4401元。2009年5月18日，钱某银行账户转入40万元，取现40万元；2009年5月20日转入10万元，取现10万元。

钱某另提供了7份房屋租赁合同，租期分别为：2010年7月22日至2011年7月21日；2011年4月10日至2012年4月9日；2012年4月10日至2013年4月9日；2012年7月3日至2013年7月2日；2013年7月3日至2014年7月2日；2014年7月4日至2015年7月2日；2015年7月3日至2016年7月2日；承租人均为案外人，出租人均为郭某，钱某在经手人处签名。案涉房屋于2010年8月19日登记在郭某名下，并于同日登记抵押权人为A银行。法院于2015年5月18日查封该房屋，于2016年8月15日张贴腾退公告。钱某从次承租人处知悉该情况后，提出执行异议，主张对该房屋享有租赁权，要求停止腾退、带租拍卖。

【审理结果】

南湖区人民法院一审认为，钱某主张的租赁关系存在诸多疑点，难以成立。判决：驳回其全部诉讼请求。

嘉兴市中级人民法院二审认为，钱某提交的证据不足以证明其与郭某就案涉房屋在法院抵押登记前已形成了真实合法的租赁关系。钱某与郭某签订的房屋租赁合同存在诸多不合常理之处，包括租赁期限、租金金额、租金支付方式等。钱某未能举证证明其已在房屋被抵押前合法占有使用该房屋，其与郭某之间只存在一种普通债权债务关系，无需给予特殊保护。判决：驳回上诉，维持原判。

【评析意见】

就租赁权是否可以对抗抵押权问题，参照《最高人民法院关于人民法院办理执行异议和复议案件若干问题的规定》第三十一条规定，应当审查案外人与被执行人在法院查封前是否存在真实合法的租赁关系、案外人是否占有使用租赁物及租金是否合理等情况。具体而言：（1）租赁合同签署时间。租赁合同在前，抵押登记行为在后，租赁权才可以对抗抵押权。（2）租赁期限。对与惯常租赁模式存在显著差别的诸如租期20年以上的租赁合同，应结合承租人的租赁目的、使用情况等综合判定。（3）租金支付情况，特别注意租金交付方式。在案外人与被执行人虚构租赁关系的案件中，租金多是一次性付清或者以在先借款抵偿租金。（4）实际占有使用租赁物状况。《最高人民法院关于审理城镇房屋租赁合同纠纷案件具体应用法律若干问题的解释》第六条[①]规定，出租人就同一房屋订立数份租赁合同，在合同均有效的情况下，承租人均主张履行合同的，人民法院按照合法占有、登记备案、合同成立在先的顺序确定履行合同的承租人，彰显了“占有”要素的重要性。本案中，钱某虽然提供了租金交付凭证，但交

① 该司法解释已于2020年12月29日修正，本条已修改为第五条：“出租人就同一房屋订立数份租赁合同，在合同均有效的情况下，承租人均主张履行合同的，人民法院按照下列顺序确定履行合同的承租人：（一）已经合法占有租赁房屋的；（二）已经办理登记备案手续的；（三）合同成立在先的。不能取得租赁房屋的承租人请求解除合同、赔偿损失的，依照民法典的有关规定处理。”

付方式、时间与合同约定及交易习惯不符。且钱某作为承租人可以直接转租却仍以原出租人郭某名义出租，房屋一直转租他人，钱某通过次承租人才知晓房屋被查封、腾退情况。因此，综合全案事实，本案不足以证明钱某与郭某在抵押前已形成了真实合法的租赁关系，其要求停止腾退、带租拍卖的请求无法予以支持。

31. A公司与B银行、C公司案外人执行异议之诉案*

多份租赁合同情况下租赁关系的认定

【裁判摘要】

抵押权执行中，案外人就执行标的与被执行人签订数份租赁合同，且其中一份租赁合同约定的租赁期限跨越抵押权设立时间的，案外人仅可以基于抵押权设立前签订的租赁合同所建立的租赁关系排除执行，不得以抵押权设立后建立的租赁关系对抗已登记的抵押权。

【案例索引】

一审：温州市中级人民法院（2017）浙03民初527号民事判决书

二审：浙江省高级人民法院（2018）浙民终125号民事判决书

【基本案情】

原告（被上诉人）：A公司

* 摘自《审判监督指导》2018年第3辑（总第65辑），人民法院出版社2019年版，第52～53页。

被告（上诉人）：B银行

第三人：C公司

2009年4月1日，A公司前身D鞋厂与C公司签订房屋租赁合同，约定C公司将厂房及宿舍出租给D鞋厂使用；租赁期限自2009年4月1日至2012年3月31日。合同签订后，C公司将上述房屋交付D鞋厂使用。2010年3月30日，D鞋厂注销，A公司成立。A公司与C公司就同一房屋再次签订租赁合同，租赁期限自2012年4月1日至2020年3月31日，其他条款与前一份租赁合同基本相同。

2010年5月27日，C公司与B银行签订最高额抵押合同，约定以厂房及土地使用权作为抵押物提供最高额抵押担保，同日办理了抵押登记。生效判决认定B银行有权就抵押物优先受偿。执行法院依B银行申请于2016年8月4日作出拍卖预告并张贴于厂房现场，责令厂房占有人限期搬迁。A公司提出执行异议，执行法院裁定驳回异议，A公司不服提起本案诉讼。

【审理结果】

温州市中级人民法院一审认为，租赁关系能否对抗抵押权关键在于租赁关系是否成立于抵押权设立前。在第一份租赁合同到期后，A公司与C公司又签订了第二份租赁合同，延续了第一份租赁合同所约定的期限，可以认定A公司在抵押权设立前事实上已承租了案涉房屋，该租赁关系不受抵押权的影响。判决：不得除去A公司在C公司厂房及宿舍至2020年3月31日止的租赁权。

浙江省高级人民法院二审认为，A公司与C公司签订第二份租赁合同系在B银行抵押权设立之后，A公司不能依据基于该合同建立的租赁关系对抗B银行的抵押权。A公司2010年3月30日成立时事实上按照第一份租赁合同履行相关义务，并对案涉房屋享有租赁权。其得以对抗抵押权的租赁关系应以第一份租赁合同约定的内容为准，该租赁关系存续至2012年3月31日，而非2020年3月31日。执行法院发布拍卖预告并责令厂房占有人限期搬迁之日，A公司就已不享有对抗抵押权的租赁权。判决：撤销一审判决，驳回A公司的诉讼请求。

【评析意见】

在案外人以租赁权对抗抵押权的执行异议之诉案件中，任一单独租赁合同所设立的租赁关系及租赁期限均应以租赁合同的约定为准。当存在租赁期限跨越抵押权设立日期的多份租赁合同时，案外人仅可以依据抵押权成立前签订的特定租赁合同所设立的租赁权主张排除执行，而无权以租赁关系延续为由基于数份租赁合同所设立的数个租赁权笼统主张排除执行。A公司2010年3月30日登记成立时享有的租赁权来源于第一份租赁合同，在该租赁合同约定的租期届满之日2012年3月31日终止。此后双方签订第二份租赁合同，建立新的租赁关系。A公司要求排除的执行行为发生在2016年，其与C公司基于第一份租赁合同设立的租赁关系早已终止。A公司仅可以基于第一份租赁合同对抗B银行的抵押权。由于B银行的抵押权设立于2010年5月27日，早于第二份租赁合同设立的租赁权，因此根据《中华人民共和国物权法》第一百九十条[①]以及《最高人民法院关于适用〈中华人民共和国担保法〉若干问题的解释》[②] 第六十五条的规定，A公司要求对案涉房屋带租拍卖的请求，无法予以支持。

---

① 对应《中华人民共和国民法典》第四百零五条："抵押权设立前，抵押财产已经出租并转移占有的，原租赁关系不受该抵押权的影响。"

② 该司法解释已于2021年1月1日废止。

▶ 案外人购买登记在被执行人名下注册商标的民事权益认定

32. 郑某与周某、A 公司案外人执行异议之诉案*

【裁判摘要】

审理案外人执行异议之诉案件应贯彻实质审查原则，严格审查执行标的的真实权利状态，公平保护各方合法权益。案外人购买登记在被执行人名下的注册商标，若人民法院查封、扣押、冻结前，案外人已付清全款并实际占有且非因其自身原因导致未办理商标过户登记手续的，人民法院不得查封、扣押、冻结。

【案例索引】

一审：江山市人民法院（2015）衢江执异初字第 4 号民事判决书

【基本案情】

原告：郑某

被告：周某

第三人：A 公司

2014 年 1 月 19 日，郑某与 A 公司签订转让协议，

* 摘自《审判监督指导》2018 年第 3 辑（总第 65 辑），人民法院出版社 2019 年版，第 54 页。

约定A公司将某商标等作价60万元转让给郑某。郑某支付了对价款并办理声明公证。同年3月4日，郑某委托商标事务所向国家商标局提交转让登记申请。同年3月21日，国家商标局作出了转让申请受理通知书。同年5月26日，因A公司未依约履行另案调解书确定的给付义务，周某向法院申请执行。法院查封了注册登记在A公司名下的某商标。同年12月8日，国家商标局以商标被法院查封为由作出不予核准通知书。郑某提出执行异议。法院以某商标查封时登记的权利人为A公司为由，裁定驳回郑某的执行异议。郑某不服，提起执行异议之诉，要求停止执行、解除查封措施。

【审理结果】

江山市人民法院审理认为，案涉注册商标转让协议真实合法有效，受法律保护。现有证据证明郑某付清了全部转让款，A公司已将商标交付郑某，郑某实际占有了商标。协议签订后郑某已积极办理过户手续，得到国家商标局受理审查，由于国家商标局系统原因导致商标未能及时办理过户手续，郑某对此不存在过错。因此，郑某所提交的证据证明其已就执行标的享有足以排除强制执行的民事权益。判决：停止对某商标的执行。

【评析意见】

根据商标法的规定，商标专用权的取得及转让登记都要向商标主管机关申请注册、登记，商标主管机关经受理、核准注册、发给商标注册证并予以公告。因此，一般情况下，注册商标专用权作为有登记机构登记的财产，应按照登记机构的登记作为判断权利人的依据。但实践中也经常发生登记与实际权利状况不一致的情形，一律以登记信息判断权利归属并予以执行，将损害案外人的合法权益。基于此，《最高人民法院关于人民法院民事执行中查封、扣押、冻结财产的规定》第十七条①作出了例外规定。该条规定，被执行人将其所有的需要办理过户登记的财产出卖给第三人，第三人已经支付全部价款并实际占有，但未办理过户登记手续的，如果第

① 该司法解释已于2020年12月29日修正，本条已变更为第十五条，但内容未作变动。

三人对此没有过错，人民法院不得查封、扣押、冻结。因此，参照该规定，在案外人执行异议之诉案件中，若涉及需要办理过户登记的财产，法院不应单纯依据登记机构的登记信息判断权利归属，而应根据案外人提交的证据，严格审查执行标的实体权利状态，包括执行标的的取得方式、占有状况、对价支付情况及案外人未办理过户登记手续的可归责性等因素，以判定案外人是否已证明其对执行标的享有足以排除强制执行的民事权益。综合全案事实，郑某对案涉商标享有足以排除强制执行的民事权益，法院应停止对该商标的执行。

33. A公司与B银行、C公司案外人执行异议之诉案*

▶ 基于相邻关系享有的通行权益能否排除法院执行

【裁判摘要】

相邻权作为不动产的所有人或者使用人在处理相邻关系时所享有的权利，不因相邻土地被法院强制执行而受到损害。案外人基于相邻关系提起案外人执行异议之诉，不具有诉的利益，法院应裁定驳回起诉。

【案例索引】

一审：绍兴市上虞区人民法院（2017）浙0604民初8461号民事裁定书

二审：绍兴市中级人民法院（2017）浙06民终4285号民事裁定书

【基本案情】

原告（上诉人）：A公司

被告（被上诉人）：B银行、C公司

2016年10月10日，A公司与C公司签订租赁合

* 摘自《审判监督指导》2018年第3辑（总第65辑），人民法院出版社2019年版，第55～56页。

同，承租C公司厂房与土地，租期2016年10月10日至2018年10月9日。A公司支付全部租金后，对C公司土地上的唯一出入口享有自由通行权。上虞法院在（2016）浙0604执3311号执行案件中，根据B银行的执行申请对上述土地进行司法处置。A公司根据物权法关于相邻关系和地役权的规定，基于通行权提出执行异议，被驳回后，提起执行异议之诉，请求确认其对C公司名下土地享有通行权，并在上述土地司法处置时予以带通行权拍卖。

【审理结果】

上虞法院一审认为，本案不属于案外人执行异议之诉审理范围，裁定驳回起诉。

绍兴中院二审认为，民事诉讼中，原告提起诉讼必须有诉的利益。相邻权是指不动产的所有人或者使用人在处理相邻关系时所享有的权利。通行权属于相邻权，不因毗邻方不动产的转移而受影响，即使人民法院对案涉土地司法处置后，原有的合法通行权仍受保护。故A公司在法院对C公司土地执行过程中，无排除执行的利益存在，对其起诉应予驳回。裁定：驳回上诉，维持原裁定。

【评析意见】

根据《中华人民共和国物权法》第八十四条[①]和第八十七条[②]规定，不动产的相邻权利人应当按照有利生产、方便生活、团结互助、公平合理的原则，正确处理相邻关系；不动产权利人对相邻权利人因通行等必须利用其土地的，应当提供必要的便利。因此相邻权是指在相互毗邻的不动产的所有人或者使用人之间，任何一方为了合理行使其所有权或者使用权，享有要求其他相邻方提供便利或者是接受一定限制的权利。相邻关系的实

---

① 对应《中华人民共和国民法典》第二百八十八条，内容未作变动。

② 对应《中华人民共和国民法典》第二百九十一条，内容未作变动。

质是对所有权的限制和延伸。相邻权属于从属权利，附属于不动产所有权或者使用权。而案外人执行异议之诉的审查重点是案外人对执行标的是否享有足以排除强制执行的民事权益。因此，A公司作为案外人主张对执行标的享有相邻权而提起执行异议之诉时，因其所享有的权益并不因土地被法院强制执行而受到损害，其提起案外人执行异议之诉不具有诉的利益，应裁定驳回其起诉。

34. 林某A、林某B与A银行等案外人执行异议之诉案*

▶

柴油补助款应由实际渔业生产者所有

【裁判摘要】

柴油补助款是中央财政预算安排的，用于补助渔业生产者因成品油价格调整而增加的成品油消耗成本而设立的专项资金，其补助对象是使用机动渔船的渔业生产者。在渔船证书（所有权证、捕捞许可证）持证人与实际所有人、渔业生产者相分离的情况下，虽然柴油补助款由渔船证书持证人申报，渔业主管部门亦将柴油补助款发放给持证人，但基于柴油补助款的属性，仍应当根据"柴油补助款的补助对象是使用机动渔船的渔业生产者"这一标准确认其归属。

【案例索引】

一审：宁波海事法院（2014）甬海法执异初字第1号民事判决书

二审：浙江省高级人民法院（2015）浙执异终字第11号民事判决书

* 摘自《审判监督指导》2018年第3辑（总第65辑），人民法院出版社2019年版，第57～58页。

【基本案情】

原告（被上诉人）：林某A、林某B

被告（上诉人）：A银行、虞某、虞某某

“浙普渔32105”号船的船舶所有权证书登记所有人和渔业捕捞许可证持证人均为虞某。该船2012年度柴油补助款799418元于2014年3月打入虞某账户；2013年度柴油补助款774769元由虞某申报，已经渔业主管部门审核公示，款项暂缓发放。2011年4月20日，林某A、林某B签订合伙建造经营渔船协议书，之后两人合伙建造并经营该船。因渔船登记政策，林某A与虞某签订渔船挂靠协议书，约定该船实际属林某A所有，由林某A管理和使用，挂靠期间的柴油补助款全部归林某A所有，虞某应无偿协助林某A领取此款等。2012年10月8日，林某A与虞某又签署了一份协议书再次约定了上述内容，并办理了公证。2011年10月27日，虞某与A银行签订了抵押借款合同，以该船作抵押借款200万元，并办理了船舶抵押权登记。虞某某同时出具保证函，对借款承担连带保证责任。后因借款到期未还，A银行提起诉讼。宁波海事法院依A银行申请作出（2013）甬海法舟商初字第403号民事裁定书，冻结该船2012年度柴油补助款。2013年8月15日，该院作出（2013）甬海法舟商初字第403号民事判决书，判决支持A银行相应诉讼请求。后该院作出执行裁定书，裁定冻结、扣划该船的柴油补助款（银行存款）270万元。林某A、林某B提出异议，主张案涉船舶系其出资建造、实际所有和经营，请求终止执行该船及相应的柴油补助款，并确认该船及柴油补助款归其所有。宁波海事法院驳回了其执行异议。林某A、林某B遂提起执行异议之诉，请求确认该船柴油补助款（包括2012年度、2013年度已发生的及以后年度未发生的油补款）归其所有，并停止执行，对已执行部分予以执行回转。

【审理结果】

宁波海事法院一审认为，案涉船舶属于国内海洋捕捞渔船，渔业主管部门要求该船柴油补助款必须由捕捞许可证登记的持证人虞某申报，其他

人不能申报，补助款也必须发放至申报人虞某的油补款专用账户中，但其仅为补助款归属的初步证据。根据财政部和农业部《渔业成品油价格补助专项资金管理暂行办法》第三条和第四条规定，柴油补助款作为一项惠渔政策，实质系补助柴油成本的直接负担者。案涉船舶由林某A、林某B实际生产经营，用油成本由林某A、林某B直接负担，其与虞某之间的协议也均约定该船的柴油补助款归林某A、林某B享有，故林某A、林某B生产经营期间的柴油补助款应归其享有。因2014年度及以后的柴油补助款尚未发生，考虑油补政策变化、生产者变更等不确定因素，对林某A、林某B要求确认该部分补助款所有权的主张难以支持。柴油补助款作为国家对渔业捕捞活动的一种补贴，并非渔船孳息，不在A银行抵押权范围内，足以排除法院的强制执行。判决：确认该船2012年度、2013年度柴油补助款为林某A、林某B所有，不得执行。

浙江省高级人民法院二审判决：驳回上诉，维持原判。

【评析意见】

根据《渔业成品油价格补助专项资金管理暂行办法》有关规定，柴油补助款是中央财政预算安排的，用于补助渔业生产者因成品油价格调整而增加的成品油消耗成本而设立的专项资金，其补助对象是使用机动渔船的渔业生产者。一般情况下，使用机动渔船的渔业生产者即为渔船所有权人。但现实生活中，以他人名义向渔业主管部门申请取得捕捞许可，出资建造渔船并将渔船登记在他人名下、自己负责渔业生产经营，由此造成渔船证书（所有权证、捕捞许可证）持证人与实际所有人、渔业生产者相分离的现象亦普遍存在。本案中渔船证书（所有权证、捕捞许可证）持证人与实际所有人、渔业生产者相分离，虽然柴油补助款由渔船证书的持证人虞某申报，渔业主管部门亦将柴油补助款发放给虞某，但基于柴油补助款是基于国家专项政策补助，而非渔船或者渔业生产本身自然产生的收益，其补助对象是使用机动渔船的渔业生产者林某A、林某B，因此应当根据“柴油补助款的补助对象是使用机动渔船的渔业生产者”这一标准确认柴油补助款属于林某A、林某B所有，并停止执行相应柴油补助款。

35. A公司与梁某某等案外人执行异议之诉案*

▶ 违法建筑不能排除强制执行

【裁判摘要】

房屋合法扩建属于动产与不动产的附合，附合后不动产所有权人取得该动产所有权，扩建人对扩建材料丧失所有权，可以依不当得利请求所有权人返还扩建费用。而违法扩建因缺乏合法基础，扩建人对其不享有民事权益，对不动产所有权人也不享有债权，更不能排除对不动产的强制执行。

【案例索引】

一审：瑞安市人民法院（2015）温瑞执异初字第12号民事判决书

二审：温州市中级人民法院（2015）浙温执异终字第54号民事判决书

【基本案情】

原告（被上诉人）：A公司

---

* 摘自《审判监督指导》2018年第3辑（总第65辑），人民法院出版社2019年版，第59～60页。

被告（上诉人）：梁某某

被告：B公司、C公司

梁某某与C公司分别于2008年12月、2009年3月签订厂房出租合同各一份，承租C公司名下房屋东首一半和西首一半，分别于2013年12月31日和2014年3月31日到期。租赁期间，梁某某对房屋进行扩建，在通道上搭建钢构，将各幢房屋连成整体，作为家具展厅。2013年10月，前述2份租赁合同均延期五年。2012年5月28日，C公司将案涉房屋作为抵押物，为B公司向银行借款提供抵押担保并办理抵押登记。后银行将对B公司的债权及担保物权转让给A公司。因B公司未偿还借款，瑞安法院判决B公司偿还A公司借款本息，A公司对案涉房屋在2352万元内享有优先受偿权。经评估，案涉房屋土地市场价值1767万元、合法建筑市场价值277万元、违法建筑市场价值37万元，合计2081万元。案涉房屋最终以2285万元拍卖成交。梁某某向瑞安法院提出执行异议，认为其搭建的违法建筑拍卖所得应归其所有。该院作出执行裁定，返还梁某某违法建筑拍卖所得40.627万元。A公司遂提起执行异议之诉，请求准许执行拍卖案涉房屋违法建筑所得40.627万元。

【审理结果】

瑞安市人民法院一审认为，梁某某对案涉房屋的扩建部分与房屋结合在一起成为整体，非经毁损不能分离，构成附合。建筑材料附合在不动产上以后，不动产所有权人取得该动产的所有权。梁某某未经C公司同意擅自对案涉房屋扩建，构成侵权，增加了C公司负担，应当承担扩建费用，C公司有权请求梁某某恢复原状或者赔偿损失，梁某某对C公司不享有请求权。梁某某未经审批对案涉房屋扩建属于违法建筑。根据《中华人民共和国城乡规划法》第六十四条规定，违法建筑依法应予改正、拆除、没收，不具有合法利益。梁某某无权要求给付违法建筑拍卖款。判决：准许执行拍卖案涉房屋所得2285万元中的40.627万元。

温州市中级人民法院二审判决：驳回上诉，维持原判。

【评析意见】

根据《中华人民共和国城乡规划法》第六十四条规定，未取得建设工程规划许可证或者未按照建设工程规划许可证的规定进行建设的，由县级以上地方人民政府城乡规划主管部门责令停止建设；尚可采取改正措施消除对规划实施的影响的，限期改正，处建设工程造价5%以上10%以下的罚款；无法采取改正措施消除影响的，限期拆除，不能拆除的，没收实物或者违法收入，可以并处建设工程造价10%以下的罚款。因此违法建筑应予改正、拆除、没收，不具有合法利益。本案中，虽然违法建筑由梁某某建造，但因违法扩建没有形成独立的物，本案既不存在违法建筑拍卖所得，也不存在梁某某对违法建筑享有民事权益的问题，更不存在能够对抗A公司担保物权的民事权益。A公司要求继续执行的请求应予支持。

▶ 执行异议之诉与第三人撤销之诉的区分

36. 江鲁平与农行等案外人执行异议之诉案*

【案件基本信息】

1. 裁判文书字号

广东省广州市白云区人民法院（2012）穗云法民二初字第1253号

广东省广州市中级人民法院（2014）穗中法民二终字第961号

广东省广州市中级人民法院（2018）粤01民再40号

2. 案由：案外人执行异议之诉

3. 当事人

原告（二审上诉人）：江鲁平

被告（二审被上诉人）：中国农业银行股份有限公司广州白云支行（以下简称农行）

第三人：广州新船房地产开发有限公司（以下简称新船公司）、李洁诚

* 摘自《审判监督指导》2018年第4辑（总第66辑），人民法院出版社2019年版，第119~121页。

【基本案情】

前案：1999 年 11 月 18 日，李洁诚与新船公司签订《商品房预售合同》，向新船公司购买涉案房屋。同月 24 日，贷款人农行与借款人李洁诚签订《购房担保贷款合同》，保证人为新船公司，合同约定：李洁诚因购买房屋，同意把其与保证人签订的《购房合同》项下的房产及其权益抵押予贷款人，赋予贷款人以第一优先受偿权；贷款金额为 123 万元，贷款期限为 20 年（自 1999 年 11 月起至 2019 年 11 月止）。当天，贷款人农行与借款人李洁诚在广州市国土房管局办理了预购商品房抵押登记，抵押权人为农行。合同签订后，贷款人依约将款项划入借款人账户。广州市房地产交易登记中心出具《依申请公开信息复函》，证实涉案房屋预购人为李洁诚。2003 年，因李洁诚未按合同约定的期限履行还款义务，农行就其与李洁诚、新船公司的借款合同纠纷诉至法院。一审法院作出（2003）云法民二初字第 1078 号民事调解书，双方就还款事宜自愿达成协议，调解协议内容包括农行对涉案抵押房屋享有优先受偿权。李洁诚未按协议履行相关义务，后农行依据上述民事调解书向一审法院申请强制执行。

本案：在前案的执行过程中，一审法院查封了涉案房产。江鲁平提出案外人执行异议，该申请被驳回后，江鲁平提起本案诉讼，请求判令：（1）确认江鲁平是涉案房屋的买受人，对房屋的物权优先于农行的债权；（2）新船公司在收到江鲁平补交的购房款差额后，办理将涉案房屋过户至江鲁平名下的手续；（3）解除涉案房产的查封措施，停止执行涉案房产。

相关事实：2003 年 3 月 28 日，江鲁平与新船公司签订了《新理想华庭认购书》，认购涉案 1804 房，认购价为 1802305 元。2002 年 3 月 15 日、2002 年 4 月 10 日、2002 年 4 月 18 日，新船公司向江鲁平出具收款凭证，确认收到江鲁平购买 1804 房的房款 25 万元、40 万元、40 万元，共计 105 万元。江鲁平还提交了 2005 年 8 月 11 日、2006 年 7 月 3 日李洁诚出具的收据 2 张，拟证实除之前支付的 105 万元外，江鲁平还另外支付了 108 万房款，共计支付 213 万元，提交涉案房屋计费时段为 2005 年、2006 年、2007 年、2009 年的水费、管理费发票，客户名称为江鲁平等。一审中，江

鲁平还提交了2005 年 8 月 23 日向李洁诚账号现金存款的无折存款回单（金额为60 万元）。

【案件焦点】

本案应定性为执行异议之诉还是第三人撤销之诉；江鲁平是否享有优先于农行在该房屋上所享有的权利。

【法院裁判要旨】

一审法院认为：江鲁平提交的《新理想华庭认购书》、预收款凭证仅仅是新船公司签订及出具的，未能提交相关购房款发票，亦无办理任何备案登记手续。同时，江鲁平提交的水费及管理费发票仅仅是2005 年至2007 年、2009 年部分时段的收费凭证，亦无法证明实际占用情况。涉案房屋登记的预购人为李洁诚，农行已就涉案房产办理了抵押备案，就涉案房产享有的抵押权设定在先且已经公示，其抵押权理应得到保护。江鲁平主张其为涉案房产的产权人且其物权优先于农行的债权无据。判决驳回江鲁平的诉讼请求。

二审法院认为：本案二审的主要争议焦点为：（1）江鲁平对涉案房产是否享有所有权；（2）江鲁平对涉案房产享有的实体权利是否能阻止农行就该房产所提起的执行申请。

关于江鲁平对涉案房产是否享有所有权问题。根据《中华人民共和国物权法》第九条①的规定，不动产物权的设立经依法登记发生效力，未经登记，不发生效力。本案中，江鲁平虽与新船公司签订了《新理想华庭认购书》，但该房产至今仍未登记至江鲁平名下，江鲁平主张其对涉案房产享有所有权，缺乏事实依据。相应地，江鲁平要求确认其对涉案房产的物权优先于农行的债权，理由不成立。

关于江鲁平对涉案房产享有的实体权利是否能阻止农行就该房产所提起的执行申请问题。根据《最高人民法院关于建设工程价款优先受偿权问

① 对应《中华人民共和国民法典》第二百零九条，内容未作变动。

题的批复》[①] 所确定的原则，已交付大部分购房款的消费者对其所购商品房享有的权益应优先于抵押权人所享有的抵押权。本案中，江鲁平已与新船公司签订了《新理想华庭认购书》，新船公司亦已确认收到了购房款1802305元中的105万元，故江鲁平已支付了大部分的购房款。江鲁平能够提供涉案房屋水费、电费及管理费发票原件，在农行未能提交相反证据的情况下，可以证明江鲁平已实际占有和使用了涉案房产。故江鲁平要求解除涉案房产的查封措施并停止执行，符合法律规定。

至于江鲁平要求新船公司办理过户手续问题。由于本案是江鲁平提起的案外人执行异议之诉，办理过户手续与本案并非同一法律关系，故不予调处，江鲁平可另循法律途径解决。二审改判解除对涉案房屋的查封，停止对涉案房屋的执行。

再审认为，江鲁平向新船公司购买涉案房屋前，房屋已由前手买受人李洁诚抵押给农行，江鲁平未查询该房屋的他项权利情况，且江鲁平未付清房款；江鲁平提交的水费及管理费发票仅仅是2005年至2007年、2009年部分时段的收费凭证，亦无法证明对涉案房屋的实际占用情况，故江鲁平主张享有法定优先权缺乏事实依据，不予支持。再审撤销二审判决，改判维持一审判决。

【法官后语】

关于本案的定性在再审审理过程中有两种不同意见：第一种意见认为前案作出的民事调解书确认银行享有优先受偿权，法院在执行该调解书过程中，江鲁平提起诉讼的目的在于阻却涉案房屋执行，依据是其享有优于抵押权的法定权利，是一种实体权利，但因抵押权是生效民事调解书确定的权利，江鲁平主张的法定优先权与生效裁判确定的抵押权优先相冲突，实质是认为调解书确定的抵押权优先错误，损害其合法权益，依法应通过第三人撤销之诉申请对调解书再审，故本案实质为第三人撤销之诉。第二种意见认为，江鲁平作为房屋的买受人是对执行标的物提出异议，主张对

---

① 本司法解释已于2021年1月1日废止。

标的物享有对抗抵押权的权利，属于执行异议之诉。

我们同意第二种意见，本案不是对确定银行享有抵押权的生效裁判文书进入再审程序进行救济，而是执行异议之诉。理由在于，本案中，江鲁平对农行享有抵押权的依据并不持异议，也没有主张撤销生效的民事调解书，其主张是所享有的实体权利在法律上享有优先顺序，即根据《最高人民法院关于建设工程价款优先受偿权问题的批复》规定，消费者的房屋买受权优先于工程价款优先权，工程价款优先权又优先于抵押权。我们认为，涉案房屋存在多个权利并不矛盾，但存在因一个权利存在而阻却另一权利行使的情况，不应以一个权利的存在而否定另一权利。根据执行异议之诉制度设计目的，执行异议之诉应审查标的物权归属以及对相关权利位阶进行比较，这正是本案应当解决的问题。至于查明相关情况后如何处理，则应根据当事人的诉讼请求进行。

37. 廊坊市澳凯商贸有限责任公司与江苏银行股份有限公司北京分行、廊坊市汇通房地产开发有限公司案外人执行异议之诉纠纷案*

▶ 一般账户中的货币应以账户名称为权属判断的基本标准，特定专用账户中的货币，应根据账户当事人对该货币的特殊约定以及相关法律规定来判断资金权属

【裁判摘要】

货币为种类物，虽然权利人对货币的占有可以认定为所有，但在特定条件下，不能简单根据占有即认定为所有。对于一般账户中的货币，应以账户名称为权属判断的基本标准。对于特定专用账户中的货币，应根据账户当事人对该货币的特殊约定以及相关法律规定来判断资金权属，并确定能否对该账户里的资金强制执行。

【案号】

一审：（2015）廊民三初字第74号

二审：（2015）冀民一终字第430号

再审审查：（2016）最高法民申2528号

---

* 《人民司法·案例》2017年第5期收录本案例。

【案情】

再审申请人：河北省廊坊市澳凯商贸有限责任公司（以下简称澳凯公司）。

被申请人：江苏银行股份有限公司北京分行（以下简称江苏银行北京分行）。

一审被告：河北省廊坊市汇通房地产开发有限公司（以下简称汇通公司）。

澳凯公司诉称，河北省廊坊市中级人民法院在执行江苏银行北京分行与汇通公司一案中，将其以汇通公司名义在中国工商银行股份有限公司永清支行（以下简称工商银行永清支行）开设的账户、在中国农业银行股份有限公司永清县支行（以下简称农业银行永清县支行）开设的账户予以冻结。澳凯公司认为，被冻结的银行账户内资金不属于汇通公司所有，且该案保全的财产明显高于诉讼标的额，该冻结给澳凯公司带来了巨大的经济损失。为此，澳凯公司曾向廊坊中院提出书面异议，请求解除对上述账户的冻结。2015 年 3 月 25 日，澳凯公司收到廊坊中院送达的（2015）廊执异字第 11 号民事裁定书，该裁定事项缺乏事实和法律依据。请求判令：确认以汇通公司名义在工商银行永清支行账户资金 2927034. 25 元、在农业银行永清县支行账户资金 4908813. 53 元为澳凯公司所有，并停止对账户资金的执行。

一审法院查明，江苏银行北京分行申请执行汇通公司公证债权文书一案，廊坊中院于 2015 年 1 月 22 日立案执行，并于 2015 年 1 月 26 日作出 0015）廊民执字第 13 号民事裁定书，后向农业银行永清县支行作出协助冻结存款通知书，要求协助冻结被告汇通公司在该行账户存款 2740 万元；向工商银行永清支行作出冻结存款通知书，要求协助冻结被告汇通公司在该行账户存款 2740 万元。执行过程中，澳凯公司向该院提出执行异议称：依据河北省永清县人民法院于 2015 年 1 月 21 日作出的（2014）永民初字第 1747 号民事调解书，执行法院冻结上述账户内的资金不属于被告汇通公司所有，请求裁定解除对上述账户的冻结。廊坊中院于 2015 年 3 月 23 日作出（2015）廊执异字第11号执行裁定，驳回澳凯公司的异议。

另查明，2010年11月15日，澳凯公司与汇通公司的前身廊坊市力通伟业房地产开发有限公司签订了房地产项目合作开发合同，约定双方合作开发永清县永清镇朱家坟村凯悦花苑小区项目。合同第二条约定：小区项目以甲方（汇通公司）名义进行开发，乙方（澳凯公司）提供项目开发所需要的全部资金。合同第三条第一款约定：双方一致同意以甲方（汇通公司）名义办理上述合作项目开发用地征地手续，所需要的全部征地资金由乙方（澳凯公司）全部承担。合同第三条第五款约定：房地产开发建设过程中，甲方（汇通公司）负责日常的工程施工管理工作，因工程质量、安全生产造成的纠纷由甲方（汇通公司）负责处理。甲方（汇通公司）派驻全部工程技术管理人员，并负责监督工程质量及工程期限。确保在本合同约定的竣工日期完成工程建设。合同第四条约定：房地产开发项目自合同签订之日启动，自2014年5月14日竣工，合作开发终止。合同终止后，甲方（汇通公司）须将乙方（澳凯公司）应得的收益无条件全部返还乙方。合同第六条约定：双方合作期间，由双方各自派驻会计负责项目开发的财务管理，项目开发完毕，甲方（汇通公司）分得3%利润，乙方（澳凯公司）分得97%的利润。如出现亏损，双方按上述比例承担亏损。合同签订后，澳凯公司按照合同约定履行了出资义务，汇通公司按照合同约定以自身名义办理了合作项目开发用地征地手续。2012年4月13日，永清县凯悦花苑小区项目在商品房销售过程中为办理买受人购房按揭贷款，以汇通公司名义在农业银行永清县支行开设一般账户，账号为：50×××28，截至2015年3月30日账户余额为400357.46元。2012年6月4日，永清县凯悦花苑小区项目以汇通公司名义在农业银行永清县支行开设按揭贷款保证金专用账户，账号为：50×××18，截至2015年3月30日账户余额为1581421.82元。2012年6月26日，永清县凯悦花苑小区项目以汇通公司名义在工商银行永清支行开设按揭贷款保证金专用账户，账号为：04×××96，截至2015年3月30日，账户余额为2927034.25元。

2014年12月5日，永清县人民法院受理了澳凯公司对汇通公司提起的民事诉讼。在该诉讼中，澳凯公司诉称：汇通公司在合作过程中没有尽

到对工程质量及工程期限的监督管理职责，导致双方合作项目出现工程质量问题无法按时交接房屋，给澳凯公司造成了巨大的经济损失，双方已无法继续合作，请求判令：（1）解除澳凯公司与汇通公司于2010年11月15日签订的房地产项目合作开发合同；（2）永清县永清镇朱家坟村凯悦花苑小区项目变更由澳凯公司开发经营，汇通公司为澳凯公司办理土地使用权及商品房产权变更登记手续；（3）本案诉讼费由汇通公司承担。汇通公司辩称：澳凯公司所陈述的内容属实，汇通公司同意与澳凯公司解除双方于2010年11月15日签订的房地产项目合作开发合同，其他解除事宜愿同澳凯公司协商解决。2015年1月21日，经永清县人民法院主持调解，双方当事人自愿达成如下协议：（1）解除原告澳凯公司与被告汇通公司于2010年11月15日签订的永清县凯悦花苑小区房地产项目合作开发合同。（2）原告澳凯公司以被告汇通公司的名义销售凯悦花苑小区未售出的住宅210套、地下室173间、储藏室1间、车库22个、商业门面房33套，被告协助原告办理销售过程中的具体手续，以上房产的全部销售款项归原告所有，因销售产生的相关税费由原告负担。（3）因开发永清县凯悦花苑小区项目所产生的债权或债务全部由原告澳凯公司享有或负担；对于凯悦花苑小区项目，汇通公司不参与利润分成也不负担亏损；在凯悦花苑小区所涉房屋的建设就销售过程中引发的房屋质量纠纷、建设工程合同纠纷、房屋买卖合同纠纷及其他一切合同纠纷均由澳凯公司负责处理并承担相关责任，汇通公司对以上纠纷的处理予以协助。（4）澳凯公司放弃要求变更凯悦花苑小区项目由澳凯公司开发经营及要求汇通公司为其办理凯悦花苑小区土地使用权和商品房产权变更登记手续的诉讼请求。

【审判】

廊坊中院认为：该院冻结的永清县凯悦花苑小区项目在商品房销售过程中为办理买受人购房按揭贷款以汇通公司名义在农业银行永清支行开设的50×××28账户，在农业银行永清县支行开设的50×××18的按揭贷款保证金专用账户，及在工商银行永清支行开设04×××96按揭贷款保证金专用账户，账户内的资金性质为永清县凯悦花苑小区项目所得收益及保证金。根据（2014）永民初字第1747号民事调解书内容第三项，因开发永清县凯悦花苑小区项目所产生的债权或债务全部由原告澳凯公司享有或负担；对凯悦花苑小区项目，汇通公司不参与利润分成也不负担亏损，故三个账户内的资金实际权利人应为原告澳凯公司，被告江苏银行北京分行所主张的民事调解书的内容没有一项涉及本案的诉讼请求和冻结账号的主张，该院不予支持。

廊坊中院依据《最高人民法院关于适用〈中华人民共和国民事诉讼法〉的解释》（以下简称《民事诉讼法解释》）第三百一十二条①规定，判决：一、永清县凯悦花苑小区项目以被告汇通公司名义在农业银行股份有限公司永清县支行开设的50×××28账户、在农业银行永清县支行开设的50×××18按揭贷款保证金专用账户，及在工商银行永清支行开设的04×××96按揭贷款保证金专用账户，账户内资金为原告澳凯公司所有；二、不得将上述三个账户内的资金作为被告汇通公司的财产予以执行。

江苏银行北京分行不服上述判决，向河北省高级人民法院提起上诉。

河北高院认为：（1）关于澳凯公司与汇通公司签订的房地产项目合作开发合同的效力问题。从开发合同内容看，双方明确约定了由澳凯公司提供开发所需全部资金、以汇通公司名义办理上述合作项目开发用地、征地手续，同时，汇通公司负责日常的工程施工、管理工作并派驻全部工程技术管理人员，监督工程质量及工程期限等，双方还约定了利润的分配及风险负担等事宜，符合合作开发合同的法律要件。虽然房地产开发存在市场准入的要求，但《最高人民法院关于审理涉及国有土地使用权合同纠纷案件适用法律问题的解释》第十五条②规定：“合作开发房地产合同的当事人一方具备房地产开发经营资质的，应当认定合同有效。当事人双方均不具备房地产开发经营资质的，应当认定合同无效。但起诉前当事人一方已经取得房地产开发经营资质或者已依法合作成立具有房地产开发经营资质的房地产开发企业的，应当认定合同有效。”故澳凯公司与汇通公司签订的

① 该司法解释已于2020年12月29日修正，本条内容未作变动。

② 该司法解释已于2020年12月29日修正，本条已变更为第十三条，但内容未作变动。

房地产项目合作开发合同，是双方真实意思表示，不违反法律、行政法规的强制性规定，其效力应予认定，上诉人主张合作开发合同无效，缺乏事实和法律依据。

（2）关于永清县人民法院作出的（2014）永民初字第1747号民事调解书的效力问题。根据《民事诉讼法解释》第三十三条①规定，已为人民法院发生法律效力的裁判所确认的事实，当事人无需举证。因该1747号民事调解书是在本案上诉人提出执行异议之前作出，依据《最高人民法院关于人民法院办理执行异议和复议案件若干问题的规定》（以下简称《执行异议复议规定》）第二十六条②规定："金钱债权执行中，案外人依据执行标的被查封、扣押、冻结前作出的另案生效法律文书提出排除执行异议，人民法院应当按照下列情形，分别处理：（一）该法律文书系就案外人与被执行人之间的权属纠纷以及租赁、借用、保管等不以转移财产权属为目的的合同纠纷，判决、裁决执行标的归属于案外人或者向其返还执行标的且其权利能够排除执行的，应予支持。"故该1747号民事调解书作为本案判决的依据，符合法律规定。

（3）关于本案所涉的三个账户内的资金权属问题。依据澳凯公司与汇通公司之间的合作开发协议、澳凯公司打给汇通公司的款项证明，以及（2014）永民初字第1747号生效的民事调解书，可以认定本案争议的凯悦花苑小区项目的实际投资人和实际权利人为澳凯公司。本案所涉的三个银行账户，是为开发凯悦花苑小区项目设立，由于凯悦花苑小区项目一直使用的是汇通房地产公司名义开发，故涉案三个账户均在汇通公司名下开设。在三个银行账户中，账号为50×××18的账户以及账号为04×××96的账户均为按揭贷款的保证金专用账户；账号为50×××28的账户为一般账户。对于三个账户内的资金权属问题，该院认为，货币作为民法上一种具有高度替代性的种类物和消费物，其特性为占有即所有。故在本案所涉的开设在汇通公司名下的一般账户内的资金，汇通公司基于占有即所有原

① 该司法解释已于2020年12月29日修正，本条内容未作变动。

② 该司法解释已于2020年12月29日修正，本条内容未作变动。

则，享有该账户内货币所有权，故江苏银行北京分行因对汇通公司享有合法债权从而执行该账户内资金，理据充分，该院予以支持。

对于本案所涉的两个按揭贷款保证金专用账户，系澳凯公司为履行担保义务以汇通公司名义在贷款银行开设的专用账户，账户内资金具有专用保证金的担保性能，该账户内的款项因已被特定化，故其不仅丧失了货币的流通和消费功能，澳凯公司与汇通公司亦丧失对该账户内资金实际控制和自由使用的权利。故江苏银行北京分行作为普通债权的申请执行人，对于上述两个按揭贷款保证金专用账户内的资金申请执行，理据不足，对其上诉理由不予支持。

一审判决认定事实清楚，适用法律不当，该院予以纠正。依据《最高人民法院关于适用〈中华人民共和国担保法〉若干问题的解释》[①]（以下简称《担保法解释》）第八十五条、《中华人民共和国民事诉讼法》第一百七十条[②]第一款第二项之规定，判决：一、撤销廊坊中院（2015）廊民三初字第74号民事判决；二、停止对以汇通公司名义在农业银行永清县支行开设的按揭贷款保证金专用账户以及在工商银行永清支行开设按揭贷款的保证金专用账户内资金的执行；三、许可江苏银行北京分行对汇通公司在农业银行永清县支行开设的50××××28账户内资金的执行。

澳凯公司不服上述判决，向最高人民法院申请再审。

最高人民法院审查认为：货币为种类物，虽然权利人对货币的占有可以认定为所有，但在特定条件下，不能简单根据占有即认定为所有。对于一般账户中的货币，应以账户名称为权属判断的基本标准。对于特定专用账户中的货币，应根据账户当事人对该货币的特殊约定以及相关法律规定来判断资金权属，并确定能否对该账户资金强制执行，如信用证开证保证金、证券期货交易保证金、银行承兑汇票保证金、质押保证金、基金托管专户资金、社会保险基金等。对特定账户中的货币主张权利，符合法定专用账户构成要件及阻止执行条件的，可以排除对该账户的执行。就本案而

① 该司法解释已于2021年1月1日废止。

② 该司法解释已于2020年12月29日修正，本条内容未作变动。

言，50××××28 账户系以被执行人汇通公司名义开立的一般账户，而非保证金专用账户或其他专用账户，故该账户中的款项应作为汇通公司的责任财产清偿民事债务。澳凯公司所提河北省永清县人民法院（2014）永民初字第 1747 号民事调解书中“因开发永清县凯悦花苑小区项目所产生的债权或债务全部由原告澳凯公司享有或负担”的内容，系关于债权债务的安排，仅具有债权性质的效力，并未直接确定上述账户中款项的归属。澳凯公司未提供其他充分证据证明上述账户中的款项属于其所有。因此，澳凯公司对该账户中款项的权利不能排除执行，其再审请求和理由不能成立，裁定驳回澳凯公司的再审申请。

【本案解析】

一、案外人执行异议之诉中金钱财产权属判断的一般规则及例外

货币是充当一般等价物的特殊商品，属于民法上的种类物，具有很高的替代性。货币在民事法律关系中既可以充当物权的客体，如民事主体可以对货币行使占有、使用、收益和处分的权利，也可以充当债权的标的物，如货币可以作为买卖之债中的价款、劳务之债中的酬金。由于货币是一般等价物，在民法上属于一类较为特殊的种类物。其特殊之处在于：

第一，货币所有权的归属。在物权法上，货币占有权与所有权合二为一，货币的占有人视为货币所有人。货币所有权的转移以交付为要件，即使在借款合同中，转移的也是货币所有权，而非货币的使用权。无行为能力人交付的货币也发生所有权的转移。货币不能发生返还请求权与占有回复之诉，仅能基于合同关系、不当得利或侵权行为提出相应的请求。这种物权法上的特殊之处，是由货币流通手段的属性决定的。

第二，货币具有特殊的法律地位。在债权法上，货币之债是一种特殊的种类债，货币的使用价值寓于交换价值之中，作为一般等价物，货币可以交换其他物品、劳务等。所以，较之其他实物，货币具有更大的流通性。在其他类型的债发生履行不能时，可以转化为货币之债履行，而货币

之债本身原则上只发生履行迟延，不发生履行不能，债务人不得以履行不能为由免除付款义务。

一般情况下，对货币的占有即视为所有，但在某些特殊情况下，也存在对这一原则的例外，不能简单根据对货币的占有就认定为所有。原则上，对于一般账户中的货币，应以账户名称为权属判断的基本标准。案外人在执行异议之诉中提出充分证据证实一般账户中的货币为其合法财产并足以排除执行的除外。对于某些特定专用账户中的货币，应根据账户当事人对该账户中货币的特殊约定和法律规定等相关条件判断资金权属，以及能否对该账户中的资金强制执行。例如，民事主体在金钱上设定质权，符合《担保法解释》第八十五条规定的特定化和移交债权人占有两个条件的，可以成立金钱质权，从而构成上述原则的例外。案外人对作为执行标的的金钱财产主张系其质押保证金的，如果符合上述质押保证金的构成要件，可以排除执行。再如，信用证开证保证金、证券期货交易保证金、银行承兑汇票保证金、社会保险基金等实践中存在的其他例外情形，需要根据案件具体事实和相关法律规定判断是否构成专用账户，以及对该账户中的资金能否强制执行。

就本案而言，案涉50×××28账户系以被执行人汇通公司名义开立的一般账户，而非保证金专用账户或其他专用账户。在没有充分证据证实账户资金权属另有其人的情况下，对该一般账户中的款项，根据占有即所有的原则，应按照账户名称判断权属，可作为汇通公司的责任财产清偿民事债务，执行法院可以对该账户中的金钱财产强制执行。

二、另案生效民事调解书对金钱财产权属判断的影响

金钱债权执行中，案外人依据另案生效的法律文书提出案外人异议的，《执行异议复议规定》第二十六条规定了针对此类情形的案外人异议审查规则。严格来讲，该规定主要适用于执行程序中案外人异议的处理，对案外人执行异议之诉的审理有一定的参考意义，但案外人执行异议之诉属于民事审判程序，并非一定按照该条对于案外人异议审查的规定处理执行异议之诉案件。案外人执行异议之诉中，如何对待另案作出的涉及执行

标的的生效法律文书，应根据该生效法律文书的具体内容和案件自身情况而定。

澳凯公司提出，永清县人民法院（2014）永民初字第1747号民事调解书中已经确定“因开发永清县凯悦花苑小区项目所产生的债权或债务全部由原告澳凯公司享有或负担”，本案所涉账户中的资金应属该公司所有。

对于这一问题，应从该调解书确定的内容是否赋予澳凯公司对执行标的享有足以排除执行的实体权利角度分析。该调解书中的上述内容系关于当事人之间债权债务的安排，仅具有债权性质的效力，并未直接确定案涉50×××28账户中款项的归属，对于该账户中资金的权属问题，不能直接产生确定物权的法律效力。澳凯公司也未提供其他充分证据证明账户中的款项归其所有。该公司依据永清县人民法院（2014）永民初字第1747号民事调解书主张排除执行的请求不能成立。

附：

最高人民法院民事裁定书

（2016）最高法民申2528号

再审申请人（一审原告、二审被上诉人）：廊坊市澳凯商贸有限责任公司。

法定代表人：尹某，该公司董事长。

委托代理人：刘东旭，河北张克峰律师事务所律师。

被申请人（一审被告、二审上诉人）：江苏银行股份有限公司北京分行。

负责人：张某某，该行行长。

一审被告：廊坊市汇通房地产开发有限公司。

法定代表人：祝某某，该公司董事长。

再审申请人廊坊市澳凯商贸有限责任公司（以下简称澳凯公司）因与被申请人江苏银行股份有限公司北京分行（以下简称江苏银行北京分行）及一审被告廊坊市汇通房地产开发有限公司（以下简称汇通公司）案外人执行异议之诉纠纷一案，不服河北省高级人民法院（2015）冀民一终字第430号民事判决，向本院申请再审。本院依法组成合议庭对本案进行了审查，现已审查终结。

澳凯公司申请再审称：（1）二审判决认定事实与判决结果矛盾。二审判决在认定河北省永清县人民法院（2014）永民初字第1747号民事调解书确定的因开发永清县凯悦花苑小区项目所产生的债权或债务全部由澳凯公司享有或负担，以及账号为50××28的账户内资金系凯悦花苑小区项目售房款的事实前提下，却撤销一审判决，改判许可对汇通公司在50××28账户内的资金强制执行，损害澳凯公司的合法权益。(2）二审判决适用法律错误。二审判决认为货币作为民法上一种具有高度替代性的种类物和消费物，其特性为占有即所有，本案所涉开设在汇通公司名下的一般账户内资金，汇通公司基于占有即所有的原则，享有该账户内货币的所有权。这一认定属于适用法律错误。澳凯公司依据《中华人民共和国民事诉讼法》第二百条的规定申请再审。

本院认为：本案再审审查的焦点是，案涉账户中的资金能否作为执行标的。货币为种类物，虽然权利人对货币的占有可以认定为所有，但在特定条件下，不能简单根据占有即认定为所有。对于一般账户中的货币，应以账户名称为权属判断的基本标准。对于特定专用账户中的货币，应根据账户当事人对该货币的特殊约定以及相关法律规定来判断资金权属，并确定能否对该账户资金强制执行，如信用证开证保证金、证券期货交易保证金、银行承兑汇票保证金、质押保证金、基金托管专户资金、社会保险基金等。对特定账户中的货币主张权利，符合法定专用账户构成要件及阻止执行条件的，可以排除对该账户的执行。就本案而言，50××28账户系以被执行人汇通公司名义开立的一般账户，而非保证金专用账户或其他专用账户，故该账户中的款项应作为汇通公司的责任财产清偿民事债务。澳凯公司所提河北省永清县人民法院（2014）永民初字第1747号民事调解

书中“因开发永清县凯悦花苑小区项目所产生的债权或债务全部由原告澳凯公司享有或负担”的内容，系关于债权债务的安排，仅具有债权性质的效力，并未直接确定上述账户中款项的归属。澳凯公司未提供其他充分证据证明上述账户中的款项属于其所有。因此，澳凯公司对该账户中款项的权利不能排除执行，其再审请求和理由不能成立。

综上，澳凯公司的再审申请不符合《中华人民共和国民事诉讼法》第二百条规定的情形。依照《中华人民共和国民事诉讼法》第二百零四条第一款之规定，裁定如下：

驳回廊坊市澳凯商贸有限责任公司的再审申请。

审　判　长　何东宁
代理审判员　刘慧卓
代理审判员　乔　宇

二〇一六年十一月十六日

书　记　员　陈海霞

38. 菏泽市兴农百盛农资有限公司与宋某案外人执行异议之诉纠纷案*

▶ 案外人执行异议之诉中质押保证金的成立需同时满足“特定化”和“移交债权人占有”两个条件

【裁判摘要】

案外人对执行标的以成立质押保证金为由，请求确认其权利并排除对该标的强制执行的，应当符合担保法司法解释规定的将金钱特定化和移交债权人占有两个条件。不满足上述条件的，法院对案外人的诉讼请求不予支持。

【案情】

再审申请人：山东省菏泽市兴农百盛农资有限公司(以下简称百盛公司)。

再审被申请人：宋某。

被执行人：山东银昱投资担保有限公司（以下简称银昱公司)。

山东省菏泽市中级人民法院查明：2013 年 3 月 22 日，银昱公司作为甲方，与中国建设银行股份有限公司菏泽分行（以下简称建行菏泽分行）作为乙方，签订担保合作协议。协议约定，银昱公司在建行菏泽分行开立

* 《人民司法·案例》2017 年第 14 期收录本案例。

保证金账户，并存入该账户不低于500万元作为风险保证金，在贷款发放前3个工作日内将单笔业务保证金按担保金额的4%存入保证金账户。在担保期间，银昱公司支取保证金账户款项应事先征得建行书面同意。

2013年6月27日，百盛公司与中国建设银行股份有限公司菏泽市中支行（以下简称建行市中支行）签订贷款合同一份，约定由百盛公司向建行市中支行贷款200万元，借款期限自2013年6月27日至2014年6月26日。同日，银昱公司与建行市中支行签订保证合同，约定由银昱公司为百盛公司在建行市中支行的200万元贷款承担连带担保责任。

2013年6月27日，百盛公司作为出质人，银昱公司作为质权人签订保证金质押合同一份，约定为了履行借款担保合同，双方约定以质押合同的保证金专户中的保证金提供质押担保。合同第二条约定：百盛公司将28万元存入保证金专户。非经银昱公司同意，百盛公司不得对保证金专户内资金进行支用、划转或作其他任何处分。保证金专用户名称为银昱公司，保证金账户为37××3175，开户银行为建行菏泽分行营业部，保证金无利息。合同第三条约定的质押担保范围为：主合同本金200万元及利息、违约金等。百盛公司提交了银虽公司同日出具的收据存根，显示收到百盛公司贷款保证金28万元，收款方式为现金。

2013年8月13日，百盛公司与建行市中支行签订贷款合同一份，约定由百盛公司向建行市中支行贷款300万元，借款期限自2013年8月13日至2014年8月12日。同日，银昱公司与建行市中支行签订保证合同，约定由银昱公司为百盛公司在建行市中支行的300万元贷款承担连带担保责任。

2013年8月13日，百盛公司作为出质人，银昱公司作为质权人，签订保证金质押合同一份，约定为了履行借款担保合同，双方约定以质押合同的保证金专户中的保证金提供质押担保。百盛公司将42万元存入保证金专户。百盛公司提交了银昱公司同日出具的收据存根，显示收到百盛公司贷款保证金42万元，收款方式为现金。

菏泽中院在执行宋某诉菏泽鹏翔文具有限公司、银昱公司、菏泽市清源化工有限公司、郜汝珍借款担保合同纠纷一案过程中，于2014年7月

11日以（2013）菏非执字第34－6号执行裁定书和（2013）菏非执字第34－1号、34－2号协助划拨存款通知书，划拨了银昱公司在中国建设银行股份有限公司菏泽开发支行账户37××1563、37××1563（二者系关联账户）的存款260万元和建行菏泽分行账户37××3175、37××3175（二者系关联账户）的存款62万元，共计322万元。

百盛公司向该院提出执行异议，认为37××3175账户中的保证金28万元、42万元属于质押保证金，应归其所有。2014年10月29日，银昱公司出具证明，内容为：百盛公司于2013年6月27日至2014年6月26日和2013年8月23日至2014年8月23日在建行市中支行贷款200万元和300万元，由银昱公司提供担保，按规定百盛公司拿出贷款本金的14%作为建行贷款保证金，共计70万元，以银昱公司名义存入建行保证金账户。菏泽中院于2015年1月26日作出（2014）菏执异议字第51－1号执行裁定书，裁定驳回百盛公司的异议。

另查明，建行菏泽分行的工作人员姚某出庭作证，证明菏泽中院（2013）菏非执字第34－1、34－2法律文书所扣划的账户是银昱公司的保证金账户。2013年3月22日，银县公司与建行菏泽分行签订担保合作协议，开展担保及配套业务的全面合作。银昱公司担保对象是在建行菏泽分行办理信贷业务的法人客户，担保方式为全额连带责任担保、最高额保证金担保、保证金质押等担保。合同第七条约定由银昱公司在建行菏泽分行开立保证金账户，并存入相应保证金。保证金账户的用途是：在银昱公司担保的被担保信贷客户发生违约时，用于清偿建行菏泽分行的贷款本息、保证垫款及其他相关费用。在该协议签订后3个工作日内，银昱公司将存入保证金账户不低于500万元的风险保证金，并与建行菏泽分行签署最高额保证金质押合同。在贷款发放3个工作日内，银昱公司将单笔业务保证金按担保金额的4%存入建行菏泽分行指定的保证金账户中，并与建行菏泽分行签订保证金质押合同。

【审判】

山东省菏泽中院认为，本案的焦点问题为：一、百盛公司是否有权提

起执行异议之诉；二案涉70万元是否构成质押保证金。

关于焦点问题一，百盛公司是否有权提起执行异议之诉的问题。百盛公司认为执行扣划的款项系其所有’在该款项被扣划后向执行法院提出执行异议，菏泽中院作出（2014）菏执异议字第51－1号执行裁定书，驳回了百盛公司的异议。百盛公司有权依照《中华人民共和国民事诉讼法》第二百二十七条的规定提起案外人执行异议之诉。

关于焦点问题二，2013年6月27日、8月13日，银昱公司向百盛公司出具收据中的28万元、42万元是否构成质押保证金。根据《最高人民法院关于适用担保法若干问题的解释》①（以下简称《担保法解释》）第八十五条规定，在将金钱以特户、封金、保证金等形式特定后，作为特定化的金钱可以作为质押标的物，债权人可以以该金钱优先受偿。

百盛公司未将保证金以专户专款的方式交给银昱公司，没有将70万元特定化，不具有特定化货币的意义。案涉的70万元并未以特户、封金、保证金等形式特定化，系非特定化的金钱。就百盛公司所举的证据而言，无法认定案涉70万元构成质押保证金，百盛公司应当对此承担不利的法律后果。百盛公司就执行标的不享有足以排除强制执行的民事权益，应依法驳回百盛公司的诉讼请求。

菏泽中院依照最高人民法院《担保法解释》第八十五条，《最高人民法院关于适用民事诉讼法的解释》（以下简称《民事诉讼法解释》）第三百一十一条和第三百一十二条②的规定，判决驳回百盛公司的诉讼请求。

百盛公司不服一审判决，向山东省高级人民法院提起上诉。山东省高级人民法院判决驳回上诉，维持原判。百盛公司不服二审判决，向最高人民法院申请再审。最高人民法院审查后裁定驳回该公司的再审申请。

本案解析

本案属于再审审查案件，法院审查范围限于再审申请人的请求和理

① 该司法解释已于2021年1月1日废止。

② 该司法解释已于2020年12月29日修正，第三百一十一条和第三百一十二条内容未作变动。

由，不对案件作全面评判。与本案相关的法律问题主要有以下几项：

一、案外人以成立质押保证金为由对执行标的主张权利的救济程序

案外第三人对作为执行标的的金钱以成立质押保证金为由，请求排除对该部分金钱强制执行的，应当通过案外人异议程序审查，还是通过利害关系人异议程序审查，在执行程序中存在争议。主要有以下两种观点：

（一）利害关系人异议

主张通过利害关系人异议程序处理的观点认为，《中华人民共和国民事诉讼法》第二百二十五条①规定的利害关系人异议，是指因执行行为违反程序性规定，侵害执行案件当事人以外第三人的合法权益，由利益受损的第三人以法院违反执行程序为由提出的程序异议。案外第三人对执行法院冻结或划拨的金钱以成立质押保证金为由提出执行异议的，在法律性质上可以识别为一种程序性异议，可以通过利害关系人异议、复议程序处理。理由如下：

我国目前强制执行制度中，执行标的负担的担保物权不能阻止法院对该标的采取执行措施。根据《最高人民法院关于人民法院执行工作若干问题的规定（试行）》第四十条②规定，人民法院对被执行人所有的其他人享有抵押权、质押权或留置权的财产，可以采取查封、扣押措施。财产拍卖、变卖后所得价款，应当在抵押权人、质押权人或留置权人优先受偿后，其余额部分用于清偿申请执行人的债权。也就是说，执行标的上负担的担保物权不能阻止法院对该标的采取查封、扣押、冻结、拍卖、变卖等执行措施，法院只需将财产变现后，保障担保物权人对变价款优先受偿的顺位即可。对于质押保证金来说，案外第三人对特定金钱主张成立质押担保，可以转化成执行顺序或者受偿顺序的先后问题，根据《最高人民法院

① 该司法解释已于2017年6月27日修正，本条内容未作变动。

② 该司法解释已于2020年12月29日修正，本条已变更为第三十一条，但内容未作变动。

关于人民法院办理执行异议和复议案件若干问题的规定》第七条第一款第二项①规定，执行的顺序问题也属于程序问题，可以提出利害关系人异议。

另外，质押保证金属于保证金的一种，最高人民法院曾以司法解释、通知、复函等多种形式，对信用证开证保证金、证券期货交易保证金、银行承兑汇票保证金、旅行社质量保证金、股民保证金等多种类型保证金的冻结或者划拨作了限制，并规定了相应的执行条件。这些限制可以从执行程序角度看作将保证金作为不得冻结、划拨的特殊财产对待。对于质押保证金也可以参照上述保证金执行的限制，将其归人不得强制执行的财产，从程序的角度赋予当事人、案外第三人权利救济途径。故案外第三人以构成质押保证金为由提出的异议，可以作为程序异议处理，按利害关系人异议处理，并可以赋予其向上一级法院申请复议的权利。

（二）案外人异议

主张通过案外人异议程序处理的观点认为，《中华人民共和国民事诉讼法》第二百二十七条规定的案外人异议，是指执行案件当事人以外的第三人对执行标的主张阻止执行的实体权利，请求对该标的停止执行的实体异议。案外第三人对法院强制执行的金钱以属于质押保证金为由提出的异议，系基于实体权利提出的排除对特定标的执行的异议，应通过案外人异议及执行异议之诉处理。理由如下：

首先，案外人对特定金钱主张成立质押保证金，在法律性质上属于实体争议，能否成立质押保证金涉及质权相关的民事实体法的适用，案外人对质押保证金的权利性质也属于实体权利的范畴，因此该类情形属于案外人对执行标的主张实体权利。

其次，质押保证金如果成立，则具有排除执行的效力。质押保证金的成立需满足特定化和移交债权人占有两个条件。质权人对质押保证金的占有本身具有排他性，质权人的占有是质押保证金成立的前提之一，在法律效力上完全可以排除执行。如果允许对质押保证金强制执行，必然破坏质

① 该司法解释已于2017年6月27日修正，本条内容未作变动。

权人对保证金的占有状态，质押法律关系也将不复存在。

再次，质押保证金的标的本身即为金钱，不需要采取拍卖、变卖措施予以变现，质权人对该特定金钱的占有，使质押保证金问题不同于需要通过拍卖、变卖进行变现的财产，质权人对质押保证金的占有，使得其权利主张具有对抗申请执行人的效力。

因此其得出的结论是，案外人对特定金钱主张成立质押保证金的，属于对执行标的基于实体权利提出排除执行的实体异议，且权利性质足以排除执行，完全符合案外人异议的条件，应按照案外人异议程序处理。相关主体对异议裁定审查结论不服的，可以依法提起执行异议之诉。

上文所列举的两种理由各有其合理性，也均是基于我国目前执行程序的制度规定得出各自不同的结论。目前，尚未有法律、司法解释直接作出取舍，还不能从法律规范层面得出支持其中一种做法而否定另外一种做法的结论。从司法实践情况来看，法院按照利害关系人异议审查和按照案外人异议审查的做法，都存在于我国现行的司法实践中。据笔者观察，随着司法实践的深入，按照案外人异议程序处理质押保证金争议的做法，较利害关系人异议而言，逐渐占据上风。毕竟，案外人对特定金钱主张成立质押保证金的权利基础和法律依据，在根源上均为实体性的，本质上属于实体争议。而对于实体争议，通过诉讼程序，赋予各方当事人依法举证、质证、进行法庭辩论等更加充分的程序权利，更有利于程序正义在解决实体法纠纷中的实现，保障纠纷通过正当法律程序得以解决，维护各方当事人实体权利和程序权利。笔者赞同在执行过程中，案外第三人以成立质押保证金为由对执行标的提出异议的，应通过案外人异议程序处理。

二、执行异议之诉的裁判范围

关于执行异议之诉的审理范围问题，需要按照当事人诉讼请求的范围而定。根据《民事诉讼法解释》第三百一十二条规定，案外人就执行标的享有足以排除强制执行的民事权益的，法院应判决不得执行该标的，案外人就执行标的不享有足以排除强制执行的民事权益的，法院应判决驳回诉讼请求；对于案外人同时提出确认其权利的诉讼请求的，法院可以在判决

中一并作出裁判。对这一规定的理论解读，学术界和实务界有不同观点。

一种具有代表性的观点认为，当事人之间实体法律关系的确定及排除对特定标的强制执行，均为案外人执行异议之诉的诉讼标的，应在执行异议之诉中一并审理。执行异议之诉的诉讼标的并非仅为基于当事人之间实体法律关系所产生的执行程序上的异议权，当事人主张的实体法律关系也是执行异议之诉的诉讼标的，法院对当事人之间的实体法律关系也应在执行异议之诉判决主文中一并作出裁判。

另一种观点认为，案外人执行异议之诉系案外人基于实体法上的权利，对强制执行提出异议，请求法院宣告不许对执行标的为强制执行，其诉讼标的系诉讼法上的异议权。产生该异议权的实体权利仅为判决的原因事实，并非执行异议之诉判决既判力所及。当事人仍可就该实体法律关系另行起诉。如果案外人在提起执行异议之诉的同时向法院主张对实体权利义务关系作出明确裁判，例如请求法院确认其实体权利成立，或者提出其他实体请求的，则属于诉的合并，即案外人执行异议之诉与普通民事诉讼的合并，受案法院应当对是否排除对特定标的的执行和当事人主张的实体权利是否成立均作出判决。这种一并裁判的情况，属于诉的合并的当然结果，并不表示当事人之间的实体权利义务关系属于案外人执行异议之诉的诉讼标的。

上述第一种观点为我国很多学者所提倡，第二种观点为德日及我国台湾地区案外人执行异议之诉诉讼标的的通说。笔者赞同第二种观点。案外人执行异议之诉的诉讼标的应为诉讼法上的异议权，提起执行异议之诉的目的，应为排除对特定执行标的的强制执行程序，当事人之间的实体法律关系虽为该异议权存否的先决问题，但并非案外人执行异议之诉的诉讼标的，案外人执行异议之诉只需解决对当事人主张的特定执行标的是否强制执行的问题，无须对当事人之间的实体权利义务关系作出裁判。如果案外人仅向执行法院主张排除对特定标的强制执行，并未请求法院对其实体权利成立作出裁判的，则为纯粹的案外人执行异议之诉，法院应依照《民事诉讼法解释》第三百一十二条第一款规定，对是否执行该标的作出判决；如果当事人在提起执行异议之诉的同时，提出诉讼请求主张法院对实体法律关系一并作出裁决的，则属于执行异议之诉与普通民事诉讼的合并，而非单纯的执行异议之诉，法院应依照《民事诉讼法解释》第三百一十二条第二款规定，根据当事人的诉讼请求一并作出裁判。

就本案的裁判范围而言，百盛公司的诉讼请求既包括确认其对案涉款项的实体权利成立，又包括请求对案涉款项停止执行，故其实体权利是否成立和法院是否应对案涉款项强制执行，均在本案的裁判范围之内，在理论上可以解释为案外人执行异议之诉与普通民事诉讼的合并，依据《民事诉讼法解释》第三百一十二条规定，法院应对百盛公司的上述请求一并裁判。

三、质押保证金成立的法律条件

（一）金钱质押和账户质押的一般原理

根据《担保法解释》第八十五条规定，质押保证金的成立要件需同时满足特定化和移交债权人占有两个条件。金钱作为一般等价物，其所有权随占有转移，因此在金钱上设定质权，必须对金钱进行特定化，以保证交付的金钱与质权人的财产相区分。该条司法解释列举的特户和封金即符合金钱特定化的要求，以特户中的金钱和封金作为债权担保的，属于质押担保形式，成立金钱质权。其中，特户是金融机构为出质金钱所开设的专用账户，该账户被特定化以区别于普通账户。特户一般须开在质权人处才符合交付的要求，如果开在第三人处，须有债权人与出质人的约定以明确特户的担保性质，并由出质人向第三人为书面通知，第三人收到通知后未经债权人同意不得处置特户中的金钱。保证金作为担保物交付债权人后，如果符合特户的要求，也可以成立金钱质权。如果保证金被混同于一般资金账户，未按照特户管理的，不成立质权。另外，关于账户质押，是指账户的权利人以账户向银行出质，承诺将账户中的资金作为偿还贷款担保的融资方式。由于账户本身没有交换价值，故账户质押的本质是以账户中的资金作为担保财产，构成金钱质押。具体而言，债务人以账户向开户行质押，账户符合特户要求的，开户行在账户里的资金上成立质权。质押账户

必须符合特定化的要求，账户出质后不能再由出质人自由使用，作为债权人的开户行取得对账户的实际控制权；如果账户不符合特定化的要求，债务人仍然可以使用出质后的账户，账户中的资金也处于浮动状态的话，此种账户质押不符合质权成立要件，不能成立质权。

（二）本案百盛公司关于质押保证金的权利主张是否成立

首先，关于案涉账户是否特定的问题。虽然百盛公司与银昱公司签订的保证金质押合同约定，账号为 37 × ×3175 的案涉账号为双方的保证金专户，但本案有其他证据显示该账户系银昱公司和建行菏泽分行签订的担保合作协议项下的保证金账户，并非银昱公司与百盛公司之间用于设立质押保证金的专用账户。根据银昱公司与建行菏泽分行签订的担保合作协议书约定，在担保期间，银昱公司对该账户款项的支取，应事先征得建行菏泽分行的同意。该账户不构成百盛公司与银昱公司之间特定的担保账户，也没有区别于其他账户的外在特征。该账户中的款项也非特定用于百盛公司与银昱公司之间质押关系，不符合特定化要件。

其次，关于案涉 70 万元是否特定的问题。由于 37 × ×3175 账户对百盛公司和银昱公司而言并未形成具有质押关系的专用账户，百盛公司向银昱公司支付该 70 万元款项时，是用现金支付，非直接转账进入该账户。百盛公司并未提交证据证明该 70 万元进入双方约定的保证金账户，亦未提交证据证明该账户中有 70 万元资金对于本案而言可以与账户中其他款项明确区分而被特定化。因此，案涉 70 万元没有被特定化，不构成质押保证金。百盛公司关于质押保证金和排除对特定款项执行的主张均不能成立。

附：

最高人民法院民事裁定书

（2016）最高法民申2052号

再审申请人（一审原告、二审上诉人）：菏泽市兴农百盛农资有限公司。

法定代表人：王某，该公司总经理。

委托代理人：王道鸿，重庆新合（沙坪坝）律师事务所律师。

委托代理人：景栋臣，重庆新合（沙坪坝）律师事务所律师。

被申请人（一审被告、二审被上诉人）：宋某。

再审申请人菏泽市兴农百盛农资有限公司（以下简称百盛公司）因与被申请人宋某案外人执行异议之诉纠纷一案，不服山东省高级人民法院（2016）鲁民终298号民事判决，向本院申请再审。本院依法组成合议庭对本案进行了审查，现已审查终结。

百盛公司申请再审称：（1）二审判决认定事实错误。百盛公司金钱质押已经依法设立，并将70万元金钱质押物存于特户之中。70万元已经从一般的不特定物转化为质权关系中的特定物，符合金钱质押物“特户”的法律规定。（2）二审判决适用法律错误。百盛公司与银昱公司关于“特户”的约定符合《最高人民法院关于适用〈中华人民共和国担保法〉若干问题的解释》的相关规定。①百盛公司与银昱公司设立了特户，并交纳了70万元的质押保证金，符合以特户形式将金钱特定化、移交债权人及双方共同管理的规定。②案涉账户属于保证金专户，未做其他业务使用。③根据案涉账户的性质以及银昱公司签订的担保合作协议，对于案涉账户的性质、用途、账户内资金的属性，百盛公司及银昱公司不必再履行告知义

务。案涉账户本身就是银昱公司名下账户，不存在开设于第三人处的事实。④案涉账户完全具有对抗任何第三人的效力。（3）二审判决显失公平，违背了程序正义与实体正义。百盛公司依据《中华人民共和国民事诉讼法》第二百条第（二）项、第（六）项的规定申请再审。

本院认为：本案再审审查的焦点是，百盛公司对70万元款项是否构成保证金质押，能否排除执行。首先，关于案涉账户是否特定的问题。构成质押保证金的特定账户，即特户应当是用于质押关系的专用账户。虽然百盛公司与银昱公司签订的《保证金质押合同》约定，账号为37××3175的案涉账号为双方的保证金专户，但该账户实际上是银昱公司和中国建设银行股份有限公司菏泽分行（以下简称建行菏泽分行）签订的担保合作协议项下的保证金账户，系银昱公司开展借款担保业务而向建行菏泽分行缴纳保证金的专用账户，并非银昱公司与百盛公司之间用于设立质押保证金的专用账户。根据银昱公司与建行菏泽分行签订的担保合作协议书第七条约定，在担保期间，银昱公司对该账户款项的支取，应事先征得建行菏泽分行的同意。因此，银昱公司和百盛公司均不能实际控制案涉账户。案涉账户虽然在银昱公司名下，但该账户开立在建行菏泽分行处，根据银昱公司和建行菏泽分行的约定，案涉账户专用于银昱公司向建行菏泽分行缴纳保证金，不构成百盛公司与银昱公司之间的特户，也没有区别于其他账户的外在特征，第三人无法直接识别案涉账户系百盛公司和银昱公司之间专门用于质押关系的特户。案涉账户不符合特定化的要件，百盛公司对案涉账户并无排他性权利。

其次，关于案涉70万元款项是否特定的问题。账号为37××3175的案涉账户对百盛公司和银昱公司而言，并未形成具有质押关系的专用账户。百盛公司向银昱公司支付案涉70万元款项，系用现金支付，百盛公司并未提交证据证明该70万元进入双方约定的保证金专用账户，亦未提交证据证明该账户中有70万元资金对本案而言可以与账户中其他款项明确区分而被特定化。因此，案涉70万元款项亦不构成质押保证金。

综上，百盛公司的再审申请不符合《中华人民共和国民事诉讼法》第二百条第（二）项、第（六）项规定的情形。依照《中华人民共和国民事诉讼法》第二百零四条第一款之规定，裁定如下：

驳回菏泽市兴农百盛农资有限公司的再审申请。

审 判 长 闫　燕
代理审判员 刘慧卓
代理审判员 乔　宇

二〇一六年九月二十六日

书 记 员 陈海霞

39. 江西省高安市中兴小额贷款有限责任公司与廖某案外人执行异议之诉案*

▶

法院可适用《查封、扣押、冻结规定》第十七条、《异议复议规定》第二十八条规定审理案外人执行异议之诉中的林地使用权及林木所有权问题

【裁判摘要】

已经登记造册的林地使用权及附着林木所有权的物权变动采登记对抗主义。案外人与被执行人在查封前签订合法有效的转让合同，支付全部转让款，并于查封前实际占有案涉林地林木的，其就已经享有林地使用权及林木所有权。过户登记仅为对抗第三人的要件，而非案外人取得林地林木物权的依据。案外人据此在提起执行异议之诉并提出确权请求的，法院应合并审理并作出裁判。

【案号】

一审：（2015）宜中民四初字第26号

二审：（2016）赣民终103号

再审审查：（2016）最高法民申2660号

---

* 《人民司法·案例》2018年第2期收录本案例。

【案情】

再审申请人：江西省高安市中兴小额贷款有限责任公司（以下简称中兴公司）。

被申请人：廖某。

一审第三人：邱某。

江西省宜春市中级人民法院查明：2014 年 1 月 15 日，廖某与邱某签订了一份黄坑林场林地使用权、林木所有权、林木使用权转让协议书，约定邱某将其拥有林地使用权、林木所有权和使用权的林地及附属苗木、花卉转让给廖某。协议主要内容：（1）林地的位置和面积为江西省赣州市大余县南安镇黄坑林场（1～7 号）7878 亩，林权证 11 本，黄坑林场附属山场苗木、鱼塘、花卉若干亩；（2）转让期限为 2014 年 1 月 15 日至 2070 年 3 月 1 日；（3）转让价格为 3300 万元；（4）付款方式和期限为协议签订后 10 个工作日内付 600 万元，余款于 2014 年 6 月 30 日付清。协议还约定，邱某以该林地抵押在大余农村信用社贷款 1500 万元的利息从 2014 年 2 月 1 日起由廖某支付。同日，廖某、邱某、袁某、彭某又签订了一份协议书，邱某的原合伙人袁某、彭某在林场 10% 的股权继续保留，廖某从应支付给邱某的 3300 万元转让款中扣除 330 万元，实际只需支付 2970 万元。以上两份协议签订后的第二天，廖某（乙方）又和大余县南安镇企业办公室（甲方）签订了一份租赁合同，合同约定：因黄坑林场已变更承包人（原由谢某转包给邓某再转让给邱某现转包给乙方），乙方需使用甲方办公场所、生活设施及农田水塘等，经甲乙双方协商签订此合同。以上三份合同签订后，廖某于 2014 年 1 月 17 日向邱某转账支付 260 万元、向刘某转账 100 万元、向钟某转账 60 万元（两张票据上都注明“代邱某付钟某借款，付大余黄坑林场购买款”）；廖某于 2014 年 1 月 20 日和 1 月 22 日通过钟某（与廖某同为上犹县威恒矿业有限公司的股东）向赖某转账 70 万元、向邱某转账 110 万元；2014 年 1 月 27 日，廖某还向赖某转账 100 万元，以上共计 700 万元。邱某于 2014 年 1 月 28 日向廖某出具了一张 700 万元的领条，对以上款项予以确认。廖某支付以上转让款后，自同年 2 月份开始聘请工

人对林木进行养护管理。

2014 年 3 月 10 日，廖某开始申请办理 11 宗林地的林权转移登记。正在办理林地的产权转移登记过程中，2014 年 4 月 16 日，因王某诉邱某林地承包经营权转让纠纷一案，赣州市中级人民法院根据王某的财产保全申请，向大余县林业局林权管理服务中心送达协助执行通知书，查封了本案所涉的 36XX38 号林权证，致使该中心停止办理廖某的申请转移登记。为此，2014 年 8 月 8 日，王某、廖某、邱某签订了一份代偿协议，约定由廖某代邱某向王某偿还所欠的林地经营权转让款 74 万元；王某收到该款后向赣州中院申请解除对林权证的查封。同日，钟某代廖某转款 74 万元至王某的账户。8 月 11 日，王某收到廖某支付的代偿款后，申请法院解除了对林权证的查封。

2014 年 8 月 5 日，中兴公司作为原告，分别就赣州艾格菲牧业有限公司和大余县南安镇黄坑林场对其的 1000 万元和 440 万元借款，向宜春中院提起诉讼，并要求邱某对以上借款承担连带责任。根据中兴公司的申请，宜春中院于 8 月 11 日对本案登记在邱某名下的 11 本林权证所涉及的林地使用权和林木所有权、使用权进行了查封，通知大余县林业局林权管理服务中心不得办理产权过户登记。以上案件判决后，因当事人未履行判决而进入执行程序。2015 年 3 月 5 日，宜春中院裁定拍卖邱某在赣州市大余县黄坑林场的 11 宗林地承包经营权。对此，廖某提出了执行异议，请求中止拍卖并解除对林权证的查封。2015 年 6 月 8 日，宜春中院裁定驳回了廖某的执行异议。为此，廖某以其在人民法院查封前占有和管理了转让标的物，转让款也已经支付完毕，未办理产权转让登记的责任是因邱某的债务问题等为由，向宜春中院提起案外人执行异议之诉，提出了前述诉讼请求。另查明，廖某共支付转让款 2975 万元。

【审判】

宜春中院认为，首先，邱某拥有大余县林业局颁发的涉案林地林权证，作为林木、林地的所有权人和使用权人，其有权将所有权和使用权转让给廖某，双方在协议中注明的内容对协议内容和协议效力并无影响，因此，本案的转让协议不违反法律规定，应当认定为合法有效。林权登记机关也受理了廖某的转让申请，只是由于法院的查封而未办理转移登记。其次，在查封本案所涉林权证之前，廖某已经向邱某支付了全部的转让款，除了55万元现金和196万元的欠条之外，支付的款项均有银行凭证等相关证据佐证，且相关证据相互印证。再次，在宜春中院查封本案所涉林权证之前，廖某已经向林权登记机关申请了变更登记。并且，无论是聘请工人对有关林地进行养护管理，还是租赁房屋、鱼塘等，都说明廖某已经实际占有了本案所涉林地，开展了经营活动。未办理林权证的变更登记，也是因邱某的债务原因，林权证被赣州市中级人民法院查封。《最高人民法院关于人民法院民事执行中查封、扣押、冻结财产的规定》（以下简称《查封、扣押、冻结规定》）第十七条[①]规定，被执行人将其所有的需要办理过户登记的财产出卖给第三人，第三人已经支付部分或者全部价款并实际占有该财产，但尚未办理产权过户登记手续的，人民法院可以查封、扣押、冻结；第三人已经支付全部价款并实际占有，但未办理过户登记手续的，如果第三人对此没有过错，人民法院不得查封、扣押、冻结。因此，应当解除对本案所涉林木、林地的所有权和使用权的查封。另外，根据《最高人民法院关于适用〈中华人民共和国民事诉讼法〉的解释》（以下简称《民事诉讼法解释》）第三百零七条[②]的规定，案外人提起执行异议之诉的，以申请执行人为被告。被执行人反对案外人异议的，被执行人为共同被告；被执行人不反对案外人异议的，可以列被执行人为第三人。因此，中兴公司是本案适格的被告。廖某的诉讼请求符合法律规定，法院予以支持。宜春中院判决：一、不得执行赣州市大余县黄坑林场11宗林地使用权、林木所有权和使用权；二、确认以上林地使用权、林木所有权和使用权归廖某所有。

---

① 该司法解释已于2020年12月29日修正，修正后的本条规定："被执行人购买需要办理过户登记的第三人的财产，已经支付部分或者全部价款并实际占有该财产，虽未办理产权过户登记手续，但申请执行人已向第三人支付剩余价款或者第三人同意剩余价款从该财产变价款中优先支付的，人民法院可以查封、扣押、冻结。"

② 该司法解释已于2020年12月29日修正，本条内容未作变动。

中兴公司不服，向江西省高级人民法院提起上诉。

江西高院认为，廖某提交的证据足以证明其物权期待权成立，符合《最高人民法院关于人民法院办理执行异议和复议案件若干问题的规定》（以下简称《异议复议规定》）第二十八条①规定的情形，可以排除宜春中院执行案涉标的物。根据《民事诉讼法解释》第三百零四条②的规定，执行异议之诉应由执行法院管辖，且案外人提起执行异议之诉时，也可以同时提出对执行标的进行确权或者给付的诉讼请求。根据该解释第三百一十二条第二款的规定，案外人同时提出确认其权利的诉讼请求的，可以在判决中一并作出裁判。宜春中院将两案合并审理符合法定程序。

江西高院判决驳回上诉，维持原判。

中兴公司不服，向最高人民法院申请再审，被裁定驳回。

【本案解析】

一、本案是否属于案外人享有不动产物权期待权而排除执行的情形

本案执行标的系林地使用权（即林地承包经营权）和林木所有权。严格地讲，案外人对执行标的享有林地使用权、林木所有权而排除执行的情形，与成立不动产物权期待权而排除执行的情形并不相同。林地使用权、林木所有权与不动产物权期待权，属于不同法律性质的权利。

（一）林地使用权和林木所有权

林地使用权和附着于林地之上的林木所有权，属于不动产物权。林地使用权，是指民事主体依法取得的，对特定林地享有的占有、使用、收益以及该特定条件下对林地使用权予以处分的权利。林地使用权可以通过承包的方式取得，也可以通过转包或转让的方式取得，通常具有明确的期

① 该司法解释已于2020年12月29日修正，本条内容未作变动。
② 该司法解释已于2020年12月29日修正，本条内容未作变动。

限，属于他物权（用益物权）的范畴。林木所有权，是指权利人依法律规定或依合同约定，对林地上的林木享有的占有、使用、收益和处分的权利，属于自物权（所有权）的范畴。

（二）不动产物权期待权

物权期待权这一概念在学理上存有争议。《异议复议规定》的解读文章对该规定第二十八条至第三十条使用了“物权期待权”这一概念进行学理解释，即《异议复议规定》第二十八条至第三十条分别对案外人异议审查中一般买受人物权期待权、消费者物权期待权、预告登记物权期待权的保护作了规定。物权期待权的性质究竟是具有物权排他效力的特殊债权还是本身就属于物权？对此也存有争议。所谓买受人物权期待权，是指对于已经签订买卖合同的买受人，在已经履行合同部分义务的情况下，虽然尚未取得合同标的物的物权，但赋予其类似物权人的地位，其对物权的期待权具有排除执行的效力。买受人物权期待权属于期待权范畴。所谓期待权，是指将来可能取得与实现的权利，即期待权是当事人尚未取得，必须有一定的事实发生才能取得的权利。故物权期待权并非物权本身，物权期待权人还没有真正取得执行标的的物权。

（三）案外人取得林地使用权、附着林木所有权排除执行的情形与不动产物权期待权的差异

在物质形态上，林地和地上附着的林木是一个自然综合体，在权利流转时，林地使用权与所附着林木的所有权同时转移。附着林木所有权不宜脱离林地使用权而单独流转，应随林地使用权的流转而同时流转。尽管法律并无明文规定林木所有权登记效力，但既然林随地走，两者在未实现分离时，其登记效力应同样对待。根据《中华人民共和国森林法》第三条[①]，

① 该司法解释已于2009年8月27日修订，本条已变更为第十四条：“森林资源属于国家所有，由法律规定属于集体所有的除外。国家所有的森林资源的所有权由国务院代表国家行使。国务院可以授权国务院自然资源主管部门统一履行国有森林资源所有者职责。”

《中华人民共和国物权法》第一百二十七条[①]、第一百二十九条[②]规定，林地使用权和附着林木所有权的设立、变动，不以登记为生效要件，登记造册只是对林地林木物权予以确认的程序，而确认的前提是物权已经客观存在。可见，林地使用权、附着林木所有权登记并非物权生效要件，在林地林木物权发生流转时，登记公示仅具有对抗效力，而非判断物权真正权属的生效要件。

案外人取得林地使用权、附着林木所有权从而排除执行的情形，明显不属于不动产物权期待权排除执行的情形。此时，案外人已经取得了不动产物权，属于物权权利人，其权利性质不再是一种物权的期待权，过户登记也只具有对抗效力，而非不动产物权变动的生效要件。换言之，前者是遵循登记对抗主义规则，在物权权属已经发生变动、登记只具有对抗效力的情况下排除执行；后者则是遵循登记要件主义规则，在不动产物权变动尚未发生符合登记生效要件事实的情况下排除执行。两者关于不动产过户登记的效力规则不同，故物权期待权概念不能合理解释奉行登记对抗主义规则的不动产物权变动从而排除执行的问题。

（四）用物权期待权概念解释《异议复议规定》第二十八条的局限性

买受人物权期待权最早滥觞于德国，经德国帝国法院确认并逐渐被其他大陆法国家所接受。德国不动产物权的设立、变动采登记要件主义，故物权期待权的概念用于解释登记要件主义前提下不动产物权变动从而排除执行的情形具有合理性，也与德国登记要件主义不动产物权变动规则相适应。但这一概念在解释采登记对抗主义规则的不动产物权变动排除执行的情况下，就显得不合理。因为在登记对抗主义制度框架下，如果在执行法

---

① 对应《中华人民共和国民法典》第三百三十三条："土地承包经营权自土地承包经营权合同生效时设立。登记机构应当向土地承包经营权人发放土地承包经营权证、林权证等证书，并登记造册，确认土地承包经营权。"

② 对应《中华人民共和国民法典》第三百三十五条："土地承包经营权互换、转让的，当事人可以向登记机构申请登记；未经登记，不得对抗善意第三人。"

院查封不动产之前，买受人就与被执行人形成合法有效的买卖关系，合法占有该不动产，并已支付全部价款或者将剩余价款交付执行的话，此时，该不动产物权已经转移给买受人，过户登记仅具有对抗第三人的效力，而非该不动产物权变动的生效要件，买受人对该不动产已经享有现实的物权，其权利性质不再是一种物权期待权。

《异议复议规定》第二十八条规定的不动产，并未区分登记要件主义和登记对抗主义的具体情形，从文义解释的方法看，该条规定也可以包括土地承包经营权这类物权设立、变动采登记对抗主义规则的不动产。不能依据《异议复议规定》第二十八条只能用物权期待权理论解释的思维定式，来否定该条也可以适用于登记对抗主义的不动产物权变动，否则无异于本末倒置。应当从条文表述的通常语义，解释其中不动产的含义。因此，该条规定应包括物权变动采登记对抗主义的不动产，用物权期待权概念解释《异议复议规定》第二十八条，在理论上是不周延的。虽然在我国登记要件主义是大多数不动产物权设立、变动所奉行的主要规则，但是我国同时也存在部分不动产物权设立、变动采登记对抗主义的情形，典型的如农村土地承包经营权。对于《查封、扣押、冻结规定》第十七条来说，也存在同样的问题。所以，对于本案来说，不宜再用物权期待权理论解释适用《异议复议规定》第二十八条和《查封、扣押、冻结规定》第十七条的问题。况且，理论上对物权期待权这一概念本身的争议就从未间断。

二、本案适用《异议复议规定》第二十八条和《查封、扣押、冻结规定》第十七条是否妥当

执行异议之诉审判程序中，法院能否直接适用《异议复议规定》第二十八条、《查封、扣押、冻结规定》第十七条规定审理诉讼案件，实践中存在不同观点，主要存在肯定说与否定说。肯定说认为，法院可以在案外人异议之诉审判程序中，适用上述执行实施程序和案外人异议审查程序中的司法解释规定。否定说认为，上述规定系执行实施程序和案外人异议审查程序适用的司法解释，并不当然适用于案外人执行异议之诉的审理。

笔者认为，当前尚无直接针对执行异议之诉中，法院审理不动产一般

买受人权利能否排除执行的具体规则，司法实践虽然在适用法律方面做法不一，但也基本遵循与上述执行程序司法解释相似的思路进行审理。就目前而言，执行异议之诉的裁判文书是否援引《查封、扣押、冻结规定》第十七条或《异议复议规定》第二十八条，更多具有形式层面的意义，在实际裁判规则中，法院亦可运用上述执行程序司法解释的基本精神进行审理。执行异议之诉并非一定要适用案外人异议实质审查的有关规定，是否直接引用上述执行程序司法解释规定，尚不能单独作为评判适用法律正确与否的理由。《查封、扣押、冻结规定》第十七条或《异议复议规定》第二十八条，对执行异议之诉的审理具有一定的参考意义，在执行异议之诉法律适用规则正式出台前，暂时适用这些司法解释规定也无不妥。上述两条司法解释规定的不动产一般买受人权利可以排除执行的构成要件，概括起来主要包括以下几项：

1. 在法院查封执行标的前，被执行人与案外人之间是否形成合法有效的不动产买卖合同关系。至于被执行人与案外人是否必须签订书面买卖合同，实务中存在不同观点。

2. 在法院查封执行标的前，案外人是否已合法占有该标的。对实际占有执行标的的认定，实务中需要根据当事人提交的相关证据具体判断。

3. 案外人是否支付全款。案外人支付全款的情形包括实际支付全款和将剩余价款交付法院执行。至于款项完成全部交付的时间，目前尚无规定明确予以限制。笔者倾向于最晚不能迟于一审法庭辩论终结前，但也有观点认为，最晚不能迟于执行程序案外人异议审查结论作出前。

4. 不动产未办理过户登记是否因案外人自身原因，或者案外人对未办理过户登记是否存在过错。对于前 3 项要件，实践中一般认为需要同时具备才能对抗申请执行人，但对于第 4 项是否也应同时作为排除执行的构成要件则存在分歧。

本案林地使用权及附着林木所有权属于不动产，单从文义解释看，亦可适用上述构成要件。除此以外，适用上述要件还包括以下理由：

首先，案外人对执行标的享有的实体权利成立，与该权利能否排除执行，是两个层面的概念。实践中，有些案件的案外人虽然对执行标的享有实体权利，但其权利在法律性质上不能排除对该标的的执行。因此，权利成立要件与排除执行的要件，未必是完全吻合的。排除执行的要件还需要考虑申请执行人对该执行标的享有的法律利益。在有申请执行人参加的执行程序中，案外人对执行标的主张排除执行的权利，与申请执行人、被执行人形成三方法律关系，案外人执行异议之诉的被告是申请执行人。故排除执行法律要件的设定，不能仅考虑案外人对执行标的的权利是否成立，在很多情况下，还要进行申请执行人对某些特定标的信赖利益的考量。在有些案件中，案外人对执行标的主张排除执行的请求，除了实体权利成立以外，还需要具备一定的权利公示方法，并满足相应的法律要件才能达到排除执行的目的。

其次，是登记对抗主义不动产物权的法律特征使然。物权变动采登记对抗主义的不动产，受让人取得物权并可对抗申请执行人应当符合一定的法律条件。根据《最高人民法院关于适用〈中华人民共和国物权法〉若干问题的解释（一)》[①]［以下简称《物权法解释（一)》］第六条规定，转让人转移船舶、航空器和机动车等所有权，受让人已经支付对价并取得占有，虽未经登记，但可以对抗转让人的债权人。这里的债权人主要是指普通债权人或一般债权人，包括强制执行程序中的债权人。据此，采登记对抗主义的特殊动产物权变动，需满足转让关系成立、受让人已经支付对价并取得占有等要件时，才能对抗执行债权人。相比之下，同样采登记对抗主义的不动产物权变动受让人权利要想对抗执行债权人，至少也应符合转让关系成立、受让人支付价款并取得合法占有这些构成要件，即物权变动需要通过一定的方式对外公示，才能产生对抗执行债权人的效力。存有争议的是，采登记对抗主义的不动产物权变动中，如何看待未完成变更登记的问题。对于未完成过户登记的，究竟是按照《物权法解释（一)》第六条规定，不作为对抗执行债权人的构成要件考虑，还是按照《查封、扣押、冻结规定》第十七条或者《异议复议规定》第二十八条规定，将其作为一项对抗执行债权人的构成要件加以衡量呢？笔者认为，《物权法解释

① 该司法解释已于2021年1月1日废止。

(一)》第六条只是对特殊动产的规定，采登记对抗主义的不动产物权变动，不在该条规定范围之内，而应适用不动产物权变动排除执行的情形。《异议复议规定》第二十八条专门对不动产物权变动排除执行的问题作了规定，所以，采登记对抗主义的不动产物权变动能否排除执行，与《异议复议规定》第二十八条在法律关系上更加接近，适用该条规定的构成要件更为合理。

综上，对本案案外人的林地使用权、林木所有权能否排除执行的问题，一、二审法院适用《查封、扣押、冻结规定》第十七条、《异议复议规定》第二十八条规定审理，并无不妥。

三、排除执行潜在的要件事实——申请执行人金钱债权的性质

有观点认为，不动产一般买受人的权利在符合《查封、扣押、冻结规定》第十七条或者《异议复议规定》第二十八条规定的情况下，能否对抗申请执行人的金钱债权，还需考虑该金钱债权的性质。如果申请执行人的金钱债权系对执行标的变现价值享有优先受偿权的话，那么案外人对该标的的物权或者物权期待权能否对抗优先受偿权的执行，则需根据民事实体法的有关规定判断。依据物权法、担保法、合同法等法律及相关司法解释的规定，执行标的受让人权利不能对抗申请执行人优先受偿权的，对案外人排除执行的请求不予支持；反之，则不得对该标的强制执行。

相反观点认为，不动产一般买受人的权利只要符合《查封、扣押、冻结规定》第十七条或者《异议复议规定》第二十八条规定的，不仅可以对抗申请执行人的普通金钱债权，也可以对抗申请执行人对该标的的优先受偿权。不论申请执行人的金钱债权是普通金钱债权，还是对执行标的变现价值享有优先受偿权的金钱债权，均不能对抗案外人对该标的的物权或者物权期待权。故在这种情况下，无须考虑申请执行人金钱债权的性质，案外人对该不动产的物权或者物权期待权均应优先保护。

上述两种观点在司法实践中均不同程度存在。就本案而言，申请执行人享有的是普通金钱债权，案外人对执行标的主张的是林地使用权和林木所有权。本案需要解决的是申请执行人的普通金钱债权能否就案涉林地使

用权、林木所有权得以实现的问题。因此，就本案而言，案外人林地使用权、林木所有权只要符合《异议复议规定》第二十八条，即可对抗申请执行人的普通金钱债权。

四、本案案外人排除执行的请求能否成立

关于案外人与被执行人签订合同的问题，廖某与邱某于 2014 年 1 月 15 日签订的转让协议合法有效，且签订时间在执行法院查封之前。本案证据显示，廖某已按协议支付全部价款。从案件事实看，案外人在执行法院查封案涉不动产之前就已实际占有该标的，进行经营管理，并设定租赁关系。案外人未将案涉不动产过户登记至其名下，系因被执行人牵涉其他债权债务纠纷，法院因另案查封了案涉不动产，致使其无法办理过户登记。案外人已向相关登记机关申请办理过户登记，但因另案查封效力的存在而无法实现，不属于因案外人自身原因导致案涉不动产未办理过户登记，也不能认定案外人对未办理过户登记存在过错。综合上述分析，案外人廖某请求对执行标的排除执行的主张符合法律规定，应予支持。

五、法院对执行标的的确权裁判是否违反专属管辖规定

根据《民事诉讼法解释》第三百零四条规定，案外人执行异议之诉由执行法院专属管辖，另据《民事诉讼法解释》第三百一十二条[①]第二款规定，案外人提起执行异议之诉，同时提出确认其权利的诉讼请求的，人民法院可以在判决中一并作出裁判。一、二审判决根据当事人的诉讼请求，在本案中对执行标的确权问题一并审理，有法律依据，不违反法定程序。

对于《民事诉讼法解释》第三百一十二条的理论解读，笔者认为，案外人执行异议之诉的诉讼标的应为程序上的异议权，提起执行异议之诉的目的，应为排除对特定执行标的的强制执行程序，当事人之间的实体法律关系虽为该异议权存在与否的先决问题，但并非案外人执行异议之诉的诉讼标的，案外人执行异议之诉只需解决对当事人主张的特定执行标的是否

① 该司法解释已于2020年12月29日修正，本条内容未作变动。

强制执行的问题，无需对当事人之间的实体权利义务关系作出裁判。如果案外人仅向执行法院主张排除对特定标的强制执行，并未请求法院对其实体权利成立作出裁判的，则为纯粹的案外人执行异议之诉，法院应依照《民事诉讼法解释》第三百一十二条第一款规定，对是否执行该标的作出判决；如果当事人在对执行程序是否进行提起执行异议之诉的同时，又提出诉讼请求主张法院对实体法律关系一并作出裁决的，则属于执行异议之诉与普通民事诉讼的合并，而非单纯的执行异议之诉，法院应依照《民事诉讼法解释》第三百一十二条第二款规定，根据当事人的诉讼请求一并作出裁判。

六、本案执行标的的确权问题

廖某是否为案涉林地林木的物权权利人？法院在判决主文中，能否根据其诉讼请求作出确权裁判？根据《中华人民共和国物权法》第一百二十九条规定，土地承包经营权转让采登记对抗主义，未经登记不得对抗善意第三人。登记只具有对抗效力，不是认定林地使用权、林木所有权权属的生效要件。在签订转让协议后，廖某支付了全部款项，并聘请工人对林地进行养护管理，还与黄坑林场签订租赁合同，说明其已经实际占有案涉林地，开展了经营活动。在一审法院查封之前，廖某已经向登记机关申请变更登记，填写了林权转移登记申请表，未办理林权证变更登记，是因执行标的被赣州中院查封所致。廖某已经受让案涉林地林木物权，并完成不动产交付，实现了对不动产的占有，未办理变更登记只是欠缺形式上的对抗要件，其实际上已经享有案涉林地林木的物权，法院可以据此作出确权裁判。

附：

最高人民法院民事裁定书

（2016）最高法民申2660号

再审申请人（一审被告、二审上诉人）：高安市中兴小额贷款有限责任公司。住所地：江西省高安市瑞州东路瑞都华府2幢。

法定代表人：胡某，该公司董事长。

委托代理人：章某，江西求正沃德律师事务所律师。

委托代理人：余某，江西求正沃德律师事务所律师。

被申请人（一审原告、二审被上诉人）：廖某，男，汉族，1969年10月3日出生，住江西省赣州市章贡区。

一审第三人：邱某，男，汉族，1959年9月15日出生，系赣州艾格菲牧业有限公司董事长，住江西省崇义县。

再审申请人高安市中兴小额贷款有限责任公司（以下简称中兴公司）因与被申请人廖某及一审第三人邱某案外人执行异议之诉纠纷一案，不服江西省高级人民法院（2016）赣民终103号民事判决，向本院申请再审。本院依法组成合议庭对本案进行了审查，现已审查终结。

中兴公司申请再审称：（一）二审判决认定的基本事实缺乏证据证明。1. 黄坑林场的转让协议系伪造证据，假使该协议真实存在，该转让行为亦违反效力性法律规定而无效。黄坑林场林权权属存在争议，该林权的转让未经森林资源资产评估，转让协议签订前，未经有关林业主管部门批准，未举行村民代表大会表决。根据《江西省森林资源转让条例》第十一条、十三条、三十三条，《中华人民共和国农村土地承包法》第三十七条、四十八条规定，该转让行为违反法律效力性规定，转让无效。2. 廖某与邱某之间的转账金额仅为310万元，廖某未付清全部转让款。（1）本案四位出庭作证的证人均与邱某、廖某认识多年，相互间存在利害关系。仅根据证

人证言或书面陈述，不能证明刘某的100万元转款、钟某的60万元转款、兰某的200万元转款以及钟某的254万元转款属廖某向邱某支付的林权转让款。赖某、邱某、喻某、邓某仅书面称收到1800万元林权转让款的证言，不应当作为本案定案的依据。(2) 邱某于2014年3月21日及3月26日向廖某出具20万元、35万元现金支付“领条”两张，二审判决未对该55万元现金支付作出合理解释，属事实认定错误。(3) 廖某提供的银行凭证存在事后涂改和添加痕迹，与银行出具的正规转账凭证相差较大，二审法院未对此调查取证即认定该银行凭证的真实性，属事实认定错误。(4) 廖某向邓某出具的196万元“欠条”实质为由第三人付款的约定，不属于债务转让，廖某林场转让款并未付清。3. 黄坑林场没有被追加为本案被告或第三人，一、二审法院在没有通知黄坑林场参加诉讼的情况下，判决不得执行赣州市大余县黄坑林场，没有事实和法律依据。(二) 二审判决认定事实的主要证据是伪造的。1. 转让协议有不明原因的缺损，属伪造或变造的证据。廖某在庭审中不能证明其向法院提交的转让协议唯一且真实，该协议系廖某与邱某串通伪造的证据。2. 银行转账凭证存在涂改痕迹，属伪造或变造的证据，本案有2414万元的银行凭证被伪造或变造。(三) 中兴公司书面申请二审法院调查收集因客观原因不能自行收集的证据，但二审法院未调查取证。廖某提供的银行凭证存在事后涂改和添加痕迹，中兴公司在二审时提出由人民法院调查收集的申请，但二审法院并未对此关键性证据进行调查取证。(四) 二审判决适用法律错误。1. 二审法院并案审理违反不动产专属管辖的规定。2. 廖某并非黄坑林场林权的物权权利人，其提出的执行异议不能排除执行。依据《中华人民共和国物权法》第九条、第十四条规定，不动产物权的取得，除了法律另有规定的情形外，只有在不动产登记簿上记载后，方能取得包括所有权在内的不动产物权。根据《最高人民法院关于人民法院办理执行异议和复议案件若干问题的规定》第二十五条、二十六条规定，执行标的系已登记的不动产，应当按照不动产登记簿判断其物权权利人，除非案外人能提供证明该执行标的在被法院查封、扣押、冻结前已归属于案外人的生效法律文书。案涉林权的物权登记人为邱某，廖某未能提供相关权属证明的生效法律文书，廖某并非黄坑林场林权的物权权利人，二审法院适用法律错误。3. 中兴公司申请强制执行合理合法，不应当承担高额诉讼费。中兴公司依据《中华人民共和国民事诉讼法》第二百条第二项、第三项、第五项、第六项的规定申请再审。

本院认为：本案再审审查的焦点是，一、二审判决认定的基本事实是否缺乏证据证明；二、二审判决认定事实的主要证据是否系伪造；三、是否存在当事人因客观原因不能自行收集证据，书面向二审法院申请调查而法院未调查的问题；四、二审判决适用法律是否错误。

一、关于二审判决认定的基本事实是否缺乏证据证明的问题。廖某提供的转让协议与中兴公司提供的协议内容一致，且上述协议均有廖某、邱某的签字，不影响转让协议真实性的认定。案涉山林权属登记的权利人为邱某，中兴公司并未提供证据证明权属存在争议。根据廖某与邱某签订的转让协议，廖某应支付邱某3300万元。此后，邱某、廖某及袁某、彭某签订协议书约定，廖某从支付邱某转让款3300万元中扣除330万元作为袁某、彭某的价款不予支付，实际只需支付2970万元给邱某。中兴公司认为廖某与邱某之间的直接转账金额为310万元，其余款项已经支付的证据不足，但该公司未提供证据证明本案的证人证言与相关书证不符，亦未提供证据否定邱某向廖某出具的收条等证据的真实性。因此，中兴公司关于二审判决认定的基本事实缺乏证据证明的主张不能成立。

二、关于二审判决认定事实的主要证据是否系伪造的问题。中兴公司称，本案转让协议有不明原因的缺损，相关银行转账凭证有涂改痕迹，主要证据均系伪造。经审查转让协议内容和相关银行转账凭证，本案转让协议的缺损部分不影响对协议内容的认定，相关银行转账凭证在转账时间、转账金额等内容上未见涂改痕迹，仅标注有转账用途等信息，不能据此认定上述证据系伪造、变造。

三、关于是否存在当事人因客观原因不能自行收集证据，书面向二审法院申请调查而法院未调查的问题。相关银行转账凭证所载内容足以证明本案转让款项的支付情况，其上标注的其他信息，不影响对该证据的审查认定，二审法院认为无进一步调查取证的必要性，并无不当。故中兴公司称二审法院未根据其申请调查取证的理由不能成立。

四、关于二审判决适用法律是否错误的问题。根据《最高人民法院关于适用〈中华人民共和国民事诉讼法〉的解释》第三百零四条、第三百一十二条第二款的规定，案外人执行异议之诉由执行法院管辖，案外人同时提出确认其权利的诉讼请求的，可以在判决中一并作出裁判。本案由江西省宜春市中级人民法院管辖，并对确权问题一并审理，符合法律规定。根据《中华人民共和国物权法》第一百二十七条、第一百二十八条规定，土地承包经营权自土地承包经营权合同生效时设立，土地承包经营权人依照农村土地承包法的规定，有权将土地承包经营权采取转包、互换、转让等方式流转。廖某与邱某签订转让协议并占有案涉林地，在一审法院查封本案所涉林权之前，廖某已向林权登记机关申请变更登记，未办理变更登记系因林权被赣州市中级人民法院查封所致。根据《中华人民共和国物权法》第一百二十七条、第一百二十八条规定，廖某已享有案涉林木林地物权。廖某提交的证据足以证明其对执行标的的权利符合《最高人民法院关于办理执行异议和复议案件若干问题的规定》第二十八条规定情形，可以排除对该标的的执行。另，中兴公司所提诉讼费用承担问题，不属于再审审查范围。因此，中兴公司关于二审判决适用法律错误的理由不能成立，本院不予支持。

综上，中兴公司的再审申请不符合《中华人民共和国民事诉讼法》第二百条规定的情形。另，中兴公司所提诉讼费用承担问题，不属于再审审查范围。依照《中华人民共和国民事诉讼法》第二百零四条第一款之规定，裁定如下：

驳回高安市中兴小额贷款有限责任公司的再审申请。

审　判　长　何东宁

代理审判员　刘慧卓

代理审判员　乔　宇

二〇一六年十一月十四日

书　记　员　陈海霞

二、申请执行人执行异议之诉

40. 黄雪贞与蔡福英执行异议之诉案*

对于当事人提出的执行异议之诉应进行严格的审查，对于其享有的权利性质作出认真的分析，以妥善地平衡各方当事人之间的关系

【裁判摘要】

执行异议之诉是2007年《中华人民共和国民事诉讼法》增加的内容，其实质是执行救济，以阻却执行为目的。同时，由于执行权是国家的公权力，阻却执行必须有合法的依据，否则会将这种权力架空，而使生效判决成为一纸空文。因此，从这种意义上说，应当对于当事人提出的执行异议之诉进行严格的审查，对于其享有的权利性质作出认真的分析，以妥善地平衡各方当事人之间的关系。

上诉人（原审原告）：黄雪贞，女，1974年8月13日出生，汉族，住福建省厦门市思明区。

委托代理人：朱一辉，福建嘉禾嘉律师事务所律师。

委托代理人：韩金华，福建嘉禾嘉律师事务所律师。

被上诉人（原审被告）：蔡福英，女，1956年7月

* 摘自《民事审判指导与参考》2016年第3辑（总第67辑），人民法院出版社2017年版，第237~251页。

3日出生，汉族，住福建省厦门市思明区。

委托代理人：林涛，福建知圆律师事务所律师。

委托代理人：吴水霞，福建知圆律师事务所律师。

一、福建省高级人民法院一审查明的情况

蔡福英诉萧渊、繁荣（厦门）房产投资有限公司（以下简称繁荣公司）、肖渊民间借贷纠纷一案，一审法院2011年3月5日作出（2010）闽民初字第21号民事判决，判令萧渊、繁荣公司于判决生效之日起10日内返还蔡福英欠款本金29348752元及相应利息。萧渊、繁荣公司不服该判决向最高人民法院提起上诉，又于2011年10月11日申请撤回上诉，最高人民法院裁定予以准许。因萧渊、繁荣公司未履行生效判决确定的义务，蔡福英于2011年11月4日向一审法院申请执行。经计算，申请执行标的额为62049802.88元。一审法院于2011年11月10日向被执行人萧渊、繁荣公司发出《执行通知书》。执行过程中，蔡福英向一审法院提出因萧渊、繁荣公司恶意逃避债务，向厦门阜承建筑工程有限公司（以下简称阜承公司）转移财产，请求追加阜承公司为被执行人。一审法院于2012年9月18日作出（2011）闽执行字第80-53号执行裁定：一、追加阜承公司为本案被执行人。二、追回被执行人阜承公司所接受被执行人繁荣公司的款项，价值暂以62049802.88元为限；或者查封、扣押、冻结阜承公司等额财产。三、冻结被执行人阜承公司在二轻大厦项目中所享有的49%权益，价值暂以62049802.88元为限。

阜承公司、繁荣公司、萧渊不服该执行裁定，向一审法院提出异议，主要理由是阜承公司以2500万元受让了繁荣公司在二轻大厦项目中的权益，该转让合法有效，并且支付了相应对价，不应将阜承公司作为被执行人。一审法院于2012年10月18日作出（2012）闽执异字第2号执行裁定，驳回上述三异议人的异议。阜承公司不服该裁定，向最高人民法院申请复议，最高人民法院于2012年12月19日作出（2012）执复字第30号执行裁定，认为阜承公司收受繁荣公司的财产，并受让二轻大厦49%的权益，均不符合执行机构直接裁定追加被执行人的法定条件，一审法院在裁

定中援引《最高人民法院关于依法制裁规避执行行为的若干意见》第二十条规定，追加阜承公司为被执行人，认定事实不清，适用法律程序不当。据此，裁定撤销（2012）闽执异字第2号执行裁定，并发回一审法院重新审查。

后一审法院重新审查于2013年3月18日作出（2013）闽执异字第2号执行裁定，该裁定查明以下事实：阜承公司系于2010年8月18日经工商登记成立，注册资本1000万元，共有两个股东，其中法定代表人何幸生占90%股份，林寿海占10%股份。同时查明，何幸生系厦门市东南海滨投资开发有限公司驾驶员，月平均工资不到4000元。据厦门市东南海滨投资开发有限公司负责人称，何幸生平时上下班正常，从未听说他在外面开公司。另据何幸生于2012年8月12日向一审法院提交的《关于阜承建筑工程有限公司成立及经营情况的说明》及一审法院对其所作的调查，何幸生承认：其是经被执行人萧渊介绍帮助注册阜承公司的，其在该公司无股份，对公司由谁掌管、如何运营、公司印章下落及财务状况均一概不知，也不知道公司还有另外一个股东林寿海。而林寿海系厦门佳家福房地产管理有限公司驾驶员，月平均工资约2000元。林寿海称：不知道是谁用其身份证去办理了阜承公司的注册手续，其在该公司实际无股份，也不认识何幸生，对该公司的情况不了解。

阜承公司在其异议申请书中称：阜承公司实际控制人为魏立州，该公司的注册资本也系由魏立州投入，但未提供证据加以证明。在2011年度的工商年检中，阜承公司于2012年4月20日向厦门市工商行政管理局提交《经营情况说明》，载明：因经营不善，业绩不佳，导致公司收入为零。但根据阜承公司的银行基本账户明细账记载：自2011年1月26日起至2012年6月18日止，被执行人繁荣公司通过商业银行共向阜承公司转款64703130元；自2011年1月27日起至2012年5月8日止，阜承公司共向被执行人萧渊转款1342万元。一审法院于2012年8月8日向阜承公司发出（2011）闽执行字第80－40号协助执行通知书，责令其提供被执行人繁荣公司向阜承公司转款64703130元的逐笔详细情况、收款依据和资金去向以及阜承公司向被执行人萧渊转款1342万元的逐笔详细情况、转款依据

等，但阜承公司至今未能提供上述资料。

繁荣公司于2006年12月30日与厦门市二轻集体企业联社（以下简称二轻联社）签订《合作建设“二轻大厦”项目协议书》，在二轻大厦建设项目中，繁荣公司占49%权益。2010年8月20日，繁荣公司将其在二轻大厦中的权利、义务（含繁荣公司转入二轻联社的1471万元）全部转让给阜承公司，转让款为2500万元。繁荣公司称，其于2010年8月30日在澳门收到阜承公司转让款2500万元，并于同日作为其他项目的损失赔偿款转付给案外人众益国际有限公司（经查，无众益国际有限公司工商登记资料），为此，繁荣公司向一审法院提供了其向阜承公司出具的《收款收据》及众益国际有限公司出具给繁荣公司的《收款凭证暨备忘》。经查阜承公司与繁荣公司的银行账户往来明细，未发现有此笔款项往来。

一审法院于2012年8月10日向被执行人萧渊及繁荣公司发出（2011）闽执行字第80－39号通知书，责令其提供二轻大厦项目转让款2500万元的往来凭证，但萧渊及繁荣公司至今未能提供上述资料。2012年8月10日，一审法院依法对繁荣公司进行搜查，扣押“众益国际有限公司”印章一枚、“魏立州”印章二枚、繁荣公司员工刘洁笔记本一本（内有阜承公司企业网银客户号、账号及密码等相关内容）。

该裁定认为，以上事实可以证明，众益国际有限公司及阜承公司是在被执行人繁荣公司控制之下，繁荣公司向一审法院提供的两份收据均可由繁荣公司自己制作，故不具有相应的证明力。被执行人繁荣公司至今未按要求说明二轻大厦项目转让款2500万元收支的详细情况并提供相应的银行往来凭证，即使2500万元转让款的收、付均系通过现金交易完成，也应向法院说明具体细节并提供相应的证据证明，但至今异议人繁荣公司未予举证，故异议人阜承公司关于由“魏立州通过其澳门的合作者于2010年8月30日在澳门向繁荣公司支付了对价”之异议理由不能成立，不予采信。异议人繁荣公司欲清偿其所欠他人债务，完全可直接将款项转给债权人，而繁荣公司将款项先转往阜承公司，然后再通过阜承公司的网银账户支付给债权人的行为违反常理，且繁荣公司也未向法院说明其通过阜承公司向何人清偿债务，清偿债务的依据所在，并提供相应的证据材料证明；繁荣公司在收到法院发出的执行通知的情况下，仍然不履行法院的生效判决，而自称将款项用于清偿其他未经诉讼确认的债务，违反了《中华人民共和国民法通则》第一百零八条[①]“债务应当清偿”之规定。一审法院在执行程序中，追加阜承公司为本案被执行人，与《中华人民共和国民事诉讼法》第二百三十二条、《最高人民法院关于适用〈中华人民共和国民事诉讼法〉若干问题的意见》第二百七十一条至第二百七十四条[②]以及《最高人民法院关于人民法院执行工作若干问题的规定（试行)》第七十六条至第八十二条[③]规定之情形不符，故应予撤销。但异议人阜承公司在无证据证实支付了2500万元对价的情况下受让被执行人繁荣公司在二轻大厦项目的权益，并接受了被执行人繁荣公司的64703130元款项事实清楚、证据充分。对于被阜承公司占有的被执行人繁荣公司的财产应予追回，故一审法院裁定在62049802.88元范围内，追回异议人阜承公司所接受被执行人繁荣公司的财产并冻结阜承公司在二轻大厦项目中所享有的49%权益是正确的，应予维持。异议人阜承公司如认为其受让被执行人繁荣公司二轻大厦项目的财产权益及接受被执行人繁荣公司64703130元的款项有事实和法律依据，并请求停止对上述财产的执行，可以申请执行人蔡福英为被告提起民事诉讼。据此，裁定撤销（2011）闽执行字第80－53号执行裁定中关于追加阜承公司为被执行人的内容，但仍裁定追回阜承公司所接受被执行人繁荣公司的款项，价值暂以62049802.88元为限，或者查封、扣押、冻结阜承公司等额财产；冻结阜承公司在二轻大厦项目中所享有的49%权益，价值暂以62049802.88元为限。

另外，一审法院于2012年10月11日作出（2011）闽执行字第80－58号执行裁定：一、查封、冻结被执行人阜承公司因与二轻联社合作开发所分得的二轻大厦第6层、7层、8层、11层、12层、15层、16层、23

---

① 该法已被《中华人民共和国民法典》废止，本条已被删除。

② 该司法解释已于2015年2月4日废止，根据2020年修正的《最高人民法院关于适用〈中华人民共和国民事诉讼法〉的解释》，第二百七十一条至第二百七十四条对应第四百七十二条至第四百七十五条。

③ 该司法解释已于2020年12月29日修正，修正后本条已被删除。

层、24层、25层。二、冻结、扣留、提取阜承公司因合作开发二轻大厦项目，自二轻联社处所应得的任何款项，价值暂以62049802.88元为限；三、冻结、扣留、提取繁荣公司、阜承公司因以出租、转让使用权、认购、预约买卖等任何方式处分二轻大厦房屋而应收的任何款项，价值暂以62049802.88元为限。

二轻联社及包括黄雪贞在内的王启志等29个购房人不服该执行裁定，向一审法院提出案外人执行异议。一审法院经审查于2013年6月25日作出（2012）闽执外异字第2-3号执行裁定，该裁定中阜承公司的当事人地位为第三人，裁定查明：（1）2006年11月10日，厦门市经济发展局批复同意二轻联社在厦门市湖滨南路334号划拨土地上建设二轻大厦项目。2008年5月16日经厦门市人民政府厦府第（2008）293号文批准，二轻联社以协议出让的方式取得该宗地的国有建设用地使用权，土地用途为自用办公，宗地面积6391.241平方米，地上建筑总面积不超过60060平方米。二轻大厦为二轻联社的自用办公楼，若要转让，须经厦门市人民政府批准，补办完全出让手续，补缴地价差，地价按剩余法计算和补缴，且不低于批准转让时同期基准地价修正值。（2）被执行人繁荣公司于2006年12月30日与二轻联社签订《合作建设“二轻大厦”项目协议书》，合作建设二轻大厦项目，繁荣公司占49%权益。2010年8月20日，繁荣公司将其在二轻大厦中的权利义务全部转让给阜承公司，二轻联社书面表示同意。2011年7月28日，二轻联社与阜承公司签订《协议书》，约定阜承公司分得二轻大厦第6层、7层、8层、11层、12层、15层、16层、23层、24层、25层。

该裁定认为，虽然依据繁荣公司与二轻联社达成的合作协议以及繁荣公司将其在该协议中的权利义务全部转让给阜承公司的事实，无论是繁荣公司还是阜承公司，其在二轻大厦项目中仅享有权益而不是直接对房产享有所有权，但是从繁荣公司、阜承公司已与王启志等案外人签订《房产认购协议》或《房产预约买卖合同》及部分案外购房人已经装修入住的情况看，二轻联社对此是知情的，而且一审法院多次要求二轻联社结算，其都未能及时履行结算义务。繁荣公司、阜承公司及二轻联社的行为已导致一审法院难以对阜承公司在二轻大厦项目中享有的权益予以执行，若不对二轻大厦房产进行查封，案外购房人尚未付清的购房余款，一审法院亦难以提取。因此，查封二轻大厦房产并无不当，案外人的异议应予以驳回。案外人若对本裁定不服，可以自裁定书送达之日起15日内提起诉讼。据此，裁定驳回案外人二轻联社及王启志等29个购房人的异议。除二轻联社之外的包括黄雪贞在内的王启志等29个购房人不服（2012）闽执外异字第2-3号执行裁定，分别向一审法院提起诉讼。

一审法院另查明，本案审理过程中，繁荣公司和阜承公司均于2013年11月12日向一审法院出具《情况说明》。繁荣公司的《情况说明》主要内容为，对黄雪贞要求停止执行讼争房产及理由不持异议；黄雪贞与繁荣公司签订的房产认购协议书以及繁荣公司出具的购房款收据是真实的，黄雪贞已实际付清收据记载的相应金额购房款项；繁荣公司将二轻大厦的合作权利义务转让给阜承公司后，由阜承公司负责后续的合同履行及交房事宜。阜承公司的《情况说明》主要内容为，对黄雪贞起诉要求停止执行讼争房产的诉求及事实和理由不持异议，该房产的权益已转让给黄雪贞，由黄雪贞享有房产的占有、使用和收益权利，阜承公司仅对黄雪贞享有购房款债权。

一审法院还查明，黄雪贞还未实际入住诉争房产，该房产就被法院查封。

二、当事人起诉与答辩情况

黄雪贞起诉称，一审法院在执行蔡福英与繁荣公司、萧渊民间借贷纠纷一案中，依据蔡福英的申请，裁定追加阜承公司为被执行人，并作出（2011）闽执行字第80-58号裁定，查封了厦门二轻大厦第6、7、8、11、12、15、16、23、24、25层房产。由于其中第12层第9单元房产已由黄雪贞受让取得使用权，并在被查封前已交付使用，为此黄雪贞提出案外人执行异议。2013年6月25日一审法院作出（2013）闽执外异字第2-3号执行裁定书，驳回黄雪贞的异议。黄雪贞不服该裁定提起诉讼，认为裁定认定事实及适用法律错误，应当对其所购买的二轻大厦第6层第10、11单

元房产依法停止执行。理由如下：（1）黄雪贞对被查封的房产享有占有、使用和收益的权利，足以阻却、排除执行。2010年9月13日黄雪贞通过郭紫燕与繁荣公司签订《房产认购协议书》，认购厦门二轻大厦第12层第9单元房产，合同价款2849810万元，协议约定应支付首期购房款1424905元，剩余50%购房款待产权证出来后向银行抵押贷款支付。黄雪贞将全部房款交给郭紫燕（因12层房产均由郭紫燕转卖，此前郭紫燕已经向繁荣公司支付了首付款）。因繁荣公司将其二轻大厦合作项目的权利义务转让给阜承公司，阜承公司承认黄雪贞对该房产的相关权益，并于2012年7月25日将所购房产交付黄雪贞使用。黄雪贞签订购房合同的时间以及付款均在法院采取查封措施之前。因此，黄雪贞对购买的二轻大厦房产享有使用和收益的实体权利，足以排除对该房产的执行。（2）根据《最高人民法院关于人民法院民事执行中查封、扣押、冻结财产的规定》（以下简称《查封规定》）第二条[①]的规定，执行标的物必须是被执行人的财产，但黄雪贞购买的二轻大厦房产经政府批准属二轻联社名下的财产，被执行人繁荣公司或阜承公司只是二轻大厦建设项目的合作一方，并未取得该房产的物权，对该房产进行查封执行缺乏法律依据。（3）（2011）闽执行字第80-58号裁定是基于阜承公司被追加为被执行人，但最高人民法院作出的（2012）执复字第30号执行裁定，认为执行法院直接追加阜承公司为被执行人缺乏法律依据，现（2013）闽执外异字第2-3号执行裁定已将阜承公司变更为第三人，排除其被执行人的地位，显然继续查封二轻大厦的房产已经丧失事实和法律依据。（4）即便执行法院认为黄雪贞尚欠繁荣公司或阜承公司部分购房款需要支付，也应按照《最高人民法院关于人民法院执行工作若干问题的规定（试行）》第六十一条[②]的规定，向黄雪贞发出履行通知，而不能直接查封黄雪贞购买的房产。故请求：对二轻大厦第12层第9单元房产停止执行；由蔡福英承担本案诉讼费用。

蔡福英答辩称：（1）繁荣公司与二轻联社共同开发建设二轻大厦，阜

---

① 该司法解释已于2020年12月29日修正，本条内容未作变动。

② 该司法解释已于2020年12月29日修正，本条已被修改为第45条，但内容未作变动。

承公司在未支付任何对价的情况下占有繁荣公司所享有的二轻大厦项目49%权益，故二轻大厦项目中原归属于繁荣公司的49%权益仍归属于繁荣公司。(2) 一审法院查封二轻大厦房产具有事实和法律依据，(2012) 闽执外异字第2-3号执行裁定是正确的。依据《查封规定》第十条"查封尚未进行权属登记的建筑物时，人民法院应当通知其管理人或者该建筑物的实际占有人，并在显著位置张贴公告"的规定，一审法院在查封、冻结过程中已通知了二轻联社和二轻大厦的物业管理公司，而且在各楼层张贴公告。(3) 黄雪贞无证据证明其已将1424905元款项支付给繁荣公司或阜承公司。黄雪贞主张其已将购房款支付给郭紫燕，郭紫燕已经支付给繁荣公司购房款的理由不能成立。繁荣公司并未授权郭紫燕收受该款项，郭紫燕也没有将购房款支付给繁荣公司。综上所述，福建省高级人民法院查封阜承公司在二轻大厦项目中所享有的49%权益的房产有法律和事实依据，黄雪贞主张的购买房产和支付购房款没有事实根据，其诉讼请求应予驳回。

三、福建省高级人民法院一审认定与判决

一审法院认为，根据最高人民法院 (2012) 执复字第30号执行裁定重新审查后，一审法院作出 (2013) 闽执异字第2号执行裁定，查明认定阜承公司是在被执行人繁荣公司控制之下，且繁荣公司提供的证据不足以证明阜承公司支付了2500万元对价受让繁荣公司在二轻大厦项目所享有的49%权益。《查封规定》第十五条[①]规定，对第三人为被执行人的利益占有的被执行人的财产，人民法院可以查封、扣押、冻结；该财产被指定给第三人继续保管的，第三人不得将其交付给被执行人。对第三人为自己的利益依法占有的被执行人的财产，人民法院可以查封、扣押、冻结，第三人可以继续占有和使用该财产，但不得将其交付给被执行人。第三人无偿借用被执行人的财产的，不受前款规定的限制。本案中，阜承公司作为第三

① 该司法解释已于2020年12月29日修正，本条已被修改为第十三条，但内容未作变动。

人无偿占有被执行人繁荣公司的财产，一审法院依据该规定可以查封、扣押、冻结相关财产。根据2011年7月28日二轻联社与阜承公司签订的《协议书》，阜承公司因受让繁荣公司在二轻大厦项目所享有的49%权益而分得二轻大厦第6层、7层、8层、11层、12层、15层、16层、23层、24层、25层房产，故查封讼争房产并无不当。二轻大厦土地使用权人二轻联社作为直接利害关系人在执行异议被驳回后，并未提起案外人执行异议之诉。黄雪贞以被查封的房产不是被执行人繁荣公司的财产及阜承公司不是被执行人为由，请求解除查封理由不能成立。

至于黄雪贞主张的实体权利是否足以阻却执行，应当根据《查封规定》第十七条①的规定进行判断。根据该规定，被执行人将其所有的需要办理过户登记的财产出卖给第三人，第三人已经支付部分或者全部价款并实际占有该财产，但尚未办理产权过户登记手续的，人民法院可以查封、扣押、冻结；第三人已经支付全部价款并实际占有，但未办理过户登记手续的，如果第三人对此没有过错，人民法院不得查封、扣押、冻结。本案黄雪贞起诉主张其已支付的款项为合同总价款的50%计1424905元，50%余款要待房产证办出后向银行抵押贷款支付，不符合上述规定的“已经支付全部价款”的条件。同时，黄雪贞在诉讼中也确认房产被查封时并未实际占有使用。故在黄雪贞对讼争房产既未支付全部价款亦未实际占有的情况下，其主张对该房产享有的实体权利足以阻却执行措施，进而请求对房产停止执行，缺乏事实依据和法律依据，不予支持。据此判决：驳回黄雪贞的诉讼请求，案件受理费100元由黄雪贞负担。

四、当事人上诉与答辩

黄雪贞不服一审判决提起上诉称：（1）执行标的物必须是被执行人的财产，二轻大厦不是被执行人名下的财产，执行法院对其查封没有法律依据。（2）黄雪贞已合法继受取得房产的使用权，该实体权利足以阻却、排

① 该司法解释已于2020年12月29日修正，本条已被修改为第十五条，但内容未作变动。

除执行。（3）适用《查封规定》第十七条的前提条件是查封的不动产登记在被执行人名下，且产权具备可转移登记给购买人，而非查封财产实体权利的审查标准。原审判决套用该规定作为审查房产解封的依据，显属适用法律不当。（4）一审法院作出查封裁定给出的理由是阜承公司无偿接受被执行人财产而追加其为被执行人，在最高人民法院作出本案追加阜承公司为被执行人缺乏法律依据的裁定后，继续查封的理由已不存在。（5）黄雪贞是针对2012年10月16日的查封措施提出执行异议和诉讼，而一审法院却以2013年3月18日作出的（2013）闽执异字第2号裁定书作为审查先前查封行为合法性的依据，有违正当法律程序，且该裁定也存在程序违法和适用法律错误。（6）本案只能执行到期债权而非查封房产，以查封房产方式加重购房者的交易风险和合同负担，有违司法应有的公平正义。综上，黄雪贞已合法受让取得诉争查封房产的使用权，可以阻却、排除执行，一审法院存在认定事实错误和适用法律错误，请求依法撤销原判，改判对二轻大厦第12层第9单元房产停止执行。

蔡福英答辩称：（1）依据《查封规定》第十五条的规定，人民法院有权对第三人占有的被执行人的财产采取查封、抵押、冻结。（2）对于本案诉争的房屋，黄雪贞既未支付全部价款，也未实际占有房屋，人民法院可依法查封、抵押、冻结。况且诉争房屋未办理登记过户手续，无法对抗善意第三人，更不应对抗人民法院依法作出的裁定。（3）本案房产虽登记在二轻联社名下，但阜承公司与二轻联社的协议已明确“二轻大厦”6层、7层、8层、11层、12层、15层、16层、23层、24层、25层为阜承公司所有。阜承公司向黄雪贞出售该房产，黄雪贞未办理过户登记，也未支付全部价款，一审法院适用《查封规定》第十七条正确。若按黄雪贞所主张，房产土地使用权登记在二轻联社而非阜承公司名下，则繁荣公司（阜承公司）更无权将房产出售给黄雪贞，《房产认购协议书》系无效协议，黄雪贞更无权提出执行异议。（4）一审法院通过（2013）闽执异字第2号裁定撤销追加阜承公司为被执行人，但同时该裁定明确了“追回阜承公司所接受繁荣公司的款项，或者查封、扣押、冻结、扣留、提取、划拨、扣划、拍卖、变卖阜承公司的财产，冻结阜承公司在二轻联社‘二轻大厦’项目

中所享有的49%权益”，本案诉争的房产属于阜承公司在“二轻大厦”所分配的房产，为其所享有权益49%的一部分，故本案继续查封、扣押、冻结具有法律依据。(5) 阜承公司对一审法院（2012）闽执异字第2号执行裁定提出异议后，经最高人民法院复议后撤销了（2012）闽执异字第2号执行裁定，发回一审法院重新审查。一审法院审查后重新作出了（2013）闽执异字第2号执行裁定，阜承公司并未对（2013）闽执异字第2号提起诉讼，该裁定已发生法律效力。(6)“二轻大厦”房产系阜承公司占有的繁荣公司所享有的权益，黄雪贞虽与繁荣公司签订房产买卖合同，但未支付全部房款，也未交付房产，房屋的权益仍属于阜承公司，故一审法院查封、扣押、冻结阜承公司所有的房产有法律依据，应予以维持。

五、最高人民法院二审认定与判决

最高人民法院认为，执行异议之诉的关键是审查购房者享有的实体权利是否足以阻却执行措施。

其一，“二轻大厦”系繁荣公司与二轻联社共同开发建设，繁荣公司依约可取得“二轻大厦”中49%的权益。而阜承公司因受让繁荣公司在“二轻大厦”项目中所享有的49%权益分得“二轻大厦”第6、7、8、11、12、15、16、23、24、25层房产。现有证据已经佐证阜承公司是在繁荣公司控制之下，阜承公司受让繁荣公司所享有的“二轻大厦”49%权益并未支付相应对价，其无偿占有被执行人繁荣公司的财产，一审法院依据有关规定查封诉争房产并无不当。黄雪贞以被查封的房产不是被执行人繁荣公司的财产以及阜承公司不是被执行人为由主张解除查封，理由不能成立。

其二，根据《查封规定》第十七条“被执行人将其所有的需要办理过户登记的财产出卖给第三人，第三人已经支付部分或者全部价款并实际占有该财产，但尚未办理产权过户登记手续的，人民法院可以查封、扣押、冻结；第三人已经支付全部价款并实际占有，但未办理过户登记手续的，如果第三人对此没有过错，人民法院不得查封、扣押、冻结”之规定，黄雪贞在尚未办理涉案房屋产权变更登记的情形下，必须满足支付全部价款并实际占有使用且对未办理过户手续没有过错的条件，才能产生阻却执行措施的结果。但根据本案查明的事实，黄雪贞与繁荣公司签订《房产认购协议书》，其在起诉时主张已支付合同总价款50%购房款共计1424905元，此种情况并不符合“已经支付全部价款”的条件，黄雪贞在一审庭审时也确认并未实际入住诉争房产。因此，在黄雪贞对诉争房产未支付全部价款且未实际占有入住的情况下，其主张对诉争房产享有的实体权利足以阻却执行措施，缺乏相应的事实和法律依据，最高人民法院不予支持。

综上，一审判决认定事实清楚，适用法律正确。黄雪贞的上诉请求及理由依据不足，不应予以支持。最高人民法院依照《中华人民共和国民事诉讼法》第一百七十条第一款第一项之规定，判决：驳回上诉，维持原判。二审案件受理费100元，由黄雪贞负担。

六、对本案的解析

民事强制执行是实现权利义务的一种方法。当债务人或义务人拒不履行其债务或义务时，债权人或权利人可以借助国家公权力，由执行机关强制相对人履行执行根据，以实现其权利义务并达至维护司法裁判的权威和社会法律秩序的目的。为了保证强制执行的有效性及其在实体上和程序上的正当性，须有一整套法律规定加以规范，尤其是强制执行乃国家公权力的行使，具有强制性，如果没有相应的约束和救济，容易侵害债务人（义务人）或案外人（第三人）的正当权利或权益。作为一种体系、结构完整的、具有程序正当性的执行制度就必须设置相应的救济措施，以避免或减少因违法或不当执行所造成的损害。这一救济措施作为一个完善的救济系统又应当包括各种具体的救济方法和手段。同时，由于执行权是国家的公权力，阻却执行必须有合法的依据，否则会将这种权力架空，而使生效判决成为一纸空文。因此，从这种意义上说，应当对于当事人提出的执行异议之诉进行严格的审查，对于其享有的权利性质作出认真的分析，以妥善地平衡各方当事人之间的关系。

在司法实践中，针对《查封规定》第十七条规定的理解与适用存在争议。执行过程中，案外人依据《查封规定》第十七条的规定提出异议，要求停止对其已购房屋的执行，是应当依据《中华人民共和国民事诉讼法》

第二百二十五条的执行复议制度还是依据该法第二百二十七条的执行异议之诉制度处理，争议较大。一种意见认为，依据《中华人民共和国物权法》的相关规定，不动产物权变动未经登记不发生物权效力，房屋买受人在办理房屋过户登记前尚未取得房屋的所有权，享有的仅是要求出卖人依据合同约定办理房屋过户登记的债权，一般情况下与其他债权相比其并不具有优先性。另一种意见认为，基于我国现阶段房屋交易和登记程序均不完善等原因，前述司法解释对于符合其规定条件的部分买受人予以特殊保护，即买受人已经支付全部房屋价款并实际占有该房屋，且对未办理产权过户登记手续没有过错的，其享有的特定合同债权属于足以停止对该房屋执行的实体权利。因此，购买该房屋的案外人基于前述规定赋予的实体权利提起的诉讼属于《中华人民共和国民事诉讼法》第二百二十七条规定的执行异议之诉的范围，审判庭在审理该类案件中可以援引适用该规定，并作为判决是否停止执行的法律依据。我们认为，房屋买受人享有的权利性质看，应属于物权期待权。不动产受让人的物权期待权可以区分为买受人物权期待权和预告登记期待权。买受人物权期待权最早滥觞于德国，经德国帝国法院确认并逐渐被其他大陆法系国家所接受。它是指对于已经签订买卖合同的买受人，在已经履行合同部分义务的情况下，虽然尚未取得合同标的物的物权，但赋予其类似物权人的地位，其对物权的期待权具有排除执行的效力。从逻辑上看，买受人享有的类似物权的权利，其优先于债权。物权期待权的保护，最早见于 2002 年《最高人民法院关于建设工程价款优先受偿权的批复》中，对具有消费者身份的房屋买受人物权期待权的保护。其后，又在《查封规定》第十七条，将物权期待权保护的对象扩大到所有登记财产的买受人。对预告登记的物权期待权进行保护源于物权法的规定，保护的对象包括买受人在内的所有受让人。《中华人民共和国物权法》第二十条[①]规定："当事人签订买卖房屋或者其他不动产物权的协议，为保障将来实现物权，按照约定可以向登记机构申请预告登记。预告

① 对应《中华人民共和国民法典》第二百二十一条，其中第一款未作变动，第二款中的"三个月"被修改为"九十日"。

登记后，未经预告登记的权利人同意，处分该不动产的，不发生物权效力。预告登记后，债权消灭或者自能够进行不动产登记之日起三个月内未申请登记的，预告登记失效。”《最高人民法院关于人民法院办理执行异议和复议案件若干问题的规定》（以下简称《规定》）在继续贯彻对受让人物权期待权进行保护精神的同时，对保护范围作了一定调整：将标的物缩小为不动产，主要原因是实践中主张此类异议的基本是不动产，其他有登记的财产，例如股权、商标权能否适用占有存在争议，而且问题并不突出。同时，区分不同的受让人主体，规定了不同保护要件：

1. 对一般买受人物权期待权的保护。《规定》第二十八条对一般买受人物权期待权保护的要件，和《查封规定》第十七条相比有所区别：第一，受让人与被执行人签订有合法有效的书面转让合同。要求必须有书面合同，是基于《中华人民共和国城市房地产管理法》第四十一条“房地产转让，应当签订书面转让合同，合同中应当载明土地使用权取得的方式”的规定。同时，也为执行机构甄别真实的买受人提供证据。第二，在价款交付上，和《查封规定》第十七条要求全部交付价款不同，买受人按照约定支付部分价款并且在人民法院指定的期限内将剩余价款交付执行的，也纳入保护范围。主要是实践中不动产买卖合同多是分期付款，案外人虽仅支付部分款项，但系按照合同约定的进度支付，如其将剩余价款按照人民法院指定的期限交付执行，不影响债权受偿，自然没有拒绝保护的道理。第三，查封前占有不动产。买受人物权期待权之所以要保护，就是因为买受人已经为取得物权履行了一定义务并以一定的方式对外进行了公示，尽管这种公示的方式较之法定的登记公示方式在效力上较弱。同时，要求在查封前已经占有不动产，也是为了减少被执行人与第三人恶意串通的可能性。第四，没有登记的原因，主观上要求是属于案外人意志以外的客观障碍，否则，则应判断为其有过错。

2. 对消费者物权期待权的保护。根据《最高人民法院关于建设工程价款优先受偿权问题的批复》[①] 明示，建设工程价款优先权优先于抵押权；

① 本司法解释已于2020年12月29日失效。

建设工程价款优先权不能对抗已经交付所购商品房全部或者大部分价款的消费者。基于此，从逻辑上可以推论，抵押权和一般债权均不能对抗消费者的物权期待权。《规定》第二十九条对消费者物权期待权保护，除了和一般买受人物权期待权保护一样要求合法有效的书面合同之外，还要求另外三个条件：第一，保护的对象必须是消费者。消费者是相对于经营者而言，是从经营者处购买商品或者接受服务的人。《规定》限定消费者物权期待权保护的对象是从房地产开发企业处购买商品房的买受人。普通民事主体之间的二手房买卖，不属于保护的范围。第二，依据《中华人民共和国消费者权益保护法》第二条规定，消费者是为生活消费需要购买商品或者接受服务的人，因此，消费者一定是自然人，法人或者其他组织不在保护之列。《规定》限定案外人所购商品房系用于居住，也就是说保护的是买受人的生存权。至于买受人买房的真实目的是否用于居住，实践中形成了以房屋的性质是居住用房还是经营用房来区分是不是消费者的所谓“客观标准”。为了降低判断的难度，《规定》明确要求“受让人名下无其他用于居住的房屋”。这里的“无其他用于居住的房屋”，一般是指买受人在被执行房屋所在地长期居住，而其名下在同一地方无其他能够用于居住的房屋。第三，必须交付了50%以上的购房款。前述建设工程价款司法解释将交付价款规定为“大部分”，自然产生了“大部分”的具体标准问题，《规定》从有利于消费者的原则出发，将大部分价款的标准确定为超过50%即可。[①]

《规定》第二十八条、第二十九条是对《查封规定》第十七条的细化。两者并不矛盾，均可以适用。司法实践中，买受人作为案外人对登记在被执行人名下的不动产提起执行异议之诉应如何处理，法律与司法解释并未作出规定。《规定》是关于人民法院办理执行异议和复议案件的规定，第二十八条、第二十九条应适用于执行异议审查阶段，能否适用于执行异议之诉，在实践中存在争议。我们认为，案外人异议之诉虽为实体审理程

---

① 刘贵祥、范向阳：《人民法院关于案外人异议程序的理解与适用》，载《人民司法》2015年第6期。

序，但和执行异议审查程序存在关联性和共同性，目的在于审查案外人对执行标的是否存在实体权利以及该实体权利能否排除强制执行，且执行异议审查程序系案外人执行异议之诉的前置程序，因此，这两条规定可以适用于执行异议之诉。

本案处理时，《规定》并未生效，适用的是《查封规定》第十七条的规定，该条规定：被执行人将其所有的需要办理过户登记的财产出卖给第三人，第三人已经支付全部价款并实际占有，但未办理过户登记手续的，如果第三人对此没有过错，人民法院不得查封、扣押、冻结。本案适用的即是该条。司法实践中对于该规定的适用范围、过错如何认定、利益如何权衡等问题均存在争议，我们认为，首先，案外人（第三人）应当在法院针对执行标的物的强制执行程序开始前，已经支付全部价款并实际占有该标的物。法院在处理时应当根据当事人提交的买卖合同、付款发票、付款收据、物业服务合同、物业费缴费发票等证据予以综合判断。其次，“第三人对此没有过错”，是指案外人（第三人）未办理产权过户登记手续是由于被执行人不予协助、办理登记存在客观障碍、登记机关原因等案外人意志以外的原因造成的。案外人为规避法律、行政法规规定或逃避债务，故意将财产登记在被执行人名下的，应当认定其具有过错。最后，在适用该规定时对案外人与被执行人之间是否存在真实的买卖关系、案外人是否已经支付全部价款并实际居住等事实应当严格审查；在判断案外人是否存在过错时不宜过于严苛；在利益冲突的权衡时，应当在依法的前提下，兼顾购房业主（案外人）的生存利益与银行、企业（申请执行人）之间的经营利益。从本案的实际情况看，黄雪贞在一审庭审时也确认并未实际入住诉争房产，而且其也不符合“已经支付全部价款”的条件，因此，对于其提出的阻却执行的诉讼请求不应得到支持。从上述案件的审理可以看出，应当对于当事人提出的执行异议之诉进行严格的审查，对于其享有的权利性质作出认真的分析，以妥善地平衡各方当事人之间的关系。

（执笔人：王毓莹）

41. 某银行与某区管委会申请执行人执行异议之诉纠纷案*

▶ 被拆迁人对拆迁安置房产的优先取得权能够阻却其后设定抵押权的强制执行

【裁判摘要】

被拆迁人与拆迁人按照产权调换方式签订拆迁补偿安置协议，明确了拆迁安置房产的位置和用途，此后该拆迁安置房产设定抵押权，被拆迁人请求排除抵押权人申请的强制执行，应予支持。

一、案情简介

某区管委会的办公场所被征收，其与拆迁人甲公司签订《房屋拆迁补偿安置协议（产权调换）》，调换房屋位置为拆迁原地再建的甲公司工业大厦，调换面积1365.93平方米。此后，某区管委会与甲公司签订《商品房买卖合同》购买工业大厦第四层商品房。甲公司认可某区管委会已经全部付清案涉购房款，未办理过户登记手续的原因在甲公司。甲公司已向某区管委会交付上述商品房，某区管委会对案涉商品房已进行装修。

上述商品房买卖协议签订之后，甲公司以工业大厦的所有权及土地使用权为乙公司向某银行贷款提供抵押

* 摘自《民事审判指导与参考》2018年第2辑（总第74辑），人民法院出版社2018年版，第161～164页。

担保。因乙公司未能按约定还贷，某银行提起诉讼。在某银行诉甲公司、乙公司借款合同纠纷案中，法院查封了甲公司所有的工业大厦，并判决甲公司在工业大厦所有权以及相应土地使用权的价值范围内承担担保责任。判决生效后，某银行向法院申请强制执行。某区管委会作为案外人提出执行异议，请求解除对工业大厦第四层楼的查封，法院裁定中止执行，某银行向法院提起申请执行人执行异议之诉，请求准许执行。

二、法院裁判情况

一审法院认为，某区管委会虽与甲公司签订《商品房买卖合同》，已支付购房款，且已合法占有涉案房产，但其至今未取得涉案房产的所有权，其仅为合同债权人，所享有的民事权益不足以对抗生效法律文书的强制执行力。

二审法院认为，《最高人民法院关于审理商品房买卖合同纠纷案件适用法律若干问题的解释》（以下简称《商品房买卖合同司法解释》）第七条第一款①规定："拆迁人与被拆迁人按照所有权调换形式订立拆迁补偿安置协议，明确约定拆迁人以位置、用途特定的房屋对被拆迁人予以补偿安置，如果拆迁人将该补偿安置房屋另行出卖给第三人，被拆迁人请求优先取得补偿安置房屋的，应予支持。"涉案房屋用于安置拆迁回迁户，某区管委会享有的优先取得补偿安置房屋的权益优先于某银行所享有的抵押权。某区管委会与甲公司签订《商品房买卖合同》的时间早于甲公司与某银行签订抵押合同的时间，某区管委会已向甲公司支付完毕全部购房款，并已实际占有案涉房屋，且某区管委会对至今未办理涉案房屋产权登记手续并无过错。依据《最高人民法院关于人民法院办理执行异议和复议案件若干问题的规定》（以下简称《执行异议和复议规定司法解释》）第二十八条②、《商品房买卖合同司法解释》第七条第一款规定，某区管委会享有的权益足以阻却执行。

某银行申请再审，主张本案不应适用《商品房买卖合同司法解释》第

---

① 该司法解释已于2020年12月29日修正，修正后本条已被删除。

② 该司法解释已于2020年12月29日修正，本条内容未作变动。

七条第一款规定，某区管委会享有的权利仅为普通债权，不能阻却抵押权的强制执行。

三、主要观点及理由

关于某区管委会对拆迁安置房产的权利能否阻却抵押权人某银行申请的强制执行，形成两种意见：

第一种意见认为，某区管委会对补偿安置房屋的权益仅为普通债权，并不优先于某银行的抵押权，不能阻却执行。主要理由是：首先，本案不适用《商品房买卖合同司法解释》第七条第一款的规定，该规定仅适用于第三人为买受人的情形，并不适用于第三人为抵押权人的情形。其次，《执行异议和复议规定司法解释》第二十七条规定："申请执行人对执行标的依法享有对抗案外人的担保物权等优先受偿权，人民法院对案外人的执行异议不予支持，法律、司法解释另有规定的除外。"在法律、司法解释未明确规定被拆迁人的权利优先于抵押权的前提下，某区管委会对拆迁安置房屋享有的权利不足以阻却某银行申请的执行。

第二种意见认为，某区管委会作为被拆迁人的权利应优先受到保护，足以阻却强制执行。主要理由是：首先，涉案房屋用于安置拆迁回迁户，某区管委会对案涉房屋享有特殊债权，优先于某银行享有的抵押权。其次，某区管委会与甲公司签订《商品房买卖合同》的时间早于甲公司与某银行签订抵押合同的时间，某区管委会已向甲公司支付完毕全部购房款，并已实际占有案涉房产，某区管委会对至今未办理涉案房屋产权登记手续并无过错。

本书倾向于赞同第二种观点。根据《执行异议和复议规定司法解释》第二十七条规定，通常情况下，抵押权具有优先受偿效力，所有权及普通债权均不能对抗抵押权的优先受偿效力，但是在法律、司法解释另有规定情况下，特殊债权可优先于担保物权。被拆迁人对拆迁安置房屋的优先取得权即为特殊债权。主要理由是：

第一，被拆迁人对拆迁安置房屋享有的权利具有优先效力。《商品房买卖合同司法解释》第七条第一款规定被拆迁人享有优先取得安置房屋的权利，其享有的债权系特种债权，能够对抗其他购买人。主要是因为：拆迁关系中，被拆迁人丧失的是现存房屋的所有权，取得尚未建成房屋的期待权，被拆迁人处于弱势地位，其期待权能否实现直接影响其基本的生存居住、使用权，故应受到特殊保护。此外，拆迁安置房屋特定化之后具有物权客体特定性的特征，被拆迁人对拆迁安置房屋享有类似物权的优先效力。本案中，甲公司与某区管委会签订商品房买卖合同，确定拆迁安置用房的位置和用途，某区管委会作为被拆迁人对涉案房屋享有的债权具有优先效力。尽管案涉房产并非另行出售给第三人，而是抵押给第三人，但是其亦属于处分行为，并且抵押权的设定在拆迁安置协议签订之后，抵押权的行使亦妨碍被拆迁人合法权益的实现。因此，可以参照适用《商品房买卖合同司法解释》第七条第一款的精神，对被拆迁人予以特殊保护。

第二，《商品房买卖合同司法解释》第七条第一款虽未明确规定被拆迁人对拆迁安置房产的优先取得权优先于抵押权，但对相关法律进行解释，可以得出该结论。《最高人民法院关于建设工程价款优先受偿权问题的批复》规定："一、人民法院在审理房地产纠纷案件和办理执行案件中，应当依照《中华人民共和国合同法》第二百八十六条的规定，认定建筑工程的承包人的优先受偿权优于抵押权和其他债权。二、消费者交付购买商品房的全部或者大部分款项后，承包人就该商品房享有的工程价款优先受偿权不得对抗买受人……"根据上述司法解释规定，在权利发生冲突时，建设工程价款优先受偿权优先于抵押权，但是不能对抗已经交付购买商品房的全部或者大部分款项的消费者。因此，抵押权的行使也不能对抗消费者的上述权利。如果被拆迁人的权利与一般购房消费者的权利发生冲突，根据《商品房买卖合同司法解释》第七条第一款规定，被拆迁人对拆迁安置房产有优先取得权，据此可以认定被拆迁人对拆迁安置房屋的优先取得权能够优先于抵押权。

四、最高人民法院民一庭意见

被拆迁人与拆迁人按照产权调换方式签订拆迁补偿安置协议，明确了拆迁安置房产的位置和用途，此后该拆迁安置房产设定抵押权，被拆迁人请求排除抵押权人申请的强制执行，应予支持。

（执笔人：谢爱梅、翟会杰）

42. 于某某与内蒙古润普钢铁有限公司执行异议之诉案*

▶ 当事人约定的担保条款不构成执行担保

【裁判摘要】

执行担保强调的是当事人或第三人向人民法院提供担保。在第三人为被执行人债务提供保证时，必须向人民法院作出明确的意思表示才能认定为执行担保，而不能仅仅以和解协议中约定了保证条款，以及协议的签订地点在人民法院，就视为第三人向人民法院承诺接受强制执行。

一、基本案情

申诉人（申请执行人）：于某某。

被申诉人：内蒙古润普钢铁有限公司（以下简称润普公司）。

被执行人：宁城鑫马铸业有限公司（以下简称鑫马公司）。

被执行人：李某甲。

被执行人：李某乙。

于某某诉鑫马公司、李某甲、李某乙民间借贷纠纷

* 摘自《执行工作指导》2020 年第 3 辑（总第 75 辑），人民法院出版社 2021 年版，第 47 ~ 54 页。

一案，河北省唐山市中级人民法院（以下简称唐山中院）于2014年7月20日作出（2014）唐民初字第365号民事调解书，主要内容是：（1）鑫马公司偿还于某某借款1240万元及利息；（2）鑫马公司偿还于某某借款3804.5万元及利息；（3）李某甲偿还于某某借款500万元及利息，鑫马公司、李某乙对该笔债务承担连带偿还责任。

因鑫马公司、李某甲、李某乙未履行上述义务，于某某向唐山中院申请执行。唐山中院立案执行后，于2018年7月16日，作出（2014）唐执字第218-10号执行裁定书，冻结润普公司名下银行存款5500万元；查封润普公司名下450立方米高炉设备、84平方米烧结设备。

润普公司不服，提出执行异议称：（1）执行过程中，各方当事人于2017年12月5日达成《执行和解协议》，该和解协议第二条中规定，“如果被执行人不能付款，由保证人（润普公司）承担连带给付责任”。执行法院在没有任何证据证明被执行人不能付款的情况下裁定查封冻结异议人的财产没有事实依据。（2）根据《执行和解协议》第一条规定，截至2018年7月16日，被执行人应履行的给付义务是1400万元。即使润普公司承担补充给付责任，也仅仅是1400万元，执行法院查封、冻结异议人5500万元财产没有任何法律依据，属于违法超标的查封冻结。（3）根据《执行和解协议》第四条规定，如果被执行人未按上述约定给付执行款，申请人和被执行人恢复原生效法律文书的执行。现在执行法院认定被执行人未履行和解协议，恢复执行5500万元，那么该执行款给付的义务主体是被执行人，润普公司不承担原生效文书的保证责任。

二、异议审查情况

唐山中院在异议审查中查明，该院2014年7月20日作出的（2014）唐民初字第365号民事调解书中，润普公司并非为当事人，对调解书涉及的调解内容也不承担担保责任。2017年12月5日，申请执行人于某某与被执行人鑫马公司、李某甲、李某乙、保证人润普公司达成执行和解协议，内容为：（1）被执行人自本协议签字之日起12个月内，从2018年1月开始每个月10日前给付申请人执行款200万元汇入唐山中院账户，累计给

付2400万元。执行费用及与本案相关的各种费用由申请人承担。（2）如果被执行人不能付款，由保证人承担连带给付责任。（3）被执行人付清款项后，申请人与被执行人之间关于（2014）唐民初字365号民事调解书执行完毕，申请人向法院申请解除对被执行人的保全措施。（4）如果被执行人未按上述约定给付执行款，申请人和被执行人恢复原生效法律文书的执行……该执行和解协议并未履行，申请执行人申请恢复原法律文书的执行。

唐山中院认为，润普公司作为执行保证人在被执行人不履行执行和解协议后并未向该院承诺在被执行人不履行执行和解协议时自愿接受直接强制执行，则恢复执行后保证责任即告终结，执行主体仍为被执行人，保证人不再承担执行和解协议中的保证责任。故该院继续查封、冻结润普公司的财产显然不妥。综上，唐山中院于2018年8月15日作出（2018）冀02执异612号执行裁定，撤销对润普公司的执行。

三、复议审查情况

于某某不服，向河北省高级人民法院（以下简称河北高院）提出复议称：（1）双方签订的和解协议是执行和解协议；（2）润普公司在和解协议中提供的担保构成执行担保，依据相关法律规定，可直接执行保证人的财产；（3）恢复执行原调解书后，保证人仍应承担保证责任。

河北高院认为，本案争议焦点是润普公司在和解协议中承诺的保证责任是否构成执行担保、能否直接执行该公司财产。《中华人民共和国民事诉讼法》《最高人民法院关于适用〈中华人民共和国民事诉讼法〉的解释》（以下简称《民诉法解释》）及《最高人民法院关于执行和解若干问题的规定》均对执行担保作出了明确的规定。《民诉法解释》第四百七十条[①]规定，他人提供保证的，应当向执行法院出具保证书。《最高人民法院关于执行和解若干问题的规定》第十八条[②]规定：“执行和解协议中约定担

① 该司法解释已于2020年12月29日修正，除第二款的“物权法、担保法”被修改为“民法典”外，其他内容未作变动。

② 该司法解释已于2020年12月29日修正，本条内容未作变动。

保条款，且担保人向人民法院承诺在被执行人不履行执行和解协议时自愿接受直接强制执行的，恢复执行原生效法律文书后，人民法院可以依申请执行人申请及担保条款的约定，直接裁定执行担保财产或者保证人的财产。”因此，第三人必须向人民法院出具保证书、向人民法院承诺在被执行人不履行和解协议时自愿接受直接强制执行的立法本意是要求第三人明确放弃程序上的抗辩权，并自愿接受人民法院的强制执行。而执行和解是双方当事人基于意思自治对生效法律文书确定的债务进行处分的行为，具有民事合同性质。和解协议中第三人所作的承诺，是向执行申请人而不是向人民法院作出的，不属于执行担保，不具有强制执行效力。因此，润普公司在执行和解协议中作出保证，是向申请人而非向执行法院作出，不符合《中华人民共和国民事诉讼法》第四百七十条及《最高人民法院关于执行和解若干问题的规定》第十八条规定。综上，河北高院于 2018 年 9 月 17 日作出河北高院（2018）冀执复 377 号执行裁定，驳回于某某的复议请求。

四、于某某的申诉理由

于某某不服河北高院复议裁定，向最高人民法院申诉，主要理由有：（1）和解协议的签订地点在唐山中院，由法院主持和解，和解协议交唐山中院入卷备案。因此，当事人达成的和解协议是执行和解协议。（2）润普公司提供的担保构成执行担保。根据《中华人民共和国民事诉讼法》及相关司法解释规定，执行担保构成的形式要件包括：一是执行担保是向法院提供的保证书，保证被执行人按期履行义务，否则承担保证责任；二是必须经申请执行人同意；三是担保人有代为履行债务的能力。本案中的协议虽名为执行和解协议，但兼具执行和解与执行担保的双重内容，属于执行和解与执行担保的竞合，协议中润普公司的身份明确为担保人，而且明确约定，如被执行人不按时付款，由保证人承担连带给付责任。该担保条款的实质是执行过程中润普公司为被执行人鑫马公司、李某甲、李某乙履行还款义务提供的执行担保，该担保条款应当视为担保人向唐山中院提供的担保书，并经唐山中院批准。和解协议第二条明确约定，如果被执行人不

能付款，由保证人承担连带给付责任，并没有将担保责任局限于和解协议中，反而是对被执行人的全部债务承担担保责任，也并没有恢复执行原裁定就不承担担保责任的意思表示。当时签约各方真实的意思表示是：如果被执行人、保证人能够依约履行还款责任，则只需支付每月200万元的钱款（即累计2400万元）即可。如果被执行人、保证人未能依约履行还款责任，则被执行人、保证人需要按照原执行标的5500万元承担还款责任。（3）恢复执行原生效调解书后，润普公司仍应承担保证责任；唐山中院依法可以直接执行该公司财产，担保范围系生效调解书确定的5500万元的还款义务。根据和解协议第二条、第四条的内容，如被执行人不按时付款，由保证人承担连带给付责任，如果被执行人未按上述约定给付执行款，申请人和被执行人恢复原生效法律文书的执行。可以认定，润普公司的担保范围及于和解协议全部条款，即生效调解书确定的5500万元。综上，请求撤销河北高院、唐山中院执行裁定。

五、最高人民法院审查意见

最高人民法院认为，本案的焦点问题是，当事人在执行和解协议中约定的担保条款是否构成执行中的担保。

执行和解协议是当事人自愿协商达成的依法变更生效法律文书确定内容的民事合同。根据《民诉法解释》第四百六十七条[①]的规定，一方当事人不履行执行和解协议时，对方当事人可以申请恢复对原生效法律文书的执行；根据《中华人民共和国民事诉讼法》第二百三十一条、《民诉法解释》第四百七十条的规定，在执行中，被执行人或第三人可以向人民法院提供执行担保，也可以由第三人提供保证，第三人提供保证的，应当向执行法院出具保证书。由此可知，人民法院强制执行的是生效法律文书，而不是当事人之间达成的执行和解协议，法律和司法解释所规定的被执行人或第三人可以向人民法院提供担保或保证，也只能理解为是对生效法律文书确定的义务提供担保或保证。第三人向执行法院提供执行担保或保证，

① 该司法解释已于2020年12月29日修正，本条内容未作变动。

是在生效法律文书确定的权利义务之外，自愿加入强制执行程序中，在第三人并非生效法律文书确定的当事人的情况下，其接受强制执行，必须向人民法院作出明确的意思表示。因此，执行担保强调的是向人民法院承诺自愿接受直接强制执行，而不仅仅是担保人向申请执行人提供担保。

本案中，执行和解协议虽然约定了由润普公司为鑫马公司等被执行人提供保证的条款，但该公司没有向执行法院出具保证书，不符合法律及司法解释规定的“向人民法院提供担保”这一执行担保成立的前提条件。不能仅仅以当事人在法院主持下达成和解或者执行和解协议的签订地点在法院为由，推定执行和解协议中的保证条款构成执行程序中的担保。当然，不构成执行程序中的担保，并不当然意味着不承担担保责任。对是否承担担保责任的认定处理属于审判权力，本案中的执行和解协议是否构成民事债务加入或民事担保法律关系并产生相应实体法上的后果，应当通过审判程序解决，而不适合在执行程序中直接认定处理。

六、评析意见

本案裁判的是对当事人签订的执行和解协议中约定由第三人对被执行人的义务提供保证，能否认定为执行担保的确认。对于实践中经常发生的各方当事人签订执行和解协议的地点在人民法院，第三人在和解协议中约定了保证条款，能否视为第三人向人民法院进行保证，进而承担被执行人应负债务的情形，以下从执行和解与生效裁判的关系，执行担保的法律属性和成立要件对裁判理由作进一步说明。同时，引申对执行和解担保问题进行分析，以求多角度理解执行担保。

（一）执行和解与生效裁判的关系

执行和解是我国特有的执行制度，基于当事人是自身利益的最佳判断者，我国执行制度鼓励当事人通过自行协商，并自动履行，以终结强制执行程序。执行和解强调的是自动履行，由于执行程序的首要职责是维护生效裁判的权威，在执行程序中，人民法院即使参与促成当事人之间达成和解，也不能够像在诉讼调解中那样，使执行和解协议具备调解书的强制执

行效力，执行和解协议仍然是当事人自愿达成，是否履行，依靠当事人意愿，执行机构并不赋予执行和解协议更多的法律效力，更不能直接按照执行和解协议进行执行，否则将与生效裁判发生冲突，面临审判与执行分离的基本司法体制崩溃的危险。[①] 同时，由于执行和解是对生效裁判进行的实质性改变，对于执行程序的进行会产生重大影响，执行机构有权亦有义务对执行和解协议的合法性进行审查。因此，是否有执行人员参加，签订地点是否在法院，都不改变执行和解协议当事人意思自治的基础。

本案中，申诉人即申请执行人以执行和解协议签订地点在法院为由，认为人民法院应当直接依照和解协议的内容强制执行。这种理解违背了执行和解不产生强制执行效力的属性，其本质是将和解协议混同于生效裁判，将未经判决确认承担义务的第三人强行拉入执行程序。从执行机构的角度来说，如果将此种请求落实在执行程序中，则是在执行程序中对原生效裁判进行了实质变更，显然违背立法本意。

（二）执行担保的法律属性和成立要件

执行担保发生在执行程序中，而执行程序必然有公权力介入，因此相对于民事担保行为，执行担保更多体现保障生效裁判得以顺利执结，保障执行程序得以顺利完成。而执行担保又兼具民事担保之义务人以自身财产或他人财产、他人保证为将来可能发生的义务不履行提供保全的基本功能，因此执行担保既是案件当事人与第三人协商一致的结果，也是当事人、第三人向人民法院作出承诺后，经人民法院审查与认可的结果。

在一般民事担保中，决定担保人承担义务的根本是契约，但是当当事人对此发生争议时，未经生效裁判确认，执行程序也不得径行执行。而执行担保制度最为显著的特点是，法定的担保事由发生后，执行机构可直接裁定按照协议约定的方式和范围执行担保财产或者保证人财产，即执行担保人的责任可由执行机关依担保协议直接认定，无须另案处理，而直接通过执行程序实现债权人的权益。这一方面，为人民法院的执行工作带来极

① 参见江必新主编：《执行规范理解与适用》，中国法制出版社2015年版，第173页。

大便利，提高了执行效率，节省了司法资源。另一方面，在第三人加入原债务关系中，承诺与被执行人共同承担债务，而未经生效裁判确认的情况下，直接接受人民法院强制执行，是对执行依据确定的义务主体的一项突破。基于审执分离原则，执行机构直接按照协议执行第三人财产，要有严格的条件限制，即第三人具有向人民法院进行承诺的明确意思表示。也就是第三人明确表示在没有通过审判程序获得程序保障前提下接受强制执行，这是第三人对自己程序权利的处分。由于关系到第三人程序权利保障，这种程序权利的处分必须基于真实意愿并且不违反法律强制性规定。司法解释规定第三人必须向执行法院书面承诺，就是为了方便法院直接审查第三人承诺的真实性、合法性、明确性，避免损害当事人利益。因此，第三人表达自愿接受强制执行的意思表示必须是明确以书面形式作出，且必须向人民法院作出，其他形式的意思表示，均不能推断为向人民法院作出。

本案中，当事人签订的执行和解协议中约定了第三人提供保证的条款，可以认为第三人作出了债务加入的意思表示，但是第三人未向人民法院作出接受强制执行的承诺，也未向人民法院出具书面意见，因此不能认定第三人作出的保证属于执行担保。执行和解协议的签订地点在人民法院，各方当事人在人民法院“主持下”达成协议，以及协议约定了保证条款，均不能认定符合执行担保的成立条件。

（三）执行和解担保中担保人的责任

执行和解担保，即执行和解协议中约定担保条款，其中，比较极端的情形是，和解协议的担保条款被表述为向人民法院提供担保。执行担保的成立和其他生效裁判一样，具有强制执行的法律效力，那么执行和解担保中表述为向人民法院提供担保的情形，是否具有强制执行的法律效力，能否直接执行担保人？通说认为，执行和解协议属于“附生效条件”（即履行完毕才生效）的特殊合同，在一方不履行或不适当履行或不完全履行时，申请执行人申请恢复执行的是原生效判决，和解协议本身不具有强制

执行效力，当然也不能及于其中的担保条款直接执行担保人。[①]

《最高人民法院关于执行和解若干问题的规定》第十八条规定：“执行和解协议中约定担保条款，且担保人向人民法院承诺在被执行人不履行执行和解协议时自愿接受直接强制执行的，恢复执行原生效法律文书后，人民法院可以依申请执行人申请及担保条款的约定，直接裁定执行担保财产或者保证人的财产。”该条文是对执行和解担保作出的进一步明确，在严格符合一定条件的情况下，人民法院可以直接执行担保人的财产，其理论根源是出于对当事人意思自治的尊重。执行担保中虽然有公权力介入审查，但最终的执行范围以及担保人承担的责任，仍然源于当事人之间的契约，与民事担保责任并无明显差异。在担保人向人民法院明确表示在被执行人不履行执行和解协议时自愿接受直接强制执行的情况下，由于人民法院是对原生效裁判恢复执行，而不是强制执行和解协议，因此执行担保人财产范围不应超过原生效裁判确定的义务。一旦担保人向人民法院明确作出此类承诺，在申请执行人选择恢复执行的情况下，人民法院应当根据当事人的意思表示进行执行。在担保人作出承诺时，基于执行担保后果的严厉性考虑，人民法院应当向担保人明确说明其可能承担的担保责任。当然，也不排除第三人提供担保的意思既包括担保原生效法律文书执行，又包括担保和解协议履行两种情况，申请执行人可以选择放弃恢复执行原生效法律文书，而选择就履行和解协议提起诉讼，并要求第三人按照和解协议履行担保义务。申请执行人就履行执行和解协议提起诉讼，执行法院受理后，可以裁定终结原生效法律文书的执行。执行中的查封、扣押、冻结措施，自动转为诉讼中的保全措施。

（执笔人：向国慧、魏丹）

---

① 肖建国、赵晋山：《民事执行若干疑难问题探讨》，载《法律适用》2005年第6期。

43. 再审申请人新疆聚鼎典当有限责任公司与被申请人丁维生、新疆普瑞铭房地产开发有限公司克拉玛依分公司申请执行人执行异议之诉纠纷案*

▶ 抵押登记簿上记载的抵押财产不具体、特定、明确，人民法院依法认定该抵押登记不足以对抗善意第三人

【裁判摘要】

抵押登记的不动产要在法律上产生抵押权设立的效力，必须具体、特定、明确，以社会上通常的第三人如何理解不动产登记簿上的记载内容为标准。

最高人民法院民事裁定书

（2017）最高法民申 2274 号

再审申请人（一审原告、二审上诉人）：新疆聚鼎典当有限责任公司。住所地：新疆维吾尔自治区乌鲁木齐市天山区解放南路 264 号。

法定代表人：王维民，该公司负责人。

---

* 摘自《商事审判指导》2018 年第 1 辑（总第 46 辑），人民法院出版社 2019 年版，第 161~166 页。

委托诉讼代理人：杨芯钰，乌鲁木齐市天山区幸福法律服务所法律工作者。

被申请人（一审被告、二审被上诉人）：丁维生，男。

被申请人（一审被告、二审被上诉人）：新疆普瑞铭房地产开发有限公司克拉玛依分公司。住所地：新疆维吾尔自治区克拉玛依市林园路副16号。

法定代表人：苏林，该公司董事长。

再审申请人新疆聚鼎典当有限责任公司（以下简称聚鼎公司）因与被申请人丁维生、新疆普瑞铭房地产开发有限公司克拉玛依分公司（以下简称普瑞铭克分公司）申请执行人执行异议之诉纠纷一案，不服新疆维吾尔自治区高级人民法院（2016）新民终590号民事判决，向本院申请再审。本院依法组成合议庭对本案进行了审查，现已审查终结。

聚鼎公司申请再审称，一、一审法院在庭审结束后与普瑞铭克分公司代理人谈话，该谈话未经再审申请人质证，二审法院对该问题未纠正，程序不当。二、《典当抵押合同》《续当抵押合同》合法有效，即使房地产管理部门当时对该在建工程仅登记无编号，亦不能否定抵押登记的效力，故再审申请人依法应享有优先受偿权。三、丁维生对本案执行标的不享有排除强制执行的民事权益。不动产物权的变动必须经依法登记，始能发生效力。现讼争房屋的抵押权已经登记，但丁维生买受讼争房屋未办理过户登记，故不得对抗抵押权人。普瑞铭克分公司始终未将与丁维生签订《商品房买卖合同》的情况告知作为抵押权人的再审申请人。《中华人民共和国物权法》（以下简称物权法）第一百九十一条规定，抵押期间，抵押人未经抵押权人同意，不得转让抵押财产，但受让人代为清偿债务消灭抵押权的除外。本案中，不应适用《最高人民法院关于人民法院民事执行中查封、扣押、冻结财产的规定》第十七条以及《最高人民法院关于人民法院办理执行异议和复议案件若干问题的规定》第二十七条的规定，而应适用《最高人民法院关于人民法院办理执行异议和复议案件若干问题的规定》第二十九条。丁维生对本案执行标的不享有排除强制执行的民事权益，原因如下：首先，二被申请人签订的商品房买卖合同，损害了再审申请人的合法权益，并非合法有效；其次，丁维生购买的并非居住房屋；最后，2010年3月25日，讼争房屋办理了抵押登记，丁维生于2011年8月31日签订《商品房买卖合同》，应当有条件知悉讼争房屋已抵押的事实，长时间不能办理过户登记，丁维生对此应当明知，故其主观上存在过错，所谓的物权期待权不应受到法律保护。聚鼎公司依据《中华人民共和国民事诉讼法》第二百条第六项，向本院申请再审。

被申请人丁维生提交意见称，丁维生于2011年8月31日从普瑞铭克分公司购买案涉房屋。案涉房屋抵押无公示，丁维生并不知情。

被申请人普瑞铭克分公司提交意见称，聚鼎公司每一次典当及续当，两次办理抵押登记前都派员来实地查看案涉房屋的情况，聚鼎公司对普瑞铭克分公司已经出售案涉房屋是明知的。

本院再审审查时另查明：克拉玛依市白碱滩区芙蓉花园小区的商品房预售许可证载明，芙蓉花园1号楼，总建筑面积8324.3平方米；芙蓉花园2号楼，总建筑面积8156.4平方米。案涉小区房屋的抵押登记有两次，第一次抵押登记的时间是2010年3月25日，第二次抵押登记的时间是2013年3月12日。第一次抵押登记的情况，克拉玛依市房地产抵押登记簿载明：第一栏“序号0622；抵押人新疆普瑞铭房地产开发有限公司克分公司；抵押权人新疆聚鼎典当有限责任公司；房地产面积3257.28m²；房地产用途车库；房地产位置白区芙蓉1－2栋车库（69套）；贷款期限6个月；房地产价值11400040；贷款金额7500000；房地产证号空白；办理时间2010.3.25。”第二栏“序号0622；抵押人新疆普瑞铭房地产开发有限公司克分公司；抵押权人新疆聚鼎典当有限责任公司；房地产面积2220.01m²；房地产用途商铺；房地产位置白区芙蓉1－2栋（30间）；贷款期限6个月；房地产价值9990000；贷款金额7500000；房地产证号空白；办理时间2010.3.25。”关于第二次抵押登记的情况，克拉玛依市房地产抵押登记簿载明：“序号0469；抵押人普瑞铭房产公司分公司；抵押权人新疆聚鼎典当有限责任公司；房地产面积5477.29m²；房地产用途商业；房地产位置克拉玛依白碱滩区芙蓉小区；贷款期限半年；房地产价值空白；贷款金额800万元；房地产证号空白；办理时间2013.3.12。”

本院经审查认为，聚鼎公司的申请再审事由不成立，理由如下。

第一，依据物权法第六条的规定，不动产物权的设立，应当依照法律规定登记。依据物权法第十四条的规定，不动产物权的设立，依照法律规定应当登记的，自记载于不动产登记簿时发生效力。依据物权法第一百八十七条的规定，正在建造的建筑物抵押的，应当办理抵押登记。物权法第十六条第一款规定："不动产登记簿是物权归属和内容的根据。"据此，因为丁维生 2011 年 8 月购买并实际占有的芙蓉花园第 58－1 号商铺到目前为止还没有办理产权证，属于物权法第一百八十七条规定的正在建造的建筑物，所以聚鼎公司申请再审的理由是否成立，关键是看该房屋在 2010 年 3 月 25 日第一次抵押登记时是否已经登记为抵押财产，购房人能否查阅不动产登记簿。如果登记为抵押财产，购房人又能够查阅，那么聚鼎公司的申请再审理由就成立。相反，就不成立。经查，克拉玛依市房地产抵押登记簿记载："序号 0622；抵押人新疆普瑞铭房地产开发有限公司克分公司；抵押权人新疆聚鼎典当有限责任公司；房地产面积 2220.01m^2；房地产用途商铺；房地产位置白区芙蓉 1－2 栋（30 间）；贷款期限 6 个月；房地产价值 9990000；贷款金额 7500000；房地产证号空白；办理时间 2010.3.25。"从抵押登记簿记载的内容来看，对丁维生而言，其购买的芙蓉花园第 58－1 号商铺并没有明确登记为抵押财产。既然如此，其购买的案涉商铺在法律上就应当认为没有被抵押登记，聚鼎公司就不是该商铺的抵押权人。既然聚鼎公司不是该商铺的抵押权人，其就不享有优先于丁维生对该商铺享有的权利。聚鼎公司申请再审时提出，案涉商铺属于抵押登记簿记载的 2220.01m^2 中的一部分。本院认为，根据物权法第六条规定的公示原则和第十六条规定的公信原则，某项不动产上是否设立了抵押权，应当以是否在不动产登记簿上登记公示为准，而不能有其他标准。对不动产登记簿上记载的内容理解有歧义时，应当以社会上通常的第三人如何理解为标准，而不能以抵押权人如何理解为标准。这是因为，由于抵押权是就抵押财产优先受偿的物权，任何当事人设立抵押权时，都会涉及第三人的利益，因此，该标准只能以社会上通常的第三人如何理解为标准。本案中，不动产登记簿上记载的抵押财产是克拉玛依市白碱滩区芙蓉花园的

$2220.01m^2$ 商铺，但芙蓉花园第 58－1 号商铺是否包括其中，由于登记簿上对此没有记载，社会上通常的第三人只能认为不包括。即使事实真的如聚鼎公司所称，登记簿记载的 $2220.01m^2$ 商铺的确包括案涉商铺，但是，因为登记簿上没有明确记载，没有向社会公示，社会上通常的第三人都会认为案涉商铺没有进行抵押登记，由此产生的风险也只能由聚鼎公司承担，而不能由第三人承担。就本案而言，由于登记簿上没有明确将芙蓉花园第 58－1 号商铺登记为抵押财产，因此，丁维生即使查看了不动产登记簿，也不负有弄清楚该商铺是否属于登记记载的 $2220.01m^2$ 商铺中的一部分的义务，否则，不动产抵押登记制度的功能会大打折扣，危及交易安全，影响交易效率。因此，抵押登记的不动产要在法律上产生抵押权设立的效力，必须符合物权法第六条关于公示的要求，必须具体、特定、明确。至于实践中怎么把握，就是上述所说的以社会上通常的第三人如何理解不动产登记簿上的记载内容为标准。特别需要注意的是，整栋楼都抵押的，也要让社会上通常的第三人都认为从不动产登记簿上就能看出来整栋楼都已经抵押了，否则，不发生整栋楼都已经抵押的法律效果。

之所以要求抵押登记的不动产必须具体、特定、明确，其法理基础还在于不动产抵押登记有三项主要功能：其一，实现社会活动中的“动的安全”即交易安全。通过登记簿展现抵押物上的权利状态及其内容，便于第三人与抵押人进行与抵押物有关的法律交易时，作出合理的预期，避免遭受突如其来的损害，同时也极大地节省了交易成本，能够有效地实现鼓励交易、融通资金的市场经济目标。其二，强化抵押权的担保效力。在不动产抵押权经过登记而成立的前提下，法律就认为当事人已经知晓抵押权的存在。第三，预防纠纷。通过不动产抵押权登记，在第三人能够查阅的情况下，能够合理地规范同一抵押物上多项抵押权以及抵押权与其他权利之间的关系，减少纠纷并在发生纠纷之后提供强有力的证据。本案中，由于抵押登记簿上记载的抵押财产不具体、特定、明确，对丁维生而言，就不能产生其购买的商铺在其购买之前已经被抵押给了聚鼎公司的效果，丁维生就案涉商铺享有足以排除强制执行的民事权益。

需要特别指出的是，从本院到新疆维吾尔自治区克拉玛依市中级人民

法院询问丁维生了解的情况看，实际上丁维生购买案涉商铺前后，都没有到当地房地产管理部门查看案涉商铺的抵押登记情况。如果当地房地产管理部门的抵押登记簿明确记载克拉玛依市白碱滩区芙蓉花园第 58 -1 号商铺为抵押财产，该抵押登记簿又能够被丁维生查阅，那么丁维生就不享有足以排除强制执行的民事权益。因此，作为普通公民而言，一定要切记：购买房屋，无论是在建房屋，还是已经颁发过产权证的房屋，都应当到本地房地产管理部门查阅抵押登记簿，确认自己准备购买的房屋无抵押登记之后再行购买，否则很容易引发纠纷。就抵押权人而言，也要切记：其要成为法律上认可的抵押权人，必须要求房地产主管部门负责抵押登记的工作人员将抵押的财产在不动产登记簿上登记得具体、特定、明确。如果登记得不具体、特定、明确，就应当要求登记的工作人员修改，使登记的抵押财产具体、特定、明确。如果没有提出这个要求，登记得不特定，即使在登记簿上已经登记为抵押权人，对讼争不动产也不享有抵押权。对负责在抵押登记簿上登记的工作人员而言，也要切记：对抵押登记的财产，应当按照申请人的要求，登记得具体、特定、明确。房地产管理部门应当让准备购房的普通公民能够查阅抵押登记簿。

第二，丁维生与普瑞铭克分公司签订《商品房买卖合同》后当即支付了总房款的 95.7%（188000 元）及全部税费，普瑞铭克分公司亦向其交付了商铺，后由丁维生占有使用至今。该商铺未办理过户登记不是丁维生自身的原因，案涉芙蓉花园小区商铺均未办理大产权证，所以丁维生不可能办理小产权证。因丁维生是以取得案涉商铺所有权为目的订立合同和支付相应价款，对案涉不动产已经实际占有使用至今，且非因自身原因未办理过户登记；加之案涉商铺在法律上应当认定为没有在抵押登记簿上登记公示，该商铺不是抵押财产，故丁维生就案涉商铺享有足以排除强制执行的民事权益，二审判决理由虽然不充分，但结果正确。

第三，再审申请人提出的其他申请再审事由，均不影响二审法院的判决结果。再审申请人提出，一审法院在庭审结束后与普瑞铭克分公司代理人谈话，该谈话笔录未经质证，二审法院对该程序问题未予纠正。对此问题，经查，二审法院并没有将该谈话笔录作为认定案件基本事实的依据，再审申请人的该项申请再审理由不能成立。关于再审申请人提出的根据物权法第一百九十一条的规定，丁维生和普瑞铭克分公司签订的《商品房买卖合同》无效的问题。本院认为，物权法第一百九十一条第二款并非针对抵押财产转让合同的效力性强制性规定，且对丁维生而言，案涉商铺并非已经抵押登记的财产，因此，该合同不能认定无效，再审申请人的该项再审申请理由不能成立。关于再审申请人提出的本案不应适用《最高人民法院关于人民法院民事执行中查封、扣押、冻结财产的规定》第十七条和《最高人民法院关于人民法院办理执行异议和复议案件若干问题的规定》第二十七条的问题。本院认为，由于本案的抵押登记并不产生抵押权设立的效果，再审申请人以其抵押权能够对抗丁维生的权利为主要理由申请再审，其理由不能成立。因此，不论二审法院是否适用上述司法解释处理本案，二审法院的判决都应当依法予以维持。

综上，聚鼎公司的再审申请不符合《中华人民共和国民事诉讼法》第二百条第六项规定的情形。本院依照《中华人民共和国民事诉讼法》第二百零四条第一款、《最高人民法院关于适用的解释》第三百九十五条第二款之规定，裁定如下：

驳回新疆聚鼎典当有限责任公司的再审申请。

审 判 长　杨永清
审 判 员　汪国献
审 判 员　李　涛

二〇一七年九月二十八日

法官助理　钟丽丹
书 记 员　陈小雯

44. 丁某与A公司、B公司等申请执行人执行异议之诉案*

▶ 买受人对登记在被执行人名下的不动产享有权益的认定

【裁判摘要】

金钱债权执行中，买受人是否对登记在被执行人名下的不动产享有排除执行的民事权益，应严格参照《最高人民法院关于人民法院办理执行异议和复议案件若干问题的规定》第二十八条规定的构成要件予以审查。

【案例索引】

一审：天台县人民法院（2015）台天执异初字第4号民事判决书

二审：台州市中级人民法院（2016）浙10民终1676号民事判决书

【基本案情】

原告（上诉人）：丁某

被告（被上诉人）：A公司

第三人：B公司、C公司、陈某

---

* 摘自《审判监督指导》2018年第3辑（总第65辑），人民法院出版社2019年版，第61～62页。

2013年3月30日，B公司与A公司签订厂房转让协议，将厂房整体转让给A公司，总价款700万元，2013年3月31日前、4月10日前、4月30日前分别支付150万元、300万元、250万元。B公司应于4月25日前腾空、搬离厂房；协议生效后10日内协助办理厂房过户变更登记手续；变更登记完成视为交付厂房完成。截至4月2日，A公司合计付款560.7万元并要求办理过户手续，B公司不予同意，并于当日退回20万元。A公司法定代表人的姐姐出具收到20万元的收条。经案外人许某调解，A公司再支付135万元转让款给许某，待过户成功后由许某再交给B公司。4月8日天台法院依陈某申请，查封了案涉厂房。4月9日A公司将135万元支付给许某，因厂房被查封无法办理过户手续，许某退还了135万元。执行异议听证过程中，A公司同意将尾款交法院处理。A公司在4月6日前将部分机器设备搬入案涉厂房一楼、三楼及二楼西侧部分办公室。案外人葛某5月10日搬离租赁的部分厂房后A公司搬入使用。12月29日A公司将案涉厂房二楼东侧关锁的样品间自行打开，搬入财物，B公司报案；案涉厂房二楼西侧原财务室和办公室仍由B公司自己使用。

根据另案生效民事判决，徐某需归还陈某借款230万元。B公司系徐某的个人独资企业。根据另案生效民事调解书，C公司需支付丁某132万余元，B公司承担连带责任。因B公司、C公司未还款，法院根据丁某申请查封了案涉厂房。A公司提出执行异议，法院裁定中止对案涉厂房的执行。丁某不服，提起执行异议之诉，要求准许执行案涉厂房及土地。

【审理结果】

天台县人民法院一审认为，本案符合《最高人民法院关于人民法院办理执行异议和复议案件若干问题的规定》第二十八条①的规定。判决：驳回丁某的诉讼请求。

台州市中级人民法院二审认为，A公司与B公司存在厂房买卖合同关系而非租赁合同关系。虽然A公司先后三次搬入案涉厂房，但相关证据证

① 该司法解释已于2020年12月29日修正，本条条数及内容均未作变动。

明 A 公司 4 月 6 日前首次搬入案涉厂房已经达到高度盖然性的证明标准，可以确认。本案符合《最高人民法院关于人民法院办理执行异议和复议案件若干问题的规定》第二十八条的规定。判决：驳回上诉，维持原判。

【评析意见】

案外人根据《最高人民法院关于人民法院办理执行异议和复议案件若干问题的规定》第二十八条规定要求排除执行时，法院应严格审查案外人是否符合该条规定的四个构成要件。本案中双方对 A 公司第二次和第三次搬入厂房的时间均晚于查封时间，并无争议，但一个工厂所要搬迁财物数量较多，分次搬入合乎常理和情理。因此，本案关键是 A 公司首次搬入（合法占有）厂房的时间。A 公司主张首次搬入时间为法院查封前 2 天的 2013 年 4 月 6 日。就该事实，有门卫的证明、另一债权人陈某的财产保全情况说明、陈某聘请看管厂房的工人的陈述，应予认定。A 公司基于其对案涉厂房享有的民事权益可以排除法院执行。

执行分配方案异议之诉案件

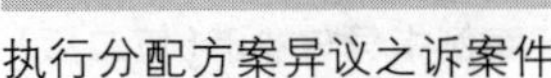

45. 劳某、洪某与朱某、凌某执行分配方案异议之诉案*

▶ 债权人在执行分配方案异议之诉中主张执行标的物归其所有、其他债权人不能参与分配的权利救济

【裁判摘要】

执行分配方案异议之诉是申请执行债权人之间的权利冲突，审理焦点为判断执行分配方案的合法性，即参与分配债权的真实性、数额和受偿顺序等实体性争议是否成立，诉讼目的为撤销、部分撤销执行分配方案。申请执行债权人主张执行分配方案所涉的全部被执行款项均属其所有应通过案外人执行异议之诉程序获得救济，不应通过执行分配方案异议之诉程序解决。

【案例索引】

一审：湖州市吴兴区人民法院（2015）湖吴执分初字第5号民事裁定书

二审：湖州市中级人民法院（2016）浙05民终869号民事裁定书

* 摘自《审判监督指导》2018年第3辑（总第65辑），人民法院出版社2019年版，第63～65页。

【基本案情】

原告（上诉人）：劳某、洪某

被告（被上诉人）：朱某、凌某

凌某依生效民事调解书需偿还劳某、洪某借款227万余元。执行中，双方达成和解，约定凌某将其在某度假区管委会享有的拆迁补偿款225万元转让给劳某、洪某。法院向度假区管委会发出民事裁定书、协助执行通知书，要求度假区管委会扣留、冻结225万元拆迁补偿款。但度假区管委会擅自向他人支付了68万余元，法院根据劳某、洪某申请，扣划了度假区管委会68万余元存款。后法院将该68万余元作为凌某财产，对其债权人朱某、劳某、洪某制作了分配方案。劳某、洪某认为二人已通过债权转让方式获得了该68万余元拆迁补偿款，对分配方案提出异议，朱某予以反对。劳某、洪某遂提起执行分配方案异议之诉。

【审理结果】

吴兴区人民法院一审认为，劳某、洪某所提异议系对执行分配方案的程序异议，非执行分配方案异议之诉的受案范围。裁定：驳回起诉。

湖州市中级人民法院二审认为，劳某、洪某所提异议系对法院冻结、扣划拆迁补偿款是否错误的异议，属于对执行标的的异议，非执行分配方案异议之诉的受案范围。裁定：驳回上诉，维持原裁定。

【评析意见】

债权人或者被执行人在分配程序中所提异议有程序异议和实体异议之分。程序异议是指债权人或者被执行人认为执行法院在分配程序中存在违法或者不当，请求救济的情形。如对是否应当适用参与分配程序、参与分配的通知瑕疵等提出异议，实质是对执行行为的异议。实体异议是对分配方案所载各债权人债权的真实性、分配的债权数额和分配顺位提出的异议。对于前者，异议人可以依据《中华人民共和国民事诉讼法》第二百二十五条规定提出执行行为异议。对于后者，异议人可以提起执行分配方案异议之诉。案外人执行异议之诉指在民事执行程序中，执行法律关系当事人之外的与执行标的有利害关系的第三人，对执行标的主张全部或者部分实体性权利而提起的诉讼，涉及案外人与申请执行人、被执行人之间的权利冲突。案外人执行异议之诉主要针对执行标的能否执行，属于“确定蛋糕”问题；执行分配方案异议之诉主要针对执行标的如何执行，属于“分蛋糕”问题。本案从形式上看，劳某、洪某的异议系对朱某能否参与分配的程序性异议，属于对执行行为的异议，但由于两人提出异议的基础权利为对拆迁补偿款享有财产权的实体权利，故两人的异议实质为实体异议，应通过案外人执行异议之诉解决。虽然案件的执行已进入分配程序，但尚未分配完毕，亦未拨付至其他人账户，故劳某、洪某仍可以根据《中华人民共和国民事诉讼法》第二百二十七条的规定对执行标的提出异议，在未得到支持的情况下可以提起案外人执行异议之诉。

执行复议案件

46. 中建三局第一建设工程有限责任公司与澳中财富（合肥）投资置业有限公司、安徽文峰置业有限公司执行复议案*

▶ 根据民事调解书和调解笔录，第三人以债务承担方式加入债权债务关系的，执行法院可以在该第三人债务承担范围内对其强制执行

【裁判摘要】

根据民事调解书和调解笔录，第三人以债务承担方式加入债权债务关系的，执行法院可以在该第三人债务承担范围内对其强制执行。债务人用商业承兑汇票来履行执行依据确定的债务，虽然开具并向债权人交付了商业承兑汇票，但因汇票付款账户资金不足、被冻结等不能兑付的，不能认定实际履行了债务，债权人可以请求对债务人继续强制执行。

【基本案情】

中建三局第一建设工程有限责任公司（以下简称中建三局一公司）与澳中财富（合肥）投资置业有限公司（以下简称澳中公司）建设工程施工合同纠纷一案，经安徽省高级人民法院（以下简称安徽高院）调解结案，

* 摘自2019年12月24日最高人民法院发布的第23批指导案例（指导案例117号）。

安徽高院作出的民事调解书，确认各方权利义务。调解协议中确认的调解协议第1条第6款第2项、第3项约定本协议签订后为偿还澳中公司欠付中建三局一公司的工程款，向中建三局一公司交付付款人为安徽文峰置业有限公司（以下简称文峰公司）、收款人为中建三局一公司（或收款人为澳中公司并背书给中建三局一公司），金额总计为人民币6000万元的商业承兑汇票。同日，安徽高院组织中建三局一公司、澳中公司、文峰公司调解的笔录载明，文峰公司明确表示自己作为债务承担者加入调解协议，并表示知晓相关的义务及后果。之后，文峰公司分两次向中建三局一公司交付了金额总计为人民币6000万元的商业承兑汇票，但该汇票因文峰公司相关账户余额不足、被冻结而无法兑现，也即中建三局一公司实际未能收到6000万元工程款。

中建三局一公司以澳中公司、文峰公司未履行调解书确定的义务为由，向安徽高院申请强制执行。案件进入执行程序后，执行法院冻结了文峰公司的银行账户。文峰公司不服，向安徽高院提出异议称，文峰公司不是本案被执行人，其已经出具了商业承兑汇票；另外，即使其应该对商业承兑汇票承担代付款责任，也应先执行债务人澳中公司，而不能直接冻结文峰公司的账户。

【裁判结果】

安徽省高级人民法院于2017年9月12日作出（2017）皖执异1号执行裁定：一、变更安徽省高级人民法院（2015）皖执字第00036号执行案件被执行人为澳中财富（合肥）投资置业有限公司。二、变更合肥高新技术产业开发区人民（2016）皖0191执10号执行裁定被执行人为澳中财富（合肥）投资置业有限公司。中建三局第一建设工程有限责任公司不服，向最高人民法院申请复议。最高人民法院于2017年12月28日作出（2017）最高法执复68号执行裁定：撤销安徽省高级人民法院（2017）皖执异1号执行裁定。

【裁判理由】

最高人民法院认为，涉及票据的法律关系，一般包括原因关系（系当事人间授受票据的原因）、资金关系（系指当事人间在资金供给或资金补偿方面的关系）、票据预约关系（系当事人间有了原因关系之后，在发出票据之前，就票据种类、金额、到期日、付款地等票据内容及票据授受行为订立的合同）和票据关系（系当事人间基于票据行为而直接发生的债权债务关系）。其中，原因关系、资金关系、票据预约关系属于票据的基础关系，是一般民法上的法律关系。在分析具体案件时，要具体区分原因关系和票据关系。

本案中，调解书作出于2015年6月9日，其确认的调解协议第1条第6款第2项约定：本协议签订后7个工作日内向中建三局一公司交付付款人为文峰公司、收款人为中建三局一公司（或收款人为澳中公司并背书给中建三局一公司）、金额为人民币叁仟万元整、到期日不迟于2015年9月25日的商业承兑汇票；第3项约定：于本协议签订后7个工作日内向中建三局一公司交付付款人为文峰公司、收款人为中建三局一公司（或收款人为澳中公司并背书给中建三局一公司）、金额为人民币叁仟万元整、到期日不迟于2015年12月25日的商业承兑汇票。同日，安徽高院组织中建三局一公司、澳中公司、文峰公司调解的笔录载明：承办法官询问文峰公司："你方作为债务承担者，对于加入本案和解协议的义务及后果是否知晓?"文峰公司代理人邵红卫答："我方知晓。"承办法官询问中建三局一公司："你方对于安徽文峰置业有限公司加入本案和解协议承担债务是否同意?"中建三局一公司代理人付琦答："我方同意。"综合上述情况，可以看出，三方当事人在签订调解协议时，有关文峰公司出具汇票的意思表示不仅对文峰公司出票及当事人之间授受票据等问题作出了票据预约关系范畴的约定，也对文峰公司加入中建三局一公司与澳中公司债务关系、与澳中公司一起向中建三局一公司承担债务问题作出了原因关系范畴的约定。因此，根据调解协议，文峰公司在票据预约关系层面有出票和交付票据的义务，在原因关系层面有就6000万元的债务承担向中建三局一公司清偿的义务。文峰公司如期开具真实、足额、合法的商业承兑汇票，仅是履行了其票据预约关系层面的义务，而对于其债务承担义务，因其票据付款账户余额不足、被冻结而不能兑付案涉汇票，其并未实际履行，中建三局一公司申请法院对文峰公司强制执行，并无不当。

（生效裁判审判人员：毛宜全、朱燕、邱鹏）

47. 安徽省滁州市建筑安装工程有限公司与湖北追日电气股份有限公司执行复议案*

▶ 执行程序开始前，双方当事人自行达成和解协议并履行，一方当事人申请强制执行原生效法律文书的，人民法院应予受理

【裁判摘要】

执行程序开始前，双方当事人自行达成和解协议并履行，一方当事人申请强制执行原生效法律文书的，人民法院应予受理。被执行人以已履行和解协议为由提出执行异议的，可以参照《最高人民法院关于执行和解若干问题的规定》第十九条①的规定审查处理。

【基本案情】

安徽省滁州市建筑安装工程有限公司（以下简称滁州建安公司）与湖北追日电气股份有限公司（以下简称

---

* 摘自2019年12月24日最高人民法院发布的第23批指导案例（指导案例119号）。

① 该司法解释已于2020年12月29日修正，修正后的本条规定："执行过程中，被执行人根据当事人自行达成但未提交人民法院的和解协议，或者一方当事人提交人民法院但其他当事人不予认可的和解协议，依照民事诉讼法第二百二十五条规定提出异议的，人民法院按照下列情形，分别处理：（一）和解协议履行完毕的，裁定终结原生效法律文书的执行；（二）和解协议约定的履行期限尚未届至或者履行条件尚未成就的，裁定中止执行，但符合民法典第五百七十八条规定情形的除外；（三）被执行人一方正在按照和解协议约定履行义务的，裁定中止执行；（四）被执行人不履行和解协议的，裁定驳回异议；（五）和解协议不成立、未生效或者无效的，裁定驳回异议。"

追日电气公司）建设工程施工合同纠纷一案，青海省高级人民法院（以下简称青海高院）于2016年4月18日作出（2015）青民一初字第36号民事判决，主要内容为：一、追日电气公司于本判决生效后十日内给付滁州建安公司工程款1405.02533万元及相应利息；二、追日电气公司于本判决生效后十日内给付滁州建安公司律师代理费24万元。此外，还对案件受理费、鉴定费、保全费的承担作出了判定。后追日电气公司不服，向最高人民法院提起上诉。

二审期间，追日电气公司与滁州建安公司于2016年9月27日签订了《和解协议书》，约定："1. 追日电气公司在青海高院一审判决书范围内承担总金额463.3万元，其中1）合同内本金413万元；2）受理费11.4万元；3）鉴定费14.9万元；4）律师费24万元。……3. 滁州建安公司同意在本协议签订后七个工作日内申请青海高院解除对追日电气公司全部银行账户的查封，解冻后三日内由追日电气公司支付上述约定的463.3万元，至此追日电气公司与滁州建安公司所有账务结清，双方至此不再有任何经济纠纷。"和解协议签订后，追日电气公司依约向最高人民法院申请撤回上诉，滁州建安公司也依约向青海高院申请解除了对追日电气公司的保全措施。追日电气公司于2016年10月28日向滁州建安青海分公司支付了412.880667万元，滁州建安青海分公司开具了一张413万元的收据。2016年10月24日，滁州建安青海分公司出具了一份《情况说明》，要求追日电气公司将诉讼费、鉴定费、律师费共计50.3万元支付至程一男名下。后为开具发票，追日电气公司与程一男、王兴刚、何寿倒签了一份标的额为50万元的工程施工合同，追日电气公司于2016年11月23日向王兴刚支付40万元、2017年7月18日向王兴刚支付了10万元，青海省共和县国家税务总局代开了一张50万元的发票。

后滁州建安公司于2017年12月25日向青海高院申请强制执行。青海高院于2018年1月4日作出（2017）青执108号执行裁定：查封、扣押、冻结被执行人追日电气公司所有的人民币1000万元或相应价值的财产。实际冻结了追日电气公司3个银行账户内的存款共计126.605118万元，并向追日电气公司送达了（2017）青执108号执行通知书及（2017）青执108

号执行裁定。

追日电气公司不服青海高院上述执行裁定，向该院提出书面异议。异议称：双方于2016年9月27日协商签订《和解协议书》，现追日电气公司已完全履行了上述协议约定的全部义务。现滁州建安公司以协议的签字人王兴刚没有代理权而否定《和解协议书》的效力，提出强制执行申请的理由明显不能成立，并违反诚信原则，青海高院作出的执行裁定应当撤销。为此，青海高院作出（2017）青执异18号执行裁定，撤销该院（2017）青执108号执行裁定。申请执行人滁州建安公司不服，向最高人民法院提出了复议申请。主要理由是：案涉《和解协议书》的签字人为“王兴刚”，其无权代理滁州建安公司签订该协议，该协议应为无效；追日电气公司亦未按《和解协议书》履行付款义务；追日电气公司提出的《和解协议书》亦不是在执行阶段达成的，若其认为《和解协议书》有效，一审判决不应再履行，应申请再审或另案起诉处理。

【裁判结果】

青海省高级人民法院于2018年5月24日作出（2017）青执异18号执行裁定，撤销该院（2017）青执108号执行裁定。安徽省滁州市建筑安装工程有限公司不服，向最高人民法院申请复议。最高人民法院于2019年3月7日作出（2018）最高法执复88号执行裁定，驳回安徽省滁州市建筑安装工程有限公司的复议请求，维持青海省高级人民法院（2017）青执异18号执行裁定。

【裁判理由】

最高人民法院认为：

一、关于案涉《和解协议书》的性质

案涉《和解协议书》系当事人在执行程序开始前自行达成的和解协议，属于执行外和解。与执行和解协议相比，执行外和解协议不能自动对人民法院的强制执行产生影响，当事人仍然有权向人民法院申请强制执行。追日电气公司以当事人自行达成的《和解协议书》已履行完毕为由提出执行异议的，人民法院可以参照《最高人民法院关于执行和解若干问题的规定》第十九条的规定对和解协议的效力及履行情况进行审查，进而确定是否终结执行。

二、关于案涉《和解协议书》的效力

虽然滁州建安公司主张代表其在案涉《和解协议书》上签字的王兴刚未经其授权，其亦未在《和解协议书》上加盖公章，《和解协议书》对其不发生效力，但是《和解协议书》签订后，滁州建安公司根据约定向青海高院申请解除了对追日电气公司财产的保全查封，并就《和解协议书》项下款项的支付及开具收据发票等事宜与追日电气公司进行多次协商，接收《和解协议书》项下款项、开具收据、发票，故滁州建安公司以实际履行行为表明其对王兴刚的代理权及《和解协议书》的效力是完全认可的，《和解协议书》有效。

三、关于案涉《和解协议书》是否已履行完毕

追日电气公司依据《和解协议书》的约定以及滁州建安公司的要求，分别向滁州建安公司和王兴刚等支付了412.880667万元、50万元款项，虽然与《和解协议书》约定的463.3万元尚差4000余元，但是滁州建安公司予以接受并为追日电气公司分别开具了413万元的收据及50万元的发票，根据《最高人民法院关于贯彻执行〈中华人民共和国民法通则〉若干问题的意见（试行）》第66条[①]的规定，结合滁州建安公司在接受付款后较长时间未对付款金额提出异议的事实，可以认定双方以行为对《和解协议书》约定的付款金额进行了变更，构成合同的默示变更，故案涉《和解协议书》约定的付款义务已经履行完毕。关于付款期限问题，根据《最高

① 该司法解释已于2021年1月1日废止，本条参见《中华人民共和国民法典》第一百四十条：“行为人可以明示或者默示作出意思表示。沉默只有在有法律规定、当事人约定或者符合当事人之间的交易习惯时，才可以视为意思表示。”

人民法院关于执行和解若干问题的规定》第十五条①的规定，若滁州建安公司认为追日电气公司延期付款对其造成损害，可另行提起诉讼解决，而不能仅以此为由申请执行一审判决。

（生效裁判审判人员：于明、朱燕、杨春）

① 该司法解释已于2020年12月29日修正，本条内容未作变动。

48. 青海金泰融资担保有限公司与上海金桥工程建设发展有限公司、青海三工置业有限公司执行复议案*

▶ 在被执行人虽有财产但严重不方便执行时，可以执行保证人在保证责任范围内的财产

【裁判摘要】

在案件审理期间保证人为被执行人提供保证，承诺在被执行人无财产可供执行或者财产不足清偿债务时承担保证责任的，执行法院对保证人应当适用一般保证的执行规则。在被执行人虽有财产但严重不方便执行时，可以执行保证人在保证责任范围内的财产。

【基本案情】

青海省高级人民法院（以下简称青海高院）在审理上海金桥工程建设发展有限公司（以下简称金桥公司）与青海海西家禾酒店管理有限公司（后更名为青海三工置业有限公司，以下简称家禾公司）建设工程施工合同纠纷一案期间，依金桥公司申请采取财产保全措施，冻结家禾公司账户存款1500万元（账户实有存款余额23万余元），并查封该公司32438.8平方米土地使用权。之后，家禾公司以需要办理银行贷款为由，申请对账户

* 摘自2019年12月24日最高人民法院发布的第23批指导案例（指导案例120号）。

予以解封，并由担保人宋万玲以银行存款1500万元提供担保。青海高院冻结宋万玲存款1500万元后，解除对家禾公司账户的冻结措施。2014年5月22日，青海金泰融资担保有限公司（以下简称金泰公司）向青海高院提供担保书，承诺家禾公司无力承担责任时，愿承担家禾公司应承担的责任，担保最高限额1500万元，并申请解除对宋万玲担保存款的冻结措施。青海高院据此解除对宋万玲1500万元担保存款的冻结措施。案件进入执行程序后，经青海高院调查，被执行人青海三工置业有限公司（原青海海西家禾酒店管理有限公司）除已经抵押的土地使用权及在建工程外（在建工程价值4亿余元），无其他可供执行财产。保全阶段冻结的账户，因提供担保解除冻结后，进出款8900余万元。执行中，青海高院作出执行裁定，要求金泰公司在三日内清偿金桥公司债务1500万元，并扣划担保人金泰公司银行存款820万元。金泰公司对此提出异议称，被执行人青海三工置业有限公司尚有在建工程及相应的土地使用权，请求返还已扣划的资金。

【裁判结果】

青海省高级人民法院于2017年5月11日作出（2017）青执异12号执行裁定：驳回青海金泰融资担保有限公司的异议。青海金泰融资担保有限公司不服，向最高人民法院提出复议申请。最高人民法院于2017年12月21日作出（2017）最高法执复38号执行裁定：驳回青海金泰融资担保有限公司的复议申请，维持青海省高级人民法院（2017）青执异12号执行裁定。

【裁判理由】

最高人民法院认为，《最高人民法院关于人民法院执行工作若干问题的规定（试行）》第八十五条[①]规定："人民法院在审理案件期间，保证人为被执行人提供保证，人民法院据此未对被执行人的财产采取保全措施或

① 该司法解释已于2020年12月29日修正，本条已被修改为第五十四条，但内容未作变动。

解除保全措施的，案件审结后如果被执行人无财产可供执行或其财产不足清偿债务时，即使生效法律文书中未确定保证人承担责任，人民法院有权裁定执行保证人在保证责任范围内的财产。”上述规定中的保证责任及金泰公司所做承诺，类似于担保法规定的一般保证责任。《中华人民共和国担保法》第十七条第一款及第二款[①]规定：“当事人在保证合同中约定，债务人不能履行债务时，由保证人承担保证责任的，为一般保证。一般保证的保证人在主合同纠纷未经审判或者仲裁，并就债务人财产依法强制执行仍不能履行债务前，对债权人可以拒绝承担保证责任。”《最高人民法院关于适用〈中华人民共和国担保法〉若干问题的解释》第一百三十一条[②]规定：“本解释所称‘不能清偿’指对债务人的存款、现金、有价证券、成品、半成品、原材料、交通工具等可以执行的动产和其他方便执行的财产执行完毕后，债务仍未能得到清偿的状态。”依据上述规定，在一般保证情形，并非只有在债务人没有任何财产可供执行的情形下，才可以要求一般保证人承担责任，即债务人虽有财产，但其财产严重不方便执行时，可以执行一般保证人的财产。参照上述规定精神，由于青海三工置业有限公司仅有在建工程及相应的土地使用权可供执行，既不经济也不方便，在这种情况下，人民法院可以直接执行金泰公司的财产。

（生效裁判审判人员：赵晋山、葛洪涛、邵长茂）

---

① 对应《中华人民共和国民法典》第六百八十七条第一款、第二款。其中第二款修改为：“一般保证的保证人在主合同纠纷未经审判或者仲裁，并就债务人财产依法强制执行仍不能履行债务前，有权拒绝向债权人承担保证责任，但是有下列情形之一的除外：（一）债务人下落不明，且无财产可供执行；（二）人民法院已经受理债务人破产案件；（三）债权人有证据证明债务人的财产不足以履行全部债务或者丧失履行债务能力；（四）保证人书面表示放弃本款规定的权利。”

② 该司法解释已于2021年1月1日废止，本条已被删除。

49. 株洲海川实业有限责任公司与中国银行股份有限公司长沙市蔡锷支行、湖南省德奕鸿金属材料有限公司财产保全执行复议案*

▶ 财产保全执行案件的保全标的物系非金钱动产且被他人保管，保管合同或者租赁合同到期后未续签，且被保全人不支付保管、租赁费用的，协助执行人无继续无偿保管的义务

【裁判摘要】

财产保全执行案件的保全标的物系非金钱动产且被他人保管，该保管人依人民法院通知应当协助执行。当保管合同或者租赁合同到期后未续签，且被保全人不支付保管、租赁费用的，协助执行人无继续无偿保管的义务。保全标的物价值足以支付保管费用的，人民法院可以维持查封直至案件作出生效法律文书，执行保全标的物所得价款应当优先支付保管人的保管费用；保全标的物价值不足以支付保管费用，申请保全人支付保管费用的，可以继续采取查封措施，不支付保管费用的，可以处置保全标的物并继续保全变价款。

* 摘自2019年12月24日最高人民法院发布的第23批指导案例（指导案例121号）。

【基本案情】

湖南省高级人民法院（以下简称湖南高院）在审理中国银行股份有限公司长沙市蔡锷支行（以下简称中行蔡锷支行）与湖南省德奕鸿金属材料有限公司（以下简称德奕鸿公司）等金融借款合同纠纷案中，依中行蔡锷支行申请，作出民事诉讼财产保全裁定，冻结德奕鸿公司银行存款4800万元，或查封、扣押其等值的其他财产。德奕鸿公司因生产经营租用株洲海川实业有限责任公司（以下简称海川公司）厂房，租期至2015年3月1日；将该公司所有并质押给中行蔡锷支行的铅精矿存放于此。2015年6月4日，湖南高院作出协助执行通知书及公告称，人民法院查封德奕鸿公司所有的堆放于海川公司仓库的铅精矿期间，未经准许，任何单位和个人不得对上述被查封资产进行转移、隐匿、损毁、变卖、抵押、赠送等，否则，将依法追究其法律责任。2015年3月1日，德奕鸿公司与海川公司租赁合同期满后，德奕鸿公司既未续约，也没有向海川公司交还租用厂房，更没有交纳房租、水电费。海川公司遂以租赁合同纠纷为由，将德奕鸿公司诉至湖南省株洲市石峰区人民法院。后湖南省株洲市石峰区人民法院作出判决，判令案涉租赁合同解除，德奕鸿公司于该判决生效之日起十五日内向海川公司返还租赁厂房，将囤放于租赁厂房内的货物搬走；德奕鸿公司于该判决生效之日起十五日内支付欠缴租金及利息。海川公司根据判决，就德奕鸿公司清场问题申请强制执行。同时，海川公司作为利害关系人对湖南高院作出的协助执行通知书及公告提出执行异议，并要求保全申请人中行蔡锷支行将上述铅精矿搬离仓库，并赔偿其租金损失。

【裁判结果】

湖南省高级人民法院于2016年11月23日作出（2016）湘执异15号执行裁定：驳回株洲海川实业有限责任公司的异议。株洲海川实业有限责任公司不服，向最高人民法院申请复议。最高人民法院于2017年9月2日作出（2017）最高法执复2号执行裁定：一、撤销湖南省高级人民法院（2016）湘执异15号执行裁定。二、湖南省高级人民法院应查明案涉查封

财产状况，依法确定查封财产保管人并明确其权利义务。

【裁判理由】

最高人民法院认为，湖南高院在中行蔡锷支行与德奕鸿公司等借款合同纠纷诉讼财产保全裁定执行案中，依据该院相关民事裁定中“冻结德奕鸿公司银行存款4800万元，或查封、扣押其等值的其他财产”的内容，对德奕鸿公司所有的存放于海川公司仓库的铅精矿采取查封措施，并无不当。但在执行实施中，虽然不能否定海川公司对保全执行法院负有协助义务，但被保全人与场地业主之间的租赁合同已经到期未续租，且有生效法律文书责令被保全人将存放货物搬出；此种情况下，要求海川公司完全无条件负担事实上的协助义务，并不合理。协助执行人海川公司的异议，实质上是主张在场地租赁到期的情况下，人民法院查封的财产继续占用场地，导致其产生相当于租金的损失难以得到补偿。湖南高院在发现该情况后，不应回避实际保管人的租金损失或保管费用的问题，应进一步完善查封物的保管手续，明确相关权利义务关系。如果查封的质押物确有较高的足以弥补租金损失的价值，则维持查封直至生效判决作出后，在执行程序中以处置查封物所得价款，优先补偿保管人的租金损失。但海川公司委托质量监督检验机构所做检验报告显示，案涉铅精矿系无价值的废渣，湖南高院在执行中，亦应对此事实予以核实。如情况属实，则应采取适当方式处理查封物，不宜要求协助执行人继续无偿保管无价值财产。保全标的物价值不足以支付保管费用，申请保全人支付保管费用的，可以继续采取查封措施，不支付保管费用的，可以处置保全标的物并继续保全变价款。执行法院仅以对德奕鸿公司财产采取保全措施合法，海川公司与德奕鸿公司之间的租赁合同纠纷是另一法律关系为由，驳回海川公司的异议不当，应予纠正。

（生效裁判审判人员：黄金龙、刘少阳、马岚）

▶ 未登记担保人赔偿责任的强制执行问题

50. 重庆融海实业有限公司执行复议案*

【裁判摘要】

以登记作为设立要件的担保物权虽未办理登记，但担保合同依法成立的，法院可判决担保人在担保物价值范围内承担违约损害赔偿责任。因该项责任并非物的担保责任，属于一般金钱债务，法院在强制执行时可对担保人的所有责任财产查封和变价，而不限于担保物，但同时又因担保人的赔偿范围原则上以担保物变价款为限，若执行法院首先查封担保物且无其他优先权人，再执行其他财产就可能构成超标的执行；相反，若担保物已被其他债权人首先查封或其他债权人享有优先受偿权，则担保物变价款将不能全部用来承担赔偿责任，执行法院可再执行其他财产。

一、基本案情

复议申请人（被执行人）：重庆融海实业有限公司（以下简称融海公司）。

申请执行人：中国长城资产管理股份有限公司重庆

* 摘自《执行工作指导》2020年第3辑（总第75辑），人民法院出版社2021年版，第35～46页。

市分公司（以下简称长城资产公司）。

被执行人：重庆重大高科技股份有限公司（以下简称重大高科公司）。

被执行人：重庆合成化工厂有限公司（以下简称合成化工公司）。

被执行人：重庆重大高科物业发展有限公司（以下简称高科物业）。

长城资产公司与重大高科公司、合成化工公司、融海公司、高科物业欠款纠纷一案，经重庆市高级人民法院一审、再审和最高人民法院二审，最高人民法院于2017年12月27日作出（2017）最高法民终934号民事判决，维持重庆高院（2016）渝民再157号民事判决，即判令：（1）由重大高科公司偿付长城资产公司转让款4410万元，违约金1187.5万元；（2）高科物业对重大高科公司上述付款义务承担连带清偿责任；（3）由合成化工公司在抵押房产、质押股权价值范围内，融海公司在质押股权价值范围内对重大高科公司上述付款义务不能清偿部分承担赔偿责任；（4）驳回长城资产公司的其他诉讼请求。案件受理费、保全费共计285165元，由重大高科公司承担。

上述判决查明，2003年4月22日，长城资产公司（甲方）与重庆毛氏实业集团公司（以下简称毛氏集团）、重庆毛氏鞋业有限公司（以下简称毛氏鞋业）、重庆毛氏集团啤酒有限公司（以下简称毛氏啤酒）（三家企业共为乙方）、合成化工公司（丙方）、重大高科公司（丁方）签订《债权重组协议》一份。主要约定：（1）关于股权抵偿债权，即丙方以其持有的丁方的法人股250万股权转让给长城资产公司，以抵偿乙方欠甲方250万元的债务。（2）甲方在丙方以股权抵偿乙方的部分债务后，甲方将其依法享有的对乙方的全部剩余主债权即借款62笔本息17691.437665万元及其从债权自2003年4月21日起，以4750万元（债权折扣率为26.85%）的价格转让给丁方，并对付款方式作了安排。对于支付的款项，丁方以其持有的重庆重大高科技数码信息有限公司（以下简称高科数码公司）的全部股权作为质押担保，并在第一次付款后，按照相关程序办妥抵押登记手续使该项担保有效。约定违约责任为：任何一方不履行合同或者不按照合同的约定履行，应当向未违约方支付违约金，违约金为本合同债权转让总价款的25%。协议签订后，长城资产公司履行了合同义务。2003年6月3

日，长城资产公司与重大高科公司签订补充协议，主要约定：重大高科公司在2003年7月1日前向长城资产公司支付首期债权转让款2000万元，若其到期不付，则偿付《债权重组协议》项下债权本金及利息17700万元。重大高科未按约定履行义务。2005年4月8日，长城资产公司与高科物业、合成化工公司、融海公司、重大高科公司签订补充协议（二），约定高科物业、合成化工公司、融海公司同意对重大高科公司应负长城资产公司的付款义务承担各自相应的担保责任。其中：（1）高科物业应快速变现其资产，其资产变现的款项按法律规定优先清偿抵押担保物权后的剩余部分优先偿付给长城资产公司；（2）合成化工公司以其自有的重庆市沙坪坝区汉渝路斌鑫大厦房产5500平方米的产权及其所持有的重大高科公司的股权665.68万股向长城资产公司提供担保；（3）融海公司以其持有的重大高科公司全部股权1832.97万股向长城资产公司提供担保。担保的范围是本金、利息、违约金及实现债权的费用，担保的时效为主债务诉讼时效届满后二年内，本协议签订后即完善相关担保及公证手续。同月14日，长城资产公司分别与重大高科公司、合成化工公司、融海公司签订股权质押协议并在公证机关办理了质押公证手续，但均未将股份出质记载于股东名册。合成化工公司也未办理抵押登记。后重大高科公司支付给长城资产公司转让款340万元，现尚欠转让款4410万元未支付。

最高人民法院（2017）最高法民终934号民事判决生效后，重庆市高级人民法院于2018年9月18日作出（2011）渝高法执恢复字第5－14号执行裁定：（1）继续查封被执行人合成化工公司位于重庆市沙坪坝汉渝路斌鑫大厦乙幢2958.11平方米；（2）继续冻结被执行人合成化工公司持有的重大高科公司665.68万股股权；（3）继续冻结被执行人融海公司持有的重大高科公司1832.97万股股权；（4）继续冻结被执行人融海公司持有的重庆大方合成化工有限公司65%的股权；（5）继续冻结被执行人融海公司持有的重庆跨越合成化工有限责任公司55.6%的股权；房屋和股权的查封期限为三年。查封、冻结期间，不得转移、隐匿、处分被查封、冻结财产，不得对被查封、冻结财产设定权利负担，不得有妨碍执行的其他行为。

对此，融海公司向重庆高院提出执行异议，要求解除对其持有的重庆大方合成化工有限公司股权的查封。融通公司认为，按照最高人民法院（2017）最高法民终934号民事判决，该公司只在本应质押的股权价值范围内承担责任，即应在其持有的重大高科公司股权价值范围内执行。

重庆市高级人民法院审查认为，本案执行依据最高人民法院（2017）最高法民终934号民事判决确认了被执行人融海公司在质押股权价值范围内对重大高科公司不能清偿部分承担赔偿责任。因此，融海公司在本案中承担的责任是赔偿责任，而不是担保责任，其承担赔偿责任的金额以质押股权价值为限。在执行过程中可以执行融海公司的该质押股权，也可以执行融海公司的其他财产，执行标的并不限于该质押股权。因融海公司应承担的赔偿责任金额即质押股权的价值尚未确定，融海公司亦无证据证明存在超标的查封冻结的情形，故该院依据申请执行人长城资产公司的申请，对原已冻结的融海公司财产继续采取冻结措施，并无不当。2018年12月4日，重庆市高级人民法院作出（2018）渝执异72号执行裁定，驳回融海公司的异议请求。

二、融海公司的申请复议意见

融海公司不服，向最高人民法院申请复议，请求撤销重庆市高级人民法院（2018）渝执异72号执行裁定。理由是：最高人民法院（2017）最高法民终934号民事判决确认，融海公司只承担在重大高科公司质押的股权价值范围内的责任，重庆市高级人民法院只能对特定的质押物进行评估拍卖才是其正当的执行行为，而不是继续冻结融海公司与本案无关的其他财产。

三、最高人民法院审查意见

最高人民法院认为，本案争议焦点在于重庆市高级人民法院冻结融海公司质押股权及其他财产是否构成超标的查封。

首先，关于融海公司承担赔偿责任的金额问题。在物的担保合同中，债权人的目的是让担保人提供担保物并以担保物的价值保证其债权的实现，其订立担保合同时预见到或者应当预见到担保人违反担保合同可能给其造成的损失最多为担保物的全部价值。《中华人民共和国合同法》第一百一十三条第一款[①]规定："当事人一方不履行合同义务或者履行合同义务不符合约定，给对方造成损失的，损失赔偿额应当相当于因违约所造成的损失，包括合同履行后可以获得的利益，但不得超过违反合同一方订立合同时预见到或者应当预见到的因违反合同可能造成的损失。"《最高人民法院关于〈适用中华人民共和国担保法〉若干问题的解释》第七十三条[②]规定："抵押物折价或者拍卖、变卖该抵押物的价款低于抵押权设定时约定价值的，应当按照抵押物实现的价值进行清偿。"可见，在担保物权有效设立的情况下，债权人在担保物实现的价值范围内优先受偿，而在担保物权未有效设立的情况下，担保人承担赔偿责任的范围亦不应超过担保成立时债权人可优先受偿的价值范围，即担保物实现的价值范围。本案中，长城资产公司与融海公司签订股权质押协议时，即已对未来对相应股权的优先受偿权的实现有了明确的预见。融海公司未办理股权质押登记，依法应对给长城资产公司造成的损失予以赔偿，但赔偿的金额应当限于本应质押的股权在质权实现时的价值范围内。

其次，关于融海公司承担赔偿责任的财产范围问题。设定担保物权的功能在于以担保物的价值保障债权人债权的实现。在担保物办理了登记的情况下，债权人可以以其享有的担保物权就担保物直接行使优先受偿权，在担保物未办理登记的情况下，因担保人在担保合同中已经作出提供担保物以担保债权人债权实现的明确意思表示，未办理担保物登记之事实并不导致该合同义务的消灭，担保人因其违约行为致使债权人受到损失，应承担赔偿责任。因此，如果担保合同中约定的担保财产仍为担保人全部持有，执行过程中查封并仅查封该全部担保财产，既符合当事人应有的预

① 对应《中华人民共和国民法典》第五百八十四条："当事人一方不履行合同义务或者履行合同义务不符合约定，造成对方损失的，损失赔偿额应当相当于因违约所造成的损失，包括合同履行后可以获得的利益；但是，不得超过违约一方订立合同时预见到或者应当预见到的因违约可能造成的损失。"

② 该司法解释已于2021年1月1日废止，本条已被删除。

期，也具有法律依据。由于生效判决判令担保人承担的是赔偿责任，而非物的担保责任，故人民法院对于担保人的一般责任财产进行查封，既不超过担保财产价值范围，也不违反法律的禁止性规定。就本案而言，融海公司依合同约定设定质押的全部股权仍由融海公司持有，重庆市高级人民法院执行过程中，在未对质押股权价值进行评估及案涉质押股权是否方便执行作出判断的情况下，既查封案涉质押股权，又查封融海公司的其他财产，已突破了判决所确定的“质押股权价值范围内”的赔偿责任范围，构成超标的查封。重庆市高级人民法院仅以融海公司应承担的赔偿责任金额即质押股权的价值尚未确定，融海公司亦无证据证明存在超标的查封冻结的情形为由，驳回融海公司的异议主张，没有事实和法律依据。重庆市高级人民法院应在核实本案拟质押股权价值的基础上，综合考量案件的实际情况，解除对相关财产的查封。

综上，最高人民法院认为融海公司的复议理由部分成立，裁定：一、撤销重庆市高级人民法院（2018）渝执异72号执行裁定；二、本案由重庆市高级人民法院重新审查。

四、评析意见

（一）问题的提出

关于以登记作为设立要件的担保物权，如不动产抵押权、股权质权等，在未办理登记时抵押人或质押人是否仍承担责任，该项责任的性质及具体范围如何界定，在理论和实践中一直存在较大争议。为统一裁判尺度，《全国法院民商事审判工作会议纪要》（以下简称《九民会纪要》）第六十条规定：“不动产抵押合同依法成立，但未办理抵押登记手续，债权人请求抵押人办理抵押登记手续的，人民法院依法予以支持。因抵押物灭失以及抵押物转让他人等原因不能办理抵押登记，债权人请求抵押人以抵押物的价值为限承担责任的，人民法院依法予以支持，但其范围不得超过抵押权有效设立时抵押人所应当承担的责任。”该条在适用《中华人民共和国民法典》第二百一十五条规定的区分原则的基础上，一方面，肯定未登记不动产抵押合同的效力，赋予债权人请求抵押人办理抵押登记的权利；另一方面，规定在抵押人不能履行登记义务时应向债权人承担有限赔偿责任，对此以登记为设立要件的担保物权均应参照适用。

在裁判规则逐步明晰的同时，如何在强制执行程序中保障上述责任精准落实，尤其是有限赔偿责任如何执行的问题，也在实践中凸显出来，本案即为典型案例。本案中，二审判决判令合成化工公司在抵押房产、质押股权价值范围内，融海公司在质押股权价值范围内对主债务人重大高科公司付款义务不能清偿部分承担赔偿责任，在执行程序中重庆市高级人民法院冻结了融海公司质押股权之外的财产，由此产生以下争议问题：第一，执行标的层面，执行法院能否不执行担保物而直接执行其他财产；第二，执行范围层面，担保人的责任范围即担保物的价值如何判断，尤其在时间节点上是以担保合同订立时为准还是以担保物变现时为准，这也决定了上述案例中的查封是否构成超标的查封；第三，执行顺位层面，担保人对不能清偿部分承担赔偿责任，是否需要经强制执行主债务人仍然不能清偿后才能执行担保人，这涉及其是否享有先执行抗辩权的问题。

以上三个层面的问题，表面上是执行程序中产生的问题，但究其实质，仍源于执行依据究竟是如何认定未登记担保人的责任性质和范围，其解决路径也只能重新回到实体法层面，进一步探究其承担有限赔偿责任的确切含义。

（二）未登记抵押权人的责任性质

在物权法采取区分原则后，主流观点即认为登记并非不动产抵押合同及股权质押合同的生效要件，由此，在担保合同有效的基础上，实务中对未登记担保人的责任性质形成违约责任和担保责任两种观点。因责任性质的不同将对担保人责任范围以及后续执行程序产生实质影响，故有首先澄清的必要。

1. 违约责任的构成。违约责任说认为，仅签订担保合同未办理抵押或股权质押登记的，抵押权或权利质权并未设立，债权人主张担保权缺乏法律依据，但仍可根据担保合同请求担保人承担违约责任。[1] 因违约责任主要是指当事人不履行合同义务或者履行合同义务不符合约定时，依法产生的民事责任，故其构成要件为抵押人负有办理抵押登记的合同义务及存在违反该义务的行为。

首先，关于登记义务的设立。实践中，若当事人在抵押或质押合同中对担保人办理抵押登记手续的义务有明确约定，自无争议。即使未有明确约定，考虑到当事人签订担保合同的主要目的之一即在于为债权人设立抵押权或质权，保障其对担保物的优先受偿地位，而实现该目的的唯一法定途径即为办理担保物权登记手续，对此《中华人民共和国民法典》第四百零二条及第四百四十三条也明确规定以不动产抵押或股权质押的，应当办理登记。故办理登记的义务可视为当事人应然的义务或双方默认的义务，不以明确约定为前提。

其次，关于登记义务的主体。《中华人民共和国物权法》及《中华人民共和国民法典》中均未明确应当办理抵押登记的义务人，《不动产登记暂行条例》第六十六条则规定设立抵押权登记需要抵押合同的双方共同申请办理。但共同申请仅系债权人与抵押人在登记程序层面的强制性要求，主要是为防止虚假或错误登记损害真正权利人的利益，而非意味着双方在实体上均承担对等的登记义务。这就如同在不动产买卖合同中，买受人享有不动产所有权转移请求权，出卖人应承担办理过户登记及交付不动产的义务，但登记时仍需共同申请一样，在抵押合同中，债权人也享有抵押权设立请求权，债务人则应承担设立抵押权即办理抵押登记的主给付义务。至于登记程序中的共同申请原则仅表明抵押权人在抵押登记中亦应配合（协力），即所谓的受领给付，仅为不真正义务，其因不配合申请登记而构成受领迟延的，不构成违约，只是产生减轻或免除抵押人责任的法律后果。[2]

---

① 贺小荣主编：《最高人民法院民事审判第二庭法官会议纪要》，人民法院出版社 2018 年版，第 240 页。

② 参见高圣平：《未登记不动产抵押权的法律后果——给予裁判分歧的展开与分析》，载《政法论坛》2019 年第 6 期。

最后，关于登记义务的违反。一般的违约行为主要包括拒绝履行、不能履行、不完全履行、迟延履行等，实践中担保人违反登记义务也表现为这几种类型。例如，抵押人无正当理由拒绝办理登记手续构成拒绝履行；担保物因毁损、灭失或转让他人或被其他债权人查封等原因不能办理抵押登记，构成不能履行；担保人虽已申请登记，但因材料不全未能登记成功的，构成不完全履行；等等。关于迟延履行，若担保合同关于办理登记的期限有明确约定，担保人未在约定期限届满前办理登记的即构成迟延履行；若未有明确约定，债权人应当催告担保人在合理期间内申请抵押或质押登记，如果担保人逾期未启动登记申请程序，即构成迟延履行；反之，如果债权人从未催告，则担保人并不构成迟延履行。[①]

综上，在担保人因过错未办理抵押登记，且不存在免责事由时，法院根据债权人请求判令其承担相应的违约责任，具有合同和法律依据。基于此，《九民会纪要》第六十条虽未明确将未登记抵押人的责任表述为违约责任，但从抵押人应承担办理抵押登记的义务及不能办理登记时应承担赔偿责任来看，仍基本系以违约责任为基础和框架。[②] 本案中，二审法院在“本院认为”部分明确因担保人违约行为致使债权人受到损失而应承担赔偿责任，也是属于违约责任的典型案例。

2. 担保责任的构成。担保责任说认为，无论担保人是否违反办理抵押或质押登记的义务，根据区分原则，债权人即可依据有效之担保合同要求担保人承担抵押合同上的担保义务。此种担保在性质上属于债权，是介于保证与抵押权之间的非典型担保。[③] 实务中，判决主文一般表述为抵押人

① 杨代雄：《抵押合同作为负担行为的双重效果》，载《中外法学》2019 年第 3 期。

② 在最高人民法院民二庭编著的《〈全国法院民商事审判工作会议纪要〉理解和适用》一书中，明确了其主张未办理登记的抵押人承担的是违约责任。参见最高人民法院民事审判第二庭编著：《〈全国法院民商事审判工作会议纪要〉理解和适用》，人民法院出版社 2019 年版，第 387～388 页。

③ 贺小荣主编：《最高人民法院民事审判第二庭法官会议纪要》，人民法院出版社 2018 年版，第 240 页。

在抵押物价值范围内对主债务承担连带清偿责任，[①] 也有少数判决以无效行为转换理论为基础，直接将其转化为连带责任保证。[②] 相较于违约责任，担保责任能否成立在理论和实务上都面临更多争议。[③] 本文认为，法院根据债权人的请求判令抵押人承担一定范围内的担保责任，具有合同和法律依据，但该责任应限于以特定担保物的变现价值清偿债务，而不能将担保人其他责任财产纳入清偿范围。

首先，在合同依据方面，当事人订立担保合同的主要内容即是以特定抵押物或质押物担保主债权实现，其中承诺担保的意思表示既可以通过请求担保人通过办理登记来设立具有优先受偿性的担保物权实现，也可通过直接请求担保人以担保物的价值来替债权人清偿债务实现。在债权人自愿选择后者的情况下，其虽然可请求抵押人在抵押物范围内承担担保责任，即就抵押物进行变价并以变价款清偿债权，但该项权利为债权，既不能对抗第三人，在强制执行和破产程序中也不具有优先受偿的地位。因这种选择本身属于债权人意思自治的范畴，且未超出抵押人在订立合同时可以预见的责任范围，也未超出双方的缔约目的，应予肯定和尊重。但是，如果直接将上述担保责任转化为保证责任，则意味着抵押人的其他财产也可用来清偿债务，且抵押物毁损灭失时仍要担责，就不适当地加重了抵押人的责任，超出了其意思表示的范围，并不足取。

其次，在法律依据方面，《最高人民法院关于审理民间借贷案件适用

---

① 参见最高人民法院（2019）最高法民终222号、最高人民法院（2018）最高法民申5965号、最高人民法院（2015）民申字第3299号。

② 参见最高人民法院（2015）民申字第2345号。

③ 有学者认为无论是从合同解释路径，还是无效行为转换路径，均不能得出抵押人应承担担保责任的结论。参见倪龙燕：《不动产抵押合同的效力探析——以实务中法律救济裁判路径为出发点》，载《法治研究》2019年第1期。在最高人民法院（2017）最高法民终718号案中，二审法院认为，一审判决将未登记抵押人的责任转换为连带清偿责任，与合同约定不符，适用法律有误，予以纠正。

法律若干问题的规定》第二十四条[①]规定，当事人以签订买卖合同作为民间借贷合同的担保，借款人不履行生效判决确定的金钱债务，出借人可以申请拍卖买卖合同标的物，以偿还债务。《九民会纪要》第六十六条规定，债权人与担保人订立非典型担保合同，因无法定的登记机构而未能进行登记的，不具有物权效力。当事人请求按照担保合同的约定就该财产折价、变卖或者拍卖所得价款等方式清偿债务的，人民法院依法予以支持，但对其他权利人不具有对抗效力和优先性。《九民会纪要》第七十一条还规定了未完成公示的让与担保权人可就担保物拍卖、变卖、折价偿还债权。上述规定明确了未公示的担保人仍要以担保物承担责任，其虽非直接针对未登记的抵押权，但规范目的也均在于解决担保权未公示时如何保障债权人利益的问题，故相关规则可类推适用，即未登记的抵押权人也可就抵押物变价款受偿，但不具有对抗效力和优先性。

综上，在主债务人未履行债务时，债权人也可请求未登记担保人以担保物承担担保责任。相较于违约责任，该担保责任在构成要件方面不需要以抵押人存在过错违约行为为前提，但在责任后果上只能以担保物变价款受偿，两者构成责任竞合，并分别对应债权人的担保物权设立请求权与物的担保请求权。当事人可根据实际情况择一实行，法院则应结合当事人的诉讼请求，对责任性质和范围作出明确认定。若债权人只是笼统地请求担保人承担责任，法院应向其释明，并在其明确请求权基础的前提下，再进行审理和裁判。

（三）两类责任的具体范围及强制执行

1. 违约损害赔偿责任的具体范围及强制执行。如上所述，办理担保物权登记系担保人应承担的主给付义务，并对应债权人的担保物权设立请求

① 该司法解释已于2020年12月29日第二次修正，本条已修改为第二十三条："当事人以订立买卖合同作为民间借贷合同的担保，借款到期后借款人不能还款，出借人请求履行买卖合同的，人民法院应当按照民间借贷法律关系审理。当事人根据法庭审理情况变更诉讼请求的，人民法院应当准许。按照民间借贷法律关系审理作出的判决生效后，借款人不履行生效判决确定的金钱债务，出借人可以申请拍卖买卖合同标的物，以偿还债务。就拍卖所得的价款与应偿还借款本息之间的差额，借款人或者出借人有权主张返还或者补偿。"

权，债权人既可诉请担保人继续履行登记义务，也可请求担保人承担违约损害赔偿责任，本案则主要涉及后者的强制执行问题。

首先，关于违约赔偿责任的范围。《中华人民共和国合同法》第一百一十三条[①]规定了可得利益赔偿规则与可预见性规则，担保人赔偿责任的范围亦应受此规范和限制。因抵押人等未履行登记义务导致债权人丧失就抵押物等变价款优先受偿的机会，此即为债权人所受履行利益的损失，担保人应予赔偿。具体而言，第一，根据可预见性规则，担保人订立担保合同时系以特定担保物而非一般责任财产作为担保，其可预见的损失当然也应以担保物的价值为限。第二，关于确定抵押物价值的时间节点，《最高人民法院关于适用〈中华人民共和国担保法〉若干问题的解释》第七十三条规定："抵押物折价或者拍卖、变卖该抵押物的价款低于抵押权设定时约定价值的，应当按照抵押物实现的价值进行清偿。"可见，在抵押权有效设立的情况下，债权人优先受偿的范围仅限于抵押物变价款，抵押物在抵押权设立后的贬值风险应由债权人负担，而在抵押权未有效设立的情况下，抵押人承担赔偿责任的范围亦不应超过抵押权可以实现时而非抵押合同订立时的价值。第三，考虑到担保合同作为从合同，担保人承担违约责任的范围还应以担保合同明确约定的或者《中华人民共和国民法典》第三百八十九条规定的担保范围为限。

其次，关于责任顺位问题，对此实务中有连带清偿责任与补充清偿责任两种观点。前者认为，在抵押人履行义务设立抵押权的情况下，主债务人逾期不履行债务的，债权人即可以实现抵押权，无须先就主债务人之财产为强制执行，那么在抵押人不履行登记义务时，其违约损害赔偿责任也应当与主债务人的清偿责任处于同一顺位，不能仅定性为处于第二位的补充清偿责任。[②] 本观点从抵押权的实现条件出发，认为物上保证人与连带

① 对应《中华人民共和国民法典》第五百八十四条："当事人一方不履行合同义务或者履行合同义务不符合约定，造成对方损失的，损失赔偿额应当相当于因违约所造成的损失，包括合同履行后可以获得的利益；但是，不得超过违约一方订立合同时预见到或者应当预见到的因违约可能造成的损失。"

② 杨代雄：《抵押合同作为负担行为的双重效果》，载《中外法学》2019 年第 3 期。

保证人一样不享有先诉抗辩权，其违约责任也应作相同对待，具有相当的说服力。但是，因在主债务人未清偿债务时，债权人的损失并未实际发生，仅存在发生的可能性，只有主债务人经强制执行仍不能清偿时，不能清偿的部分方能确定为债权人的实际损失，故最高人民法院目前也认为抵押人享有先诉抗辩权，即只有在对债务人财产依法强制执行后仍不能履行债务时，才由抵押人承担责任。[①] 考虑到目前生效判决均未在判令抵押人承担违约责任的同时，肯定其向债务人的追偿权，且其能否另诉追偿也不明晰，这种情况下采取补充责任说应能更好地平衡各方利益。在这种解释路径下，抵押人违约损害赔偿的范围要受到抵押物价值、担保范围以及主债务人不能清偿部分的三重限制。

最后，关于违约赔偿责任的强制执行。在明确了违约赔偿责任的性质和范围后，大部分执行问题也能迎刃而解。以本案为例，第一，在执行标的上，因违约损害赔偿责任并非物的担保责任，属于金钱债务，债务人应当以其现在及将来的一切责任财产来承担偿还责任。[②] 因此，其虽然在范围上要受到担保物价值的限制，但该限制只是抽象价值的限制而非特定物的限制，故融海公司等全部责任财产均可作为执行标的，但从方便执行的角度，若担保物仍由融海公司持有，则可在征求债权人意见的基础上，直接执行担保物并就其变价款清偿。第二，在执行范围上，因融海公司的赔偿范围原则上以担保物变价款为限，若执行法院首先查封担保物且无其他优先权人，债权人对担保物变价款在执行程序中将享有优先受偿的地位，若法院再执行其他财产，应构成超标的执行；相反，若担保物已被其他债权人首先查封或其他债权人享有优先受偿权，则担保物变价款将不能全部用来承担赔偿责任，执行法院可再执行其他财产。第三，在执行顺位上，在采取补充责任的解释路径的前提下，应在对主债务人财产依法强制执行后仍不能履行债务时，再执行融海公司。

2. 担保责任的范围及强制执行。如上所述，债权人可请求抵押人承担

---

① 最高人民法院民事审判第二庭编著：《〈全国法院民商事审判工作会议纪要〉理解和适用》，人民法院出版社 2019 年版，第 387 ~ 388 页。

② 参见史尚宽：《债法总论》，中国政法大学出版社 2000 年版，第 378 页。

担保责任，但只能以特定担保物的变价款受偿。担保责任与违约责任均系有限责任，但前者属于物的有限责任，即债务人仅以其责任财产中的特定财产负责任，而后者属于量的有限责任，即债务人对其债务仅于一定限额内负责任。[①] 该项责任对应债权人对担保物的变价清偿请求权，但该权利因未登记不具有优先受偿效力，不属于担保物权，故不能通过民事诉讼法规定的实现担保物权程序来取得执行依据，[②] 而只能由债权人提起给付之诉或依据合同约定申请仲裁，或者就抵押合同办理赋予强制执行效力的公证，取得有效的执行依据后方能进入执行程序。

根据担保责任的性质和特点，执行法院只能就特定担保物进行查封和变价，无权执行抵押人等的其他财产，否则即构成超标的执行。可见，即使生效裁判都表述为"在抵押物价值范围内"承担责任，不同责任形态下"抵押物价值"的含义也存在重大差别，该差别在执行程序中体现得最为明显。最后，在责任顺位上，未登记担保人应属于真正的"物上保证人"，与已登记的担保人一样，并不享有先诉抗辩权，根据《中华人民共和国物权法》第一百九十五条[③]的规定，在债务人不履行到期债务或发生当事人约定的实现抵押权的情形时，债权人即可请求抵押人承担担保责任。

（执笔人：孙超）

---

① 关于有限责任及其分类，可参见崔建远主编：《合同法》，法律出版社2016年版，第234页。

② 这一点决定了未登记不动产抵押权人与未登记动产抵押权人的权利性质及实现程序上具有重大差别，后者根据物权法相关规定，即使未登记，也能设立抵押权，只是不得对抗善意第三人，故可以通过实现担保物权的程序取得执行依据。

③ 对应《中华人民共和国民法典》第四百一十条："债务人不履行到期债务或者发生当事人约定的实现抵押权的情形，抵押权人可以与抵押人协议以抵押财产折价或者以拍卖、变卖该抵押财产所得的价款优先受偿。协议损害其他债权人利益的，其他债权人可以请求人民法院撤销该协议。抵押权人与抵押人未就抵押权实现方式达成协议的，抵押权人可以请求人民法院拍卖、变卖抵押财产。抵押财产折价或者变卖的，应当参照市场价格。"

执行监督案件

51. 河南神泉之源实业发展有限公司与赵五军、汝州博易观光医疗主题园区开发有限公司等执行监督案*

▶ 执行法院将同一被执行人的几个案件合并执行的，应当按照申请执行人的各个债权的受偿顺序进行清偿

【裁判摘要】

执行法院将同一被执行人的几个案件合并执行的，应当按照申请执行人的各个债权的受偿顺序进行清偿，避免侵害顺位在先的其他债权人的利益。

【基本案情】

河南省平顶山市中级人民法院（以下简称平顶山中院）在执行陈冬利、郭红宾、春少峰、贾建强申请执行汝州博易观光医疗主题园区开发有限公司（以下简称博易公司）、闫秋萍、孙全英民间借贷纠纷四案中，原申请执行人陈冬利、郭红宾、春少峰、贾建强分别将其依据生效法律文书拥有的对博易公司、闫秋萍、孙全英的债权转让给了河南神泉之源实业发展有限公司（以下简称神泉之源公司）。依据神泉之源公司的申请，平顶山中院于2017年4月4日作出（2016）豫04执57－4号执行裁定，变更神泉之源公司为上述四案的申请执行

* 摘自2019年12月24日最高人民法院发布的第23批指导案例（指导案例122号）。

人，债权总额为129605303.59元（包括本金、利息及其他费用），并将四案合并执行。

案涉国有土地使用权证号为汝国用（2013）第0069号，证载该宗土地总面积为258455.39平方米。平顶山中院评估、拍卖土地为该宗土地的一部分，即公司园区内东西道路中心线以南的土地，面积为160720.03平方米，委托评估、拍卖的土地面积未分割，未办理单独的土地使用证。

涉案土地及地上建筑物被多家法院查封，本案所涉当事人轮候顺序为：(1)陈冬利一案。(2)郭红宾一案。(3)郭志娟、蔡灵环、金爱丽、张天琪、杨大棉、赵五军等案。(4)贾建强一案。(5)春少峰一案。

平顶山中院于2017年4月4日作出（2016）豫04执57-5号执行裁定："将扣除温泉酒店及1号住宅楼后的流拍财产，以保留价153073614.00元以物抵债给神泉之源公司。对于博易公司所欠施工单位的工程款，在施工单位决算后，由神泉之源公司及其股东陈冬利、郭红宾、春少峰、贾建强予以退还。"

赵五军提出异议，请求法院实现查封在前的债权人债权以后，严格按照查封顺位对申请人的债权予以保护、清偿。

【裁判结果】

河南省平顶山市中级人民法院于2017年5月2日作出（2017）豫04执异27号执行裁定，裁定驳回赵五军的异议。赵五军向河南省高级人民法院申请复议。河南省高级人民法院作出（2017）豫执复158号等执行裁定，裁定撤销河南省平顶山市中级人民法院（2017）豫04执异27号等执行裁定及（2016）豫04执57-5号执行裁定。河南神泉之源实业发展有限公司向最高人民法院申诉。2019年3月19日，最高人民法院作出（2018）最高法执监848号、847号、845号裁定，驳回河南神泉之源实业发展有限公司的申诉请求。

【裁判理由】

最高人民法院认为，赵五军以以物抵债裁定损害查封顺位在先的其他

债权人利益提出异议的问题是本案的争议焦点问题。平顶山中院在陈冬利、郭红宾、春少峰、贾建强将债权转让给神泉之源公司后将四案合并执行，但该四案查封土地、房产的顺位情况不一，也并非全部首封案涉土地或房产。贾建强虽申请执行法院对案涉土地 B29 地块运营商总部办公楼采取了查封措施，但该建筑占用范围内的土地使用权此前已被查封。根据《最高人民法院关于人民法院民事执行中查封、扣押、冻结财产的规定》第二十三条第一款[①]有关查封土地使用权的效力及于地上建筑物的规定精神，贾建强对该建筑物及该建筑物占用范围内的土地使用权均系轮候查封。执行法院虽将春少峰、贾建强的案件与陈冬利、郭红宾的案件合并执行，但仍应按照春少峰、贾建强、陈冬利、郭红宾依据相应债权申请查封的顺序确定受偿顺序。平顶山中院裁定将全部涉案财产抵债给神泉之源公司，实质上是将查封顺位在后的原贾建强、春少峰债权受偿顺序提前，影响了在先轮候的债权人的合法权益。

（生效裁判审判人员：向国慧、毛宜全、朱燕）

---

① 该司法解释已于 2020 年 12 月 29 日修正，本条第一款已被修改为第二十一条第一款，但内容未作变动。

52. 陈载果与刘荣坤、广东省汕头渔业用品进出口公司等申请撤销拍卖执行监督案*

▶ 网络司法拍卖属于强制执行措施

【裁判摘要】

网络司法拍卖是人民法院通过互联网拍卖平台进行的司法拍卖，属于强制执行措施。人民法院对网络司法拍卖中产生的争议，应当适用民事诉讼法及相关司法解释的规定处理。

【基本案情】

广东省汕头市中级人民法院（以下简称汕头中院）在执行申请执行人刘荣坤与被执行人广东省汕头渔业用品进出口公司等借款合同纠纷一案中，于2016年4月25日通过淘宝网司法拍卖网络平台拍卖被执行人所有的位于汕头市升平区永泰路145号13—1地号地块的土地使用权，申诉人陈载果先后出价5次，最后一次于2016年4月26日10时17分26秒出价5282360.00元确认成交，成交后陈载果未缴交尚欠拍卖款。

2016年8月3日，陈载果向汕头中院提出执行异

* 摘自2019年12月24日最高人民法院发布的第23批指导案例（指导案例125号）。

议，认为拍卖过程一些环节未适用拍卖法等相关法律规定，请求撤销拍卖，退还保证金23万元。

【裁判结果】

广东省汕头市中级人民法院于2016年9月18日作出（2016）粤05执异38号执行裁定，驳回陈载果的异议。陈载果不服，向广东省高级人民法院申请复议。广东省高级人民法院于2016年12月12日作出（2016）粤执复字243号执行裁定，驳回陈载果的复议申请，维持汕头市中级人民法院（2016）粤05执异38号执行裁定。申诉人陈载果不服，向最高人民法院申诉。最高人民法院于2017年9月2日作出（2017）最高法执监250号，驳回申诉人陈载果的申诉请求。

【裁判理由】

最高人民法院认为：

一、关于对网络司法拍卖的法律调整问题

根据《中华人民共和国拍卖法》规定，拍卖法适用于中华人民共和国境内拍卖企业进行的拍卖活动，调整的是拍卖人、委托人、竞买人、买受人等平等主体之间的权利义务关系。拍卖人接受委托人委托对拍卖标的进行拍卖，是拍卖人和委托人之间“合意”的结果，该委托拍卖系合同关系，属于私法范畴。人民法院司法拍卖是人民法院依法行使强制执行权，就查封、扣押、冻结的财产强制进行拍卖变价进而清偿债务的强制执行行为，其本质上属于司法行为，具有公法性质。该强制执行权并非来自当事人的授权，无须征得当事人的同意，也不以当事人的意志为转移，而是基于法律赋予的人民法院的强制执行权，即来源于民事诉讼法及相关司法解释的规定。即便是在传统的司法拍卖中，人民法院委托拍卖企业进行拍卖活动，该拍卖企业与人民法院之间也不是平等关系，该拍卖企业的拍卖活动只能在人民法院的授权范围内进行。因此，人民法院在司法拍卖中应适用民事诉讼法及相关司法解释对人民法院强制执行的规定。网络司法拍卖

是人民法院司法拍卖的一种优选方式，亦应适用民事诉讼法及相关司法解释对人民法院强制执行的规定。

二、关于本项网络司法拍卖行为是否存在违法违规情形问题

在网络司法拍卖中，竞价过程、竞买号、竞价时间、是否成交等均在交易平台展示，该展示具有一定的公示效力，对竞买人具有拘束力。该项内容从申诉人提供的竞买记录也可得到证实。且在本项网络司法拍卖时，民事诉讼法及相关司法解释均没有规定网络司法拍卖成交后必须签订成交确认书。因此，申诉人称未签订成交确认书、不能确定权利义务关系的主张不能得到支持。

关于申诉人提出的竞买号牌 A78××与 J88××蓄谋潜入竞买场合恶意串通，该标的物从底价 230 万抬至 530 万，事后经过查证号牌 A78××竞买人是该标的物委托拍卖人刘荣坤等问题。网络司法拍卖是人民法院依法通过互联网拍卖平台，以网络电子竞价方式公开处置财产，本质上属于人民法院“自主拍卖”，不存在委托拍卖人的问题。《最高人民法院关于人民法院民事执行中拍卖、变卖财产的规定》第十五条第二款[①]明确规定申请执行人、被执行人可以参加竞买，作为申请执行人刘荣坤只要满足网络司法拍卖的资格条件即可以参加竞买。在网络司法拍卖中，即竞买人是否加价竞买、是否放弃竞买、何时加价竞买、何时放弃竞买完全取决于竞买人对拍卖标的物的价值认识。从申诉人提供的竞买记录看，申诉人在 2016 年 4 月 26 日 9 时 40 分 53 秒出价 2377360 元后，在竞买人叫价达到 5182360 元时，分别在 2016 年 4 月 26 日 10 时 01 分 16 秒、10 时 05 分 10 秒、10 时 08 分 29 秒、10 时 17 分 26 秒加价竞买，足以认定申诉人对于自身的加价竞买行为有清醒的判断。以竞买号牌 A78××与 J88××连续多次加价竞买就认定该两位竞买人系蓄谋潜入竞买场合恶意串通理据不足，不予支持。

（生效裁判审判人员：赵晋山、万会峰、邵长茂）

① 该司法解释已于 2020 年 12 月 29 日修正，本条第二款已被修改为第十二条第二款，但内容未作变动。

53. 江苏天宇建设集团有限公司与无锡时代盛业房地产开发有限公司执行监督案*

▶ 在履行和解协议的过程中，申请执行人因被执行人迟延履行申请恢复执行的同时，又继续接受并积极配合被执行人的后续履行，直至和解协议全部履行完毕的，不再恢复执行原生效法律文书

【裁判摘要】

在履行和解协议的过程中，申请执行人因被执行人迟延履行申请恢复执行的同时，又继续接受并积极配合被执行人的后续履行，直至和解协议全部履行完毕的，属于《中华人民共和国民事诉讼法》及相关司法解释规定的和解协议已经履行完毕不再恢复执行原生效法律文书的情形。

【基本案情】

江苏天宇建设集团有限公司（以下简称天宇公司）与无锡时代盛业房地产开发有限公司（以下简称时代公司）建设工程施工合同纠纷一案，江苏省无锡市中级人民法院（以下简称无锡中院）于2015年3月3日作出（2014）锡民初字第00103号民事判决，时代公司应于本判决发生法律效力之日起五日内支付天宇公司工程款14454411.83元以及相应的违约金。时代公司不服，提

* 摘自2019年12月24日最高人民法院发布的第23批指导案例（指导案例126号）。

起上诉，江苏省高级人民法院（以下简称江苏高院）二审维持原判。因时代公司未履行义务，天宇公司向无锡中院申请强制执行。

在执行过程中，天宇公司与时代公司于2015年12月1日签订《执行和解协议》，约定：(1）时代公司同意以其名下三套房产（云港佳园53－106、53－107、53－108商铺，非本案涉及房产）就本案所涉金额抵全部债权；(2）时代公司在15个工作日内，协助天宇公司将抵债房产办理到天宇公司名下或该公司指定人员名下，并将三套商铺的租赁合同关系的出租人变更为天宇公司名下或该公司指定人员名下；(3）本案目前涉案拍卖房产中止15个工作日拍卖（已经成交的除外）。待上述事项履行完毕后，涉案房产将不再拍卖，如未按上述协议处理完毕，申请人可以重新申请拍卖；(4）如果上述协议履行完毕，本案目前执行阶段执行已到位的财产，返还时代公司指定账户；（5）本协议履行完毕后，双方再无其他经济纠葛。

和解协议签订后，2015年12月21日（和解协议约定的最后一个工作日），时代公司分别与天宇公司签订两份商品房买卖合同，与李思奇签订一份商品房买卖合同，并完成三套房产的网签手续。2015年12月25日，天宇公司向时代公司出具两份转账证明，载明：兹有本公司购买云港佳园53－108、53－106、53－107商铺，购房款冲抵本公司在空港一号承建工程中所欠工程余款，金额以法院最终裁决为准。2015年12月30日，时代公司、天宇公司在无锡中院主持下，就和解协议履行情况及查封房产解封问题进行沟通。无锡中院同意对查封的39套房产中的30套予以解封，并于2016年1月5日向无锡市不动产登记中心新区分中心送达协助解除通知书，解除了对时代公司30套房产的查封。因上述三套商铺此前已由时代公司于2014年6月出租给江苏银行股份有限公司无锡分行（以下简称江苏银行）。2016年1月，时代公司（甲方）、天宇公司（乙方）、李思奇（丙方）签订了一份《补充协议》，明确自该补充协议签订之日起时代公司完全退出原《房屋租赁合同》，天宇公司与李思奇应依照原《房屋租赁合同》中约定的条款，直接向江苏银行主张租金。同时三方确认，2015年12月31日前房屋租金已付清，租金收款单位为时代公司。2016年1月26日，

时代公司向江苏银行发函告知。租赁关系变更后，天宇公司和李思奇已实际收取自2016年1月1日起的租金。2016年1月14日，天宇公司弓奎林接收三套商铺初始登记证和土地分割证。2016年2月25日，时代公司就上述三套商铺向天宇公司、李思奇开具共计三张《销售不动产统一发票（电子）》，三张发票金额总计11999999元。发票开具后，天宇公司以时代公司违约为由拒收，时代公司遂邮寄至无锡中院，请求无锡中院转交。无锡中院于2016年4月1日将发票转交给天宇公司，天宇公司接受。2016年11月，天宇公司、李思奇办理了三套商铺的所有权登记手续，李思奇又将其名下的商铺转让给案外人罗某明、陈某。经查，登记在天宇公司名下的两套商铺于2016年12月2日被甘肃省兰州市七里河区人民法院查封，并被该院其他案件轮候查封。

2016年1月27日及2016年3月1日，天宇公司两次向无锡中院提交书面申请，以时代公司违反和解协议，未办妥房产证及租赁合同变更事宜为由，请求恢复本案执行，对时代公司名下已被查封的9套房产进行拍卖，扣减三张发票载明的11999999元之后，继续清偿生效判决确定的债权数额。2016年4月1日，无锡中院通知天宇公司、时代公司：时代公司未能按照双方和解协议履行，由于之前查封的财产中已经解封30套，故对于剩余9套房产继续进行拍卖，对于和解协议中三套房产价值按照双方合同及发票确定金额，可直接按照已经执行到位金额认定，从应当执行总金额中扣除。同日即2016年4月1日，无锡中院在淘宝网上发布拍卖公告，对查封的被执行人的9套房产进行拍卖。时代公司向无锡中院提出异议，请求撤销对时代公司财产的拍卖，按照双方和解协议确认本执行案件执行完毕。

【裁判结果】

江苏省无锡市中级人民法院于2016年7月27日作出（2016）苏02执异26号执行裁定：驳回无锡时代盛业房地产开发有限公司的异议申请。无锡时代盛业房地产开发有限公司不服，向江苏省高级人民法院申请复议。江苏省高级人民法院于2017年9月4日作出（2016）苏执复160号执行裁定：一、撤销江苏省无锡市中级人民法院（2016）苏02执异26号执行裁定。二、撤销江苏省无锡市中级人民法院于2016年4月1日作出的对剩余9套房产继续拍卖且按合同及发票确定金额扣减执行标的的通知。三、撤销江苏省无锡市中级人民法院于2016年4月1日发布的对被执行人无锡时代盛业房地产开发有限公司所有的云港佳园39－1203、21－1203、11－202、17－102、17－202、36－1402、36－1403、36－1404、37－1401室九套房产的拍卖。江苏天宇建设集团有限公司不服江苏省高级人民法院复议裁定，向最高人民法院提出申诉。最高人民法院于2018年12月29日作出(2018)最高法执监34号执行裁定：驳回申诉人江苏天宇建设集团有限公司的申诉。

【裁判理由】

最高人民法院认为，根据《最高人民法院关于适用〈中华人民共和国民事诉讼法〉的解释》第四百六十七条①的规定，一方当事人不履行或者不完全履行在执行中双方自愿达成的和解协议，对方当事人申请执行原生效法律文书的，人民法院应当恢复执行，但和解协议已履行的部分应当扣除。和解协议已经履行完毕的，人民法院不予恢复执行。本案中，按照和解协议，时代公司违反了关于协助办理抵债房产转移登记等义务的时间约定。天宇公司在时代公司完成全部协助义务之前曾先后两次向人民法院申请恢复执行。但综合而言，本案仍宜认定和解协议已经履行完毕，不应恢复执行。主要理由如下：

第一，和解协议签订于2015年12月1日，约定15个工作日即完成抵债房产的所有权转移登记并将三套商铺租赁合同关系中的出租人变更为天宇公司或其指定人，这本身具有一定的难度，天宇公司应该有所预知。第二，在约定期限的最后一日即2015年12月21日，时代公司分别与天宇公司及其指定人李思奇签订商品房买卖合同并完成三套抵债房产的网签手续。从实际效果看，天宇公司取得该抵债房产已经有了较充分的保障。而且时代公司又于2016年1月与天宇公司及其指定人李思奇签订《补充协

① 该司法解释已于2020年12月29日修正，本条内容未作变动。

议》，就抵债房产变更租赁合同关系及时代公司退出租赁合同关系作出约定；并于2016年1月26日向江苏银行发函，告知租赁标的出售的事实并函请江苏银行尽快与新的买受人办理出租人变更手续。租赁关系变更后，天宇公司和李思奇已实际收取自2016年1月1日起的租金。同时，2016年1月14日，时代公司交付了三套商铺的初始登记证和土地分割证。由此可见，在较短时间内时代公司又先后履行了变更抵债房产租赁关系、转移抵债房产收益权、交付初始登记证和土地分割证等义务，即时代公司一直在积极地履行义务。第三，对于时代公司上述一系列积极履行义务的行为，天宇公司在明知该履行已经超过约定期限的情况下仍一一予以接受，并且还积极配合时代公司向人民法院申请解封已被查封的财产。天宇公司的上述行为已充分反映其认可超期履行，并在继续履行和解协议上与时代公司形成较强的信赖关系，在没有新的明确约定的情况下，应当允许时代公司在合理期限内完成全部义务的履行。第四，在时代公司履行完一系列主要义务，并于1月26日函告抵债房产的承租方该房产产权变更情况，使得天宇公司及其指定人能实际取得租金收益后，天宇公司在1月27日即首次提出恢复执行，并在时代公司开出发票后拒收，有违诚信。第五，天宇公司并没有提供充分的证据证明本案中的迟延履行行为会导致签订和解协议的目的落空，严重损害其利益。相反从天宇公司积极接受履行且未及时申请恢复执行的情况看，迟延履行并未导致和解协议签订的目的落空。第六，在时代公司因天宇公司拒收发票而将发票邮寄法院请予转交时，其全部协助义务即应认为已履行完毕，此时法院尚未实际恢复执行，此后再恢复执行亦不适当。综上，本案宜认定和解协议已经履行完毕，不予恢复执行。

（生效裁判审判人员：黄金龙、薛贵忠、熊劲松）

54. 湖南华厦建筑有限责任公司与常德工艺美术学校不服执行裁定申诉案*

▶ 当事人之间的补充协议是对主合同内容的补充，主合同中约定争议解决方式为仲裁的条款适用于补充协议，当事人以补充协议无仲裁条款为由申请不予执行的，法院不予支持

【裁判摘要】

1. 当事人自愿达成合法有效协议或仲裁条款选定仲裁机构解决其争议纠纷，是采用仲裁方式解决争议纠纷的前提。如果当事人没有约定其争议纠纷由仲裁机构解决，通常情况下，仲裁机构无权对该争议纠纷予以仲裁。

2. 当事人在主合同中约定其争议纠纷由仲裁机构解决，对于没有约定争议纠纷解决方式的补充协议可否适用该约定，其关键在于主合同与补充协议之间是否具有可分性。如果主合同与补充协议之间相互独立且可分，在没有特别约定的情况下，对于两个完全独立且可分的合同或协议，其争议解决方式应按合同或补充协议约定处理。如果补充协议是对主合同内容的补充，必须依附于主合同而不能独立存在，则主合同所约定的争议解决条款也适用于补充协议。

* 摘自《最高人民法院公报》2016年第8期。

最高人民法院执行裁定书

(2015) 执申字第33号

申诉人(申请执行人):湖南华厦建筑有限责任公司。住所地:湖南省常德市桃源县漳江镇洞庭宫社区建设东路057号。

法定代表人:余大华,该公司董事长。

委托代理人:李益友,湖南经卫律师事务所律师。

被申诉人(被执行人):常德工艺美术学校。住所地:湖南省常德市武陵区滨湖西路2876号。

法定代表人:余鹏,该校董事长。

委托代理人:张荣光,湖南昌祥律师事务所律师。

委托代理人:龚智勇,湖南昌祥律师事务所律师。

申诉人湖南华厦建筑有限责任公司不服湖南省高级人民法院(2013)湘高法执监字第14号执行裁定,向本院申诉。本院受理后,依法组成合议庭审查。本案现已审查终结。

本院经审查查明:2011年7月7日,湖南华厦建筑有限责任公司因其与常德工艺美术学校发生工程欠款纠纷到常德市仲裁委员会申请仲裁,要求裁令常德工艺美术学校支付工程款2902107.5元及工程款利息156713.81元。常德工艺美术学校向常德仲裁委员会提出仲裁反申请,要求湖南华厦建筑有限责任公司赔偿因其延误工期、施工质量低劣致使常德工艺美术学校遭受的损失。应常德工艺美术学校申请,常德仲裁委员会委托湖南宏源中柱工程项目管理有限公司对学生宿舍楼由湖南华厦建筑有限责任公司所做的水电工程和装饰工程的工程造价依合同约定的结算标准进行了司法鉴定,鉴定这两部分的工程造价为1471605元。2012年1月6日,常德仲裁委员会作出(2011)常仲裁字第163号裁决,确认:常德工艺美术学校已向湖南华厦建筑有限责任公司给付工程款2367067元，余款未付。裁令：（1）常德工艺美术学校在收到裁决书之日起十日内向湖南华厦建筑有限责任公司支付工程欠款2442792.16元。（2）常德工艺美术学校在收到裁决书之日起十日内向湖南华厦建筑有限责任公司支付常德工艺美术学校学生宿舍楼主体建筑工程款利息（该利息以971187.16元为基数，自2009年12月4日开始至实际给付之日，按人民银行规定的同期贷款利率计算）。（3）常德工艺美术学校请求湖南华厦建筑有限责任公司赔偿工期延误以及质量不合格等造成的各项损失60万元的请求不予支持。

常德工艺美术学校向常德市中级人民法院申请不予执行常德仲裁委员会作出的（2011）常仲裁字第163号仲裁裁决，理由是：（1）仲裁裁决适用法律错误；（2）仲裁裁决认定事实的证据不足；（3）仲裁裁决违背社会公共利益。常德市中级人民法院于2012年7月19日作出（2012）常执不字第8号执行裁定。

常德市中级人民法院认为，仲裁庭在认定事实和法律方面，有一定的自由裁量权，当事人选择了仲裁途径，就应当承担相应的后果。人民法院在执行程序中对不予执行仲裁裁决请求的审查，不同于案件的重新审理，除具有《中华人民共和国民事诉讼法》第二百一十三条所规定的情形外，不应轻易否定。本案中，常德工艺美术学校在收到湖南华厦建筑有限责任公司提供的工程结算文件后逾期没有答复，且在工程还未验收情况下就投入使用，仲裁庭据此对合同的结算条款作出常德工艺美术学校逾期不答复即视为认可结算文件的解释，在事实认定和适用法律方面并无明显的错误。从本案情况看，仲裁裁决的执行并不存在违背社会公共利益的情节，以违背社会公共利益为由不予执行仲裁裁决缺乏依据。遂裁定驳回常德工艺美术学校的申请。

常德工艺美术学校不服常德市中级人民法院（2012）常执不字第8号执行裁定，向湖南省高级人民法院申诉，请求监督，裁定案件不予执行。理由是：（1）双方实际履行的协议和补充协议没有仲裁条款，常德仲裁委员会对案件进行仲裁错误；（2）仲裁认定事实的主要证据不足，常德工艺美术学校收到湖南华厦建筑有限责任公司工程结算文件后双方对工程结算

问题多次进行了协商，并非不予答复，应当裁定不予执行；（3）裁决支付工程款利息证据不足；（4）工程中标价为1671814元，不含水电安装工程、装饰工程等，但仲裁认定水电安装及装饰工程部分造价147万元，超出仲裁协议范围，应不予执行。

湖南省高级人民法院认为，双方于2007年11月30日签订的协议虽然没有约定处理争议的管辖方式，但双方于2007年12月8日经过招投标而签订的合同明确约定，双方发生争议由常德市仲裁委员会管辖，该合同是在行政规章要求下进行的，是依法定程序签订的合法有效协议，应当遵照执行。该合同明确了协议仲裁管辖，故常德仲裁委员会对该案具有管辖权。同时，该合同也明确约定桩基础、室内外装饰、门窗、水电安装及附属工程等是不包含在承包范围内，补充协议虽对水电安装和装饰部分造价作了约定，但并未约定争议的解决方式，因此，水电安装及装饰工程等工程造价不属于仲裁协议的范围，但裁决书对这部分工程造价作出了裁决，超出了仲裁裁决范围。依照当时生效的《中华人民共和国民事诉讼法》第二百一十三条第二款（二）项、《最高人民法院关于人民法院执行工作若干问题的规定（试行）》第一百二十九条的规定，于2013年6月6日作出（2013）湘高法执监字第14号执行裁定书，裁定：一、撤销常德市中级人民法院（2012）常执不字第8号执行裁定；二、对常德仲裁委员会（2011）常仲裁字第163号仲裁裁决不予执行。

另查明，2007年11月30日，常德工艺美术学校与湖南华厦建筑有限责任公司签订《常德市工艺美术学校学生宿舍楼施工承包合同书》，双方约定：工程发包方是常德工艺美术学校，工程承包方是湖南华厦建筑有限责任公司。常德工艺美术学校拟建一座学生宿舍楼，建筑面积4100m^2，经常德工艺美术学校对湖南华厦建筑有限责任公司考察核实，同意湖南华厦建筑有限责任公司承包。在“一、工程概况”部分约定承包方式：（1）在乙方承包工程范围内的有：包工包料按图施工西头宿舍楼现浇板改为空心预制板。整栋两头所有水磨石改为普通合格地面砖（楼梯踏步为水磨石），消防只负责材料及工资费，房屋外墙边周围1米范围内止。（2）不在乙方承包工程范围内的有：弱电、空调、电扇、桩基础；消防除材料费之外的其他费用由甲方负责。增加工程，除预算已包括在内，还包括如下项目：水电包括在内，基础包括在弱电线管工资费在内M1、M5门包括在内，一层地面做法按2～6层标准做包括在内。未预算及超出设计图纸以外的工程，按1999年定额及取费标准和当时各项调价文件精神按实结算。在“十、其他”部分约定：本合同未尽事宜，可经双方协商达成共识后加签补充协议以附件形式附后，其附件视为本合约同等效力。2007年12月28日，常德工艺美术学校与湖南华厦建筑有限责任公司双方签订《建设工程施工合同》（GF－1999－0201），约定工程承包范围：土建主体工程。注：桩基础、室内外装饰、门窗、水电及其附属工程不在承包范围内。在“第三部分专用条款37. 争议”部分约定：本合同在履行过程中发生的争议，由双方当事人协商解决，协商不成的提交常德市仲裁委员会仲裁。2008年3月20日，常德工艺美术学校与湖南华厦建筑有限责任公司签订《常德工艺美术学校学生宿舍楼施工承包合同补充协议》，约定：甲方新建学校宿舍楼一栋，建筑面积4526平方米。经协商双方已于2007年12月28日签订了合同（合同文本为GF－1999－0201），为完善条款，进一步保证双方合法权益。对未尽事宜和可能出现的新问题补签如下协议条款，以资双方遵守。该补充协议：（1）甲方委托黄生工程师编制的第一次预算文本，为甲乙双方签约依据（即预算下浮百分之十五后为发包依据；水电未进入预算，但由乙方承担）。乙方为招投标。单方委托黄工编制的工程主体部分预算，只用于招投标。在打决算时只服从第一预算文本。（2）本项工程中增加的节能等项目发包计价均按同一预算编制，国家标准下浮百分之十五计价。（3）工程各项明细依据甲乙双方于2007年11月30日签订的《常德市工艺美术学校学生宿舍楼施工承包合同书》履行。该合同在文本最后一页写有“正本”两字。（4）未尽事宜仍可经双方协商加签再补充协议，所签补充协议与前签协议有同等效力，且补充条款是最终履约依据。

申诉人湖南华厦建筑有限责任公司不服湖南省高级人民法院（2013）湘高法执监字第14号执行裁定，向本院申诉，主要理由是：

1. 湖南省高级人民法院（2013）湘高法执监字第14号执行裁定超越职权、违法受理。常德工艺美术学校向常德市中级人民法院申请不予执行

仲裁裁决的理由与不服常德市中级人民法院驳回不予执行仲裁裁决申请裁定向湖南省高级人民法院申诉的理由不同，之前未涉及仲裁管辖问题；

2. 湖南省高级人民法院（2013）湘高法执监字第14号执行裁定没有依法送达法律文书，且没有依照湖南省高级人民法院《关于执行听证的规定》中规定的对仲裁机构作出的仲裁裁决书裁定不予执行的，必须实行听证的规定；

3. 湖南省高级人民法院（2013）湘高法执监字第14号执行裁定没有对常德市中级人民法院（2012）常执不字第8号执行裁定作出评判，且没有任何证据证明常德市中级人民法院（2012）常执不字第8号执行裁定错误，就直接撤销常德市中级人民法院（2012）常执不字第8号执行裁定，并裁定对常德仲裁委员会（2011）常仲裁字第163号仲裁裁决不予执行，超出了审查范围。并且常德工艺美术学校没有以仲裁裁决事项超出仲裁协议范围为由申请撤销仲裁裁决；

4. 湖南省高级人民法院（2013）湘高法执监字第14号执行裁定事实认定不清。一是该裁定称仲裁裁决超出合同约定。在招标合同中，水电及装饰部分是不包含在内的，补充协议也确定不是与主体一同计算，而且，补充协议对水电安装和装饰部分造价作了约定，但并未约定争议的解决方式，仲裁裁决也指出关于这部分的造价未经招标而无效，但裁决书对这部分工程造价作出了裁决，是超出了仲裁裁决范围的。这与双方签订的《建设工程施工合同》（GF－1999－0201）第10条37.1对争议的约定、《常德市工艺美术学校学生宿舍楼施工承包合同书》第八条、第十条的约定、《常德市工艺美术学校学生宿舍楼施工承包合同补充协议》第三条内容不符；二是双方实际选择的争议解决方式为仲裁，在仲裁庭审笔录中双方都明确表示同意仲裁管辖。常德工艺美术学校在仲裁中，就补充协议部分工程造价向仲裁委员会申请了司法鉴定，常德工艺美术学校缴纳了鉴定费，仲裁委员会依据该鉴定结论作出了裁决。

本院经审查认为：

1. 关于增加申诉理由部分是否要审查的问题。常德工艺美术学校在向湖南省高级人民法院提出的申诉理由中增加了“双方实际履行的协议和补充协议没有仲裁条款”等内容。因常德工艺美术学校向常德市中级人民法院和湖南省高级人民法院提出的请求均为不予执行仲裁裁决，其前后请求并没有发生改变，湖南省高级人民法院针对常德工艺美术学校提出的请求，并结合具体的申诉理由（新增理由）进行审查并无不当。

2. 关于申诉人称没有听证、没有依法送达法律文书的问题。根据最高人民法院《关于人民法院执行公开的若干规定》第十二条的规定，人民法院对案外人异议、不予执行的申请以及变更、追加被执行主体等重大执行事项，一般应当公开听证进行审查；案情简单，事实清楚，没有必要听证的，人民法院可以直接审查，因此，湖南省高级人民法院有权根据案件情况决定是否听证。人民法院对其作出的法律文书应当依法进行送达。本案申诉人湖南华厦建筑有限责任公司不服湖南省高级人民法院（2013）湘高法执监字第14号执行裁定，向本院申诉，说明其不仅已知晓该裁定书内容，而且向本院提交了该执行裁定书文本，但并不排除湖南省高级人民法院应当依法送达的义务。

3. 关于湖南省高级人民法院的审查是否超出常德工艺美术学校申请不予执行仲裁裁决理由范围的问题。依据当时生效的《中华人民共和国民事诉讼法》第二百一十三条第二款的规定，被申请人提出证据证明仲裁裁决有本条规定的六种情形之一的，经人民法院组成合议庭审查核实，裁定不予执行。因此，湖南省高级人民法院在对常德工艺美术学校向法院申请不予执行仲裁裁决审查过程中，依据上述规定认定仲裁裁决是否构成不予执行的理由并无不当。

4. 关于主合同约定的争议解决方式是仲裁，补充协议没有约定争议解决方式，仲裁机构是否可对主合同和补充协议一并进行仲裁的问题。本院认为，当事人自愿达成合法有效协议或仲裁条款选定仲裁机构解决其争议纠纷，是采用仲裁方式解决争议纠纷的前提。如果当事人没有约定其争议纠纷由仲裁机构解决，通常情况下，仲裁机构无权对该争议纠纷予以仲裁。但存在主合同与补充协议的情形时，当事人在主合同中约定其争议纠纷由仲裁机构解决，对于没有约定争议纠纷解决方式的补充协议可否适用该约定，其关键在于主合同与补充协议之间是否具有可分性。如果主合同

与补充协议之间是相互独立且可分，那么，在没有特别约定的情况下，对于两个完全独立且可分的合同或协议，其争议解决方式应按合同或补充协议约定处理。如果补充协议是对主合同内容的补充，必须依附于主合同，而不能独立于主合同存在，那么，主合同所约定的争议解决条款也适用于补充协议。本案中，双方当事人于2007年12月28日经过招投标而签订的合同明确约定，双方当事人发生争议由常德市仲裁委员会管辖，故常德仲裁委员会对该案具有管辖权。此后双方当事人于2008年3月20日签订的补充协议明确约定双方已于2007年12月28日签订了合同，为完善条款，对未尽事宜和可能出现的新问题补签该补充协议，且明确约定："所签补充协议与前签协议有同等效力。"由此可见，主合同所约定的发生争议提交常德市仲裁委员会仲裁的争议解决条款也应适用于补充协议。此外，依据法律规定当事人对仲裁协议的效力有异议，应当在仲裁庭首次开庭前提出。本案中湖南华厦建筑有限责任公司向常德市仲裁委员会申请仲裁后，常德工艺美术学校并没有在仲裁庭首次开庭前，对仲裁协议的效力提出异议，而是向常德仲裁委员会提出仲裁反申请，并申请常德仲裁委员会委托对水电工程和装饰工程的工程造价依合同约定的结算标准进行了司法鉴定，这表明双方认可依照约定选择的常德仲裁委员会解决双方工程欠款纠纷。常德工艺美术学校在向湖南省高级人民法院申诉中称双方实际履行的合同和补充协议没有仲裁条款，常德仲裁委员会对案件进行仲裁错误的理由不予支持。故湖南省高级人民法院（2013）湘高法执监字第14号执行裁定中有关"补充协议并未约定争议的解决方式，因此，补充协议中水电安装及装饰工程等工程造价不属于仲裁协议的范围，仲裁裁决书对这部分工程造价作出了裁决，超出了仲裁裁决范围"部分的认定不正确，应予纠正。常德市中级人民法院（2012）常执不字第8号执行裁定结果正确，应予维持。

综上，根据《中华人民共和国仲裁法》第二十条第二款、最高人民法院《关于人民法院执行工作若干问题的规定（试行）》第一百二十九条的规定，裁定如下：

一、撤销湖南省高级人民法院（2013）湘高法执监字第14号执行裁定；

二、维持常德市中级人民法院（2012）常执不字第8号执行裁定。

本裁定送达后即发生法律效力。

审 判 长　何东宁
代理审判员　向国慧
代理审判员　谷峻杰

二〇一五年九月二十四日

书 记 员　张巧云

▶ 无执行管辖权的法院不能因当事人约定或默认获得仲裁裁决的执行管辖权

55. 大庆筑安建工集团有限公司、大庆筑安建工集团有限公司曲阜分公司执行申诉案*

【裁判摘要】

《中华人民共和国民事诉讼法》第二百二十四条及最高人民法院《关于适用〈中华人民共和国仲裁法〉若干问题的解释》第二十九条对仲裁案件执行的级别管辖和地域管辖作出的明确规定，具有强制约束力。关于仲裁裁决的执行，其确定管辖的连接点只有两个，一是被执行人住所地，二是被执行的财产所在地。《中华人民共和国民事诉讼法》属于公法性质的法律规范，法律没有赋予权利即属禁止。虽然《中华人民共和国民事诉讼法》没有明文禁止当事人协商执行管辖法院，但对当事人就执行案件管辖权的选择限定于上述两个连接点之间，当事人只能依法选择向其中一个有管辖权的法院提出执行申请。民事诉讼法有关应诉管辖的规定适用于诉讼程序，不适用于执行程序。因此，当事人通过协议方式选择，或通过不提管辖异议、放弃管辖异议等默认方式自行确定向无管辖权的法院申请执行的，不予支持。

* 《执行工作指导》2016 年第 2 辑（总第 58 辑）（国家行政学院出版社 2016 年版）收录本案例。

最高人民法院执行裁定书

（2015）执申字第42号

申诉人：大庆筑安建工集团有限公司。住所地：黑龙江省大庆市龙凤区卧里屯大街52巷6号。

法定代表人：霍某，该公司总经理。

委托代理人：董某，北京市炜衡律师事务所律师。

委托代理人：路某，北京市易行律师事务所律师。

申诉人（被执行人）：大庆筑安建工集团有限公司曲阜分公司。住所地：山东省济宁市曲阜市东门大街11号。

负责人：郝某，该公司总经理。

委托代理人：董某，北京市炜衡律师事务所律师。

委托代理人：路某，北京市易行律师事务所律师。

被申诉人（申请执行人）：中煤第六十八工程有限公司。住所地：山东省邹城市矿建东路1号。

法定代表人：汤某，总经理。

委托代理人：郭某，该公司法律顾问。

申诉人大庆筑安建工集团有限公司、大庆筑安建工集团有限公司曲阜分公司不服山东省高级人民法院（2014）鲁执复议字第4号执行裁定，向本院申诉。本院受理后，依法组成合议庭进行审查。2015年6月24日本院组织听证，大庆筑安建工集团有限公司和大庆筑安建工集团有限公司曲阜分公司的委托代理人、中煤第六十八工程有限公司的委托代理人参加了听证。本案现已审查终结。

本院经审查查明，中煤第六十八工程有限公司与大庆筑安建工集团有限公司曲阜分公司施工合同纠纷一案，2011年8月5日，青岛仲裁委员会

作出青仲裁字（2008）第453号裁决书，裁决大庆筑安建工集团有限公司曲阜分公司向中煤第六十八工程有限公司支付工程款5367813.65元、支付利息840295.79元、支付维修金及罚款467000元。因被执行人大庆筑安建工集团有限公司曲阜分公司未履行生效法律文书确定的义务，申请执行人中煤第六十八工程有限公司于2012年5月11日向青岛市中级人民法院申请强制执行，该院立（2012）青执字第160号案件执行，于同年5月16日制作执行通知，同年7月20日向被执行人大庆筑安建工集团有限公司曲阜分公司寄出执行通知，要求其履行义务。当月28日，被执行人大庆筑安建工集团有限公司曲阜分公司向青岛市中级人民法院提出执行管辖异议。青岛市中级人民法院立（2013）青执裁字第25号案件审查。同年8月15日，大庆筑安建工集团有限公司曲阜分公司因对方同意协商处理，遂决定撤回书面管辖异议。此后，双方未协商达成一致意见，大庆筑安建工集团有限公司曲阜分公司对执行管辖坚持异议。2013年5月19日，大庆筑安建工集团有限公司向青岛市中级人民法院提出管辖异议。同年11月12日，青岛市中级人民法院作出（2013）青执裁字第25号执行裁定，驳回大庆筑安建工集团有限公司与大庆筑安建工集团有限公司曲阜分公司对本案执行管辖的异议。后大庆筑安建工集团有限公司、大庆筑安建工集团有限公司曲阜分公司不服该裁定，分别于2013年11月19日和20日向山东省高级人民法院申请复议，请求撤销该裁定。

另查明，被执行人大庆公司曲阜分公司由大庆筑安建工集团有限公司于2002年9月30日在曲阜市工商局注册成立，属于无法人资格的分支机构。经营范围是施工承包、专业承包。注册资本0万元。该公司工商年检至2009年，目前该分公司处于吊销营业执照状态。

另查明，2012年10月5日被执行人大庆筑安建工集团有限公司曲阜分公司向青岛市中级人民法院申请不予执行仲裁裁决。青岛市中级人民法院于2013年4月19日作出（2013）青执裁字第13号执行裁定，裁定驳回了大庆公司曲阜分公司不予执行仲裁裁决的申请。

另查明，2012年10月8日，申请执行人中煤第六十八工程有限公司向青岛市中级人民法院申请追加大庆筑安建工集团有限公司为被执行人。

青岛市中级人民法院于2013年11月13日作出（2013）青执裁字第24号执行裁定，追加大庆筑安建工集团有限公司为青岛市中级人民法院（2012）青执字第160号案件的被执行人。大庆筑安建工集团有限公司不服该裁定，向青岛市中级人民法院提出执行异议，青岛市中级人民法院于2014年5月6日作出（2014）青执异字第10号执行裁定，驳回了大庆筑安建工集团有限公司的执行异议。

另查明，2012年11月12日，青岛市中级人民法院作出（2012）青执字第160号执行裁定，裁定终结本次执行程序。

山东省高级人民法院认为，按照《最高人民法院关于适用〈中华人民共和国民事诉讼法〉执行程序若干问题的解释》第三条第一款的规定，本案被执行人大庆筑安建工集团有限公司曲阜分公司在法定期限内提出了执行管辖权异议。在青岛市中级人民法院审查期间，大庆筑安建工集团有限公司曲阜分公司决定撤回了管辖权异议，同意青岛市中级人民法院对该案行使管辖权，是其真实意思表示，无证据证明违反了自愿原则，因此不违反法律规定。2012年10月25日，被执行人大庆筑安建工集团有限公司曲阜分公司向青岛市中级人民法院提出不予执行该仲裁裁决的申请，说明其认可青岛市中级人民法院对该案具有执行管辖权。青岛市中级人民法院依法驳回大庆筑安建工集团有限公司、大庆筑安建工集团有限公司曲阜分公司的异议并无不当。综上，申请复议人大庆筑安建工集团有限公司及大庆筑安建工集团有限公司曲阜分公司的复议理由不成立。该院于2014年1月27日作出（2014）鲁执复议字第4号执行裁定，驳回大庆筑安建工集团有限公司及大庆筑安建工集团有限公司曲阜分公司的复议申请。

申诉人大庆筑安建工集团有限公司、大庆筑安建工集团有限公司曲阜分公司对上述裁定不服，向我院申诉，请求撤销山东省高级人民法院（2014）鲁执复议字第4号执行裁定，指定有管辖权的法院执行。主要理由是：（1）根据《中华人民共和国民事诉讼法》第二百二十四条、第二百三十七条及《最高人民法院关于适用〈中华人民共和国仲裁法〉若干问题的解释》的相关规定，仲裁裁决可以由被执行人住所地或被执行的财产所在地的中级人民法院管辖。青岛市中级人民法院既不是被执行人住所地也

不是被执行的财产所在地的中级人民法院，该院无权立案、受理、管辖本案。(2) 我国法律及司法解释并未规定当事人可以自由选择法定管辖之外的法院执行的权利，即使双方均选择法定管辖之外的法院执行，也是违反法律强制性规定的，应属于无效的约定。青岛市中级人民法院及山东省高级人民法院认为对该案行使管辖权是当事人真实意思表示，不违反法律规定是错误的。

中煤第六十八工程有限公司答辩称：鉴于被执行人大庆筑安建工集团有限公司曲阜分公司称其与济宁市中级人民法院和大庆市中级人民法院有特殊关系，如果由上述法院执行，无法实现债权。此外，大庆筑安建工集团有限公司曲阜分公司向青岛市中级人民法院提出撤销仲裁裁决申请被驳回。故向青岛市中级人民法院申请执行。立案执行后，大庆筑安建工集团有限公司曲阜分公司提出管辖权异议、不予执行仲裁裁决申请等拖延执行，逃避执行．致使仲裁裁决至今没有得到执行。

本院经审查认为，本案的焦点问题是青岛市中级人民法院对本案的执行是否有管辖权。《中华人民共和国民事诉讼法》第二百二十四条及《最高人民法院关于适用〈中华人民共和国仲裁法〉若干问题的解释》第二十九条对仲裁案件执行的级别管辖和地域管辖作出明确规定，具有强制约束力。仲裁裁决的执行，其确定管辖的连接点只有两个：一是被执行人住所地；二是被执行的财产所在地。民事诉讼法属于公法性的法律规范．法律没有赋予的权力就是属于禁止。虽然民事诉讼法没有明文禁止当事人可协商执行管辖法院，但法律对当事人就执行案件管辖权的选择限定于上述两个连接点之间，当事人只能依法选择其中的一个有管辖权的法院提出执行申请，不得以任何方式改变法律规定的执行管辖法院。《中华人民共和国民事诉讼法》有关应诉管辖的规定适用于诉讼程序，在执行程序中适用没有法律依据、法理依据。因此，当事人通过协议方式选择，或通过不提管辖异议、放弃管辖异议等默认方式来确定无执行管辖权的法院享有管辖权，均不符合法律的规定。就本案而言，被执行人大庆筑安建工集团有限公司曲阜分公司的住所地或财产所在地均不在青岛市中级人民法院管辖范围内，青岛市中级人民法院对本案执行没有管辖权。申请执行人中煤第六十八工程有限公司以被执行人称其与住所地或财产所在地的法院有特殊关系为由，不向有管辖权的法院提出申请执行，而向无管辖权的青岛市中级人民法院申请执行，青岛市中级人民法院明知自己无管辖权仍然受理本案，不符合法律的规定。本案被执行人大庆筑安建工集团有限公司曲阜分公司在法定期限内提出了执行管辖权异议，青岛市中级人民法院应当依法予以审查，并依据法律规定确定其异议是否成立。虽然在此期间，大庆筑安建工集团有限公司曲阜分公司决定撤回管辖权异议，并且还向青岛市中级人民法院提出不予执行该仲裁裁决的申请，但当事人的上述行为均不能改变法律的规定而使青岛市中级人民法院取得对本案的执行管辖权。综上，大庆筑安建工集团有限公司曲阜分公司申诉理由成立，青岛市中级人民法院和山东省高级人民法院关于本案执行管辖异议的处理缺乏法律依据，应予纠正。在法院确定执行管辖权时，大庆筑安建工集团有限公司不是本案的当事人，而是法院基于另一当事人申请追加的当事人，其无权就本案的管辖权确定提出异议。鉴于大庆筑安建工集团有限公司不是仲裁裁决案件的当事人，该仲裁裁决案件执行管辖的确定不能以其住所地或财产所在地作为根据. 应以仲裁裁决案件中被执行人住所地或被执行的财产所在地作为确定执行管辖法院的根据，即被执行人大庆筑安建工集团有限公司曲阜分公司住所地或者被执行的财产所在地的中级人民法院有管辖权。鉴于青岛市中级人民法院对本案不具有执行管辖权，为方便有执行管辖权法院顺利执行本案，排除执行程序中的障碍，故青岛市中级人民法院所作出的涉及本案非财产控制措施的相关执行裁定应予以一并撤销。综上，依据《中华人民共和国民事诉讼法》第二百二十四条、《最高人民法院关于适用〈中华人民共和国仲裁法〉若干问题的解释》第二十九条、《最高人民法院关于人民法院执行工作若干问题的规定（试行)》第一百二十九条之规定，参照《中华人民共和国民事诉讼法》第一百七十条第一款第二项之规定，裁定如下：

一、撤销山东省高级人民法院（2014）鲁执复议字第 4 号执行裁定。二、撤销青岛市中级人民法院作出的（2012）青执字第 160 号、（2013）青执裁字第 25 号、（2013）青执裁字第 13 号、（2013）青执裁字第 24 号、

（2014）青执异字第10号执行裁定。

三、申请执行人依法向有管辖权的人民法院申请执行。

本裁定送达后即发生法律效力。

审 判 长 何东宁
代理审判员 薛贵忠
代理审判员 向国慧

二〇一五年九月十六日

书 记 员 张巧云

56. 中国农业银行股份有限公司吉林市东升支行与吉林市碧碧溪外国语实验学校借款担保合同纠纷执行案*

▶
学校应以学校的财产包括教育用地与教育设施负担其债务，但对教育用地与教育设施的执行不能改变其公益性用途

【裁判摘要】

1. 豁免执行必须有法律法规的明确规定，现行法律法规中没有规定对教育用地或教育设施豁免执行，学校应以学校的财产包括教育用地与教育设施负担其债务。

2. 债权实现与维护社会公共利益之间应当保持平衡，法院采取的执行措施不能影响社会公益设施的使用。为保障社会公益事业发展，保障公众受教育权等基本权益，对教育用地与教育设施的执行不能改变其公益性用途，不能影响实际使用。

* 摘自《执行工作指导》2017 年第 1 辑（总第 61 辑），人民法院出版社 2017 年版，第 123～139 页。

最高人民法院执行裁定书

（2015）执申字第55号

申诉人（申请执行人）：中国农业银行股份有限公司吉林市东升支行。住所地：吉林省吉林市吉林大街201号。

负责人：隋杨，该行行长。

委托代理人：宋俊峰，该公司职员。

委托代理人：郭志惠，该公司职员。

被申诉人（被执行人）：吉林市碧碧溪外国语实验学校。住所地：吉林省吉林市昌邑区莲花胡同2号。

法定代表人：陈凤，该校校长。

委托代理人：张书杰，该校员工。

委托代理人：李晓丽，该校员工。

被执行人：吉林市碧碧溪经贸信息咨询有限责任公司。住所地：吉林省吉林市昌邑区莲花街2号。

法定代表人：陈凤，该公司董事长。

中国农业银行股份有限公司吉林市东升支行（以下简称农行东升支行）因与吉林市碧碧溪外国语实验学校（以下简称碧碧溪学校）借款担保合同纠纷执行一案，不服吉林省高级人民法院（以下简称吉林高院）（2014）吉执复字第29号执行裁定，向本院申诉。本院依法组成由审判员赵晋山担任审判长，代理审判员潘勇锋、葛洪涛参加的合议庭进行了审查，书记员刘伟担任记录，本案现已审查终结。

吉林高院查明，农行东升支行与被执行人碧碧溪学校、吉林市碧碧溪经贸信息咨询有限责任公司（以下简称碧碧溪咨询公司）借款担保合同纠纷执行一案，依据吉林省吉林市中级人民法院（以下简称吉林中院）

(2006)吉中民二初字第101号民事判决,被告碧碧溪学校应偿还原告农行东升支行两笔借款本金合计676万元,支付借款利息合计87398.82元;如被告碧碧溪学校对其中一笔借款本金588万元及相关利息逾期未偿付,则以最高额抵押合同项下之抵押物,即被告碧碧溪咨询公司所有的办公用房变价所得价款,由农行东升支行优先受偿。农行东升支行不服上诉后,吉林高院作出(2006)吉民三终字第227号民事判决,驳回上诉,维持原判。

判决生效后,碧碧溪学校与碧碧溪咨询公司未按期履行判决确定的法律义务,农行东升支行于2009年4月7日申请执行,吉林中院同日立案。执行中,吉林中院依法对碧碧溪咨询公司抵押的办公用房进行了评估拍卖,经过三拍因无人登记而流拍,流拍价为6463385.60元。经吉林中院变卖后,卖得价款6307723.60元,交付农行东升支行。农行东升支行于2010年8月31日向吉林中院出具书面申请,请求终结执行、保留债权。吉林中院于2010年8月31日作出(2007)吉中民执字第125号执行裁定,裁定(2006)吉中民二初字第101号民事判决终结执行,保留债权。后农行东升支行申请恢复执行,吉林中院于2014年3月4日恢复执行,并于同年3月11日作出(2014)吉中执恢字第20号执行裁定,查封碧碧溪学校所有的位于吉林市昌邑区莲花街莲河街14号、面积为4314.68平方米、土地使用权证号为吉市国用(2003)第××××××××6号土地使用权及位于吉林市昌邑区莲花街莲河街14号、建筑面积为1556.06平方米、房权证号为吉林市房权证昌字第QT×××××××4号房屋所有权,查封期限为二年,自2014年3月11日起至2016年3月10日止。

碧碧溪学校向吉林中院提出异议称,其是从事教育行业的社会公益事业组织,所查封的房屋及土地使用权为正在使用中的教育用地和教育用房,法院采取查封乃至进一步执行措施,必将严重影响碧碧溪学校的正常教育工作,影响在校学生的学习。故向法院申请解除对上述土地使用权及房屋的查封,或暂缓采取进一步执行措施。请求依法撤销(2014)吉中执恢字第20号执行裁定,解除查封。

吉林中院审查后认为,本案查封的房屋土地虽为教育用地和教育设

施，但是碧碧溪学校目前已经不具备办学条件，房屋及土地处于闲置状态，同时其非企业法人营业期限已经超期，不具备办学资质。因此，异议请求不能成立，应予驳回。吉林中院于2014年6月26日作出（2014）吉中执行异字第16号执行裁定，依照《中华人民共和国民事诉讼法》第二百二十五条之规定，驳回碧碧溪学校的异议。

碧碧溪学校不服吉林中院上述裁定，向吉林高院申请复议称，其作为从事教育行业的社会公益事业组织，吉林中院所查封的房屋及土地使用权为正在使用中的教育用房和教育用地，查封及进一步执行措施，必将严重影响正常教育工作。之前学校周边的基建工程已经基本结束，学校已经向教育主管部门提出重新招生的申请，办学条件也会进一步完善，请求撤销（2014）吉中执恢字第20号执行裁定及（2014）吉中执行异字第16号执行裁定，解除查封。

吉林高院另查明，本案争议房屋原为学校的实验楼，产权证上注明设计用途为医疗；本案争议土地的使用权证上记载用途为教育用地，取得方式为划拨土地。碧碧溪学校的法人登记注明，其性质为民办非企业法人，业务范围为学前、小学、初中一体的民办学校，以提供教育服务为主要经营项目的社会办学机构。碧碧溪学校以此处房屋及土地作为向农行东升支行借款的抵押物，被吉林中院、吉林高院判决确认抵押无效。关于碧碧溪学校的办学资质问题，吉林市教育局复函称，"2011年该校周边基建无法招生，提出暂停招生的申请。2014年4月28日该校提出恢复招生的申请，待我局审核通过后，可允许其继续办学。"

吉林高院认为，碧碧溪学校的上级主管部门吉林市教育局在复函中明确，该校可继续办学恢复招生。碧碧溪学校作为公益事业单位，其以土地使用权和房屋所有权向银行抵押借款，被吉林高院民事判决认定抵押无效，故人民法院不能对上述财产予以强制执行。吉林中院（2014）吉中执行异字第16号执行裁定缺乏法律依据，经吉林高院（2014）第19次民事行政审判专业委员会讨论，依照《中华人民共和国民事诉讼法》第二百二十五条和《最高人民法院关于适用〈中华人民共和国民事诉讼法〉执行程序若干问题的解释》第八条、第九条的规定，于2014年12月4日作出

（2014）吉执复字第29号执行裁定，撤销吉林中院（2014）吉中执恢字第20号执行裁定及（2014）吉中执行异字第16号执行裁定。

农行东升支行不服吉林高院上述裁定，向本院申诉，请求撤销吉林高院（2014）吉执复字第29号执行裁定。其主要理由为：第一，裁定书中认定的事实及适用法律错误。虽然碧碧溪学校在借款时办理的抵押被法院认定为无效，但不应影响农行东升支行依法要求碧碧溪学校以名下房产和土地清偿所欠债务的权利。碧碧溪学校名下财产不属于《最高人民法院关于人民法院民事执行中查封、扣押、冻结财产的规定》第五条列明的人民法院不得查封、冻结、扣押的财产。第二，碧碧溪学校系由陈凤出资兴建的民办非企业法人，其营业期限已经超期，营业资质也已多年没有年检。2010年至今该校已没有学生，教学楼已经被法院依法拍卖，教师办公楼也已废弃，学校操场已变成驾校的练车场。现有房屋、土地虽为教育用地和教育设施，但处于闲置状态。该校已经名存实亡，不应被认定为公益事业单位。第三，本案不良资产已经剥离至财政部，希望切实保障国有资产安全。

质证后，农行东升支行补充其意见为：第一，根据现行有效的《民办非企业单位登记管理暂行条例》规定，各级民政部门是民办学校的核准登记机关，民办学校成立、运营需要办理民办非企业单位登记证书，教育部门只是业务主管单位。第二，碧碧溪学校已于2011年4月29日被吉林市民政局撤销其民办非企业单位登记证书，所以碧碧溪学校法人资格已不存在，也不再是公益事业单位。法院执行其自有财产偿还其自身债务没有任何不当。即使碧碧溪学校现在仍属公益事业单位，吉林中院作出的对碧碧溪学校自有资产查封的执行裁定也符合法律规定。碧碧溪学校以正在申请重新办学为由主张解除查封，暂缓执行没有任何法律依据。第三，在农行东升支行申请恢复执行并查封后，碧碧溪学校向吉林市教育局提出恢复招生申请，拟借此阻止法院进一步执行，其根本目的就是为了逃废银行债务。

碧碧溪学校在质证中发表答辩意见认为：2006年吉林高院判决认定本案争议标的抵押无效。争议标的为碧碧溪学校从事公益事业的教育用地和

教育用房，不应当被强制执行。碧碧溪学校已经归还债权人本金600余万元，只剩余小部分本金及利息没有归还。农行东升支行多次要求吉林市教育局注销碧碧溪学校的办学资格，而吉林市教育局三次回复说碧碧溪学校有办学资格，可以继续办学。现在民政部门已经不具有对学校的管理权限，碧碧溪学校恢复办学后去民政部门登记备案即可。应当维持吉林高院的复议裁定。

碧碧溪咨询公司未提供答辩意见。

本院经审查，除确认吉林高院查明的事实外，另查明：《江城晚报》2011年4月30日刊登了吉林市民政局行政处罚决定公告（第5号），公告中载明："下列77个民办非企业单位多年来未参加年检和不能正常开展活动，根据《民办非企业单位登记管理暂行条例》的规定，决定予以撤销登记。从即日起，证书、公章废止（2011年4月14日）。"撤销登记的名单中包括了"吉林市碧碧溪外国语实验学校"。

吉林市教育局为答复中国农业银行吉林市分行，于2015年6月5日出具了《关于吉林市碧碧溪外国语实验学校办学资质的复函》（吉市教函〔2015〕24号），函中载明："（1）关于办学资质问题。吉林市碧碧溪外国语实验学校是1995年由我局批准试办，1998年批准成立。2011年，因该校周边基建，学校提出暂停招生，依法保留办学资质。（2）关于恢复招生问题。由于学校住宿楼的产权证被抵押在贵行东升支行，该校无法进行办学条件的完善，我局暂时也无法依法对其进行评估。（3）关于贵行提出的'依据《中华人民共和国民办教育促进法》第九章第六十二条第八款'之事宜，由于学校自暂停招生以来，不能开展正常的教育教学活动，也没有资金往来，所以，我们也无法对其进行评估。"

本院认为，根据申诉人申诉及被申诉人答辩，本案争议的焦点为碧碧溪学校的主体资格问题以及碧碧溪学校的教育用地和教育设施能否获得执行豁免问题。

首先，关于碧碧溪学校的主体资格问题。在本案恢复执行之前，碧碧溪学校被吉林市民政局公告撤销民办非企业（法人）单位登记。根据《民办非企业单位登记管理暂行条例》第二十七条"未经登记，擅自以民办非企业单位名义进行活动的，或者被撤销登记的民办非企业单位继续以民办非企业单位名义进行活动的，由登记管理机关予以取缔，没收非法财产；构成犯罪的，依法追究刑事责任；尚不构成犯罪的，依法给予治安管理处罚”之规定，碧碧溪学校本不能继续以碧碧溪学校名义进行活动，但碧碧溪学校尚未办理注销登记，根据《民办非企业单位登记管理暂行条例》第十六条第二款“民办非企业单位在办理注销登记前，应当在业务主管单位和其他有关机关的指导下，成立清算组织，完成清算工作。清算期间，民办非企业单位不得开展清算以外的活动”之规定，碧碧溪学校被撤销登记之后，办理注销登记之前，其法人资格依然存在，但权利能力与行为能力受到限制，只能开展清算范围之内的活动。碧碧溪学校作为被执行人参与执行程序，应为债权债务清理工作的一部分。而碧碧溪学校尚未按照法律规定成立清算组织，不允许碧碧溪学校以单位名义参与执行程序，则无法进行相应的债权债务清理工作。参照《最高人民法院关于适用〈中华人民共和国公司法〉若干问题的规定（二）》第十条关于“公司依法清算结束并办理注销登记前，有关公司的民事诉讼，应当以公司的名义进行。公司成立清算组的，由清算组负责人代表公司参加诉讼；尚未成立清算组的，由原法定代表人代表公司参加诉讼”之规定，碧碧溪学校在注销登记之前，能够以单位名义参与执行程序，进行债权债务清理工作。本案中，碧碧溪学校以单位名义从事活动，必须严格限定在参与执行程序的必要活动中，不得从事清理既有债权债务关系之外的活动。碧碧溪学校为民办学校，根据《中华人民共和国民办教育促进法》第三条第一款之规定，“民办教育事业属于公益性事业，是社会主义教育事业的组成部分”。因此，农行东升支行有关碧碧溪学校法人资格已不存在，其也不再是公益事业单位的主张没有事实与法律依据，本院不予支持。

其次，关于教育设施和教育用地能否豁免执行的问题。本案争议的土地与房产为公益性质的教育用地与教育设施，碧碧溪学校曾以上述房屋所有权与土地使用权向农行东升支行设定抵押，被法院以违反法律强制性规定为由判决抵押无效。虽然法律明确禁止学校以教育设施设定抵押，但目前法律、行政法规中对于强制执行教育用地或教育设施却并无限制性或禁

止性规定。《中华人民共和国民办教育促进法》中规定了民办学校的终止及清算义务，明确了债务清偿顺序，在民办学校清算时，以学校的财产包括教育用地与教育设施变价清偿学校所负债务是应有之义。然而，基于社会公共利益考量，教育用地与教育设施确实具有不同于普通财产的特殊性。该种特殊性表现在教育设施具有特定用途。学校要完成教育教学目标，达到教书育人的社会公益目的，离不开各种教育教学设施。如果强制执行学校正在使用中的教育设施，不仅影响正常的教育教学秩序，处置不当还有可能造成学生失学，损害公众受教育权。因此，虽然我国法律、行政法规中对于教育设施能否豁免执行的问题并无明确规定，但为保障社会公益事业发展，保障公众受教育权等基本权益，对教育用地与教育设施的执行不能改变其原有的公益性用途，不能影响其实际使用。本案中，虽然碧碧溪学校目前并无尤在校学生，争议的教育用地与教育设施均处于闲置状态，不存在对在校学生受教育权直接现实的损害，但是碧碧溪学校的办学许可证并未被吊销，吉林市教育局的复函表明碧碧溪学校仍保留了办学资质，存在恢复招生的可能性。为充分维护社会公共利益，对本案争议的教育用地与教育设施的执行也应当以不影响其教育功能的发挥为前提。同时，强制执行程序的根本目的是实现生效法律文书确定的债权，只要不影响教育用地与教育设施的正常使用，人民法院应当根据申请执行人的申请采取必要的执行措施，以保护申请执行人的合法权益。因法律法规并不禁止教育用地与教育设施的转让，在存在转让可能性的情况下，应当允许在不影响使用的前提下进行查封。鉴于吉林中院（2014）吉中执恢字第 20 号执行裁定内容仅为查封本案争议的土地与房产，而查封可以在不影响正常使用的前提下进行，农行东升支行关于吉林中院对碧碧溪学校自有资产的查封符合法律规定的申诉主张，应予支持。吉林中院（2014）吉中执行异字第 16 号执行裁定虽然没有明确指出对本案争议的土地与房产必须在不影响其正常使用的前提下采取执行措施，但该裁定维持了对争议财产的查封，处理结果并无错误。吉林高院（2014）吉执复字第 29 号执行裁定直接撤销上述执行裁定没有法律依据，应予纠正。

综上，依据《中华人民共和国民事诉讼法》第一百五十四条、《最高人民法院关于人民法院执行工作若干问题的规定（试行）》第129条之规定，裁定如下：

撤销吉林省高级人民法院（2014）吉执复字第29号执行裁定，维持吉林省吉林市中级人民法院（2014）吉中执行异字第16号执行裁定和（2014）吉中执恢字第20号执行裁定。

本裁定送达后立即生效。

审　判　长　赵晋山
代理审判员　潘勇锋
代理审判员　葛洪涛

二〇一五年八月五日

书　记　员　刘　伟

57. 莱芜市庚辰经贸有限公司执行申诉案*

▶ 生效刑事判决主文明确判定对已查封、扣押、冻结的涉案财物予以追缴和处理，利害关系人在执行程序中请求排除追缴的应通过审判监督程序解决

【裁判摘要】

生效刑事判决主文明确判定对已查封、扣押、冻结的涉案财物依照法律规定予以追缴和处理，利害关系人在执行程序中对该查封、扣押、冻结的涉案财物主张财产权利，请求排除追缴的，属于对作为执行依据的刑事判决相关判项提出异议，不属于执行程序处理范围，应根据法律、司法解释规定通过审判监督程序解决。

【案号】

执行异议：（2012）徐执异字第0022号

执行复议：（2013）苏执复字第0017号

执行监督：（2016）最高法执监401号

【案情】

申诉人（利害关系人）：山东省莱芜市庚辰经贸有限公司（以下简称庚辰公司）。

* 《人民司法·案例》2017年第20期收录本案例。

被执行人：尹某新、王某香。

尹某新是山东莱北鹏展石油设备制造有限公司法定代表人，王某香是北京安泰瑞惠科贸有限公司（以下简称安泰瑞惠公司）法定代表人，二人系夫妻关系。2009年12月，二人为骗取徐州矿务集团有限公司（以下简称徐矿集团）资金，以虚构的莱芜钢铁集团股份有限公司的名义向徐矿集团订购1800立方米高炉自动化高压煤气净化系统设备，约定价格9496万元。同日，二人又以安泰瑞惠公司的名义与徐矿集团签订合同，约定以9216万元的价格向徐矿集团出售1800立方米高炉自动化高压煤气净化系统设备。徐矿集团于2009年12月17日、2010年1月15日分两次向安泰瑞惠公司支付货款共9216万元。2010年4月下旬，因徐矿集团多次要求尹某新、王某香返还货款，二人逃匿，后于2010年5月11日在山东省莱芜市被公安机关抓获归案。2011年5月19日，就江苏省徐州市人民检察院指控尹某新、王某香犯合同诈骗罪、行贿罪一案，徐州市中级人民法院作出（2011）徐刑二初字第2号刑事判决，判决主文第三项为：对已查封、扣押、冻结的涉案财物依照法律规定予以追缴和处理，其余涉案赃款继续予以追缴。

在该案刑事侦查阶段，徐州市公安局根据赃款流向，于2010年5月26日冻结庚辰公司300万元存款，并于2011年5月4日续冻。徐州中院（2011）徐刑二初字第2号刑事判决生效后，徐矿集团向徐州中院申请发还涉案财物。2011年10月26日，徐州中院向莱商银行北苑支行送达（2011）徐执字第236号协助冻结存款通知书，要求继续冻结庚辰公司银行存款300万元。

【审判】

庚辰公司向江苏省徐州市中级人民法院提出执行异议称：2009年12月7日，尹某新经熟人介绍并担保，向庚辰公司借款300万元。因庚辰公司当时没有现金，因此借给尹某新300万元承兑汇票一张。2009年12月18日，尹某新偿还了该借款。2010年5月26日，徐州市公安局以尹某新偿还庚辰公司借款所用资金涉嫌诈骗所得赃款为由，冻结了庚辰公司在莱

芜市莱商银行北苑支行的300万元资金。现尹某新的诈骗案件已经审结，徐州中院对庚辰公司的上述账户存款继续冻结。根据（2011）徐刑二初字第2号刑事判决书判决内容第三项，对已查封、扣押、冻结的涉案财物依照法律规定予以追缴和处理，其余涉案赃款继续予以追缴，徐州中院至今未解除对庚辰公司资金的冻结不当。根据《最高人民法院关于审理诈骗案件具体应用法律的若干问题的解释》① 第十一条，以及《最高人民法院、最高人民检察院关于办理诈骗刑事案件具体应用法律若干问题的解释》第十条的规定，庚辰公司取得尹某新的300万元系善意取得，庚辰公司与尹某新之间有合法的债权债务关系，庚辰公司并不知道尹某新偿还借款的300万元系赃款。另，庚辰公司被冻结的300万元资金系贷款，不但自己不能使用，而且要照常支付银行利息，损失惨重。因此，请求立即解除（2011）徐刑二初字第2号案件中对庚辰公司在莱商银行北苑支行存款300万元的冻结。

徐州中院认为：第一，庚辰公司提供承兑汇票会计账目及承兑汇票复印件证明2009年12月7日庚辰公司以承兑汇票方式借给尹某新300万元，该承兑汇票显示出票人系山东百达威进出口有限公司，收款人为莱芜市茂鑫物资有限公司，无法显示出庚辰公司系该承兑汇票的当事人，且无法显示出票据背书的情况。第二，该承兑汇票系复印件，且只显示出票据一面的情况，复印件无法与原件进行核对。根据《最高人民法院关于民事诉讼证据的若干规定》② 之规定，无法就该承兑汇票与本案之间的关联性作出认定。第三，就该笔300万元借款而言，庚辰公司与尹某新之间是否存在真实的债权债务关系，庚辰公司亦未提供诸如借款合同、借条等充分证据证明。因此，对庚辰公司的异议请求，不予支持。徐州中院于2012年12月17日作出（2012）徐执异字第0022号民事裁定，驳回庚辰公司的异议。

庚辰公司不服，向江苏省高级人民法院申请复议。江苏高院认为：本

① 该司法解释已于2013年1月14日废止。

② 该司法解释已于2019年12月25日修正。

案的执行依据是已发生法律效力的徐州中院（2011）徐刑二初字第2号刑事判决，该判决主文第三项“对已查封、扣押、冻结的涉案财物依照法律规定予以追缴和处理”中的已查封、扣押、冻结的涉案财物，包括在侦查阶段已被徐州市公安局冻结的庚辰公司银行存款300万元，徐州中院有权据此执行。徐州中院在本案执行过程中对上述款项采取冻结措施并无不当。关于庚辰公司主张被冻结的银行存款系善意取得不应予以追缴的问题，属于刑事案件裁判审查范畴，而不属于本案执行程序审查范围，故不予理涉。江苏高院于2013年7月16日作出（2013）苏执复字第0017号执行裁定，驳回庚辰公司的复议申请，维持徐州中院（2012）徐执异字第0022号民事裁定。

庚辰公司不服，向最高人民法院申诉。最高人民法院经审查查明：2011年6月9日，徐矿集团向徐州中院提交发还涉案财物申请书，请求发还已查封、扣押、冻结的涉案财物，追缴其余涉案赃款、赃物。2011年10月20日，徐州中院作出（2011）徐执字第236号民事裁决，裁定冻结、扣划、查封、扣押、扣留、提取、处置尹某新、王某香的涉案财物及罚金(附清单)。2013年10月10日，徐州中院作出（2011）徐执字第236号协助扣划存款通知书，要求莱商银行北苑支行将冻结的庚辰公司300万元存款扣划至徐州中院账户。

另查明：莱芜市利群物资有限公司因该公司368.88万元存款被徐州中院冻结、扣划，不服江苏高院（2013）苏执复字第0019号执行裁定、徐州中院（2011）徐执字第236号民事裁决和（2012）徐执异字第0026号民事裁定，向最高人民法院申诉一案，最高人民法院经审判委员会讨论，于2015年9月29日作出（2014）执申字第30号执行裁定，驳回莱芜市利群物资有限公司的申诉请求。

最高人民法院认为，《中华人民共和国刑事诉讼法》第二百三十四条[①]规定，人民法院作出的判决，应当对查封、扣押、冻结的财物及其孳息作出处理。判决生效后，有关机关应当根据判决对查封、扣押、冻结的财物

① 该法已于2018年10月26日修正，本条已变更为第二百四十五条，但内容未作变动。

及其孳息进行处理。对查封、扣押、冻结的赃款赃物及其孳息，除依法返还被害人的以外，一律上缴国库。本案中，徐州中院（2011）徐刑二初字第2号刑事判决虽然没有具体写明应当追缴庚辰公司300万元存款，但其第三判项已明确：对已查封、扣押、冻结的涉案财物依照法律规定予以追缴和处理，其余涉案赃款继续予以追缴。而庚辰公司的300万元存款系徐州市公安局冻结款项，直至刑事审判阶段一直处于续冻结状态，显然属于该刑事判决所称“已查封、扣押、冻结的涉案财物”。徐州中院根据刑事判决对冻结的庚辰公司300万元依法予以追缴和处理，并无不当。庚辰公司主张该300万元系其善意取得而非应当追缴的涉案财物，实质上并不是对执行过程中有关执行行为提出异议，而是对执行依据，即徐州中院（2011）徐刑二初字第2号刑事判决的相关判项提出异议，不属于执行程序应当审查的范围，江苏高院（2013）苏执复字第0017号执行裁定对此不予审查，并无不当。2014年11月6日起施行的最高人民法院《关于刑事裁判涉财产部分执行的若干规定》第15条规定，执行程序中案外人认为刑事裁判对涉案财物是否属于赃款认定错误提出异议，应通过审判监督程序处理或者由执行机构将异议材料移送刑事审判部门裁定补正。按照这一规定，庚辰公司如果认为徐州中院（2011）徐刑二初字第2号刑事判决存在赃款认定错误，可对该判决申请再审，通过审判监督程序予以解决。庚辰公司的申诉理由不能成立，该院不予支持。参照《中华人民共和国民事诉讼法》第二百零四条①之规定，根据《最高人民法院关于人民法院执行工作若干问题的规定（试行）》第一百二十九条②之规定，裁定驳回庚辰公司的申诉请求。

① 该法已于2017年6月27日修正，本条内容未作变动。

② 该司法解释已于2020年12月29日修正，本条已变更为第七十一条，但内容未作变动。

【本案解析】

一、利害关系人对刑事涉案财物主张权利是否属于审判事项

根据《中华人民共和国刑法》第六十四条规定，刑事涉案财物包括违法所得、违禁物和供犯罪所用之物。刑事涉案财物的认定和处置，与定罪量刑问题同属法院刑事审判的裁判对象。法院在刑事判决中，应对刑事涉案财物问题作出明确的裁判结论。刑事涉案财物裁判是以确定违法所得、违禁物、供犯罪所用之物等涉案财物的认定和处理问题为目标的司法裁判。刑事涉案财物裁判与定罪裁判、量刑裁判、程序性裁判一并作为刑事审判一项独立的裁判内容。刑事诉讼在解决被告人定罪量刑问题以及程序争议的同时，还需要对刑事涉案财物的处理作出裁决。长期以来，我国刑事司法实践也将涉案财物问题作为法院裁判内容之一，在刑事判决、裁定中有所涉及。2012 年《中华人民共和国刑事诉讼法》① 修改，在第二百三十四条第三款中明确规定，人民法院作出的判决，应当对查封、扣押、冻结的财物及其孳息作出处理。这一规定既是对实践中已经存在的法院审理刑事涉案财物做法的确认，同时也对刑事涉案财物判决内容提出了明确的要求。这一规定包含以下内容：第一，只有法院有权对权属不明确的涉案财物进行认定和处理，对于公诉机关提起明确指控的，法院必须进行审查并作出处理结论，不得因涉案财物权属不明或者情况复杂而不作处理；第二，法院对涉案财物的处理决定要体现在判决书中，无论是何种处理结果，必须在判决书中予以明确；第三，需要法院处理的不仅是涉案财物本身，也包括这些财物的孳息；第四，法院对涉案财物的处理内容应当明确具体，根据涉案财物的性质分别作出不同的处理。如经认定不属于违法所得或者依法应当追缴的其他涉案财物，应当作出发还物品持有人的决定；对于无法认定是否属于违法所得或者依法应当追缴的其他涉案财物，也应当作出返还物品持有人的决定。

---

① 该法已于2018 年10 月26 日修正。

案外第三人对刑事涉案财物主张权利的，属于涉案财物问题的法律争议，也应纳入刑事审判的范围，由审判部门对其权利诉求一并审理并作出裁判。对此，《最高人民法院关于适用〈中华人民共和国刑事诉讼法〉的解释》（以下简称《刑事诉讼法解释》）第三百六十四条[①]规定，法庭审理过程中，对查封、扣押、冻结的财物及其孳息，应当调查其权属情况，是否属于违法所得或者依法应当追缴的其他涉案财物；案外人对查封、扣押、冻结的财物及其孳息提出权属异议的，人民法院应当审查并依法处理。需要指出的是，上述司法解释规定用"案外人"指称当事人以外对涉案财物提出权利主张的第三人，存在与《中华人民共和国刑事诉讼法》用语不一致的问题。《中华人民共和国刑事诉讼法》第五编特别程序第三章[②]"犯罪嫌疑人、被告人逃匿、死亡案件违法所得的没收程序"中，对案外第三人的指称采用的是"利害关系人"。该特别程序中对涉案财物主张权利的利害关系人，与被告人到案情况下普通刑事诉讼程序中对涉案财物主张权利的第三人，在法律地位、参与程序、抗辩理由方面并无本质区别。笔者认为，不论是在被告人到案情况下的普通刑事诉讼程序，还是在犯罪嫌疑人、被告人不到案情况下的特别刑事诉讼程序中，均应采刑事诉讼法的表述，用"利害关系人"这一概念指称对涉案财物主张权利的案外第三人。故本文采用"利害关系人"这一概念，而非"案外人"，与刑事诉讼法保持一致。

刑事涉案财物的利害关系人在涉案财物审判中，其诉讼立场独立于控辩双方，属于刑事诉讼中的第三人。利害关系人参与刑事涉案财物审判，既不是接受被告人的委托代其行使辩护权，也不是作为证人针对案件事实提供证据，而是针对涉案财物提出自己的权利主张及相关证据。利害关系

① 该司法解释已于2021年1月26日修改，本条已变更为第二百七十九条："法庭审理过程中，应当对查封、扣押、冻结财物及其孳息的权属、来源等情况，是否属于违法所得或者依法应当追缴的其他涉案财物进行调查，由公诉人说明情况、出示证据、提出处理建议，并听取被告人、辩护人等诉讼参与人的意见。案外人对查封、扣押、冻结的财物及其孳息提出权属异议的，人民法院应当听取案外人的意见；必要时，可以通知案外人出庭。经审查，不能确认查封、扣押、冻结的财物及其孳息属于违法所得或者依法应当追缴的其他涉案财物的，不得没收。"

② 该法已于2018年10月26日修正，本章已变更为第五编第四章，但内容未作变动。

人系对涉案财物主张独立的财产请求权，其诉讼地位既不同于被追诉人，也不同于其他诉讼参与人，而是与涉案财物有法律上利害关系的第三人，更确切地说，是对涉案财物享有独立请求权的第三人。根据现行法律规定，刑事诉讼当事人只有被告人、被害人，在附带民事诉讼中还有民事诉讼双方当事人，并没有刑事诉讼第三人。但在利害关系人参与刑事诉讼，对刑事涉案财物主张财产权利的情况下，其拥有独立的诉讼地位，刑事诉讼必须对利害关系人参与程序作出回应，这就要求刑事诉讼立法必须扩大当事人的范围，将与刑事涉案财物具有利害关系的第三人作为当事人对待。刑事涉案财物的所有人、共有人、受让人、用益物权人、担保物权人、承租人等对涉案财物享有排他性权利的主体，均可以作为利害关系人参与刑事涉案财物审判。

在刑事被告人到案的情况下，法治发达国家利害关系人参与涉案财物审判的方式，总体上可以分为两种模式：相对分离模式与合并模式。相对分离模式的优点在于维持了刑事诉讼控、辩、裁三方结构，避免刑事诉讼结构过于复杂而影响诉讼效率。因为利害关系人一旦参与涉案财物审判程序，控诉方在是否应当没收涉案财物的问题上就会面临被追诉人与利害关系人两方面不同性质的抗辩，就会导致在同一个问题上适用不同的证据规则、传统的刑事诉讼三方结构受到冲击等问题。采取相对分离模式则可避免此类问题。但相对分离模式的缺点在于程序具有滞后性，不利于及时保障利害关系人的财产权。合并模式则相反，在解决被追诉人刑事责任问题的同时，又解决涉案财物是否应当追缴、没收的问题。合并模式虽然有利于及时保障利害关系人的财产权，却容易导致诉讼结构的复杂化，进而影响刑事审判的及时进行。所谓相对分离模式，就是通过相对独立于定罪没收程序的其他程序解决利害关系人的财产权保障问题。采取这种模式的是美国联邦。所谓合并模式，是指在定罪量刑程序中，允许利害关系人通过直接参与涉案财物审判程序来保障自己的财产权。采用这种模式的主要是德国、日本、英国、澳大利亚等国家。合并模式又可进一步分为相对合并模式和完全合并模式。《刑事诉讼法解释》第三百六十四条第二款规定，案外人有权对涉案财物提出权属异议，法院对于案外人的异议应当审查，并根据不同的情况依法处理。由此可见，我国利害关系人参与刑事诉讼的模式是完全合并模式，法院对利害关系人权利主张的审理与追究被告人刑事责任的诉讼程序，以及刑事涉案财物审判程序是相结合的。虽然《刑事诉讼法解释》第三百六十四条设置了案外人通过提出异议参与刑事诉讼的程序，但是对于案外人提出异议的渠道、方式、期限，对案外人异议的处理，在法庭中如何举证、质证、认证等等，司法解释都没有具体规定，远不能满足司法实践需要，需要进一步完善利害关系人的参与程序。

在刑事审判程序中，控辩双方及刑事涉案财物利害关系人可就涉案财物的种类、性质、范围、是否具有阻却追缴或没收的事由等进行举证、质证及辩论。法院应在控辩双方及利害关系人所提证据和发表意见的基础上，对涉案财物的认定和处理作出明确的裁判结论。但司法实践中，刑事诉讼法的上述规定并未得到充分落实，很多案件的刑事审判程序并未将涉案财物问题作为独立的裁判对象予以对待，也未保障刑事涉案财物利害关系人参与诉讼的权利，裁判结论没有充分考虑利害关系人利益。法庭对涉案财物的认定和处理缺乏明确的裁判结论，从而影响刑事裁判生效后执行主体对涉案财物的执行。

二、执行依据关于刑事涉案财物的判项是否明确

对本案执行依据关于刑事涉案财物的判项是否明确的问题，在案件处理过程中曾经存在不同意见。徐州中院（2011）徐刑二初字第 2 号刑事判决主文第三项对涉案财物的处理作了裁判，即“对已查封、扣押、冻结的涉案财物依照法律规定予以追缴和处理，其余涉案赃款继续予以追缴”。虽然该判项没有具体列明哪些财物需要处理，但“已查封、扣押、冻结的涉案财物”的表述，已经将需要处理的涉案财物限定为被公安司法机关采取查封、扣押、冻结措施的财物。而本案所涉 300 万元款项已经被徐州市公安局冻结，属于“已查封、扣押、冻结的涉案财物”，当然包括在执行依据判决主文第三项效力范围之内，徐州中院据此对冻结的 300 万元款项采取执行措施有法律依据。本案执行依据主文的表述，与那些刑事涉案财物裁判内容模糊、笼统的案件仍有所不同。

三、利害关系人对刑事涉案财物的判项内容能否申请再审

有些主体虽然不是当事人或者当事人的法定代理人、近亲属，但案件的处理结果与其存在一定的利害关系，即已经发生法律效力的判决、裁定侵害了其合法权益，对于这样的主体能否提出申诉的问题，刑事诉讼法没有明确规定，司法实践中此类情形也并不少见。例如，被告人某甲系某公司聘任的总经理（法定代表人），他代表单位为另一公司向银行的借款合同提供担保，后因该公司未能清偿借款本息而由某甲所在单位承担连带清偿责任，某甲同意用单位的某一财产来清偿，执行完毕后，某甲以挪用资金罪被追究刑事责任。因刑期不长，某甲在上诉被驳回后便不再申诉。因某甲被以挪用资金罪判刑，银行因某甲同意获得的其所在单位承担担保责任的财产便被作为赃款而要求执行回转。在这种情况下，不允许银行进行申诉，显然是不公平的。所以，《刑事诉讼法解释》第三百七十一条[①]规定，案外人可以作为申诉主体，对生效刑事判决、裁定申请再审。根据该条第二款，案外人认为已经发生法律效力的判决、裁定侵害其合法权益，提出申诉的，人民法院应当审查处理。据此，案外人（利害关系人）可以作为申诉主体对刑事判决、裁定提出再审申请。

另外，根据《最高人民法院关于刑事裁判涉财产部分执行的若干规定》第十五条规定，执行过程中，案外人认为刑事裁判对涉案财物是否属于赃款赃物认定错误，向执行法院提出书面异议，可以通过裁定补正的，执行机构应当将异议材料移送刑事审判部门处理；无法通过裁定补正的，应当通过审判监督程序处理。该条规定进一步明确了执行程序中，案外人（利害关系人）对刑事裁判已经作出裁决结论的涉案财物提出异议，认为刑事裁判的处理结论错误且无法通过裁定补正的，应通过审判监督程序处理。

本案中，庚辰公司主张案涉300万元款项系其善意取得而非应当追缴

---

① 该司法解释已于2021年1月26日修改，本条已变更为第四百五十一条，但内容未作变动。

的涉案财物，实质上是对执行依据，即徐州中院（2011）徐刑二初字第2号刑事判决第三项内容提出异议，涉及该判项对刑事涉案财物的认定和处理是否正确合法的问题，系不服执行依据判项内容，对执行依据本身的法律效力提出挑战，属于刑事审判监督程序应当处理的问题，不属于执行程序应当审查的范围。故最高人民法院对庚辰公司的申诉请求不予支持，并在裁定中明确告知其应通过审判监督程序处理。

附：

最高人民法院执行裁定书

（2016）最高法执监401号

申诉人（异议人、申请复议人）：莱芜市庚辰经贸有限公司。

法定代表人：徐延军，该公司董事长。

委托代理人：崔言贵，山东圣宏律师事务所律师。

莱芜市庚辰经贸有限公司（以下简称庚辰公司）因该公司300万元款项被江苏省徐州市中级人民法院（以下简称徐州中院）冻结、扣划，不服江苏省高级人民法院（以下简称江苏高院）（2013）苏执复字第0017号执行裁定和徐州中院（2011）徐执字第236号民事裁决、（2012）徐执异字第0022号民事裁定，向本院申诉。本院依法组成合议庭进行审查，现已审查终结。

徐州中院查明：尹某新是山东莱北鹏展石油设备制造有限公司法定代表人，王某香是北京安泰瑞惠科贸有限公司（以下简称安泰瑞惠公司）法定代表人，二人系夫妻关系。2009年12月，二人为骗取徐州矿务集团有限公司（以下简称徐矿集团）资金，以虚构的莱芜钢铁集团股份有限公司的名义向徐矿集团订购1800立方米高炉自动化高压煤气净化系统设备，约定价格9496万元。同日，二人又以安泰瑞惠公司的名义与徐矿集团签订合同，约定以9216万元的价格向徐矿集团出售1800立方米高炉自动化高压煤气净化系统设备。徐矿集团于2009年12月17日、2010年1月15日分两次向安泰瑞惠公司支付货款共9216万元。2010年4月下旬，因徐矿集团多次要求尹某新、王某香返还货款，二人逃匿，后于2010年5月11日在山东省莱芜市被公安机关抓获归案。2011年5月19日，就江苏省徐州市人民检察院指控尹某新、王某香犯合同诈骗罪、行贿罪一案，徐州中院作出（2011）徐刑二初字第2号刑事判决，判决主文第三项为：对已查封、扣押、冻结的涉案财物依照法律规定予以追缴和处理，其余涉案赃款继续予以追缴。

在该案刑事侦查阶段，徐州市公安局根据赃款流向，于2010年5月26日冻结庚辰公司300万元存款，并于2011年5月4日续冻。徐州中院（2011）徐刑二初字第2号刑事判决生效后，徐矿集团向徐州中院申请返还涉案财物。2011年10月26日，徐州中院向莱商银行北苑支行送达（2011）徐执字第236号协助冻结存款通知书，要求继续冻结庚辰公司银行存款300万元。

庚辰公司向徐州中院提出执行异议称：2009年12月7日，尹某新因经熟人介绍并担保，向庚辰公司借款300万元。因庚辰公司当时没有现金，因此借给尹某新300万元承兑汇票一张。2009年12月18日，尹某新偿还了该借款。2010年5月26日，徐州市公安局以尹某新偿还庚辰公司借款所用资金涉嫌诈骗所得赃款为由，冻结了庚辰公司在莱芜市莱商银行北苑支行300万元资金。现尹某新的诈骗案件已经审结，徐州中院对庚辰公司的上述账户存款继续冻结。根据（2011）徐刑二初字第2号刑事判决书判决内容第三项，对已查封、扣押、冻结的涉案财物依照法律规定予以追缴和处理，其余涉案赃款继续予以追缴，徐州中院至今未解除庚辰公司资金的冻结不当。根据《最高人民法院关于审理诈骗案件具体应用法律的若干问题的解释》第十一条“行为人将诈骗财物已用于归还个人欠款、货款或者其他经济活动的，如果对方明知是诈骗财物而收取，属恶意取得，应当一律予以追缴；如确属善意取得，则不再追缴”以及《最高人民法院、最

高人民检察院关于办理诈骗刑事案件具体应用法律若干问题的解释》第十条“行为人已将诈骗财物用于清偿债务或者转让给他人，具有下列情形之一的，应当依法追缴：（一）对方明知是诈骗财物而收取的；（二）对方无偿取得诈骗财物的；（三）对方以明显低于市场的价格取得诈骗财物的；（四）对方取得诈骗财物系源于非法债务或者违法犯罪活动的。他人善意取得诈骗财物的，不予追缴”的规定，庚辰公司取得尹某新的300万元系善意取得，庚辰公司与尹某新之间有合法的债权债务关系，庚辰公司并不知道尹某新偿还借款的300万元系赃款。另，庚辰公司被冻结的300万元资金系贷款，不但自己不能使用，而且要照常支付银行利息，损失惨重。因此，请求立即解除（2011）徐刑二初字第2号案件中对庚辰公司在莱商银行北苑支行存款300万元的冻结。

徐州中院认为：第一，庚辰公司提供承兑汇票会计账目及承兑汇票复印件证明2009年12月7日庚辰公司以承兑汇票方式借给尹某新300万元，该承兑汇票显示出票人系山东百达威进出口有限公司，收款人为莱芜市茂鑫物资有限公司，无法显示出庚辰公司系该承兑汇票的当事人，且无法显示出票据背书的情况。第二，该承兑汇票系复印件，且只显示出票据一面的情况，复印件无法与原件进行核对。根据《最高人民法院关于民事诉讼证据的若干规定》之规定，无法就该承兑汇票与本案之间的关联性作出认定。第三，就该笔300万借款而言，庚辰公司与尹某新之间是否存在真实的债权债务关系，庚辰公司亦未提供诸如借款合同、借条等充分证据证明。因此，对庚辰公司的异议请求，不予支持。徐州中院于2012年12月17日作出（2012）徐执异字第0022号民事裁定，驳回庚辰公司的异议。

庚辰公司不服，向江苏高院申请复议称：2009年12月7日，庚辰公司借给尹某新300万元承兑汇票，2009年12月18日，尹某新偿还了该款。庚辰公司向徐州中院提出的异议理由充分，徐州中院驳回异议时没有对异议理由进行解释。徐州中院将刑事案件当成民事案件审查，并按谁主张谁举证的原则确认案件事实属明显错误。公安机关与法院以赃款为由冻结庚辰公司的存款，证明该款是赃款而且符合追缴条件的责任应属于公安机关或法院。请求撤销徐州中院（2012）徐执异字第0022号民事裁定。

江苏高院查明事实与徐州中院查明事实基本一致。

江苏高院认为：人民法院作出的刑事判决，应当对查封、扣押、冻结的财物作出处理，刑事判决生效以后，有关机关应当根据刑事判决对查封、扣押、冻结的财物进行处理，除依法返还被害人的以外，一律上缴国库。本案的执行依据是已发生法律效力的徐州中院（2011）徐刑二初字第2号刑事判决，该判决主文第三项“对已查封、扣押、冻结的涉案财物依照法律规定予以追缴和处理”中的已查封、扣押、冻结的涉案财物，包括在侦查阶段已被徐州市公安局冻结的庚辰公司银行存款300万元，徐州中院有权据此执行。徐州中院在本案执行过程中对上述款项采取冻结措施并无不当。关于庚辰公司主张被冻结的银行存款系善意取得不应予以追缴的问题，属于刑事案件裁判审查范畴，而不属于本案执行程序审查范围，故不予理涉。江苏高院于2013年7月16日作出（2013）苏执复字第0017号执行裁定，驳回庚辰公司的复议申请，维持徐州中院（2012）徐执异字第0022号民事裁定。

庚辰公司不服，向本院申诉称：（1）江苏高院执行裁定认定事实错误。该裁定故意回避案件争议事实，是一个与复议内容毫无关系的新裁定。徐州中院冻结庚辰公司存款依据的徐州中院（2011）徐刑二初字第2号刑事判决书的内容不明确，依法不能作为冻结庚辰公司存款的依据。庚辰公司的存款首先应认定为该公司合法所有，如果要认定属于追缴的范畴，应当经过公安机关侦查、检察院公诉、法院刑事审判，没有经过上述程序由执行法院直接采取执行措施显然违法，让庚辰公司在异议、复议过程中证明是否善意取得更于法无据。（2）江苏高院执行裁定适用法律错误。根据《最高人民法院关于财产刑执行问题的若干规定》，徐州中院应当执行的是“没收财产”，而不是“对已查封、扣押、冻结的涉案财物依照法律规定予以追缴和处理”。徐州中院（2011）徐刑二初字第2号刑事判决书中判决对被告人适用的财产刑是没收个人全部财产，但同时判决“对已查封、扣押、冻结的涉案财物依照法律规定予以追缴和处理”内容并不明确。徐州中院以不明确的判决内容为依据，无权冻结、扣划庚辰公司存款。法院应当查明事实，适用《最高人民法院关于审理诈骗案件具体

应用法律的若干问题的解释》和《最高人民法院、最高人民检察院关于办理诈骗刑事案件具体应用法律若干问题的解释》，支持庚辰公司的异议请求。庚辰公司请求撤销江苏高院（2013）苏执复字第0017号执行裁定、徐州中院（2011）徐执字第236号民事裁决、（2012）徐执异字第0022号民事裁定。

本院经审查查明：2011年6月9日，徐矿集团向徐州中院提交《发还涉案财物申请书》，请求发还已查封、扣押、冻结的涉案财物，追缴其余涉案赃款、赃物。2011年10月20日，徐州中院作出（2011）徐执字第236号民事裁决，裁定冻结、扣划、查封、扣押、扣留、提取、处置尹某新、王某香的涉案财物及罚金（附清单）。2013年10月10日，徐州中院作出（2011）徐执字第236号协助扣划存款通知书，要求莱商银行北苑支行将冻结的庚辰公司300万元存款扣划至徐州中院账户。因庚辰公司向本院申诉，2013年11月28日，本院作出（2013）执监字第205号通知书，告知庚辰公司对其申诉请求，本院审查完毕，相关意见已函示江苏高院，请庚辰公司直接与江苏高院联系，但江苏高院对此未作处理，庚辰公司于2016年10月再次向本院申诉。

另查明：莱芜市利群物资有限公司因该公司368.88万元存款被徐州中院冻结、扣划，不服江苏高院（2013）苏执复字第0019号执行裁定、徐州中院（2011）徐执字第236号民事裁决和（2012）徐执异字第0026号民事裁定，向本院申诉一案，本院经审判委员会讨论，于2015年9月29日作出（2014）执申字第30号执行裁定，驳回莱芜市利群物资有限公司的申诉请求。

本院查明的其他事实与江苏高院、徐州中院查明的事实基本一致。

本院认为：《中华人民共和国刑事诉讼法》第二百三十四条规定，人民法院作出的判决，应当对查封、扣押、冻结的财物及其孳息作出处理。判决生效后，有关机关应当根据判决对查封、扣押、冻结的财物及其孳息进行处理。对查封、扣押、冻结的赃款赃物及其孳息，除依法返还被害人的以外，一律上缴国库。本案中，徐州中院（2011）徐刑二初字第2号刑事判决虽然没有具体写明应当追缴庚辰公司300万元存款，但其第三判项已明确：对已查封、扣押、冻结的涉案财物依照法律规定予以追缴和处理，其余涉案赃款继续予以追缴。而庚辰公司的300万元存款系徐州市公安局冻结款项，直至刑事审判阶段一直处于续冻结状态，显然属于该刑事判决所称“已查封、扣押、冻结的涉案财物”。徐州中院根据刑事判决对冻结的庚辰公司300万元依法予以追缴和处理，并无不当。庚辰公司主张该300万元系其善意取得而非应当追缴的涉案财物，实质上并不是对执行过程中有关执行行为提出异议，而是对执行依据，即徐州中院（2011）徐刑二初字第2号刑事判决的相关判项提出异议，不属于执行程序应当审查的范围，江苏高院（2013）苏执复字第0017号执行裁定对此不予审查，并无不当。2014年11月6日起施行的《最高人民法院关于刑事裁判涉财产部分执行的若干规定》第十五条规定，执行程序中案外人认为刑事裁判对涉案财物是否属于赃款认定错误提出异议，应通过审判监督程序处理或者由执行机构将异议材料移送刑事审判部门裁定补正。按照这一规定，庚辰公司如果认为徐州中院（2011）徐刑二初字第2号刑事判决存在赃款认定错误，可对该判决申请再审，通过审判监督程序予以解决。

综上，庚辰公司的申诉理由不能成立，本院不予支持。参照《中华人民共和国民事诉讼法》第二百零四条之规定，根据《最高人民法院关于人民法院执行工作若干问题的规定（试行）》第一百二十九条之规定，裁定如下：

驳回莱芜市庚辰经贸有限公司的申诉请求。

本裁定送达后即发生法律效力。

审　判　长　何东宁
代理审判员　刘慧卓
代理审判员　乔　宇

二〇一六年十二月二十五日

书　记　员　陈海霞

其他执行案件

58. 某投资公司与某资源集团公司等财产保全案*

▶
北京法院通过"换封"方式解除对债务人持有的某上市公司股票的保全冻结，为民营企业发展营造更好司法环境

【裁判摘要】

本案在执行保全裁定过程中，北京法院冻结了民营企业某资源集团公司持有的某上市公司的股票。某资源集团公司请求解除股票冻结，北京法院本着善意执行、文明执行的理念，积极与保全申请人沟通，最终通过"换封"方式解除了对某资源集团公司股票的冻结，在确保申请人实现债权不受影响的前提下，最大限度降低了对被申请人及相关上市公司的不利影响。

【基本案情】

某投资公司与某资源集团公司股权转让纠纷一案，北京法院在审理过程中，根据某投资公司申请，作出诉讼保全裁定，明确冻结某资源集团公司名下近两亿元的财产。之后，北京法院向证券登记结算机构发出协助执行通知书，冻结了某资源集团公司持有的某上市公司数量较大的股票。

* 摘自2020年1月2日最高人民法院发布的善意文明执行典型案例。

股票冻结后，被申请人某资源集团公司、第三人某科技公司向法院提出书面申请，由第三人某科技公司以其所有的等值土地作为担保，请求解除对被申请人股票的冻结。为最大限度维护双方当事人合法权益，既保障保全申请人实现债权不受影响，又避免对被申请人及相关上市公司正常经营造成不利影响，北京法院积极沟通协调，保全申请人某投资公司最终同意了被申请人的“换封”方案。随后，北京法院作出变更保全裁定，查封了第三人某科技公司的土地，并解除了对某资源集团公司股票的冻结。

【典型意义】

在案件审理过程中，为防止债务人转移财产，债权人会向人民法院提出保全查封债务人财产的申请，这对于敦促债务人主动履行义务、确保生效法律文书得到有效执行具有重要意义。本案中，北京法院依保全申请人申请，冻结了被申请人在某上市公司数量较大的股票。由于上市公司股票冻结对该上市公司融资和正常经营会有一定影响，北京法院本着善意文明执行的理念，积极与保全申请人沟通，找准双方利益平衡点，通过“换封”方式，最大限度降低了对被申请人及相关上市公司正常经营的影响，为保障民营企业等市场主体合法权益，推动法治化营商环境改善提供了有力司法服务和保障。

59. 北京某房地产公司申请执行北京某生物科技公司等股权转让纠纷案*

▶ 北京一中院积极推动对涉案不动产的分割登记、部分查封

【裁判摘要】

本案被执行人名下一座共20层大厦只有一个产权证，整体查封明显超过了本案执行标的额，但按照法律规定对于不可分物且被执行人无其他可供执行的财产可以整体查封。北京一中院坚持善意执行理念，协调各登记管理机关，积极推动对不动产的分割登记，解除超出执行标的额部分的查封，避免因查封影响财产效用的发挥，尽量降低对债务人的不利影响。

【基本案情】

北京某房地产公司申请执行北京某生物科技公司、北京某投资公司、广州市某投资公司等一案，法院判决上述被执行人连带清偿申请执行人股权转让款八千万元及赔偿相关利息损失，由北京市第一中级人民法院立案强制执行；与此同时，该院还执行多个涉及北京某投资公司的案件，案由有民间借贷纠纷、股权转让纠纷、诉讼代理合同纠纷等，总标的额约6亿元。

---

* 摘自2020年1月2日最高人民法院发布的善意文明执行典型案例。

执行过程中，法院查封了北京某投资公司名下位于北京市海淀区知春路的房产，该大厦共二十层，估值在20亿左右。被执行公司提出申请，希望法院能解除对大厦的查封，表示公司会通过其他方式融资来清偿债务，但申请执行人坚决反对解除查封，担心一旦解除，自己的权利无法实现。

为保护各方当事人合法权益，执行法官多次前往北京住建委、规土委、不动产登记中心，反复协调沟通之后，将涉案大厦原有的一个产权证分割为二十四个产权证，然后办理了整栋大楼解除查封手续，变更为查封该大厦1－10层的房产，并重新查封了以上房屋之分摊土地面积，从而避免了超执行标的查封，使得被执行人得以盘活资产、进行融资，筹得款项清偿了涉案全部债务，系列案件得以全部顺利执行完毕。

【典型意义】

在执行案件中，一种常见的情形是被执行人名下的不动产估值远超过执行涉案金额，但整个不动产只有一个产权证，在执行中很难做到对不动产中涉案金额部分进行精准处置，但若整体处置又可能对被执行人的合法权益造成较大的影响，亟待人民法院采取灵活的执行措施，既能保障申请执行人的债权，又能尽量不影响被执行人的正常经营活动，避免不必要的损失。本案中，在最高人民法院统一调度和积极协调下，秉持善意执行理念，执行法院积极协调不动产登记机关，将涉案不动产共用的一个产权证分割为多个产权证，再查封案件标的范围内的部分不动产，使得被执行人可以对其他未查封部分房产进行正常经营、融资，使被执行人的利益免受不必要的损失，也促进了案件的顺利执结，用创新做法开创了执行工作的新局面，维护了各方当事人的合法权益。

60. 许某某等申请执行莆田市某房地产公司等借款纠纷系列案*

▶

莆田中院引入战略投资者帮助盘活被执行企业资产

【裁判摘要】

本案被执行人莆田市某房地产公司是有着十几年历史的企业，员工上千人，因一时投资决策失误，资金链骤然断裂，债务缠身，债权人纷纷诉至法院。莆田中院强化府院联系，主动沟通协调，积极引入第三方战略投资者，盘活被执行人资产，依法妥善采取执行措施，推动案件执行和解。

【基本案情】

在福建省莆田市中级人民法院，以莆田市某房地产公司作为被执行人的未结执行案件有491件，申请执行标的本息近30亿元，法院依法查封了该公司名下的财产，但该公司某房地产项目因资金链断裂面临“烂尾”的风险，且拖欠工程款造成工人多次信访，如果简单实施查封、拍卖等强制执行手段，不仅可能会造成系列案件无法全部受偿，购房业主利益得不到保障，且企业也会面临破产，无法清偿工人工资，给当地社会带来不稳

* 摘自2020年1月2日最高人民法院发布的善意文明执行典型案例。

定因素。

莆田中院深入走访调查后发现，该房地产项目有楼盘34.78万平方米，预计销售额可达40多亿元，但被执行人因资金困难，将上述楼盘的土地使用权抵押给上海某房地产公司，抵押金额本金达5.75亿，相关案件已经在上海市高级人民法院进入执行程序。鉴于被执行公司资大于债，只是资金周转暂时出现困难，莆田中院认真贯彻最高人民法院提出的“依法审慎采取强制措施，保护企业正常生产经营，维护非公经济主体的经营稳定”的要求，积极寻求市委、市政府的支持，召集了市国土、规划、住建、消防、金融办、商业银行等相关部门多次研究部署，推动莆田市某投资集团作为战略投资者向被执行人分期注资5亿元用于楼盘复工。

另外，莆田中院多次与上海高院、上海某房地产公司沟通协调，上海高院同意暂不拍卖已查封的地块，上海某房地产公司同意把涉案房地产项目土地使用权的抵押权人分期置换为莆田市某投资集团。上海某房地产公司与莆田市某投资集团双方签订协议，由莆田市某投资集团先行向其支付1.5亿元，有关银行则向上海某房地产公司出具为期一年的保函，置换出原抵押于上海某房地产公司的项目土地使用权，之后以该土地使用权证书向银行融资并投入该项目建设。在此基础上，莆田中院根据当事人达成的和解协议，通过以房抵债或用售房款还债等形式，消灭前期债务。目前被执行人已经完成了融资，市政府将涉案房地产项目中的三幢楼作为莆田市引进人才公寓楼盘，有力推动涉案项目的销售。在此基础上，莆田中院根据双方当事人达成的和解协议，已陆续通过以房抵债或售房款形式有序偿还债权人，促使491件系列执行案件逐步得到妥善处理。该系列案件的解决，使得涉案房地产项目400多户购房户的房产得到交付，同时带动被执行人其他楼盘3425户业主的产权证件办理，支付拖欠的农民工工资2亿多元，顺利平息化解矛盾纠纷，维护了社会安定稳定。

【典型意义】

近年来，因房地产开发商资金链断裂、经营管理不善等原因导致房地产项目“烂尾”现象时有发生，引发拖欠借款、工程款以及商品房销售合

同违约等一系列纠纷，涉及的利益主体众多，涉案标的巨大，解决问题的难度大，对社会稳定造成不利影响。如何既保障债权人合法权益，又能够使房地产项目得以盘活，让商品房得以交付是人民法院执行工作面临的重大难题。本系列案件的有效化解，是莆田中院解决涉金融案件“清理与拯救并重，要当好困境企业的医院”工作思路的生动体现，也是着眼服务大局、灵活运用善意执行手段的形象展示，更是积极争取地方党委、政府支持的有效成果。莆田中院多方联动、积极协调，盘活不良资产，避免了房地产项目“烂尾”的金融风险和社会矛盾的激化，得到了各界的肯定，为处理同类案件提供了可复制可推广的经验。

61. 左某娃申请执行左某英物权保护纠纷案*

▶
南京秦淮法院帮助被执行人取回被他人强占的房屋

【裁判摘要】

本案是年逾古稀的两位亲姐妹之间的案件，姐姐强占妹妹房屋拒不归还，妹妹申请强制腾房，执行法院秉持善意执行理念，没有机械执行，经多方努力，帮助被执行人收回被他人强占的房屋，解决了被执行人的居住问题与后顾之忧，促使本案圆满执结。

【基本案情】

本案双方当事人是一对年逾古稀的同父异母姐妹，姐姐左某英年轻时远嫁兰州，丈夫去世后，无房无业的她靠社会保障勉强维持生活，两个亲生女儿也是生活艰难。几年前左某英回到南京，强占了妹妹左某娃位于秦淮区的房屋，引发了诉讼。法院依法审理后认为，左某娃合法拥有该房屋的占有使用权，左某英无合法依据强占他人房屋，侵害了左某娃的合法权益，判决左某英须迁出并归还该房屋给左某娃。在本案执行过程中，执行法官发现被执行人左某英生活非常拮据，在南京无其他

* 摘自2020年1月2日最高人民法院发布的善意文明执行典型案例。

可供居住的房屋，且患有心脑血管疾病、有晕厥史，很容易发生意外，不适宜进行强制执行，遂根据掌握的线索远赴被执行人生活地兰州调查，了解到左某英在兰州有一套住房，但是被他人强占，无法收回房屋。执行法院积极与当地有关部门联系协调，经多方努力，最终由有关部门帮助被执行人左某英收回其在兰州的房屋，并且执行法官还说服其两个女儿到南京接左某英回兰州，以彻底化解此次矛盾纠纷。被执行人在得知自己的居所已经收回且女儿亲自来接其回家后，主动迁出涉案房屋，在家人的陪伴下回到了兰州，该案得以圆满解决。

【典型意义】

腾退房屋是一种常见的执行案件类型。本案中，依法应腾退房屋的被执行人，存在与申请执行人是亲戚关系、当地无其他可供居住的房屋、年逾古稀且身患疾病等情形，如果简单地采取强制腾退措施，可能引发一系列问题，激化矛盾。在本案办理过程中，执行法院秉持善意执行理念，努力帮助被执行人解决居住问题，有效平衡了执行力度与执行温度之间的关系，用柔性执法彰显了司法温度，达到了定分止争的目的，促成案结事了人和，取得了良好的法律效果与社会效果。

62. 中国农业银行顺德勒流支行申请执行顺德某铜铝型材公司等金融借款合同纠纷案*

顺德法院允许承租人继续使用查封厂房实现财产价值

【裁判摘要】

广东省佛山市顺德区人民法院灵活采取查封措施，在处置涉案厂房期间，将厂房交由案外人继续占有使用并收取占用费，使查封财产能够物尽其用，避免资源浪费，并在此过程中，将占用费收取工作交由申请执行人管理，制作台账后交由法院审查备案，为进一步探索推行执行中的强制管理制度积累了经验。

【基本案情】

中国农业银行顺德勒流支行与顺德某铜铝型材公司等金融借款合同纠纷一案，人民法院判决被执行人应向银行清偿近亿元的本金及相关的利息、复利、罚息等。在本案执行过程中，法院查明被执行人名下有位于顺德某工业区的厂房。在法院拟拍卖该不动产的过程中，共有12名案外人以租赁使用涉案部分厂房为由向法院申报租赁关系。后经法院走访查明，上述厂房已分租给12

* 摘自2020年1月2日最高人民法院发布的善意文明执行典型案例。

名案外人使用，租户员工合计逾100人，部分租户已于2013、2014年入驻涉案厂房，因生产经营需要，大部分租户均投入了大量财物进行厂房升级改造，且因生产需要均配备大型机器设备，如强制清空，将对这12名案外人造成较大财产损失。

因涉案厂房内无证建筑物较多，需重新测量后交由国土部门入库审查，评估周期较长，法院在考虑12名案外人的实际情况后，为实现债权人权益最大化，避免查封财产的资源浪费，决定在处置涉案厂房期间，12名案外人可继续占有使用，但需参照所签订的租赁合同或市场价支付占用费。12名案外人均承诺继续使用涉案厂房至拍卖成交，如未能与新业主签订新租赁协议，将于拍卖成交之日起两个月内迁出涉案厂房。同时，顺德法院参照企业破产程序中破产管理人的制度，将占用费收取工作交由申请执行的银行负责，要求案外人将每月缴款的凭证发送给申请执行人，由申请执行人及时跟进、督促案外人支付占用费，并制作台账交由法院审查备案。以上执行措施既充分实现了暂无法处置的资产的价值，维护了各方当事人的合法权益，又有效节约了司法资源，赢得了各方好评。

【典型意义】

法院执行实务操作中，涉案房地产类型为大宗厂房或商场的，往往存在多个租客分租的情况，如何保障债权人、债务人、承租人三方的权益不受进一步损害，从而提高人民群众对法院执行工作的认可，是法院执行工作的一大难题。本案中法院通过灵活采取查封措施的方式，在评估、处置涉案厂房期间将其交由案外人继续占有使用并收取占用费，用于偿还申请执行人的债权，使查封财产能够物尽其用，避免资源浪费，体现了善意执行的理念。同时参照相关规定，将占用费收取工作交由申请执行人管理，也为进一步探索推行执行程序中的强制管理制度积累了经验。

63. 重庆某投资公司申请执行青岛某化工公司等借款合同纠纷案*

重庆五中院积极化解矛盾顺利一次性执结 2.9 亿元大案

【裁判摘要】

重庆市第五中级人民法院成功执结重庆某投资公司申请执行青岛某化工公司等借款合同纠纷案，高达 2.9 亿元的执行标的额一次性执行到位。本案涉案标的额大、案情复杂、涉及当事人多，具有较高的社会关注度。法院发挥司法智慧，化解当事人之间的争议矛盾，成功执结本案，有效保障了当事人的权益，维护了和谐稳定，取得良好的法律效果和社会效果。

【基本案情】

重庆某投资公司与重庆某石化公司、青岛某化工公司甲、青岛某化工公司乙、青岛某化工公司丙借款合同纠纷案，法院判决重庆某石化公司应偿还重庆某投资公司借款本金 1.5 亿元及相关借款利息、滞纳金；重庆某投资公司对青岛某化工公司甲提供质押的存放于青岛某化工公司乙、丙的共计 5 万吨抽余油在判决确定的债权

* 摘自 2020 年 1 月 2 日最高人民法院发布的善意文明执行典型案例。

范围内享有优先受偿权；若重庆某石化公司不能清偿判决所确定的债务，且质押物存在不足的情形，则青岛三家公司在质押物缺失的现值范围内承担赔偿责任。

本案立案执行后，重庆五中院迅速启动查封冻结工作，依法冻结了被执行人青岛三家公司在多个银行账户中的存款，并查封了青岛三家公司10余处房地产，为本案的执行工作推进奠定了良好基础。根据判决主文设定的“先油后款”的操作模式，本案应当先确定涉案“抽余油”现状，但是本案执行过程中，青岛三家公司以质押人青岛某化工公司甲并非本案质押物的实际所有权人、本案质权并不成立等理由进行抗辩，迟迟不愿指认涉案质押油品并明确其现状。本案执行法官及时赶赴青岛，现场核实了涉案油品的实际情况。在确定涉案5万吨抽余油不存在的情况下，重庆五中院即时进行案情研判，相应调整执行策略，探索采取对虚拟资产进行种类物现值评估的方式，对涉案5万吨抽余油的现值进行评估，为科学确定青岛三家公司应承担的赔偿责任额度提供参考依据。

本案进入评估阶段后，执行法官协调解决了各方对于如何确定油品现值的基准日以及评估中是否应含税值评估等争议问题，同时督促评估机构规范评估程序并及时作出评估报告，从而明确了青岛三家公司应承担的责任。经执行法官多方面工作努力，被执行人青岛三家公司主动通过青岛某化工公司甲将3.2亿元汇入法院执行款账户，全额履行完毕本案判决确定的给付义务。重庆五中院及时将青岛三家公司被查控在案的全部财产予以解除，并在依法扣减本案执行款项后，将余款全部退回被执行人账户。

【典型意义】

本案中，执行法官“抽丝剥茧”找准矛盾焦点，及时核实涉案油品的实际情况。在确定涉案执行财产抽余油实际不存在的情况下，为推进执行工作，法院经过深入细致研判，探索采取对虚拟资产进行种类物现值评估的方式，科学确定相关当事人应当承担的赔偿责任，有效破解执行中的障碍，为后续执行工作顺利推进奠定了坚实基础。执行法院运用司法智慧妥善化解纷争，积极协调各方当事人，认真释法明理，坚持以对话代替对抗，以善意化解分歧，针对各方当事人关注的焦点问题主动提供解决方案，并督促评估机构规范评估涉案油品，最终成功促使各方当事人就履行本案判决确定的给付义务达成共识并及时履行，体现了强制执行工作中加大执行力度与善意执行理念的有机结合。

上海宝山法院多措并举化解矛盾强有力执结土地腾退案

64. 宝山区罗泾镇某村委会申请执行上海某园林公司等土地租赁合同纠纷案*

【裁判摘要】

本案执行法院积极争取区委、区政法委的支持，与公安机关、属地镇政府等多部门进行联动，准确掌握涉案场地的实际情况，摸排矛盾激化风险点，制定周密执行方案，多措并举，扫清执行障碍，高效完成百余亩土地的腾退工作。

【基本案情】

上海市宝山区罗泾镇某村委会与上海某园林公司、上海某机动车驾驶员培训公司土地租赁合同纠纷一案，法院判决解除原告宝山区罗泾镇某村委会、被告上海某园林公司间的土地租赁协议，并判令上海某园林公司及第三人上海某机动车驾驶员培训公司返还 132. 8 亩租赁土地并支付拖欠的租金及相关费用。

本案进入执行程序后，执行法院查明，涉案的 132. 8 亩土地作为第三人的驾驶员培训基地使用，有

* 摘自 2020 年 1 月 2 日最高人民法院发布的善意文明执行典型案例。

470余辆教练车，约1.3万名学员在基地学习。培训基地占用的其余159亩土地也属于违法用地，场地上存在多处违法搭建房屋和设施，生态环境保护部门已在巡查中发现该处违法用地，并挂牌督办该案件。另外，该驾校员工数百人曾联名信访，要求延期腾退，解决学员分流、补偿等事宜。此外，该驾校还存在大量学员因其他原因无法按期结业的情况，有矛盾激化的风险。

面对规模庞大的涉案土地、复杂的案情以及潜在的矛盾激化风险，宝山法院积极寻求宝山区委、区政府支持，在宝山区委、区政府的部署指挥下，成立了专案组，与公安机关、属地镇政府等多部门建立执行联动机制，群策群力。

针对驾校在涉案场地上持续招收新学员的行为，宝山法院向上海市交通委员会发函建议暂停办理驾校招录新学员的申请。同时，宝山法院会同宝山公安分局对驾校的法定代表人及其他股东进行约谈和法制教育，消除驾校股东的对抗情绪，督促其理性表达诉求，同时对被执行人采取了失信限消等措施，依法震慑了被执行人的法定代表人。为稳定驾校内部人员的情绪，宝山法院还协调由公安机关牵头，将涉案场地上的教练和学员分流安置至其他驾校进行培训活动，消除关键矛盾点。

通过前期充分的准备工作，在强大的执行威慑力保障下，最终该驾校主动表示愿意配合法院的执行工作。随后，宝山法院会同宝山公安分局、宝山区规土局执法大队、宝山区城管行政执法局等多家部门，对该涉案土地腾退及违法用地问题进行联合现场执法。在执行现场，请公证人员对相关财产的清理进行了公证，并登记造册。在涉案场地全部腾退完毕后，宝山法院将被执行人支付的场地占用费发还本案申请执行人，案件至此执行完毕。

【典型意义】

在本案的执行过程中，被执行人占用涉案土地作为驾校培训基地，对抗法院执行的主要筹码就是驾校中万余名教练与学员的安置问题。考虑到本案执行的主要目的是将涉案土地交还申请执行人，必须妥善安置驾校基

地中的人员，避免因执行行为带来更大的社会矛盾。执行法官发函至上海市交通委员会，建议暂停驾校的招生活动，又运用多部门执行联动机制，会同公安机关协调其他驾校接受分流的教练与学员，将潜在的矛盾及时化解。此外，执行法官通过采取限制高消费、纳入失信名单等执行措施，让被执行人处处受限，对其形成高压态势。以强大的执行威慑力为后盾，做通被执行人的思想工作，由其配合法院的腾退，最终案件得以顺利执行完毕，充分体现了多措并举的强有力执行手段与善意执行理念的结合。

65. 丹东益阳投资有限公司申请辽宁省丹东市中级人民法院错误执行赔偿案*

▶ 错误执行造成申请执行人损害的，因被执行人没有清偿能力且不可能再有清偿能力而终结执行的，不影响执行人依法申请国家赔偿

【裁判摘要】

对于人民法院确有错误执行行为，确已造成损害，被执行人毫无清偿能力、也不可能再有清偿能力的案件，即使执行程序尚未终结，也可以进行国家赔偿。

最高人民法院赔偿委员会
国家赔偿决定书

（2018）最高法委赔提3号

申诉人（赔偿请求人）：丹东益阳投资有限公司。住所地：辽宁省丹东市元宝区虹桥小区21－25号。

法定代表人：王积成，该公司执行董事。

委托代理人：王军，辽宁凡响律师事务所律师。

被申诉人（赔偿义务机关）：辽宁省丹东市中级人

* 摘自《最高人民法院公报》2019年第2期。

民法院。住所地：辽宁省丹东市振兴区滨江中路30号。

法定代表人：王玉砚，该院院长。

委托代理人：姜锦晶，该院工作人员。

委托代理人：王作伟，该院工作人员。

申诉人丹东益阳投资有限公司（以下简称益阳公司）因申请辽宁省丹东市中级人民法院（以下简称丹东中院）错误执行赔偿一案，不服辽宁省高级人民法院（以下简称辽宁高院）赔偿委员会（2015）辽法委赔字第29号决定，向本院赔偿委员会提出申诉。本院赔偿委员会于2018年3月22日作出（2017）最高法委赔监236号决定，本案由本院赔偿委员会直接审理。本院赔偿委员会依法组成由副院长陶凯元担任审判长，审判员祝二军、黄金龙、高珂、梁清参加的合议庭审理本案，法官助理徐超协助办案，书记员韩雪担任记录。2018年6月29日，合议庭对本案进行了公开质证。本案现已审理终结。

2015年7月16日，益阳公司向辽宁高院赔偿委员会提出赔偿申请称：丹东中院在益阳公司诉丹东轮胎厂债权转让合同纠纷一案执行过程中，未经益阳公司同意即擅自解除对涉案土地的查封，导致已查封土地被拍卖，益阳公司1000多万元的借款无法收回，损失巨大。故请求：依法确认丹东中院擅自解封行为违法，并决定由丹东中院赔偿益阳公司损失本金10429022.76元、利息9826676.78元（计算至2014年9月4日）、案件受理费84374元、保全费5000元。丹东中院未答辩。

辽宁高院赔偿委员会经审理，于2016年4月27日作出（2015）辽法委赔字第29号决定，认定事实如下：益阳公司诉丹东轮胎厂债权转让合同纠纷一案，丹东中院根据益阳公司的财产保全申请，于2007年5月23日作出（2007）丹民三初字第32-1号民事裁定：冻结丹东轮胎厂银行存款1050万元或查封其相应价值的财产。次日，丹东中院向丹东市国土资源局发出协助执行通知书，要求协助事项为：查封丹东轮胎厂位于丹东市振兴区振七街134号土地六宗，分别是：土地证号061412002、面积15168.8m^2，证号061412003、面积1817.5m^2，证号061412004、面积551.9m^2，证号061412005、面积221.5m^2，证号061205002、面积

182.4m²，证号061205004、面积333.5m²。2007年6月29日，丹东中院作出（2007）丹民三初字第32号民事判决书，判决丹东轮胎厂偿还益阳公司欠款422万元及利息6209022.76元（利息计算至2006年12月20日，2006年12月21日至上述欠款付清之日止的利息按借款合同的约定计算）。案件受理费84374元、财产保全费5000元，由丹东轮胎厂承担。判决发生法律效力后，益阳公司向丹东中院申请强制执行。在执行过程中，丹东中院于2008年1月30日作出（2007）丹立执字第53－1号、53－2号民事裁定：解除对丹东轮胎厂位于丹东市振兴区振七街134号土地证号061412002、面积15168.8m²，证号061412003、面积1817.5m²，证号061412005、面积221.5m²土地的查封。上述土地已被丹东市国土资源局挂牌出让给太平湾电厂。2009年起，益阳公司多次向丹东中院递交国家赔偿申请。丹东中院于2013年8月13日立案受理，但一直未作出决定。益阳公司遂向辽宁高院赔偿委员会申请作出赔偿决定。

辽宁高院赔偿委员会认为：《最高人民法院关于适用〈中华人民共和国国家赔偿法〉若干问题的解释（一）》第八条规定："赔偿请求人认为人民法院有修正的国家赔偿法第三十八条规定情形的，应当在民事、行政诉讼程序或者执行程序终结后提出赔偿请求……"益阳公司向丹东中院申请强制执行（2007）丹民三初字第32号民事判决的案件，执行程序尚未终结，益阳公司认为丹东中院错误执行给其造成损害，应当在执行程序终结后提出赔偿请求。2016年4月27日，辽宁高院赔偿委员会依照《最高人民法院关于人民法院赔偿委员会审理国家赔偿案件程序的规定》第三条第一款的规定，决定：驳回赔偿请求人丹东益阳投资有限公司的国家赔偿申请。

益阳公司不服，向本院赔偿委员会提出申诉，请求：依法撤销（2015）辽法委赔字第29号决定书，责令辽宁高院赔偿委员会对本案作出予以赔偿的决定。主要理由：(1)（2015）辽法委赔字第29号决定书认定事实及适用法律错误。其一，丹东中院已于2016年3月1日裁定（2007）丹民三初字第32号民事判决终结本次执行程序，但辽宁省高院在收到此裁定书后却没有将其作为认定事实的依据，仍认为执行程序尚未终结，适用法律错误。其二，《中华人民共和国民事诉讼法》第二十二章只规定了执行中止和终结，没有规定终结本次执行程序。《最高人民法院关于适用〈中华人民共和国民事诉讼法〉的解释》第五百一十九条规定的终结本次执行，但只能理解为民事诉讼法规定的执行终结，不能理解为执行中止，也不能理解为在执行终结之外，还有一种独立的终结本次执行的程序，否则就与民事诉讼法的规定相抵触。而且，根据该法第五百一十九条第二款的规定，如果益阳公司不再申请执行，则终结本次执行程序后也不可能再次执行。因此，终结本次执行程序就是执行终结。（2）（2015）辽法委赔字第29号决定书混淆“违法解除查封”与“错误执行”两个不同的概念并作出错误决定，损害益阳公司合法权益。该决定书认为，“益阳公司认为丹东中院错误执行给其造成的损害，应当在执行程序终结后提出赔偿请求”。但益阳公司是基于丹东中院违法解封涉案土地并最终造成益阳公司巨额债权落空这一事实提起国家赔偿请求的。在这个过程中，丹东中院的解封行为并不是益阳公司申请的执行案件中的错误执行行为，而是丹东中院在案件之外独立实施的一起职务侵权行为。因此，对于这一行为的处理，当然也就不适用“在执行程序终结后提出赔偿请求”这一规定。（3）（2015）辽法委赔字第29号决定书与丹东中院的行为遥相呼应，利用司法解释漏洞损害益阳公司合法权益，其结果是将益阳公司永远排除在赔偿程序之外。按照辽宁高院赔偿委员会的观点，根据《最高人民法院关于适用〈中华人民共和国国家赔偿法〉若干问题的解释（一）》第八条“赔偿请求人认为人民法院有修正的国家赔偿法第三十八条规定情形的，应当在民事、行政诉讼程序或者执行程序终结后提出赔偿请求……”的规定，本案似乎应当等待丹东中院执行程序终结、确认被执行人丹东轮胎厂确无其他财产可供执行后再提出国家赔偿申请。但实际上，丹东中院自擅自解除土地查封，导致相关土地立即被以4600万元的价格出售，所得款项全部被丹东轮胎厂用以清偿了对其他债权人的债务，而益阳公司作为合法的查封权人却分文没有得到。被执行人丹东轮胎厂在土地被出售之后，早已没有任何其他可以用来清偿债务的有效资产，之所以没有注销或破产，唯一的目的就是以丹东轮胎厂之名继续扛债。这也是丹东中院长期未对丹东轮胎厂采取任何后续执行措施的原因。既然没有财产可供执行，就应当下达执行终结裁定。但如果下达执行终结裁定，则益阳公司必然会据此提出国家赔偿申请，而且必然会胜诉。丹东中院对此十分清楚。为了敷衍益阳公司，丹东中院在辽宁高院赔偿委员会审理本案件期间向益阳公司送达了一份“终结本次执行”的裁定，这更加明确地体现出丹东中院试图逃避法律责任的主观意图。上述法律规定以及具体情况，辽宁高院赔偿委员会也十分清楚，但仍以执行程序未终结为由驳回益阳公司的赔偿申请，这实际上将益阳公司排除在正常维权途径之外。

对于益阳公司的申诉，丹东中院答辩称：(1) 益阳公司提出的赔偿申请不符合立案条件。本案所涉执行案件尚未执行终结，益阳公司提出国家赔偿申请不符合《最高人民法院关于适用〈中华人民共和国国家赔偿法〉若干问题的解释（一）》第八条的规定。辽宁高院赔偿委员会根据《最高人民法院关于人民法院赔偿委员会审理国家赔偿案件程序的规定》第三条的规定，在立案后决定驳回益阳公司的赔偿申请正确。(2) 丹东中院解除查封符合当时最高人民法院有关政策精神。根据最高人民法院当时电话通知精神要求，对购买债权的诉讼案件不予受理，已经受理的应当中止审理，进入执行程序的案件不能采取强制执行措施。此时益阳公司与丹东轮胎厂的诉讼案件已进入执行阶段，丹东中院已对涉案土地进行了查封，按照电话通知精神的要求，丹东中院遂解除了涉案土地的查封。(3) 丹东轮胎厂尚有财产可供执行。在丹东轮胎厂工会申请执行丹东市轮胎厂一案中，丹东中院相继查封了该厂所有的丹国用九三字第 063204006 号、061213015 号土地使用权，位于丹东市振兴区振七街 52 号 700 平方米仓库及土地使用权等其他财产，丹东市轮胎厂同意在解决所欠职工债务的过程中挤出 100 万元偿还益阳公司。(4) 丹东中院解封涉案土地的目的是妥善安置职工，维护社会稳定。截至 2007 年 3 月 7 日，丹东轮胎厂仍有离休老干部 30 人，退休职工 1014 人，参加并轨职工 2426 人，在岗在册职工 76 人，其他人员 115 人，其中调离 11 人，遗属 37 人，死亡 67 人，计全厂债务人员 3661 人，企业拖欠 3661 人的生活费、取暖费、医药费等债务达 4600 万元，大量职工上访。为了维护社会稳定，切实解决职工安置问题，根据 2007 年 11 月 19 日市长办公会议的要求，按照最高人民法院电话通知

精神，丹东中院于2008年1月31日解除了涉案土地的查封，使涉案土地顺利挂牌出售，初步缓解了职工困难，避免了大规模上访事件的发生。综上，请求驳回益阳公司的申诉请求。

本院赔偿委员会对辽宁高院赔偿委员会审理查明的事实予以确认。另查明：（1）1997年11月7日，交通银行丹东分行与丹东轮胎厂签订借款合同，约定后者从前者借款422万元，月利率7.92‰。2004年6月7日，该笔债权被转让给中国信达资产管理公司沈阳办事处，后经转手由益阳公司购得。（2）2007年11月19日，丹东市人民政府第51次市长办公会议议定，“关于丹东轮胎厂变现资产安置职工和偿还债务有关事宜”，“责成市国资委会同市国土资源局、市财政局等有关部门按照会议确定的原则对丹东轮胎厂所在地块土地挂牌工作形成切实可行的实施方案，确保该地块顺利出让”。同月21日，丹东市国土资源局在《丹东日报》刊登将丹东轮胎厂总厂土地挂牌出让公告。同年12月28日，丹东市产权交易中心发布将丹东轮胎厂锅炉房、托儿所土地挂牌出让公告。土地出让款4680万元，均被丹东轮胎厂用于偿还职工内债、职工集资、医药费、普通债务等，没有给付益阳公司。（3）在辽宁高院赔偿委员会审理过程中，丹东中院针对益阳公司申请执行案于2016年3月1日作出（2016）辽06执15号执行裁定，认为丹东轮胎厂现暂无其他财产可供执行，裁定：（2007）丹民三初字第32号民事判决终结本次执行程序。对于以上事实，益阳公司与丹东中院在质证时均明确表示无异议。

本院赔偿委员会认为：本案基本事实清楚，证据确实、充分，申诉双方并无实质争议。双方争议焦点主要在于三个法律适用问题：第一，丹东中院的解封行为在性质上属于保全行为还是执行行为。第二，丹东中院的解封行为是否构成错误执行，相应的具体法律依据是什么。第三，丹东中院是否应当承担国家赔偿责任。

关于第一个焦点问题。益阳公司认为，丹东中院的解封行为不是该院的执行行为，而是该院在案件之外独立实施的一次违法保全行为。对此，丹东中院认为属于执行行为。本院赔偿委员会认为，丹东中院在审理益阳公司诉丹东轮胎厂债权转让合同纠纷一案过程中，依法采取了财产保全措施，查封了丹东轮胎厂的有关土地。在民事判决生效进入执行程序后，根据《最高人民法院关于人民法院民事执行中查封、扣押、冻结财产的规定》第四条的规定，诉讼中的保全查封措施已经自动转为执行中的查封措施。因此，丹东中院的解封行为属于执行行为。

关于第二个焦点问题。益阳公司称，丹东中院的解封行为未经益阳公司同意且最终造成益阳公司巨额债权落空，存在违法。丹东中院辩称，其解封行为是在市政府要求下进行的，且符合最高人民法院的有关政策精神。对此，本院赔偿委员会认为，丹东中院为配合政府部门出让涉案土地，可以解除对涉案土地的查封，但必须有效控制土地出让款，并依法定顺位分配该笔款项，以确保生效判决的执行。但丹东中院在实施解封行为后，并未有效控制土地出让款并依法予以分配，致使益阳公司的债权未受任何清偿，该行为不符合最高人民法院关于依法妥善审理金融不良资产案件的司法政策精神，侵害了益阳公司的合法权益，属于错误执行行为。

至于错误执行的具体法律依据，因丹东中院解封行为发生在 2008 年，故应适用当时有效的司法解释，即最高人民法院 2000 年发布的《关于民事、行政诉讼中司法赔偿若干问题的解释》。由于丹东中院的行为发生在民事判决生效后的执行阶段，属于擅自解封致使民事判决得不到执行的错误行为，故应当适用该解释第四条第七项规定的违反法律规定的其他执行错误情形。

关于第三个焦点问题。益阳公司认为，被执行人丹东轮胎厂并非暂无财产可供执行，而是已经彻底丧失清偿能力，执行程序不应长期保持“终本”状态，而应实质终结，故本案应予受理并作出由丹东中院赔偿益阳公司落空债权本金、利息及相关诉讼费用的决定。丹东中院辩称，案涉执行程序尚未终结，被执行人丹东轮胎厂尚有财产可供执行，益阳公司的申请不符合国家赔偿受案条件。对此，本院赔偿委员会认为，执行程序终结不是国家赔偿程序启动的绝对标准。一般来讲，执行程序只有终结以后，才能确定错误执行行为给当事人造成的损失数额，才能避免执行程序和赔偿程序之间的并存交叉，也才能对赔偿案件在穷尽其他救济措施后进行终局性的审查处理。但是，这种理解不应当绝对化和形式化，应当从实质意义上进行理解。在人民法院执行行为长期无任何进展、也不可能再有进展，被执行人实际上已经彻底丧失清偿能力，申请执行人等已因错误执行行为遭受无法挽回的损失的情况下，应当允许其提出国家赔偿申请。否则，有错误执行行为的法院只要不作出执行程序终结的结论，国家赔偿程序就不能启动，这样的理解与国家赔偿法以及司法解释制定的初衷是背道而驰的。本案中，丹东中院的执行行为已经长达十一年没有任何进展，其错误执行行为亦已被证实给益阳公司造成了无法通过其他渠道挽回的实际损失，故应依法承担国家赔偿责任。辽宁高院赔偿委员会以执行程序尚未终结为由决定驳回益阳公司的赔偿申请，属于适用法律错误，应予纠正。

至于具体损害情况和赔偿金额，经本院赔偿委员会组织申诉人和被申诉人进行协商，双方就丹东中院（2007）丹民三初字第 32 号民事判决的执行行为自愿达成如下协议：（一）丹东中院于本决定书生效后 5 日内，支付益阳公司国家赔偿款 300 万元；（二）益阳公司自愿放弃其他国家赔偿请求；（三）益阳公司自愿放弃对该民事判决的执行，由丹东中院裁定该民事案件执行终结。

综上，本案丹东中院错误执行的事实清楚，证据确实、充分；辽宁高院赔偿委员会决定驳回益阳公司的申请错误，应予纠正；益阳公司与丹东中院达成的赔偿协议，系双方真实意思表示，且不违反法律规定，应予确认。依照《中华人民共和国国家赔偿法》第三十条第一款、第二款和《最高人民法院关于国家赔偿监督程序若干问题的规定》第十一条第四项、第十八条、第二十一条第三项的规定，本院赔偿委员会决定如下：

一、撤销辽宁省高级人民法院赔偿委员会（2015）辽法委赔字第 29 号决定；

二、辽宁省丹东市中级人民法院于本决定生效后 5 日内，支付丹东益阳投资有限公司国家赔偿款 300 万元；

三、准许丹东益阳投资有限公司放弃其他国家赔偿请求。

本决定为发生法律效力的决定。

二〇一八年六月二十九日

66. 张某利申请执行案*

黄金交易席位可以强制执行

【裁判摘要】

执行法院确定被执行人持有上海黄金交易所的黄金交易席位与证券交易席位、期货交易席位类似，属于一种无形资产，是被执行人享有处分权，且具有一定经济价值并可予以转让的财产性权利，可以成为人民法院民事执行程序中适格的强制执行标的物。

一、基本案情

张某利因与西安一某贸易有限公司（以下简称一某公司）、吴某鸿、金某霞合同纠纷争议诉至陕西省西安市中级人民法院（以下简称西安中院），西安中院经审理于2016年12月26日作出（2016）陕01民初1796号民事判决，主要内容为：（1）一某公司、吴某鸿、金某霞向张某利归还成色为99.99%的黄金6万克或支付相对应的折价款1624.14万元；（2）一某公司、吴某鸿、金某霞向张某利支付违约金（以1624.14万元为基数按日万分之三从2016年5月1日计算至实际清偿之日止）；（3）驳回张某利其他诉讼请求。一某公司、吴某

* 摘自《执行工作指导》2020年第1辑（总第73辑），人民法院出版社2020年版，第49～56页。

鸿、金某霞不服上述判决，向陕西省高级人民法院（以下简称陕西高院）提起上诉。2017年5月15日，陕西高院作出（2017）陕民终361号民事判决，驳回上诉，维持原判。

判决生效后，张某利向西安中院申请强制执行。西安中院立案执行，并向被执行人一某公司、吴某鸿、金某霞发出执行通知书，责令其履行生效法律文书确定的义务。因被执行人未履行，西安中院遂于2017年6月19日作出（2017）陕01执757号之二执行裁定，冻结被执行人一某公司在上海黄金交易所的会员资格和其在上海黄金交易所的全部交易席位及相关权利。后西安中院对被执行人一某公司在上海黄金交易所的会员资格和其在上海黄金交易所的全部交易席位及相关权利委托评估。2017年8月25日，西安建华资产评估有限责任公司作出资产评估报告，确定上述执行标的物在评估基准日所表现的市场价值为3610.6万元。2018年1月5日，陕西金融控股集团有限公司（以下简称金融控股公司）作为买受人在京东拍卖平台举行的拍卖中通过公开竞价，以2888.48万元竞得上述在上海黄金交易所的会员资格和在上海黄金交易所的全部交易席位及相关权利。2018年1月12日，西安中院作出（2017）陕01执757号之四执行裁定：（1）解除对被执行人一某公司在上海黄金交易所的会员资格和其在上海黄金交易所的全部交易席位及相关权利的冻结；（2）被执行人一某公司上述在上海黄金交易所的会员资格和在上海黄金交易所的全部交易席位及相关权利归买受人金融控股公司所有，上述标的物所有权自本裁定送达买受人金融控股公司时转移；（3）买受人金融控股公司可持本裁定到有关机构办理相关财产权变更登记手续。2018年5月17日，上海黄金交易所向金融控股公司颁发了会员资格证书。2018年6月27日，西安中院作出（2017）陕01执757号结案通知书，本案执行完毕。

二、裁判理由

执行法院西安中院认为，在被执行人一某公司名下无其他有效可供执行财产的情况下，其持有上海黄金交易所的黄金交易席位是否可以成为适格的执行标的物，将决定本案是否能执行到位。黄金交易席位，究其本质与证券交易席位、期货交易席位类似，属于一种无形资产，是被执行人享有处分权，且具有一定经济价值并可予以转让的财产性权利，可以成为人民法院民事执行程序中适格的强制执行标的物。且在执行中，执行法院认为交易席位与会员资格具有紧密的相关性，二者必须共同构成一项完整的执行标的物。割裂二者的关系，在司法实践中将导致执行措施出现瑕疵。因此，执行法院在对该财产采取保全及处分措施时，不应割裂二者的关系，应当一并保全或处分被执行人名下的会员资格、全部交易席位及相关权利。

三、评析意见

该案系全国首例人民法院对黄金交易席位强制执行的案件。其争议焦点在于：被执行人的黄金交易席位能否成为人民法院的强制执行标的物？如果可以，执行法院如何采取正确的执行措施？在执行过程中应该特别注意什么？这些都是本案执行中必须面临和解决的问题。

（一）被执行人的黄金交易席位能否成为人民法院的强制执行标的物

该案执行中，执行法院查明被执行人一某公司系上海黄金交易所的会员，持有该所黄金交易席位，且在工商机关的登记信息显示一某公司为该所“股东”，投资权益为80万元，与其缴纳的会员资格费80万元数额相同。在这种情况下，被执行人一某公司的有效财产到底是什么？是股权、会员资格还是交易席位？

1.“股东”非股东。从工商登记信息看，上海黄金交易所企业性质为股份合作制。但从上海黄金交易所现实治理结构来看，实行的是会员制组织形式，其会员并非交易所的股东，会员所谓的出资其实只是其缴纳的会员资格费，既不是投资权益，也不是股权，其名称虽为会员资格费，但实

为押金或保证金。[①] 此外，在实践中，上海黄金交易所也从未向其会员企业支付作为股东应得的股息或红利等收益，《上海黄金交易所章程》也未见类似规定。无论是从上海黄金交易所的相关制度看，还是从实务中的治理结构看，上海黄金交易所会员所谓的“投资”都不是股权，故执行法院不宜以股权或投资权益的形式执行该会员资格费，但可以裁定对该会员资格费予以冻结，在将来其会员资格转让或终止，会员资格费需要退还被执行人时，由法院依法予以提取。

2. 交易席位是可强制执行的财产性权利。尽管对于被执行人享有的黄金交易席位到底是否属于财产性权利现有立法没有明确规定，但与黄金交易席位类似的证券交易所与期货交易所的交易席位，其可以成为强制执行标的物均有相关规定。[②] 结合《上海黄金交易所章程》有关规定可知，其会员资格和交易席位可以按规定转让。首先，按照《上海黄金交易所会员管理办法》第十三条的规定，其普通会员的会员资格经批准可以转让，只是禁止以承包、出租、抵押等方式私下转让会员资格或交易席位。[③] 其次，鉴于黄金交易所会员得以凭借黄金交易席位开展相关交易，具有获取一定经济利益的可能性，且其通过会员资格和交易席位的转让，亦有获取一定经济利益的可能。此外，由于黄金交易所的会员数量实行严格控制，新增

---

① 《上海黄金交易所会员管理办法》已于2019年12月24日修订，其中第十三条规定，申请成为普通会员的单位自收到交易所入会通知书之日起30个工作日内，应缴纳会员资格费和年会费。第二十五条规定，未结清与交易所的债务的，交易所将在清退会员资格费前从会员资格费中扣除，会员资格费不足以结清与交易所债务的，交易所保留继续追索的权利；其他未办事项由交易所按有关规定办理。由此可见，会员资格费实际承担了押金或者保证金的作用。

② 《最高人民法院关于冻结、划拨证券或期货交易所证券登记结算机构、证券经营或期货经纪机构清算账户资金等问题的通知》第二条规定：“证券经营机构的交易席位系该机构向证券交易所申购的用以参加交易的权利，是一种无形财产。人民法院对证券经营机构的交易席位进行财产保全或执行时，应依法裁定其不得自行转让该交易席位，但不能停止该交易席位的使用。人民法院认为需要转让该交易席位时，按交易所的有关规定应转让给有资格受让席位的法人。人民法院对期货交易所、期货经纪机构的交易席位采取财产保全或执行措施，适用上述规定。”《最高人民法院关于审理期货纠纷案件若干问题的规定》第五十八条规定：“人民法院保全与会员资格相应的会员资格费或者交易席位，应当依法裁定不得转让该会员资格，但不得停止该会员交易席位的使用。人民法院在执行过程中，有权依法采取强制措施转让该交易席位。”

③ 该办法已于2019年12月24日修订，本条已被修改，其中第二十条规定：“严禁会员对会员资格或交易席位进行发包、出租、抵押等形式。”

会员非常困难，现有会员资格及相应的交易席位属于相对稀缺的财产。实践中，证券交易席位和黄金交易席位都有转让先例。2011 年 10 月，上海国际商品拍卖有限公司受法院和社会委托，公告拍卖上海证券交易所的交易席位 13 个。[①] 2015 年 4 月，据北京产权交易所挂牌信息显示，中国黄金集团资产管理有限公司将其持有的上海黄金交易所综合类会员资格拟进行公开转让，转让底价为人民币 2400 万元。[②] 综上，黄金交易席位与证券交易席位、期货交易席位一样，属于无形资产，是被执行人享有处分权且具有一定经济价值并可予以转让的财产性权利。该财产性权利在权利主体依照私法可以处置的情形下，当然可以成为人民法院适格的强制执行标的物。

3. 交易席位与会员资格应共同组成一项完整的执行标的物

按照《上海黄金交易所会员管理办法》第十一条[③]的规定，获得上海黄金交易所会员资格是取得相应交易席位的前提。故被执行人持有上海黄金交易所的交易席位与其会员资格具有紧密的相关性，二者必须共同组成一项完整的执行标的物。割裂二者的关系，在司法实践中将导致执行措施出现瑕疵。如果执行机构只冻结被执行人的会员资格不冻结交易席位，由于交易席位才是被执行人得以开展交易的载体，故被执行人真正得以进行交易的财产性权利未被实际保全。反之，如果只冻结交易席位不冻结会员资格，一旦被执行人申请放弃会员资格或者交易所取消其会员资格，将导致以会员资格为基础而获得的交易席位不复存在。同时，参照《最高人民法院关于审理期货纠纷案件若干问题的规定》第五十八条的规定，也要求人民法院保全交易席位的同时，应当依法裁定不得转让会员资格。这里的“不得转让”，不应机械理解为只是禁止被执行人的自行转让行为，应还包含被执行人不得申请放弃会员资格，交易所亦不得取消其会员资格。人民

---

① 《〈上海证券交易所交易席位 13 个拍卖〉公告》，载 http：//www. zhongpaiwang. com/gonggao/qita/3485. html，2018 年 10 月 8 日访问。

② 《北交所挂牌转让上海黄金交易所综合类会员资格》公告，载 http：//gold. hexun. com/2015 - 04 - 20/175122444. html，2018 年 10 月 8 日访问。

③ 该办法已于 2019 年 12 月 24 日修订，本条已修改为第十七条：“会员取得会员资格后，自动拥有一个会员代码和相应的交易席位。”

法院在对被执行人的财产进行处分前，必须先采取查封、扣押、冻结的保全措施。因此，为确保完整处分被执行人黄金交易席位及相关权利，人民法院在采取保全措施时应裁定一并冻结被执行人在交易所的会员资格与全部交易席位及相应权利。①

（二）对黄金交易席位强制执行中应注意的事项

在本案中，执行法院在拍卖被执行人一某公司在上海黄金交易所的会员资格及其在上海黄金交易所的全部交易席位及相关权利过程中，有两个问题需要进一步明确：一是竞买人应具备的资格；二是对竞买人资格的审查。

1. 竞买人应具备的资格。按照《最高人民法院关于人民法院网络司法拍卖若干问题的规定》第十四条第一项的规定，法律、行政法规和司法解释对买受人资格或者条件有特殊规定的，竞买人应当具备规定的资格或者条件。在黄金交易席位变价中，由于上海黄金交易所实行会员制组织形式，具有较强的人合性质，其《上海黄金交易所章程》及《上海黄金交易所会员管理办法》对会员资格均有一定要求，但该《上海黄金交易所章程》及《上海黄金交易所会员管理办法》又不属于《最高人民法院关于人民法院网络司法拍卖若干问题的规定》第十四条第一项中所列的“法律、法规和司法解释”。同时，国务院发布的《金银管理条例》第十九条规定：“申请经营（包括加工、销售）金银制品、含金银化工产品以及从含金银的废渣、废液、废料中回收金银的单位，必须按照国家有关规定和审批程序，经中国人民银行和有关主管机关审查批准，在工商行政管理机关登记发给营业执照后，始得营业。”由此可见，国家对金银行业施行的是统一管理，不具备一定的资格不得从事该行业。而上海黄金交易所是我国唯一从事黄金现货交易的市场，执行法院拟拍卖的会员资格、交易席位及相应权利，其财产权的本质是要进行黄金交易，故竞买该财产的企业必须符合

① 参见陕西省西安市中级人民法院（2017）陕01执757号案件的（2017）陕01执757号之二执行裁定书。

国家对金银经营的管理制度。此外，在与黄金交易席位类似的证券交易席位执行时，《最高人民法院关于冻结、划拨证券或期货交易所证券登记结算机构、证券经营或期货经纪机构清算账户资金等问题的通知》第二条规定，人民法院认为需要转让该交易席位时，按交易所的有关规定应转让给有资格受让席位的法人。黄金交易席位的执行虽无类似规定，但两者在本质并无不同。

因此，在对黄金交易席位拍卖时，应对竞买人资格作特别说明与提示。本案的拍卖公告中，执行法院在公告第六项特别说明部分载明："本次拍卖的标的物是一某公司在上海黄金交易所的会员资格及在上海黄金交易所的全部交易席位及相关权利，对于竞买人的资格有一定要求。对此，本院依据《最高人民法院关于人民法院网络司法拍卖若干问题的规定》第十四条之规定，在本拍卖公告第五条的'特别提示'中已予以特别提示。为方便竞买人参与竞买，本院现提供有关信息如下，竞买人在确定自己是否具有竞买资格时可以参照但不局限于下列文件。"同时，执行法院将上海黄金交易所制度与规则官网链接、《上海黄金交易所章程》及《上海黄金交易所会员管理办法》全文作为公告附件发布，以供竞买人参考。

2. 对竞买人资格的审查。《最高人民法院关于人民法院网络司法拍卖若干问题的规定》第十四条要求实施网络司法拍卖的，人民法院应当在拍卖公告发布当日通过网络司法拍卖平台对竞买人资格予以特别提示。此外，《最高人民法院关于人民法院民事执行中拍卖、变卖财产的规定》第十五条①只规定法律、行政法规对买受人的资格或者条件有特殊规定的，竞买人应当具备规定的资格或者条件。上述司法解释均未明确竞买人资格的具体审查问题。

具体到个案中，对黄金交易席位拍卖时到底由谁负责审查竞买人资格？如果交由上海黄金交易所审查竞买人资格，可能会导致人民法院的司法拍卖权受到一定程度制约。同时考虑到人民法院也不具备黄金交易领域的相关专业知识，人民法院过度审查对交易所会员制的人合性也存在一定

① 该司法解释已于2020年12月29日修正，本条已被修改为第十二条，但内容未作变动。

程度侵蚀。故在本案中，执行法院仅在拍卖公告第五条特别提示的第一项中明确："竞买人参加竞买前，应确保自己符合竞买条件，因不符合竞买条件导致拍卖无效或被撤销的，由竞买人自行承担相应的法律后果和法律责任。"通过在拍卖公告中进行特别提示的形式，由竞买人自行确定其是否具备竞买资格，并由其承担因不符合竞买条件导致拍卖无效或被撤销的法律后果和法律责任，是比较合理的处理方式。

3. 其他相关问题的处理

在变价黄金交易席位时，除需要考虑竞买人实质条件与《上海黄金交易所章程》及《上海黄金交易所会员管理办法》要求的会员条件之间的关系外，人民法院强制执行不受《上海黄金交易所章程》和《上海黄金交易所会员管理办法》中会员资格或交易席位其他的转让形式要件约束。人民法院强制执行的国家公权力性质，决定了其并非一般的私权主体间的正常民事活动，其权力运行只受法律、法规和司法解释规制，上海黄金交易所的《上海黄金交易所章程》和《上海黄金交易所会员管理办法》作为规范约束其会员的规章制度，显然不能约束人民法院被依法赋予的强制执行权。因此，其《上海黄金交易所章程》和《上海黄金交易所会员管理办法》中关于会员资格或交易席位转让的其他形式要件，无论是转让的时间限制，还是交易所对转让行为的内部审批要求，都不应成为阻却人民法院强制转让被执行人会员资格和交易席位的正当理由。人民法院在强制转让被执行人上述财产时，应严格适用《民事诉讼法》及相关司法解释中关于强制转让被执行人财产的相关规定。

人民法院对被执行人的黄金交易席位强制转让后，对被执行人作为原会员的遗留问题，应按照《上海黄金交易所会员管理办法》第二十五条第二款的规定处理，逾期未解除或全部履行交易合同，交易所有权于到期日下一个交易日对该会员实施强制平仓；未结清与交易所的债务的，交易所将在清退会员资格费前从会员资格费中扣除，会员资格费不足以结清与交易所债务的，交易所保留继续追索的权利。因此，被执行人缴纳的会员资格费不足以结清与交易所债务的，交易所应通过诉讼处理。对于被执行人其他债权人的债权，应按照《最高人民法院关于适用〈中华人民共和国民事诉讼法〉的解释》相关规定，被执行人符合破产条件的，按破产程序处理。不符合破产条件的，执行法院就执行黄金交易席位变价所得财产，在扣除执行费用及清偿优先受偿的债权后，对于普通债权，按照财产保全和执行中查封、扣押、冻结该交易席位的先后顺序清偿。

四、结语

对黄金交易席位的执行，非常集中地体现出新时期民事执行工作的复杂特点。一方面，在向市场经济转轨过程中，历史遗留问题与新兴财产类型同时并存，类似上海黄金交易所的“股权”问题并非孤例，列举式的事先规定难免挂一漏万；另一方面，与此类似的高尔夫俱乐部会籍问题，合作社的社员权益等问题也很难纳入传统的实体法财产类型中，从而给执行标的的确认及变价造成新的挑战。如果不能对被执行人的新型财产采取有效措施，致使财产类型创新成为逃避执行的法外之地，这在损害申请执行人合法权益的同时，更将严重损害已初见成效的社会诚信体系。对于一项财产是否可以成为适格的执行标的物，执行法院一般应从两个方面判定应否对拟执行标的物进行执行：一是判断被执行人对拟执行标的物是否享有所有权或依法处分的权利；二是判断执行标的物是否具有处分变价的可能性，以及是否具有法律禁止流转及执行的情形。①

在本案中，执行法院确定被执行人持有上海黄金交易所的黄金交易席位与证券交易席位、期货交易席位类似，属于一种无形资产，是被执行人享有处分权，且具有一定经济价值并可予以转让的财产性权利，可以成为人民法院民事执行程序中适格的强制执行标的物。同时，对强制执行中竞买人资格及其审查等问题的处理也作出有益的探索，为类似案件的执行积累了经验。

（执笔人：牛晶琦）

---

① 向巍：《执行标的物权属判定问题探讨》，载《财经界（学术版）》2008年第3期。

▶

责令采取补救措施判决执行内容及是否执行完毕的认定

67. 申请执行人魏某等与被执行人某区政府行政纠纷案*

【裁判摘要】

行政判决责令行政机关采取补救措施的，该判决具有给付内容，属于行为执行。行政机关按照判项要求履行义务并基本符合判决理由阐述的法律精神的，可以认定案件执行完毕。

一、基本案情

申诉人（申请执行人）：魏某。

被执行人：某区政府。

申请执行人魏某等与被执行人某区政府行政纠纷一案，济宁中院于2016年11月17日作出（2016）鲁08行初125号行政判决书，判决驳回原告魏某等人的诉讼请求。原告魏某等人不服（2016）鲁08行初125号行政判决，向山东高院提起上诉。山东高院于2017年5月10日作出（2017）鲁行终315号行政判决：一、撤销济宁中院（2016）鲁08行初125号行政判决；二、撤销被上诉人作出的济政复决字（2016）37号行政复议决

* 摘自《执行工作指导》2020年第2辑（总第74辑），人民法院出版社2021年版，第71～79页。

定；三、确认被上诉人某区政府作出的《西门大街棚户区改造项目房屋征收决定》违法，责令被上诉人某区政府采取补救措施；四、驳回上诉人的其他诉讼请求。

2017年8月13日，魏某等向济宁中院申请执行（2017）鲁行终315号行政判决书第三项，济宁中院于同日立案执行。

执行过程中，被执行人向济宁中院出具了《某区政府关于履行生效判决的告知函》，内容为："为履行山东省高级人民法院（2017）鲁行终176号、(2017）鲁行终315号行政判决，某区政府对《西门大街棚户区改造项目房屋征收决定》采取补救措施，已对《西门大街棚户区改造项目征收与补偿方案》中的征收补偿方式进行调整和补充，并在征收范围内进行了公告。现将《关于对西门大街棚户区改造项目房屋征收补偿方式进行补充说明的公告》报送贵院。特此告知。"《关于对西门大街棚户区改造项目房屋征收补偿方式进行补充说明的公告》具体内容为："2016年4月24日，某区政府公告了西门大街棚户区改造项目房屋征收决定，并附西门大街棚户区改造项目房屋征收与补偿方案。根据法院判决，现就该房征收与补偿方案中的第九条'征收补偿方式'作如下补充和说明：被征收人可以选择货币补偿，也可以选择房屋产权调换。（一）货币补偿：被征收选择货币补偿的，货币补偿金的总额是被征收房屋的价值与搬迁费、临时安置费、停产停业损失补偿费及补助奖励费的总和。被征收房的价值由选定的房地产价格评估机构依法评估确定。其中，被征收人只有一套住宅房屋且该房屋建筑面积小于50平方米的，上靠按50平方米的建筑面积进行评估确定被征收房屋的市场价值。（二）房屋产权调换：被征收人选择房屋产权调换的，在征收人提供的房源内选择产权调换房屋，持房票进行选房，并与征收人计算、结清被征收房屋价值与用于产权调换房屋价值的差价。对符合本征收补偿方案中规定的奖励条件的，按奖励办法给予奖励。"某区政府同时提交了在棚户区拆迁区域张贴公告的照片。

2017年12月28日，济宁中院作出（2017）鲁08执369号结案通知书，认为被执行人已采取了补救措施，本案执行依据确定的被执行人需要履行的义务已履行完毕。根据《最高人民法院关于执行案件立案、结案若干问题的意见》第十四条和第十五条规定，本案执行完毕。

二、审查处理意见

申请执行人魏某就结案问题，向济宁中院提出书面异议。济宁中院认为，本案为完成行为的执行案件，即被执行人某区政府采取补偿措施。在本案执行期间，被执行人某区政府已经按照（2017）鲁行终315号行政判决的要求，作出了《关于对西门大街棚户区改造项目房屋征收补偿方式进行补充说明的公告》，并在棚户区拆迁区域张贴公告，同时向该院出具了《关于履行生效判决的告知函》。上述行为，系本案的被执行人已采取的补救措施，本案执行依据确定的被执行人需要履行的义务已全部履行完毕。因此，该院作出（2017）鲁08执369号结案通知书并无不当。

复议法院山东高院认为，本案争议的焦点问题是：某区政府是否完成了判决要求的采取补救措施这一行政行为。本案中，济宁中院向某区政府发出执行通知书后，某区政府按照山东高院（2017）鲁行终315号行政判决判令其采取补救措施的要求，作出《关于对西门大街棚户区改造项目房屋征收补偿方式进行补充说明的公告》，并在棚户区拆迁区域张贴公告，同时向济宁中院出具《关于履行生效判决的告知函》。某区政府的行为，完成了判决确定的采取补救措施的义务，履行了济宁中执行通知的要求，济宁中院对本案的执行已经完毕。至于复议申请人关于某区政府的补救措施违法的问题，山东高院认为，《最高人民法院行政庭关于对行政机关作出的改变原具体行政行为的行政行为，当事人不服能否提起行政诉讼的电话答复》明确："依据《行政诉讼法》的有关规定，对行政机关作出的改变原具体行政行为的行政行为，当事人不服可以提起行政诉讼。"据此，本案中，某区政府按照判决采取了补救措施，复议申请人认为这一行政行为违法，不属执行程序审查的范围。山东高院裁定驳回魏某等人的复议申请，维持济宁中院异议裁定。

当事人向最高人民法院申诉，最高人民法院认为，行政判决确认被上诉人某区政府作出的《西门大街棚户区改造项目房屋征收决定》违法，责令被上诉人某区政府采取补救措施。从判决的判项及其理由看，执行内容是要求某区政府采取的补救措施，给被征收人货币补偿与房屋产权调换的选择权。某区政府从形式上给了被征收人货币补偿与房屋产权调换的选择权，履行了生效判决确定的采取补救措施的义务。山东高院复议裁定认定事实清楚，适用法律正确，应予维持。

三、评析意见

（一）责令采取补救措施的判决是否可以强制执行

并非所有类型的行政判决都具有强制执行力，本案要解决的首要问题是责令采取补救措施的行政判决是否具有强制执行力。行政诉讼脱胎于民事诉讼，民事诉讼主要有三大类型：给付之诉、形成诉讼与确认之诉。行政诉讼，基本上也是这三大类型诉讼。对应三大诉讼类型，民事判决中的给付判决具有执行内容和强制执行力，具体主要包括金钱给付、物的交付与行为给付。形成判决和确认判决没有执行内容。同样，行政判决中的形成判决自判决生效之日起就产生变更、消灭行政法律关系效果，确认判决只是确认一种行政法律关系状况，均无须采取强制执行措施，只有给付判决需要采取进一步强制执行措施。行政判决的具体类型比较多，哪些可以归入给付判决类型需要具体分析。

《行政诉讼法》用十个条文规定了具体的行政判决方式（第六十九条至第七十八条），按照条文顺序，其判决类型分别为驳回诉讼请求判决，撤销或者部分撤销判决（撤销判决），重新作出行政行为判决（重作判决），履行法定职责判决（判决作出特定行政行为，也称为履行判决，科以义务判决），履行给付义务判决（狭义给付判决，一般可以具体化为金钱或者其他财物，也包括恢复原状、排除妨碍等非财产给付义务），确认违法判决，确认无效判决，责令采取补救措施、承担赔偿责任判决，变更判决（一般涉及金额、数额调整），行政协议履行及补偿判决。

一般而言，撤销或者部分撤销判决为形成判决，相关行政行为一旦撤销，在判决生效之时，则回到了没有作出相关行政行为的状态，撤销判决的目的即已达到，无须另行强制执行。

关于变更判决，有观点认为，变更判决和撤销判决一样，也属于形成

判决，变更判决直接导致行政法律关系发生变动，无须强制执行。[①] 根据《行政诉讼法》第七十七条规定，变更判决主要有两类：一类是对明显不当的行政处罚进行变更。在《行政诉讼法》2014 年修正前，变更判决仅限于行政处罚显失公正的情形。另一类是对款额的确定或认定确有错误的其他行政行为进行变更，主要是指涉及金钱数量的确定和认定的除行政处罚外的其他行政行为，如支付抚恤金、最低生活保障待遇、社会保险待遇案件中，对抚恤金、最低生活保障费、社会保险金的确定。[②] 这是《行政诉讼法》修改后新增加的可以判决变更的情形。就第二类变更判决，变更判决作出后，实际上需要由行政机关向相对人支付抚恤金、最低生活保障待遇，如果行政机关不履行，仍需要走救济途径。对救济途径，有两种观点：一种观点认为，可以由相对人提起给付之诉。另一种观点则认为，无须另行起诉，变更判决本身就具有强制执行力，这种变更判决兼具形成之诉与给付之诉的效果。这种观点主张："变更判决确定之后，一方当事人不履行义务时，他方以判决为根据，可以申请人民法院强制执行，或者由行政机关依法强制执行（如果行政机关依法拥有强制执行权的话），以国家强制力保证判决的内容实现。"[③]

确认无效判决所涉及的行政行为自始无效，无须采取强制措施。确认违法判决也为确认判决，就确认判决本身无须采取强制执行措施。

驳回诉讼请求判决本身不能单独成为执行依据。判决驳回诉讼请求后，应该通过非诉方式执行。[④]

---

① 梁凤云：《行政诉讼法司法解释讲义》，人民法院出版社 2018 年版，第 176 页。

② 全国人大常委会法制工作委员会行政法室：《〈中华人民共和国行政诉讼法〉解读与适用》，法律出版社 2015 年版，第 169 ~ 170 页。

③ 姜明安：《行政法与行政诉讼法》（第六版），北京大学出版社 2015 年版，第 512 ~ 514 页。

④ 江必新主编：《贯彻〈中华人民共和国行政诉讼法〉专题讲座》，人民法院出版社 2015 年版，第 318 页。《最高人民法院行政审判庭关于行政机关申请法院强制执行维持或驳回诉讼请求判决应如何处理的答复》［（2013）行他字第 11 号］规定："人民法院判决维持被诉行政行为或者驳回原告诉讼请求后，行政机关申请人民法院强制执行的，人民法院应当依照《中华人民共和国行政强制法》第十三条第二款的规定，作出如下处理：一、法律已授予行政机关强制执行权的，人民法院不予受理，并告知由行政机关强制执行。二、法律未授予行政机关强制执行权的，人民法院对符合法定条件的申请，可以作出准予强制执行的裁定，并应明确强制执行的内容。"

对重作判决是否可以强制执行存在不同理解。第一种意见认为，对重作判决不服，当事人可以提起行政诉讼，不能通过执行程序要求行政机关履行义务。其依据为《最高人民法院关于适用〈中华人民共和国行政诉讼法〉的解释》第九十条第三款规定："行政机关以同一事实和理由重新作出与原行政行为基本相同的行政行为，人民法院应当根据行政诉讼法第七十条、第七十一条的规定判决撤销或者部分撤销，并根据行政诉讼法第九十六条的规定处理。"第二种意见认为，如果行政机关拒绝按照行政判决要求重新作出行政行为，则可以通过强制执行程序强制其履行义务。第三种意见认为，除了原告保留再次起诉的权利之外，还应该可以参照《行政诉讼法》第九十五条规定，将作出原行政行为基本相同的行为的情况视为拒绝执行法院判决，并按照该条规定对行政机关及其有关责任人员作出处理。笔者倾向于赞成第二种意见。第三种意见涉及在执行程序中对前后两个行政行为是否基本相同的判断，属于实质审查，似不符合执行程序一般进行形式审查的特点，其合理性还有待进一步研究。

除了上述无须执行及存有争议的情形外，其他判决基本可以纳入广义的给付判决范围，具有强制执行力。具体包括：履行法定职责判决、履行给付义务判决、责令采取补救措施、承担赔偿责任判决、行政协议履行及补偿判决。

本案判决所依据的主要是《行政诉讼法》第七十六条，即人民法院判决确认违法或者无效的，可以同时判决责令被告采取补救措施；给原告造成损失的，依法判决被告承担赔偿责任。本案判决根据征收范围内绝大部分被征收人已经签订了补偿协议，且已进入了工程施工阶段，撤销该征收决定将会给国家和社会公共利益造成重大损失的情况，确认行政行为违法但不撤销行政行为，同时要求某区政府应严格按照《国有土地上房屋征收与补偿条例》（以下简称《条例》）的相关规定采取相应的补救措施。其判项第三项即为"确认被上诉人某区政府作出的《西门大街棚户区改造项目房屋征收决定》违法，责令被上诉人某区政府采取补救措施"。责令采取补救措施，是给付判决，其给付内容为行为，即由政府采取补救措施。本案给付判决具有强制执行效力，当事人申请强制执行，人民法院应当依法受理。

（二）如何确定执行内容

在民事执行中，确定执行内容是执行程序应当首先解决的问题。人民法院对生效判决中具体执行内容的实施主要根据判决主文进行判断。必要时，可结合判决主文文义、当事人诉辩情况以及判决理由等进行综合判断。[①] 但在行政判决的执行过程中，是否可以结合当事人诉辩情况以及判决理由等确定执行内容，涉及更为复杂的问题，即司法权与行政权的分工原则问题，涉及司法权是否越界的问题。

在德国，一些科以义务的判决中，法院在裁判时机不成熟的情况下，按照《德国行政法院法》第 113 条第 5 款的规定，宣布行政机关有义务根据法院的法律观对原告作出答复，是谓答复判决（Bescheidungsurteil）。答复判决的结果是，使行政机关受到在判决中宣布的法院的法律观的约束，答复判决的效力不仅包括行政机关的义务——重新作出决定，而且包括法院的“法律观”。倘若行政机关不履行义务，则原告可以依照《德国行政法院法》第 172 条的规定强制履行义务。[②]

在我国，法院在判决主文之外，在判决理由部分阐述的法律意见，也是不容忽视的。比如在重新作出行政行为判决（重作判决）中，《最高人民法院关于适用〈中华人民共和国行政诉讼法〉的解释》第九十条规定：“行政机关以同一事实和理由重新作出与原行政行为基本相同的行政行为，人民法院应当根据行政诉讼法第七十条、第七十一条的规定判决撤销或者部分撤销，并根据行政诉讼法第九十六条的规定处理。”“法院判决既判力既体现在被诉行政机关必须重新作出行政行为，不得拒绝作出，还体现在重新作出的行政行为要受到法院撤销判决所认定事实和阐述理由的约束，即不得以同一事实和理由作出与原行政行为基本相同的行政行为。”[③] 据

---

① 参见鸿达兴业集团有限公司与江苏琼花集团有限公司股权转让纠纷执行监督案［最高人民法院（2017）最高法执监 452 号］。

② ［德］弗里德赫尔穆·胡芬：《行政诉讼法》，莫光华译，法律出版社 2003 年版，第 446 页。

③ 全国人大常委会法制工作委员会行政法室编：《〈中华人民共和国行政诉讼法〉解读与适用》，法律出版社 2015 年版，第 159 页。

此，在判决理由部分，法院已经否定了原行政行为的理由，表明了法院的法律观点及对事实的基本判断，即使判决主文中未对重新作出行政行为作出明确的方向性指示，行政机关再次作出行政行为，也应当尊重法院对法律的认识和对事实的判断。作出与原行政行为基本相同的行政行为，实际上是否定了法院的生效判决。

在责令采取补救措施的判决中，法院在判决中认定的事实和阐述的理由，应当作为行政机关采取补救措施时的重要指引，也是执行法院确定执行内容的重要依据。其主要理由在于，补救措施与确认违法的理由需要结合起来，只有结合判决理由确定具体的补救措施，才能避免再次出现同样的违法情形，发挥行政诉讼解决争议的实效。

当然，行政判决虽然在理由部分对采取补救措施的方向予以了明确，为执行内容的确定明确了框架，但行政判决也要尊重行政机关的行政权，不会过多干预补救措施的具体细节，因此，在确定执行内容时，也应当遵循司法权与行政权的分工原则，给行政机关留出必要的空间。这一点体现了民事执行与行政执行的显著不同。在民事审判和执行中，法院应当结合判决主文与判决理由，尽量就争议问题给出全面彻底的解决方案，以实现一次性化解纠纷的目的。而行政诉讼和执行，则需要尊重行政机关必要的自主裁量权力。

就本案而言，虽然可执行的判决主文仅为“责令被上诉人某区政府采取补救措施”，但结合判决说理，基本可以明确补救措施的大体内容，也就是行政机关必须执行的内容。本案执行依据为（2017）鲁行终 315 号判决，该判决在分析征收决定的合法性问题时指出，征收补偿方案是征收决定的重要内容之一，审查征收补偿方案是否合法是审理起诉征收决定案件中不可缺少的部分。《条例》第二十一条第一款规定：“被征收人可以选择货币补偿，也可以选择房屋产权调换。”因房屋是居民赖以生存的重要生活物资，房屋被征收后，必然会给居民生活带来不便，为避免因房屋征收造成居民居住困难问题的出现，故《条例》特别赋予被征收人对补偿方式享有自主选择权。本案中，被上诉人某区政府制定的《西门大街棚户区改造项目房屋征收与补偿方案》在征收补偿方式条款中规定“本片区房屋征收实行货币补偿”，而未对房屋产权调换作出相关规定。“房票”安置可以

作为货币补偿与房屋产权调换补偿方式的补充，但并不能作为替代房屋产权调换的补偿方式。该征收与补偿方案中关于“房票”的规定实质上变相剥夺了被征收人关于补偿方式的选择权，导致被征收人特别是产权面积较小的被征收人居住权无法得到保障。被上诉人某区政府作出的被诉房屋征收决定明显不当。上诉人提出的涉案征收与补偿方案确定的补偿方式违法的上诉理由成立，山东高院予以支持。被上诉人某区政府作出的被诉征收决定变相剥夺了被征收人货币补偿与房屋产权调换的选择权。该征收决定明显不当，本应予以撤销，但因征收范围内绝大部分被征收人已经签订了补偿协议，且已进入了工程施工阶段，撤销该征收决定将会给国家和社会公共利益造成重大损失，故应确认其违法，被上诉人某区政府应严格按照《条例》的相关规定采取相应的补救措施。判决确认被上诉人某区政府作出的《西门大街棚户区改造项目房屋征收决定》违法，责令被上诉人某区政府采取补救措施。从判决的上述判项及其理由看，执行内容是要求某区政府采取的补救措施，给被征收人货币补偿与房屋产权调换的选择权。

（三）如何判断是否执行完毕

对是否执行完毕的判断问题，主要涉及行政、行政审判与强制执行的关系，与民事案件对执行完毕与否的判断有所不同。

责令采取补救措施判决经常是概括性判决，而不是具体判决，具体如何补救，仍有赖行政机关根据具体情况作出行政行为。即使行政判决在事实认定及说理时指出了大体方向，通常也会给行政机关留出一定的自主裁量空间。到了执行阶段，执行法院同样不能越俎代庖，代替行政机关判断如何采取具体的补救措施。但在判决已经明确了具体的补救措施的情形下，执行法院应当严格按照判决执行。

基于对行政权及审判权的尊重，执行法院对执行完毕与否的判断，既要严格，又要谦抑。具体而言，对执行完毕与否的判断，一般以形式审查为原则，不进行实质审查。就责令采取补救措施的判决执行而言，执行法院主要审查补救措施是否符合判决要求的形式。在本案中，执行内容是要求某区政府采取补救措施，给被征收人货币补偿与房屋产权调换的选择权。某区政府在执行期间作出了《关于对西门大街棚户区改造项目房屋征收补偿方式进行补充说明的公告》，明确被征收人可以选择货币补偿，也可以选择房屋产权调换。某区政府从形式上给了被征收人货币补偿与房屋产权调换的选择权，履行了生效判决确定的采取补救措施的义务。对行政行为是否实质违法，是否实质上没有履行生效判决，一般不宜由执行程序判断，当然，行政机关的补救措施规避执行具有明显性的除外。由于行政机关采取的补救措施属于新的行政行为，当事人对其合法性有质疑的，仍然可以依法提起行政诉讼。

（执笔人：向国慧）

全国法院服务保障疫情防控期间复工复产典型案例

68. 吉林辽源市某消毒剂有限公司执行案*

新冠肺炎疫情防控期间，人民法院促进疫情防控企业执行和解，推动复工复产

【裁判摘要】

正值新冠肺炎疫情防控期间，涉案企业同时承担着物资储备、生产经营等重要任务，案件诉讼主体和执行标的物均具有一定特殊性。人民法院在保障债权人合法权益的同时，促进疫情防控企业执行和解，推动复工复产。

【案情概要】

吉林省辽源市某消毒剂有限公司是国家指定的东北三省唯一一家应急物资储备基地，在非典时期曾作出过突出贡献。但是，该企业在 2016 年因要扩建等原因，外借资金不能及时偿还，引发多起诉讼和执行案件，相关财产被查封扣押冻结，生产经营一度陷入困境。2020 年 1 月 25 日，中华人民共和国工业和信息化部向辽源市下达通知，要求将新冠病毒疫情防控所需物资火速支援武汉一线，并要求必须当天起运。辽源市政府接到命令后，第一时间深入到该消毒剂有限公司开展疫情防护

* 摘自《执行工作指导》2020 年第 1 辑（总第 73 辑），人民法院出版社 2020 年版，第 36～37 页。

物资调配和防控工作检查指导。辽源市中级人民法院得悉后，立即派执行干警赶赴该公司，本着“一切为疫情防控让路”的工作思路，积极联系涉案申请执行人，经开展大量说服与和解工作，征得申请执行人理解同意后，将前期申请执行人运走的相关物资全部运回，企业当天就将 0.5 万套防护服准备就绪，并将 26.1 万只 N95 口罩紧急发往武汉疫情防控一线，成为首批运抵武汉的防护物资。同时，该消毒剂有限公司及时扩大口罩生产、按时完成任务，得到国家发展和改革委员会通报表扬。2 月 13 日，辽源市中级人民法院“暖企”措施再升级，直接派执行干警进驻公司，累计协调、帮助公司偿还债权人本金 100 余万元，同时暂缓对该公司厂房司法拍卖，并帮助将公司保留作为国家级实验基地。目前，该公司能够保障日产 N95 杯型口罩 0.4 万只、N95 拱形口罩 0.9 万 ~1 万只、平板形口罩 1.3 万 ~1.4 万只，通过组织开展正常生产经营活动，确保了疫情防控任务的顺利完成。

【指导意义】

本案的典型意义在于，正值新冠病毒疫情防控期间，涉案企业同时承担着物资储备、生产经营等重要任务，案件诉讼主体和执行标的物均具有一定特殊性。辽源中院不断强化大局意识，坚持善意文明执行理念，敢于担当、主动作为，灵活变更查封、拍卖和失信、限高等强制措施，在保障债权人合法权益的同时，坚持“生道执行”，在发挥司法社会职能和服务疫情防控大局的同时，穷尽措施盘活企业助力企业发展，确保执行工作取得“多赢”效果，从而实现法律效果和社会效果的有机统一。

69. 上海某通用航空救援公司申请延期履行案*

▶ 由于疫情防控工作紧急，人民法院促成执行和解，被执行人可以延期履行

【裁判摘要】

面对十万火急的抗疫物资运输任务，法院充分运用善意文明执行理念，促成双方当事人达成执行和解，被执行人可以延期履行。

【案情概要】

上海某通用航空救援公司是一家专注于直升机航空救援的企业。近期，由于重要客户因故与其合作发生中断，导致公司经营困难，引发了多起经济纠纷。公司虽然多方筹措资金偿付欠款，但仍困难重重。此次疫情发生后，该公司接到湖北省应急管理部门任务指示，派遣机组人员至湖北武汉一线，多次运输护目镜、口罩、防护服、消毒水等紧急医疗防护物资前往武汉、黄冈、鄂州、随州等地，参与当地抗疫物资救援。由于疫情防控工作紧急，对于法院受理的12起欠薪执行案件，公司准备申请延期履行。为此，上海市奉贤区人民法院启动绿色通道，全面摸排案情，与被执行人联系，核实案件

* 摘自《执行工作指导》2020年第1辑（总第73辑），人民法院出版社2020年版，第37~38页。

具体情况。被执行人向法院提交《延期履行执行通知申请书》及参与疫情防控的相关文件。因其肩负保障疫情运输物资的重要使命，申请在疫情防控特殊时期内，延缓采取执行措施。执行法官与申请人逐一电话联系，做好和解工作，经过充分沟通，促成当事人达成执行和解，并通过“云端”系统在线签署公司延期履行的和解协议。嗣后，该公司按照和解协议履行，执行法院也及时将案款发放给各申请执行人，该批案件顺利得到解决。

【指导意义】

疫情防控期间，人民法院注重强化善意文明执行，提升执行工作的规范化和精准化，保障防疫物资生产企业正常经营。本案中，面对十万火急的抗疫物资运输任务，法院充分运用善意文明执行理念，促成双方当事人达成执行和解，实现了抗击疫情与保障民生两不误。

70. 北京博某生物科技有限公司进出口代理合同纠纷执行案*

▶

新冠肺炎疫情防控期间，人民法院促进疫情防控企业执行和解，推动复工复产

【裁判摘要】

人民法院全面贯彻善意执行理念，从疫情防控大局出发，促进疫情防控企业执行和解，申请执行人合法权益得以实现，被执行人也顺利复工复产。

【案情概要】

北京博某生物科技有限公司（以下简称博某公司）是一家从事生产医疗器械、体外诊断试剂、基因和生命科学仪器的公司。2016年6月，建某公司与博某公司签署《代理进口合同》，后因博某公司到期未支付货款，建某公司将其诉至法院。经法院判决，博某公司须支付货款、违约金及其他费用近300万元，案件由北京市第四中级人民法院强制执行。执行过程中，北京市第四中级人民法院对博某公司银行账户进行了额度冻结。疫情发生后，法院了解到博某公司生产的检测试剂被列入中关村“首批抗击疫情的新技术新产品新服务清单”，急需扩大生产投入疫情防控，需要法院解除对该公司账户

* 摘自《执行工作指导》2020年第1辑（总第73辑），人民法院出版社2020年版，第38～39页。

的冻结。执行法院立即对案件进行研判，结合案件事实与当时疫情，组织双方当事人通过云审判系统进行和解，并最终力促双方达成和解协议，建某公司减免了博某公司部分违约金，法院依法免除了执行费用。和解当日，在博某公司支付建某公司203万余元案款后，法院立即将其账户予以解冻，此案圆满执结，被执行人博某公司顺利复工复产。

【指导意义】

北京市第四中级人民法院全面贯彻善意执行理念，从疫情防控大局出发，仅用不到48小时即促成了双方握手言和，申请执行人合法权益得以实现，被执行人也顺利复工复产，积极投入到防疫物资生产中，实现了“多赢”。

71. 福建莆田某房地产开发有限公司系列执行案*

▶

新冠肺炎疫情防控期间，人民法院促进疫情防控企业执行和解，推动复工复产

【裁判摘要】

人民法院按照“依法拍卖，引资盘活，实现共赢”的工作思路，在疫情面前启动“云”执行模式，促成执行和解，推动复工复产 。

【案情概要】

福建省莆田市某房地产开发有限公司作为被执行人共涉执行案件 33 件，标的额 7 亿余元。该系列案于 2019 年陆续进入执行程序。经查，该公司可供执行的财产仅有其名下位于莆田市荔城区黄石青山片区的房地产项目和位于莆田市荔城区黄石镇七境村的房地产项目，但均因资金链断裂导致工程烂尾。而涉案土地被执行人在取得土地使用权两年未动工开发，已构成土地闲置。在财产处置陷入僵局的同时，又恰逢新冠疫情。福建省莆田市中级人民法院迎难而上、稳扎稳打、步步为营，智慧“战疫”，经克服重重困难，顺利在 2020 年新年伊始，将该项目以 36618. 128 万元拍卖成功。接着，又通

* 摘自《执行工作指导》2020 年第 1 辑（总第 73 辑），人民法院出版社 2020 年版，第 39 ~ 40 页。

过见“网”如面、“隔空”协调等方式，及时为竞买人解决筹款困难，并有效促成了396户网签户与买受人福建某房地产公司达成了和解协议，取得了金融风险得以化解、购房户安居乐业、工人工资得以支付、企业得以复工复产、政府税费得以保障“五赢”的社会效果。

【指导意义】

坚持党委领导，争取政府支持，福建莆田市中级人民法院启动“府院联席会”机制，为“依法拍卖，引资盘活，实现共赢”的工作思路扫清了障碍。在疫情面前启动“云”执行模式，协调促成金融部门为买受人转贷与续贷。同时，根据《福建省高级人民法院关于延迟疫情期间司法拍卖款项支付期限的通知》，给予竞买人合理缓冲期，既缓解买受人资金压力，又保证拍卖款全部到位。坚持“云上”发放案款，及时保证复工复产。拍卖款到位后三日内，该院即依法发放。其中2家金融机构回笼资金1.9亿元，7家企业回笼资金5900万元。该项目的成功拍卖既解决了390多户网签户的信访问题，也有效缓解了当地财政紧缺的问题，得到了各界的充分肯定，充分展示了“移动执行”“生道执行”的新形象。

72. 湖北荆州某水业有限公司执行案*

人民法院促成执行和解，保障企业复工复产

【裁判摘要】

人民法院对被执行企业坚持“保障生产、依法执行”的原则，促成执行和解，保障企业复工复产。

【案情概要】

被执行人荆州某水业有限公司是湖北省荆州市一家大型工业及生活污水处理企业，承担着荆州国家级经济开发区化工污水及周边30万居民生活污水的处理任务。公司在建设和扩大规模的过程中遭遇资金链断裂。后经中国国际贸易仲裁委员会仲裁，荆州某水业有限公司须偿还债权人湖南某投资有限责任公司债务本息及各项费用共计4000余万元。执行过程中，经湖北省荆州市中级人民法院调查，荆州某水业有限公司当时已面临严重的经营困境，除固定资产外，并无其他可供执行财产。如果再贸然查封其银行账户、拍卖公司资产，公司将无法保障基本运转，荆州开发区化工污水及城南开发区30万居民的生活污水的处理都将受到影响，对企业生存、污水处理及城市环境都将造成严重的影响。荆州市中级

* 摘自《执行工作指导》2020年第1辑（总第73辑），人民法院出版社2020年版，第40～41页。

人民法院、荆州开发区管委会经多次研究确定了“推动某水业特许经营权转让、争取以执行和解方式结案为优先方案、法院强制执行某水业资产作为备选方案”的执行策略。2020 年 1 月 13 日，案件双方当事人在荆州中院的主持下，终于达成了执行和解协议。此后，疫情日重，执行人员坚持跟踪沟通、及时督促，被执行人某水业有限公司最终于 2020 年 1 月 23 日将大部分执行款汇入法院执行账户；2020 年 3 月 21 日，将剩余尾款全部缴纳完毕。法院同时解除了此前对被执行人采取的系列执行措施，全案执行完毕，各方当事人非常满意。

【指导意义】

法院在执行过程中没有机械采取查封、扣押、冻结措施，而是在依法保障申请执行人权益的前提下，对被执行企业坚持“保障生产、依法执行”的原则，尽可能减少对企业正常生产经营的不利影响，尽可能采取执行和解等执行方式，维持一定的经营资产，帮助其逐步恢复清偿能力，较好地体现了执行工作中善意文明执行的理念；同时，该案又是在地方党委、政府多方统筹协调下，取得了案结事了、城市污水处理不受影响的多赢效果，充分展现了“党委领导、政府支持、法院主办、社会配合”执行工作大格局在破解执行难方面的机制优势。该案经过前期多方统筹、反复协调，疫情期间坚持协同不松懈，最终在疫情期间顺利执结，有力保障了被执行人企业及整个工业园区复工复产的有序推进。

73. 广东华某国际商业保理（深圳）公司执行案*

▶

新冠肺炎疫情暴发初期，法院促成疫情防控企业执行和解

【裁判摘要】

新冠肺炎疫情暴发初期，医院和医药公司并非拒不履行，而是面对突如其来的疫情战争暂时无法履行，人民法院积极促成和解，既保护债权人合法权益，又保障疫情防控工作开展。

【案情概要】

2017年4月，因湖南省某县人民医院、某医药公司未按照《药品购销合同》约定向华某国际商业保理（深圳）公司（以下简称华某公司）支付账款，华某公司将二者诉至广东省深圳市前海合作区人民法院，请求二者支付应收账款人民币4000多万元和利息。经法院调解，医院支付了部分账款。2019年2月，经前海合作区人民法院再次调解，确认某县人民医院和某医药公司应分期向华某公司再支付货款2800余万元。医院在履行2015万元后，未按期偿还剩余款项。2020年1月，华某公司向前海合作区人民法院申请强制执行，请求被执行人某

* 摘自《执行工作指导》2020年第1辑（总第73辑），人民法院出版社2020年版，第41～42页。

县人民医院和某医药公司偿还剩余货款842.5万元。此时恰是新冠疫情暴发初期，两被执行人因主体特殊，引起了前海合作区人民法院的关注。经了解，某县人民医院表示其一直按调解协议履行义务，但突如其来的疫情打乱了还款计划，作为当地唯一定点救治医院，该院已动用全部资源抗击疫情，无暇暂时也无法筹措到充足的偿债资金。某医药公司也因投入大量资金采购抗疫物资，陷入资金周转困境。二被执行人都请求延缓执行。前海合作区人民法院根据上述情况，立即组织双方当事人线上协商，双方互谅互让，达成执行和解协议，华某公司减免医院违约金112.5万元，某县人民医院和某医药公司延期支付剩余欠款。

【指导意义】

医院作为抗疫主战场，在维护人民群众生命安全和身体健康方面发挥着不可替代的重要作用。本案中某县人民医院和某医药公司并非拒不履行，而是面对突如其来的疫情暂时无法履行。前海合作区人民法院坚持特事特办，审慎采取执行措施，积极促成和解，既保护了债权人合法权益，又全力支持医院抗击疫情，为打赢疫情防控阻击战、总体战提供了有力司法保障。

74. 浙江某健身俱乐部房屋租赁合同纠纷执行案*

▶ 新冠肺炎疫情期间，人民法院促成执行和解

【裁判摘要】

新冠肺炎疫情期间，人民法院综合考虑被执行人既往履行记录和履行意愿，促成执行和解，实现多方共赢。

【案情概要】

浙江某健身俱乐部是一家连锁经营公司，在杭州地区健身行业有一定的知名度，实行会员充值消费模式，现有会员3万多名。2019年10月，健身俱乐部因房屋租赁合同纠纷被杭州余杭某房地产开发公司诉至浙江省杭州市余杭区人民法院，后双方达成调解，健身俱乐部分期支付租金等费用约350万元。2020年1月，因为健身俱乐部未按照调解协议按期支付当期租金，该房地产公司申请强制执行。恰逢疫情暴发，健身俱乐部停业，没有任何营业收入。该房地产开发公司要求解除租赁合同，收回租赁场地，健身俱乐部复工复产遇到重大障碍。杭州市余杭区人民法院随即走访该房地产公司与健

* 摘自《执行工作指导》2020年第1辑（总第73辑），人民法院出版社2020年版，第42～43页。

身俱乐部，获悉在疫情发生前，健身俱乐部积极履行，已支付前两期租金130万元，部分会员从其他渠道获悉健身俱乐部有“官司缠身”，经常相约去俱乐部询问了解情况，更有会员要求退会员费，给社会稳定造成一定隐患，一定程度影响了疫情防控。杭州市余杭区人民法院第一时间组织双方协商，从被执行人履行主动性和疫情不可抗力出发，分析“竭泽而渔”可能“两败俱伤”，从维护社会稳定、承担社会责任、共克时艰等方面讲道理，最终，促成双方达成执行和解，某房地产开发公司同意延期付款，继续提供租赁场地，同意法院不对健身俱乐部采取失信、限高措施，为其复工经营排除障碍。目前，健身俱乐部已正常营业，某房地产开发公司的租金利益、会员权益有了保障。

【指导意义】

助力企业复工复产，努力把损失降至最低，修复利益“失衡”，稳定社会秩序，是当前发挥执行服务职能的首要任务。杭州市余杭区人民法院坚持“两手都要硬、两战都要赢”，综合考虑被执行人既往履行记录和履行意愿，平衡双方当事人权益，兼顾相关主体合法利益，实现多方共赢，为依法防控疫情、保障社会安定、促进经济发展提供强有力的司法服务。

75. 贵州某路面有限公司买卖合同纠纷执行案*

▶

人民法院根据被执行人企业的实际情况促成执行和解

【裁判摘要】

人民法院考虑到申请执行人、被执行人均是民营企业，根据被执行人企业的实际情况采取执行措施，既有利于保障申请执行人债权实现，又最大限度地降低对被执行人企业生产经营的不利影响。

【案情概要】

贵州某建材有限公司与贵州某路面有限公司买卖合同纠纷一案，经贵州省贵阳市白云区人民法院调解，调解书确认：贵州某路面有限公司分期偿还货款 33.6 万元。因某路面有限公司未履行生效法律文书确定的义务，某建材有限公司于 2020 年 1 月向贵阳市白云区人民法院申请执行。执行过程中，白云区人民法院本着善意执行理念，审慎选择影响最小的执行措施推进案件执行，在冻结被执行人某路面有限公司银行账户存款 26.61 万元后，了解到某路面有限公司被冻结的存款计划用途是发放农民工工资、支付部分工程款，账户被冻

* 摘自《执行工作指导》2020 年第 1 辑（总第 73 辑），人民法院出版社 2020 年版，第 43～44 页。

结后公司生产受到影响，执行法院加大了调解力度，积极促进双方自愿和解。经执行法院多次反复做工作，双方当事人自愿达成和解，在达成上述执行和解当天，法院解除了对被执行人银行账户的冻结，被执行人迅速兑现了农民工工资，恢复了路面工程现场施工。2020 年 3 月 3 日，被执行人某路面有限公司主动向申请人履行调解书所确定的全部债务，法院解除对被执行人担保财产的查封。至此，某建材有限公司申请执行的案件全额执行完毕，双方对法院的执行工作均表示满意。

【指导意义】

本案典型意义在于，执行法院考虑到申请人、被执行人均是民营企业，根据被执行人企业的实际情况采取的执行措施，既有利于保障申请人债权实现，又最大限度地降低对被执行人企业生产经营的不利影响，避免了“杀鸡取卵”“竭泽而渔”，特别是在疫情防控期间，贵阳市白云区人民法院灵活变通执行措施，公平高效实现申请人的债权，善意执行之举帮助企业渡过难关，实现在新冠肺炎疫情防控期间复工复产的“双赢”。

76. 辽宁建平县某热力有限公司执行案*

▶

新冠肺炎疫情期间，人民法院促成执行和解

【裁判摘要】

新冠肺炎疫情期间，人民法院促成执行和解，既有利于保障申请执行人债权实现，又最大限度地降低对被执行人企业生产经营的不利影响。

【案情概要】

辽宁建平县某热力有限公司是建平县一家热力生产与供应公司，经营范围包括热力生产与供应、煤炭购销、保温工程施工。2019 年，因某热力有限公司欠付毛某某煤款 139 万元，法院依法判决某热力有限公司承担煤款给付责任。因某热力有限公司未能在法定期限内支付货款，2020 年，毛某某向辽宁省建平县人民法院申请强制执行。进入执行程序后，执行人员研究认为，疫情防控期间，采取强制执行措施并不利于企业复工复产，对冬季供暖工作也会造成一定影响。经法院主持调解，双方达成执行和解协议，约定货款分期付清。法院依法准许并解除对被执行人某热力有限公司银行账户的冻结

* 摘自《执行工作指导》2020 年第 1 辑（总第 73 辑），人民法院出版社 2020 年版，第 44 页。

措施。

【指导意义】

新冠肺炎疫情期间，部分中小民营企业面临资金链断裂、员工发不出工资、企业面临破产等问题。鉴于供暖季某热力有限公司的正常复工对民生有重要影响，如果直接冻结账户将不利于其复工复产，执行法院依法促成双方当事人尽快达成执行和解协议。对被执行人而言，调解后可以尽快解除查封、及时向员工发放工资、缴纳税款和社保、保障物资生产、确保复工复产回笼资金，保障地方供暖需要；对申请执行人而言，被执行人只有尽快复工复产才能保证其及时收到货款，实现双赢。

77. 黑龙江王某某、姜某某借款合同纠纷执行案*

▶

新冠肺炎疫情期间，人民法院促成执行和解

【裁判摘要】

新冠肺炎疫情期间，人民法院促成执行和解，既有利于保障申请执行人债权实现，又维护疫情期间市场稳定。

【案情概要】

王某某、姜某某共同经营一家大型养猪场，为扩大生猪养殖规模，二人先后向刘某、白某某借款134万元，后因未偿还全部借款，刘某、白某某将二人诉至黑龙江省鸡东县人民法院。判决生效后，因二人不履行法律义务，刘某、白某某向法院申请强制执行。案件在执行过程中，法院积极促成双方自愿达成了分期履行和解协议。但随着疫情的发生，申请执行人担心被执行人无法按期履行和解协议，遂要求法院依法拍卖养猪场。鸡东法院经过分析研判，认为疫情期间难以进行正常的生猪屠宰及运输，若强行启动司法拍卖，容易造成财产价值大幅贬损，将会对双方当事人造成不可弥补的经济损

* 摘自《执行工作指导》2020年第1辑（总第73辑），人民法院出版社2020年版，第44～45页。

失，还可能对疫情期间猪肉市场稳定造成影响，决定再次促成双方和解。经过反复多次沟通，申请执行人同意待疫情结束后启动执行，被执行人承诺疫情结束后立即履行全部义务，双方再次达成了执行和解。

【指导意义】

本案的典型意义在于，鸡东县人民法院在执行过程中考虑到被执行人经营的是一家大型生猪养殖场，若在疫情期间强行启动评估拍卖程序，不仅会造成养猪场无法正常生产经营，申请执行人面临无法实现全部债权的风险，还可能对当地猪肉市场供应及猪肉价格稳定造成消极影响。鸡东县人民法院主动服务大局，着眼执行的长远效果，既维护了双方当事人的合法权益，充分体现了善意文明的执行理念，还对维护疫情期间市场稳定发挥了积极作用。

78. 四川某纺织有限公司金融借款合同纠纷执行案*

▶
新冠肺炎疫情期间，人民法院促成执行和解

【裁判摘要】

因被执行人系为生产口罩企业提供棉纱等重要物资的上游企业，为及时帮助企业恢复生产，人民法院促成执行和解，保障抗疫一线的物资供应。

【案情概要】

因与某纺织有限责任公司等金融借款合同纠纷一案，申请执行人某银行成都双流支行于2020年1月15日向四川省成都市双流区人民法院申请强制执行，四川省成都市双流区人民法院依法对被执行人财产进行了查封，其中冻结被执行人之一的某纺织有限责任公司及其法定代表人、股东银行存款50余万元。该纺织有限责任公司成立于2003年，是一家长期为生产口罩、医用纱布等下游企业提供优质棉纱的规模以上工业企业。新冠肺炎疫情发生后，口罩需求量剧增，与该纺织有限责任公司长期合作的口罩、医用纱布生产企业急需其提供的棉纱进行防疫物资生产，但因资金冻结，该纺织有限

* 摘自《执行工作指导》2020年第1辑（总第73辑），人民法院出版社2020年版，第45～46页。

责任公司采购、销售工作无法正常进行，影响了棉纱的及时供应。2月19日，双流区人民法院了解该案情况后，为充分保障疫情防控物资生产和储备，迅速与申请执行人某银行成都双流支行联系，经与申请执行人、被执行人沟通，双方协商一致达成和解。2月20日，由于银行盖章申请流程较慢，双流区人民法院秉承特事特办、从快处置原则，与申请人电话沟通，申请执行人同意解除保全措施，并形成电话笔录，双流区人民法院依法快速进行解封。目前该企业已恢复正常生产。

【指导意义】

因被执行人系为生产口罩企业提供棉纱等重要物资的上游企业，为及时帮助企业恢复生产，双流区人民法院高度重视，及时回应抗疫一线企业的迫切需求，组织申请执行人及被执行人沟通协调，为双方达成和解提供了便捷、快速、高效的司法服务。最终，双方在协商一致的情况下达成了执行和解，充分保障了抗疫一线的物资供应。

79. 北京中某实业集团有限公司执行案*

▶ 新冠肺炎疫情期间，人民法院促成执行和解，保障企业复工复产

【裁判摘要】

人民法院从疫情防护大局和善意文明执行的角度出发，在最大程度维护申请执行人合法权益的基础上，促成执行和解，保障企业复工复产。

【案情概要】

该案判决确定双方互负义务，中某实业集团有限公司应向某电子科技公司支付货款，某电子科技公司需向中某公司交付设备。疫情发生后，被执行人中某公司的1万余名安保人员承担了北京、武汉等多地的地铁安检和航空安保工作。因法院在案件执行中依法冻结了该公司的基本账户，导致安保人员工资无法正常发放。北京市朝阳区人民法院积极开展执行调查，并通过北京法院“云法庭”组织双方当事人谈话，推进执行和解。经过反复劝说和多次协商，最终双方当事人达成一致意见，约定被执行人先期给付申请人货款1000万元，通过法院扣划领取，后续1000万元分两期支付，待货款给付

* 摘自《执行工作指导》2020年第1辑（总第73辑），人民法院出版社2020年版，第46～47页。

完毕且疫情结束后，申请人将线下向被执行人交付涉案机器设备。与此同时，申请人同意法院解除对被执行人银行基本账户的冻结，并由被执行人的法定代表人提供个人名下一套位于海口的房产作为担保。双方签署和解协议后，朝阳区人民法院当即通过网络扣划将1000万元案款先行发放给申请人；通过人民法院执行指挥中心执行事项委托系统，委托海南省海口市龙华区人民法院对担保房产进行了查封，随后对被执行人的基本账户进行解冻。

【指导意义】

法院从疫情防护大局和善意文明执行的角度出发，在最大程度维护申请执行人合法权益的基础上，巧用执行和解维护疫情防控企业的生产经营和正常运转，让投身抗疫工作的安保人员工资发放有所保障，消除了他们的后顾之忧。本案的成功和解，是法院依法发挥司法职能作用保障疫情防控期间企业复工复产的生动体现。

80. 湖北徐某某、葛某某借款合同纠纷执行案*

新冠肺炎疫情期间，人民法院促成执行和解，保障疫情防控工作

【裁判摘要】

本案扣押的车辆是专业运输酒精车辆，若在平时只是正常的执行措施，但在突发新冠肺炎疫情的特殊时期，该车辆已经转化为特种设备。为全力抗击新冠肺炎疫情，人民法院特事特办，促成执行和解，保障疫情防控工作。

【案情概要】

2018年6月7日，徐某某、葛某某夫妻以资金周转为由，向陶某借款100万元，双方约定借款月利率20‰，借款期限6个月。后因徐某某、葛某某未按期限还款，陶某起诉至湖北省襄阳市襄州区人民法院。经调解，双方自愿达成调解协议。因徐某某、葛某某未按调解书确定的期限履行还款义务，陶某向该院申请强制执行。执行过程中，依法扣押了被执行人徐某某所有的重型罐式半挂牵引车一辆。后徐某某夫妻履行了40余万元执行款，余款仍未履行。2020年2月13日，被执行

* 摘自《执行工作指导》2020年第1辑（总第73辑），人民法院出版社2020年版，第47~48页。

人徐某某接到襄阳市高新区疫情防控指挥部采购防疫酒精的委托，徐某某遂向该院申请解除车辆扣押，让罐车进行酒精运输。襄州区人民法院鉴于疫情防控的严峻形势，经与高新区疫情防控指挥部核实情况后，立即决定特事特办，为了能够让该酒精罐车早日驶上战“疫”一线，执行员迅速启动网上办案模式，经过多次与双方沟通协调，于 2 月 14 日促成双方达成了执行和解协议。申请执行人陶某同意解除对罐车的扣押，全力支持保障疫情防控工作。

【指导意义】

本案扣押的车辆是专业运输酒精车辆，若在平时只是正常的执行措施，但在突发新冠肺炎疫情的特殊时期，该车辆已经转化为特种设备，为全力抗击新冠肺炎疫情，防止疫情扩散蔓延，维护人民群众的生命安全和身体健康，执行法院疫情防控协作意识强，对案件涉及承担疫情防控任务的单位人员和设备，打破执行常规，特事特办，迅速启动网上办案新模式，为支持打赢疫情防控阻击战提供了有力的司法保障和优质的法律服务，贡献了法院智慧和力量。